宪政论丛

法规审查与法规评价研究

A Research on the Review and Assessment of Regulations

姜明安 主编

法治建设与法学理论研究部级科研项目成果

本书是司法部国家法治与法学理论研究项目重点课题『法规审查标准及其评价系统』的最终成果。该课题所称『法规』是介于广义法规和狭义法规二者之中的中义的法规，不包括法律和地方性法规，但包括规章和规章以下的规范性文件。本书共分两大部分，第1至4章为第一部分，重点研究法规审查，分别探讨法规审查的一般理论和中国法规审查的特殊性，以及人民代表机关、行政机关和司法机关对法规审查的不同制度。第5至8章为第二部分，重点研究法规评价，分别探讨法规评价的一般原理和历史沿革，以及法规评价的主体、评价标准、评价方法和评价程序。此外，本书还就如何改进和完善我国法规审查与法规评价制度提出了相关的对策建议。

北京大学出版社

图书在版编目(CIP)数据

法规审查与法规评价研究/姜明安主编. —北京:北京大学出版社, 2014.11
(宪政论丛)
ISBN 978 -7 -301 -24994 -9

Ⅰ. ①法… Ⅱ. ①姜… Ⅲ. ①法规—研究—中国 Ⅳ. ①D920.4

中国版本图书馆 CIP 数据核字(2014)第 237361 号

书　　名: 法规审查与法规评价研究
著作责任者: 姜明安　主编
责 任 编 辑: 周　菲
标 准 书 号: ISBN 978 -7 -301 -24994 -9/D · 3694
出 版 发 行: 北京大学出版社
地　　址: 北京市海淀区成府路 205 号　100871
网　　址: http://www.pup.cn
新 浪 微 博: @北京大学出版社
电 子 信 箱: law@pup.pku.edu.cn
电　　话: 邮购部 62752015　发行部 62750672　编辑部 62752027
出版部 62754962
印 刷 者: 北京大学印刷厂
经 销 者: 新华书店
965 毫米×1300 毫米　16 开本　21.5 印张　330 千字
2014 年 11 月第 1 版　2014 年 11 月第 1 次印刷
定　　价: 45.00 元

绪论

本书是笔者主持的司法部国家法治与法学理论研究项目重点课题“法规审查标准及其评价系统”的最终成果。其中所称“法规”是介于广义法规和狭义法规二者之中的中义的法规:不包括法律和地方性法规,但包括规章和规章以下的规范性文件。本书之所以选择行政法规、规章和规章以下的规范性文件为研究范围,是因为对此种“法规”审查标准及其评价系统的研究具有重要的理论价值和实际意义:其一,行政法规、规章和规章以下的规范性文件在我国法的体系中具有特殊重要的地位,其数量数倍于法律和地方性法规,是绝大多数公权力行为的直接依据,对公民法人和其他组织的权益具有最直接的和最广泛的影响。规章以下的规范性文件虽然不是我国《立法法》规范的“法”,但在调整各种社会关系中,特别是在较大的市以下的行政管理中,实际具有准法的作用,行政机关的大量具体行政行为是依据规章以下的规范性文件作出的。其二,由于目前我国立法体制和监督机制不完善,行政法规、规章和规章以下的规范性文件,特别是规章以下的规范性文件(俗称“红头文件”),在我国现实生活中存在各种问题,如违法、越权、制定程序不当或内容不合理、不科学、侵权,乃至行政立法者利用行政立法搞地方保护主义、部门保护主义等,此种情况迫切需要建立和完善对法规的审查、评价机制。而要建立完善此种机制，首先需要对之进行全面、深入的研究。其三，我国《立法法》虽然规定了对法规的审查制度，但这一制度并未能得到有效的运行。至于法规评价制度，目前仅在国务院《全面推进依法行政实施纲要》和部分地方规章及规章以下的规范性文件中有所规定，中央和地方层面均处于探索阶段。为了推动法规审查制度的实际运作和法规评价制度的建立和运行，加强对行政法规和规章审查标准及其评价系统的研究不仅具有必要性，而且具有迫切性。正是出于这种必要性和迫切性的考虑，我们选择"中国法规审查标准及其评价体系"作为本课题组研究的选题，对之展开了近三年时间的深入研究，形成了近三十万字的研究成果。

本书共分八个部分，即八章：第一至四章研究法规审查，重点研究审查标准，同时也研究与审查标准相关的审查主体、审查方式和审查程序问题；第五至八章研究法规评价，分别研究法规评价的主体、评价标准、评价方法和评价程序。下面具体介绍和阐释各章的主要内容与重要观点，包括作者就改进和完善我国相关制度所提出的重要对策和建议：

第一章研究法规审查的一般理论和中国法规审查的特殊性。分别探讨法规审查的概念、性质、特征，法规审查的类型，法规审查中的解释方法，中国法规审查的宪政基础和行政法治基础，中国法规审查的意义和功能。本章的重要观点有五：其一，法规审查与法规裁量有重要关系。行政立法不同于行政执法，政策裁量是其根基，法规审查如果脱离法规裁量，将会严重损害法规的积极功能与作用。其二，对法规审查作违宪审查、违法审查与适当性审查的分类，据此建立法规审查的相适应的标准。其三，中国法规审查的宪政和法治基础是五大原则：基本权利原则、权力分立原则、法律优先原则、法律保留原则、比例原则。其四，法规审查的方法依违宪审查、违法审查与适当性审查的类型不同而不同，其中违法审查的基本方法分别是依法律文本进行审查和依法律原则进行审查。其五，中国法规审查的意义和功能主要体现在三个方面：对行政权力的监督，对公民、法人和其他组织权利的保障，对法制统一的维护。

第二章研究人民代表机关对法规的审查。分别探讨代议机关审查法规的机构设置、审查方式、审查特征和我国人民代表机关对法规审查的历史发展、国外或域外代议机关对法规的审查模式、我国地方人大审查法规的制度及制度的实际运作。本章的重点内容在于提出了改进和完善我国人大法规审查制度的较系统的对策和建议，主要包括四个方面：其一，对法规审查标准的完善，法规审查标准包括对违宪审查标准、合法性审查标准和适当性审查标准。关于违宪审查标准，本书提出，将我国违宪审查标准体系区分为法规涉及精神自由与法规涉及经济权利两种类型，分别采取两种不同的审查标准，对涉及精神自由的法规采取较为严格的审查标准，而对涉及经济权利的法规则采取较为宽松的审查标准。关于合法性审查，本书提出五项标准：一是制定规范性文件的主体是否合法；二是是否超越法定权限，限制或者剥夺公民、法人和其他组织的合法权利，或者增加公民、法人和其他组织的义务；三是规范性文件的内容是否与宪法、法律、法规和上级人民代表大会及其常务委员会决议相抵触；四是制定程序是否合法；五是同级别的规范性文件对同一事项的规范是否一致。关于适当性审查，本书提出，适当审查标准具有很强的抽象性，难于完全从实体上界定，需要更多地从程序方面控制。首先，加强法规审查结果的公开及说明理由制度；其次，借鉴德国听证权之保留的法规审查模式，确保在行政程序中广大受影响的利益群体的参与权；再次，建立法规审查的案例指导制度，从纷繁复杂的法规审查实践中抽象出一般的、普遍的规律，供相同或相类似的法规审查情形参照适用，以形成相对一致的法规审查标准。其二，对法规审查方式的完善。关于法规审查方式的改进和完善，本书提出主要应处理好以下三对关系：一是处理好备案与审查的关系；二是处理好主动审查与被动审查的关系；三是处理好事前审查与事后审查的关系。其三，对法规审查程序的完善。关于审查程序，本课题提出可从四个方面进行完善：一是建立和完善各级人大常委会对法规审查的信息公开以及反馈机制；二是在全国人大之下设立专门委员会，对行政立法进行具体监督；三是完善备案制度，明确备案期限，使之有效地起到监督作用；四是完善法规审查的异议机制。其四，加强法规审查的功效。对此，本书的对策和建议主要有三：一是构建人大对法规审查的信息公开机制；二是完善人大对法规审查的公民参与机制，拓宽公民对法规的民意表达渠道；三是建立专家在法规审查中的意见表达机制，以弥补人大在法规审查中专业性知识的不足。

第三章研究行政机关对法规的审查。分别探讨行政机关审查法规的机构、审查主体与制定主体的关系、行政机关审查的方式、行政机关审查的主要种类：制定审查、前置审查、备案审查和复议审查等。本章还简介了国外（德国、法国、日本、英国、美国）和我国台湾地区行政机关法规审查的基本情况，并进行了相应分析。本章的重点内容和观点有四：其一，提出了法规制定审查的六项标准：(1)合法性标准。合法性标准既包括实体合法，也包括程序合法。(2)合理性标准。包括必要性、可行性、适当性，所规定的法律措施是否能解决具体问题，同时符合比例原则，不对行政相对人构成过分负担等。(3)协调性标准。指法规与相关立法相协调。(4)科学性标准。包括体现改革精神，符合精简、统一、效能的原则，体现行政机关的职权与责任相统一的原则。(5)立法技术标准。指立法语言明确、内容具体、结构严谨、格式得当等。(6)形式性标准。包括报审的材料是否齐备，是否经过起草部门负责人签署等。其二，提出法规前置审查的范围应限定为三类：(1)涉及对行政相对人履行义务作出规定的文件；(2)对所规定事项依据把握不准或者有异议的文件；(3)涉及行政许可、行政处罚、行政强制等行政执法事项的执行规定文件。其三，主张法规备案审查应尊重地方因地制宜决定自身事务的权利，对于备案审查的标准，对下级地方政府立法的审查强度应小于对本级部门立法的审查强度。其四，提出行政复议中对法规的审查应主要以合法性审查为标准，行政复议中发现的法规合理性问题可以通过备案审查等制度加以解决。

第四章研究司法机关对法规的审查。分别探讨法规审查与司法审查、违宪审查三者的相互关系、影响司法机关法规审查制度的各种体制、机制因素、司法机关法规审查的类型化（依行政行为类型和依行政诉讼类型的分类）。本章重点介绍了美国的司法审查的“双重标准理论”，即根据相应法规是否涉及与民主程序有关的基本权利而确定司法审查强度的理论和“三层密度标准”，即严格审查标准、中度审查标准和合理性基础审查标准，以及德国法规审查的比例原则标准、授权标准、抵触标准、法国法规审查的越权标准、抵触标准等。在此基础上，本章分析了我国司法机关法规审查标准的存在的四个方面的不足与缺陷：其一，过分注重于宪政秩序的维护而对公民权利保障关注不足；其二，在审查标准中缺乏授权标准控制立法秩序；其三，现行审查标准实质为法律适用取舍标准而缺乏认定法规无效或撤销法规的标准;其四,现行审查标准规范化程度不够,容易导致法规审查权的滥用和误用。根据这些不足与缺陷,本章最后提出了我国司法机关法规审查标准重构的具体方案:以现行的不一致标准和抵触标准为框架,有选择地植入德国的比例原则和美国三层密度标准的合理内核,从而在立足于维护宪政秩序的基础上,不断强化公民权利保障的范围和力度。

第五章研究法规评价的一般原理和历史沿革。分别探讨法规评价系统的概念与特征、我国法规评价系统的发展起步和发展趋势、国外规制影响评价制度的兴起与发展,以及法规评价系统的宪政基础、行政法学理论基础和法经济学基础。本章的重点内容和观点有五:其一,确定法规评价系统概念的五个基本要素,即主体、对象、内容、程序、目的。基于此,将"法规评价系统"界定为"法定评价主体依照一定的标准、方法和程序评估行政法规、行政规章和行政规范性文件的各种影响,从而为决策者修改、废止或维持该法规提供参考依据的制度体系"。其二,将与我国法规评价制度相类似的国外规制影响评估制度的意义和作用概括为四个方面:一是通过比较不同规制方案的成本和收益,为法规制定提供有价值的信息,并合理地分配规制资源,从而改善规制效果,降低规制成本,提升规制质量;二是整合多元的政策目标,为决策者提供关于规制的理性而综合的资讯,协调不同的利益,增加决策的合理性;三是加强规制的透明度和协商性,促进行政民主;四是注重质量控制和监督,强化行政责任。故此,规制影响评估制度成为西方国家提升立法质量的重要工具和决策过程的有效补充。其三,提出我国法规评价系统深厚的宪政资源可从我国宪法文本中规定的参政权、知情权、法制统一原则、国家机关的精简效率原则中发掘。其四,论述了法规评价系统的行政民主化价值,这种价值主要表现在其体现了服务政府、有效政府、透明政府和责任政府的要求。其五,从法经济学的理论探讨了法规评价系统的实施、运作对于解决"规制失灵"的特殊意义,指出法规评价与以往的法规调研、论证、清理等制度不同,其最重要、最关键的特征是重视成本—收益分析方法的运用。

第六章研究法规评价的主体。分别探讨法规评价主体与法规价值主体的关系、法规评价制度目的、政府信息公开对确定法规评价主体的影响作用、法规评价主体的分类,并分别介绍西方国家法规评价的启动主体、实施主体、参与主体和监督主体，分析我国法规评价主体的现状，探寻我国现行法规评价主体制度中存在的问题和改进完善的对策。本章的重要内容和观点是提出改进和完善我国法规评价主体制度的四点建议：其一，统一规定法规评价启动主体、实施主体及监督主体，规范其各自的权利、义务；其二，确保利害关系人实质参与到法规评价之中，同时加大社会公众参与的力度；其三，鼓励民间咨询机构的发展，最大限度引入专家理性，健全法规评价委托的程序，通过各项制度保证专家地位的独立性；其四，逐步完善政府外监督制约主体，特别是人民代表机关作为监督制约主体的作用，人民代表机关内部应吸收更多的专家专门从事法规评价工作，内部聘请外部专家投入法规评价工作。

第七章研究法规评价的标准与方法。分别回顾、总结我国近年来对法规评价标准、方法的实践与理论探索，介绍、评析国外、域外法规评价的一般标准与方法，探讨构建与完善我国法规评价标准体系、改进、完善我国法规评价方法的途径。本章的重点内容和观点有三：其一，对国外、域外法规评价各项标准的内涵进行了较深度的解析：提出合法性标准主要包括权限合法、程序合法、内容（主要涉及人权保障、平等以及法律责任的设定等）合法；有效性标准主要是对规制产生的影响进行评估，分析规制的成本和收益、成本和效果的关系、规制得到执行和服从的程度、影响的分布等；立法技术合理性标准则包括规制的简化性、协调性、明确性、和灵活性四个方面；其二，设计了我国行政立法评价标准体系图，该体系图标准简明，逻辑关系清晰，且操作性较强，具有较大实践价值；其三，提出了规范与完善我国法规评价方法的三项具体途径：一是将评价方法的选取原则（如原则性与灵活性的统一、定性分析与定量分析相结合等）制度化；二是建立信息整合和共享机制，加快信息化平台建设，建立网络数据资料库，为及时进行沟通、收集和获取各类评价信息提供条件；三是更多地运用到成本—收益分析等定量分析方法，为此，应重视对评价人员进行相关知识的培训，或者引入“外脑”，邀请有关经济学家或统计学家参与法规评价分析的设计与运作。

第八章研究法规评价的程序。分别探讨法规评价程序的性质、价值、分类、法规评价程序的基本原则、制度和主要程序阶段，并介绍和评价西方国家法规评价启动程序、实施程序和终结程序的制度架构和运作情况，揭示我国法规评价程序的现状、目前存在的主要问题和探索改进、完善的途径。本章的重点内容和观点有四:其一,提出现代法规评价程序是规制改革和规制手段变革的产物,是公共政策发展和改革的产物。其二,将法规评价程序的价值归结为公正、效益和民主。公正要求程序设计应当尽可能使法规评价者处于客观中立的地位,全面收集据以作出评价的信息,不得偏袒利益群体中的任意一方,运用评价标准的时候做到实事求是,不任意剪裁客观事实;效益要求程序的设计应追求更好的解决问题,复杂的问题应当用复杂的程序加以解决,而简单的问题就应当用简单的程序予以解决。程序的设计不应该只有一种,应该配备多种程序供程序的适用者选择;民主要求保障公众参与评价,保障评价过程透明公开,保障公民对评价过程、结果进行有效监督监督。其三,将法规评价程序的基本原则概括为程序法定原则、程序公开原则、程序参与原则和比例原则四项原则。其四,根据我国目前法规评价程序的实践和国外法规评价程序改革的经验,提出了改进和完善我国法规评价程序的六项对策性建议:(1)实现法规评价程序法治化;(2)建立完善的立法前评价程序;(3)设立正式法规评价程序与非正式法规评价程序;(4)明确法规评价启动所针对的客体;(5)加大法规评价程序的公开透明度;(6)通过各种制度的规定保障法规评价结果的质量。

本书是多位学者集体研究的结晶。参与本书写作的学者有中国青年政治学院法学院的讲师伏创宇博士(撰写本书初稿第一、二章)、中国证监会的李国兴博士(撰写本书初稿第三章)、三峡大学法学与公共管理学院讲师潘爱国博士(撰写本书初稿第四章)、中国传媒大学法律系讲师郑宁博士(撰写本书初稿第五、七章)、广东金融学院法律系讲师蒋季雅博士(撰写本书初稿第六、八章)。各位撰稿人在主编设计的编写大纲的基础上,完成了本书初稿的写作。主编对本书全部初稿进行了审阅、加工、修改,最后形成本书。

本书所做的主要工作有三:其一,通过大量调查研究,了解和掌握了中国法规审查和法规评价的基本现状,分析了存在的问题和产生问题的原因,提出了改进的路径和运作方案;其二,通过出国考察、查阅外文书刊资料和网上搜索,获取了国外境外若干有代表性国家和地区的法规审查、法规评价或与之类似的规制分析评价制度的大量资料,并对之进行了梳理、分析,从而总结归纳出了较多可为我国构建、发展、完善法规审查和法规评价制度体系所借鉴的正面或反面经验；其三，通过总结我国各地法规审查和法规评价，特别是立法后评估的大量鲜活实践经验和借鉴国外、境外相应制度成功运作的做法，提出了构建和完善我国法规审查和法规评价系统的基本目标和途径。

本书的主要学术价值和实践意义有四：其一，初步构建了中国法规审查与法规评价系统的理论模型和概念体系，为学界今后对这一领域开展深入研究奠定了较雄厚的理论基础；其二，收集和梳理了国外、境外法规审查与法规评价制度的大量实践材料与学术成果，可为我国学者进一步开展相应研究提供翔实的资料；其三，丰富了行政法学研究中行政立法的理论，可为今后我国行政法教科书修改填补相应内容，推进行政法学科建设作出贡献；其四，本书一方面吸收、总结了全国许多地方法规审查和法规评价的实践经验，另一方面，反过来又可为我国目前正逐步全面开展的法规审查和法规评价实践提供理论指导，对全国各地建立完善法规审查和法规评价制度，特别是制定有关法规审查和评价的规章、规范性文件起一定的推进和指导作用。

本书有待今后进一步研究和解决的问题有二：其一，在我国体制下，如何构建法规的违宪和违法审查制度，是走以人民代表机关审查为主的模式还是走以司法审查为主的模式；其二，法规审查与法规评价的标准体系应如何确立，审查标准与评价的标准应有什么样的联系与区别。本书对这些问题虽然也作了某些探索，但这种探索还很不深入，有待于未来的进一步研究。

目录

第一章　中国法规审查标准概述

第一节　法规审查与法规裁量

一、法规审查的概念

本书所使用的“法规”一词并非法律规范意义上的用语，而是人们日常习惯的用法和在特定学术语境下使用的范畴。在域外，相近的概念有“法规命令”“行政法规”“规章”等。德国法上“法规命令”的概念是指“行政机关发布的法律规范”[①]。我国台湾地区“行政程序法”第150条规定：“本法所称法规命令，系指行政机关基于法律授权，对多数不特定人民就一般事项所作抽象之对外发生法律效果之规定。法规命令之内容应明列其法律授权之依据，并不得逾越法律授权之范围与立法精神。”法国《宪法》第37条规定：“凡法律范畴以外之一切其他事项均属行政法规性质。”美国则将所有行政法律规范性文件统称“法规”（即rules，通常又译“规则”“规章”）。

在我国法律文件和学术用语上，“法规”有广义和狭义之分。广义的“法规”包括法律、法规（行政法规、地方

① 〔德〕哈特穆特·毛雷尔：《行政法学总论》，高家伟译，法律出版社2000年版，第333页。

性法规、自治条例、单行条例)和规章(部门规章和地方政府规章)。狭义的"法规"则仅指行政法规、地方性法规和民族自治地区的自治条例、单行条例。在《行政法规、地方性法规、自治条例和单行条例、经济特区法规备案审查工作程序》中所称"法规"包括国务院制定的行政法规,省、自治区、直辖市和较大的市的人大及其常委会制定的地方性法规,自治州和自治县制定的自治条例和单行条例、经济特区根据授权制定的法规。而《法规规章备案条例》所称"法规"则仅指省、自治区、直辖市和较大的市的人民代表大会及其常务委员会依照法定职权和程序制定的地方性法规,经济特区所在地的省、市的人民代表大会及其常务委员会依照法定职权和程序制定的经济特区法规,以及自治州、自治县的人民代表大会依照法定职权和程序制定的自治条例和单行条例。本书研究的"法规"既不是广义的法规,也不是狭义的法规,而是仅指行政管理领域的法规,不包括法律和地方性法规、自治条例、单行条例,但包括规章。此外,考虑到行政机关制定的规范性文件(红头文件)在我国行政管理的依据中占了很大的比重,这些规范性文件同样应当成为审查的对象,从而使得这些规范性文件不致违背上位法和侵犯公民的合法权益。行政机关制定的规范性文件虽不是行政立法的范畴,但鉴于其在实践中的重要性,本书也将在研究广义的"法规审查"时作附带探讨。

法规审查的英文表述为"review of legal norm"。有学者认为:"法规审查是指法定的有权机关依据一定程序对法律规范性文件的合法性或合宪性进行审查;其实体的核心内容在于适用不同的审查标准来检验法律规范性文件对基本权利的限制是否正当。从法规审查建制较成熟和实务经验较丰富的西方发达国家来看,审查标准堪称法规审查的关键技术。"[①]也有学者认为法规主要包括"行政法规和地方性法规",法规审查"既可能是违法审查,亦可能是违宪审查"。在我国学理上与此相类似的概念还有"法律规范审查""立法审查"和"规范审查"等。法律规范审查是指"依据上位法对下级法律规范的审查"[②],其审查对象包括宪法以下的所有法律规范[③]。立法审

---

① 何永红:《美国法规审查的双重标准——法理的反思性重构与借鉴》,载《浙江大学学报(人文社会科学版)》2009 年第 4 期,第 103 页。

② 张千帆:《建立中国的法律规范审查制度——兼对修宪理论的一点探讨》,载《战略与管理》2004 年第 2 期。

③ 叶海波:《论法规审查机制的完善》,载《厦门特区党校学报》2008 年第 3 期,第 39 页。

查是指“特定的有权机构对立法活动包括立法过程、立法结果的合宪性、合法性以及合理性进行监督审查的制度”①。所谓规范审查是指“我国现行法律规定的有权国家机关依法审查(准)法律规范合法性、适当性的活动”②。

本书所称的“法规审查”,是指有权机关根据上位法和相关的法律原则,按照一定的法律程序,审查行政机关制定的法规(包括规章和其他规范性文件)及其草案的合宪性、合法性和适当性的活动。值得注意的是,法规审查不仅指从宪法、法律的层面上对法规进行审查,同时还包括对法规进行适当性审查,以及在合法性审查的同时解决法律规范冲突的问题。

在探讨法规审查时,首先辨析并厘清法规审查与法规裁量、行政裁量之间的关系具有重要的意义。何谓行政裁量?行政机关处理同一事实要件时可以选择不同的处理方式,构成裁量。③ 裁量表现为两种情况:一是行政机关决定是否采取某个法定措施,此谓之决定裁量;二是在各种不同的法定措施中,行政机关根据案件的具体情况选择采用何种措施,此谓之选择裁量。然则,这种通常意义上所讨论的行政裁量仅仅是指行政机关在个案中如何执行和适用法规。行政立法的制定同样存在裁量,但法规裁量与行政裁量迥异,这表现在两者内涵的结构不同。

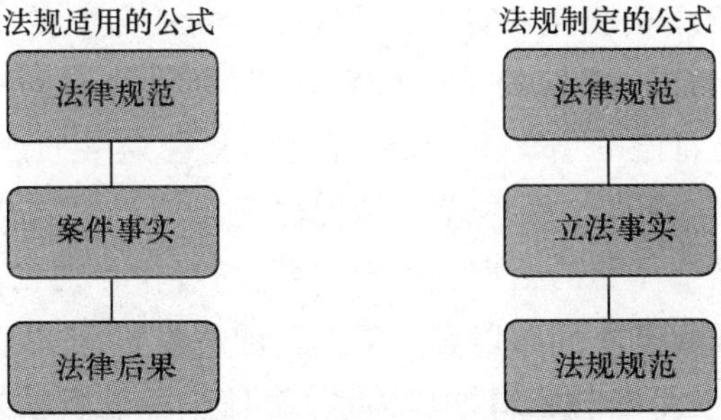

由以上图表可以看出,行政机关的法规适用是以法律规范为大前提,以案件事实为小前提,通过判断案件事实是否符合法定事实要件从而得出法律后果;行政机关的法规制定是以法律规范为大前提,以立法事实为小前

① 陈啸:《试论我国的立法审查制度》,吉林大学2004年硕士学位论文,第3页。

② 袁勇:《法律规范冲突的界定问题》,http://falvshen.fyfz.cn/blog/falvshen/index.aspx?blogid=493158,2009年8月20日访问。

③ 〔德〕哈特穆特·毛雷尔:《行政法学总论》,高家伟译,法律出版社2000年版,第124页。

提，在判断立法事实的基础上来制定法规规范；而法规审查是指有权主体以法律规范和原则为大前提，以行政立法为小前提，根据一定的审查标准和程序得出行政立法是否符合作为大前提的法律规范和原则。法律规范一般包括两个层面的内容，一是事实要件，二是法律后果。一旦事实要件具备，法律后果就产生。行政行为分为羁束行政行为和裁量行政行为属学术界的共识。在行政机关的法律适用的过程中，如果法律规范为同一事实要件设定两个或两个以上的法律后果或者赋予行政机关特定的处理幅度，则行政机关存在裁量的空间。法规的制定则不然，无论是大前提、小前提还是适用的结果与法规的适用都存在着差异：(1) 法规制定的大前提是宪法规范或者一般的法律规范。宪法规范具有抽象性，其往往不具有一般法律规范所具有的"条件—假定—效果"要件；一般的法律规范只有与授权行政立法条款结合起来才能成为行政立法的依据，而授权行政立法条款虽然必须符合明确性的要求，但却具有概括性，无法达到一般法律规范所具有的明确性程度；法规制定的后果是法规规范，属于抽象的普遍适用的命令，并不同于个案中法律适用后的比较明确的结论。因此，法规的制定必然是一个裁量的过程。(2) 法规制定的小前提是立法事实，立法事实与个案事实(或称裁决性事实)不同。行政立法性事实是一种综合性的社会事实，裁决性事实则是个别性的社会事实。[①] 它们的主要区别在于：前者针对的是不特定的当事人，后者针对的是特定的当事人；前者针对的是普遍性问题，后者针对的是具体的个案；前者是既有法律规范对拟议法规规范产生的普遍影响，后者是对过去的描述，是个体化的物理和心理现象；前者作为证据的证明力不如后者强；前者与法规规范之间可以有非常严密的逻辑推理关系，后者则与法规规范之间必须存在严密的逻辑推理关系，而且这种逻辑推理关系一定要符合法律程序的要求。[②] 从以上论述可以看出，法规制定所依据的立法事实的抽象性程度、紧密联系程度远大于个案事实，如果我们承认事实的认定也存在裁量，行政立法制定的裁量性质更加确定无疑。综上所述，行政立法不同于个案处理，后者为行政法律适用，存在着羁束与裁量的区别，而前者的实

---

① 于立深：《行政立法性事实研究》，载《法商研究》2008 年第 6 期，第 29 页。

② See Ann Woolhandler, Rethinking the Judicial Reception of Legislative Facts, *Vanderbilt Law Review*, Vol. 41, 1988.

质只能是裁量,行政立法是裁量的结果。因此,对法规审查的探讨绕不开对法规裁量的分析,只有认识了法规裁量的性质和特征,我们对法规审查的研究才能更深入地展开。

二、法规裁量的性质与特征

法规裁量是行政立法中的核心问题。裁量意味着行政机关在一定范围内的决定自由。在德国,这种裁量称之为制定命令的裁量,也有称之为命令制定者的形成自由、规定裁量、形成裁量、形成余地或规范制定裁量。[①] 在我国台湾地区,大法官会议释字第二四六号解释的用语为"立法授权之裁量"[②],大法官张承韬等于释字第二九三号中解释了不同意见书上直呼为行政立法上的裁量。[③] 在我国大陆学界,有关行政裁量的论文汗牛充栋,针对行政立法[④]的审查标准却鲜有论述,而针对行政立法的裁量及其司法审查标准的学术成果则更少。

什么是行政立法的裁量?许宗力教授认为行政立法裁量是行政立法的制定所拥有的某种决定或行政自由。[⑤] 这种裁量除了包括是否制定行政立法以及何时制定行政立法的自由,更主要是指如何制定行政立法的自由。

(一)行政立法裁量的性质

对行政立法裁量的探讨是否有必要?它与行政裁量、立法裁量存在哪些区别?不可否认,它们之间必然存在着不少共同之处,但是否能够完全等同或者大致等同呢?如果答案是肯定的话,那么对于行政立法的裁量的单独探讨就没有什么特别的意义了,学者也没有必要为了所谓的创新而故弄玄虚了。对此,学者们有不同的观点。

---

① 参见许宗力:《订定命令的裁量与司法审查》,载《当代公法理论》,台湾月旦出版公司1993年版,第283页。

② 参见我国台湾地区"司法院"公报第31卷第12期,第1页。

③ 参见我国台湾地区《法令月刊》第43卷第6期,第36页。

④ 行政立法在我国包括行政法规与规章。在我国台湾地区称为"行政命令",在德国和日本称为"法规命令",在美国称为"Agency Rules"。本书限于篇幅不对行政立法、行政规则和其他规范性文件的区分进行探讨。

⑤ 许宗力教授认为订定命令的裁量是指行政机关就命令的订定所拥有的某种决定或形成自由,参见许宗力:《订定命令的裁量与司法审查》,载《当代公法理论》,台湾月旦出版公司1993年版,第284页。

(1) 统一的裁量结构说。德国少数学者主张立法裁量与行政裁量间存有某种“结构上的共通性”,其间亦无结构或质上的差异,只是在受法拘束的量上有所不同,换言之,立法裁量受法之拘束的量最小,行政裁量受法拘束的量最大,而制定命令的裁量则刚好介于两个极端之间。①

(2) 同立法裁量说。行政机关于法规命令制定阶段行使裁量权,其确立何种内容之裁量,依某些学者意见,法规命令制定裁量通常比个别行政处分时之裁量广泛,类似于宪法架构内国会立法时之立法裁量。② 我国台湾地区大法官会议释字第二四六号解释称:“公务人员之退休及养老,依法固有请领退休金及保险养老给付之权利,惟其给付标准如何,乃立法政策事项,仍应由法律或由法律授权之命令定之。……‘行政院’定颁之办法……尚未逾越立法或立法授权之裁量范围”,显然将订定命令之裁量与立法裁量两者同等看待。英国亦有学者持此观点:“议会已经通过立法规定,根据立法制定的条例应被视为属于该法的权力范围,并且该条例与立法同样有效。”③

(3) 同行政裁量说。该说主张适用行政裁量的理论处理制定命令之裁量的问题。其理论依据有二:其一,制定行政命令与行政裁量两者均属行政决定;其二,两者同样具备法适用功能。④ 该主张认为,法国法律对行政此一概念的理解包括法规命令和行政处分两者,而法院在裁量瑕疵的审查上,对两者的处理乃系适用同一的审查标准,未作区分。

(4) 自成一格的独立、特殊裁量类型说。许宗力教授认为,如果各种近似的传统法概念都证实无法确切说明制定命令之裁量的性质,则唯一的可能就是把它当做一种独立、特殊的裁量类型来理解。⑤ 如果不能用传统的行政裁量和立法裁量说明行政立法的裁量的性质,则行政立法的裁量有何特殊之处? 首先,行政立法介于具体行政行为与法律之间,具备特定的行政立

① Konrad Westbomke, Der Anspruch auf Erla von Rechtsverordnungen und Satzungen, 1976, S. 48, 转引自许宗力:《订定命令的裁量与司法审查》,载《当代公法理论》,台湾月旦出版公司 1993 年版,第 286 页.

② 〔日〕高木光:《日本的行政命令》,《行政命令、行政处罚及行政争诉之比较研究》,台湾行政法学会 2001 年版,第 144 页。

③ H. W. R Wade C. F. Forsyth, *Administrative Law* (eighth edition), Oxford University Press, 869.

④ 许宗力:《订定命令的裁量与司法审查》,载《当代公法理论》,台湾月旦出版公司 1993 年版,第 288 页。

⑤ 参见同上书,第 291 页。

法程序；其次，行政立法属于一般的抽象的法规创设，与个案决定的行政裁量以及个案适用不确定法律概念的行政决定截然有别；最后，行政立法的民主正当性不如普通法律，司法的审查应当坚持不同的立场和标准。

我们赞同行政立法裁量为自成一格的特殊裁量类型，正是行政立法裁量不同于立法裁量和行政裁量的特殊性决定了探讨行政立法裁量及其审查标准的重要性。我国将行政立法与具体行政行为分开的二元模式迥异于一些国家将行政立法与具体行政行为同等对待的一元模式，正是这一特征决定了在我国语境下探讨行政立法裁量之审查标准的必要性。

（二）行政立法裁量的类型

如前所述，行政立法的裁量可以分为两种类型，一种是决定是否以及何时制定行政立法的裁量，一种是决定具体如何制定行政立法的裁量。

1. 是否制定（含改变、废止）行政立法的裁量

是否制定行政立法的裁量必须追溯行政立法的依据。行政立法依据可以用授权来概括，授权可以来源于法律的明确授权，也可以来源于宪法和立法法上的笼统抽象的授权。前者如《城市房地产管理法》第 6 条对征收国有土地上房屋制定具体办法对国务院的授权，后者如《宪法》第 89 条对国务院制定行政法规、发布决定和命令的授权。

对于是否制定行政立法以及何时制定行政立法的裁量，我国实践中已经有相关案例提出了这一问题。2005 年 3 月 4 日，桂亚宁向北京市第二中级人民法院提起诉讼，对我国 1993 年国务院 132 号令修订的《国内航空运输旅客身体损害赔偿暂行规定》“承运人对每名旅客的最高赔偿金额为人民币 7 万元”提出异议，请求法院判令中国民航总局依法履行《民用航空法》第 128 条规定的立法义务，依法制定有关“国内航空运输承运人的赔偿之限额”规定。北京市第二中级人民法院裁定认为，因立法行为属抽象行政行为，故桂亚宁的起诉不属于行政诉讼的受案范围，不予受理。[①] 我国《民用航空法》第 128 条规定：“国内航空运输承运人的赔偿责任限额由国务院民用航空主管部门制定，报国务院批准后公布执行。”直至 2006 年 1 月 29 日，国务院才以国函〔2006〕8 号令明确，根据《民用航空法》第 128 第 1 款规

---

① 参见 http://news.xinhuanet.com/legal/2005-05/28/content_3012892.htm，2009 年 1 月 6 日访问。

定，批准《国内航空运输承运人赔偿责任限额规定》，由民航总局作为规章公布执行。据此，应该认定民航总局在1995年就得到了全国人大常委会的法律授权，但却延迟了11年之久才按照授权颁布了相应的规章，而在这段时间内，国内的经济、社会和生活水平已经得到了大幅度的提高，7万元的最高赔偿数额无异于对受害人生命权的漠视，公民的基本权利何以保障？

类似的例子还有行政法规授权下的行政立法不作为。2008年5月1日实施的《政府信息公开条例》第37条规定："教育、医疗卫生、计划生育、供水、供电、供气、供热、环保、公共交通等与人民群众利益密切相关的公共企事业单位在提供社会公共服务过程中制作、获取的信息的公开，参照本条例执行，具体办法由国务院有关主管部门或者机构制定。"遗憾的是至今还没有哪一个国务院主管部门或机构制定了有关公共企事业单位有关信息公开的规定。[①] 这些行政机关的行政立法不作为是否构成对此法定义务的违反？根据裁量收缩为零理论，立法者如果适用"必要时"或"为了公共利益"等不确定法律概念作为授权行政机关制定行政立法的前提条件，即表示要件具备时，行政机关就有制定行政立法的积极作为义务。但并不排除行政机关就事实要件是否具备的判断享有一定范围内的判断余地。当然，判断余地唯有当涉及高度属人性、经验型与技术性的决定才能承认。同理，如果事实状态发生变更导致授权规定的事实要件消失时，行政机关则应该不再行使相应行政立法的义务。

2. 具体制定行政立法的裁量

具体制定行政立法的裁量可以根据不同的标准划分为不同的种类，对于不同种类的具体制定行政立法的裁量审查应适用宽严不同的审查标准。

（1）以法规内容的规范属认识行为或意志行为对法规审查标准加以区分。 般而言，如果法律授权的日的在于要求行政机关以命令方式就经验上可资认识、确定的事实加以规范，则这种法规的制定被认为只具有单纯的法适用功能；反之如果行政立法的内容含有评价、权衡或者预测等意志性成

---

① 2008年5月底，北京大学法学院王锡锌、沈岿、陈端洪三位教授，以普通公民身份，向北京市发改委、北京市交通委、"首发公司"提出信息公开申请，他们申请公开的信息内容是："首都机场高速公路的投资总额及其中贷款总额；其收费依据；1993年通车至今收费总额及其去向"。参见陈煜儒：《首都机场高速路收费案：信息公开条例需细则完善》，载《法制日报》2008年7月1日。

分，行政机关则拥有一定的自由裁量空间以作出合目的性考虑与政策取向的决定。前者凸显的是行政立法的适用功能，对法规裁量的审查应相对地适用从严标准；后者凸显的是行政立法的法制定功能，对法规裁量的审查当然应相对从宽。

（2）以授权法是否属联结式规定对法规审查标准加以区分。如果制定行政立法的目的在于解释或者对授权法构成要件部分的不确定法律概念加以具体化，而授权法的法律效果部分又同时含有行政裁量的授权，即构成所谓联结式规定。反之，如果授权母法不是联结式规定，法定构成要件一旦具备，行政机关就有义务为一定的决定，此时行政机关以具体化构成要件为目的所制定的行政立法，对最后决定的做成就具有唯一、关键性的影响地位，不再有机会透过行政裁量达到个案正义的目的，则法规审查时应当从严。前者的例子较多，后者的例子如我国《道路交通安全法》第 48 条规定："载物的长、宽、高不得违反装载要求"，而我国《道路交通安全法实施条例》第 54 条即明确了不同机动车的装载的长、宽、高的上限。行政相对人若违反了机动车装载的要求，则行政机关必须按照规定行使行政处罚权而没有裁量的余地。

（3）以是否有法律的授权对法规审查标准加以区分。在现代民主国家，根据法律保留原则，行政立法的制定在原则上须有法律的授权，唯有涉及内容不具有基本权利与公共事务重要性的命令，可不需要法律的授权。[①] 此种行政立法的权力来源直接从宪法和政府组织法中获得，其内容的形成不受立法者的规范限制。可见，行政机关在此原则下应该享有与立法者同等或者类似的裁量空间，法规审查应当从宽。我国《宪法》第 89 条第 1 款即规定"国务院可根据宪法和法律，规定行政措施，制定行政法规，发布决定和命令"，实际上确定了国务院制定的立法和规范性文件的两个依据来源：宪法和法律。依我国《宪法》规定，国务院各部委只能根据法律和国务院的行政法规、决定、命令（《宪法》第 90 条）发布决定和命令。换言之，审查国务院各部委的决定和命令则应以国务院的行政法规决定、命令为依据。

（4）以法律上的授权明确与否对法规审查标准加以区分。立法者不能

---

① 参见许宗力：《论法律保留原则》，载《法与国家权力》，台湾月旦出版公司 1993 年版，第 192—195 页。

为空白授权,须于授权法中明定授权的内容、目的与范围,使行政机关制定行政立法时有一定的方针、准则与界限可循,不致滥权。[①] 授权明确程度作为分类没有一定的界限,实乃相对而言,有的明确程度较高,如我国《循环经济促进法》第44条规定:“国家对促进循环经济发展的产业活动给予税收优惠,并运用税收等措施鼓励进口先进的节能、节水、节材等技术、设备和产品,限制在生产过程中耗能高、污染重的产品的出口。具体办法由国务院财政、税务主管部门制定。”有的明确程度较低,如我国《企业国有资产法》第9条规定:“国家建立健全国有资产基础管理制度。具体办法按照国务院的规定制定。”授权依据的明确程度不同导致有权审查主体在对法规审查标准的宽严程度上也存在差异。授权明确程度高,法规审查应从严;授权明确程度低,法规审查应从宽。

(5) 以有无公开民主的行政立法程序对法规审查标准加以区分。不论行政机关的动机如何,只要其愿意施行一定的程度让公民参与意见表达的程序,其据此制定的行政立法原则就应比“自作主张”的行政立法拥有相对深广的民主正当性,法院的审查也应当从宽。但法院从宽的前提是这种公众参与的行政立法程序已达到了影响行政立法效果的程度。美国行政立法的非正式程序和正式程序的区分就是一个典型的例子。我国《重庆市行政立法基本规范》(试行)第49条规定就针对不同类型的行政立法规定不同类型的制定程序,“起草地方性法规草案、政府规章,应当深入调查研究,涉及相关部门职责的,起草单位应当通过书面发函、专题论证等形式充分征求相关部门的意见;涉及公民、法人和其他组织切身利益或者对社会有重大影响事项的,起草单位应当通过听证会、座谈会、向社会公示等形式广泛听取公众的意见和建议”。因而,有权主体在对涉及公民、法人和其他组织切身利益或者对社会有重大影响事项的规章进行审查时,其中的一个审查标准就是是否采取了听证会、座谈会、向社会公示等广泛听取意见等程序。

(6) 以事务领域的不同对法规审查标准加以区分。行政立法所涉及事务的领域不同,也可能影响到行政立法裁量的大小以及法规审查的强度。德国联邦行政法院在多项判决中均指出,在以追求特定经济政策为目标的

---

① 参见许宗力:《行政命令授权明确性之要求》,载《法与国家权力》,台湾月旦出版公司1993年版,第215—267页。

经济管制领域，行政机关拥有较大的自由裁量空间。这种较大的自由裁量空间纵非由立法者的规范性指示所明白赋予，也可根据“事务的本质”被合理化。在 Wyhl 判决中，法院虽未明白指出技术安全事务之本质，但也认为在该事务领域应从宽审查，因为法院并未拥有判断安全事项所需的专业知识与设备。[①] 以我国为例，《药品管理法》第 4 条规定，“对疗效不确、不良反应大或者其他原因危害人体健康的药品，应当撤销批准文号或者进口药品注册证书》”，而《药品管理法实施条例》第 41 条规定：“对不良反应或者其他原因危害人体健康的药品，应当撤销该药品批准的证明文件”。若对该行政立法条款进行违法审查，无疑涉及药品监管领域的技术性事项，相比治安管理等技术性较弱的领域，其审查标准应该从宽。

第二节　法规审查的性质和特征

一、法规审查的性质

有学者采用与法规审查类似的用语“行政立法监督”表述“法规审查”，并将对行政立法监督定性为“所有行政法规、规章之间以及其与上位法、同位法之间的冲突解决机制，包括解决行政立法与宪法冲突的机制”[②]。有学者将立法监督定性为“准立法”行为[③]。也有学者将行政立法的监督机制定性为“行政立法的正当性的保障”[④]，而行政立法的正当性包括了行政立法的形式正当性、行政立法的实质正当性和行政立法的程序正当性。我们基本赞同第三种观点，法规审查不仅仅是法规与上位法、同位法之间的冲突解决机制，还从公民的基本权利、宪法和法律的原则和精神出发来审视法规的正当性，是保障法规成为“良法”的重要机制；法规审查也不能等同于立法行为，其与立法行为也存在着较大的差异，很难称得上是“准立法”行为。固

① BverwGE 72,300,320.
② 刘莘：《行政立法研究》，法律出版社 2003 年版，第 195 页。
③ 马怀德主编：《中国立法体制、程序与监督》，中国法制出版社 1999 年版，第 277 页。
④ 曾祥华：《行政立法的正当性研究》，中国人民公安大学出版社 2007 年版，第 275 页。

然，代表机关、行政机关和司法机关对行政立法的审查的依据、标准、对象、程序和程度等方面存在较大的差异，本书对法规审查性质的界定是建立在一般的、整体的和宏观的视角上，不同主体对法规的审查的性质实际上应当有所区别。笔者认为，法规审查的性质可以从违宪审查、违法审查和适当性审查三个层次来看待。

（1）法规审查具有违宪审查的性质。违宪审查是一个比较流行的词语，但众说纷纭，没有一个统一的含义。概念使用的混乱在一定程度上影响了我们对问题把握的准确度和研究的深入，因此有必要对违宪审查的概念予以澄清。我们认为，违宪审查又可以称为宪法监督，是指由宪法授权或宪法惯例认可的机关，以一定方式进行合宪性审查，取缔违宪事件，追究违宪责任，从而保障宪法实施的一种宪法制度。[①] 目前违宪审查的典型性模式有三种，代表机关审查模式、司法机关审查模式和专门机关审查模式。在我国，行使违宪审查权的机关是全国人大常委会，《宪法》第 67 条规定全国人大常委会有解释宪法、监督宪法的实施的职权。在法规审查的过程中，违宪审查是法规审查的最高层次，应当适用“穷尽法律救济”原则。否则，动辄以宪法作为依据来对行政法规、规章或者规范性文件进行审查必然使得宪法统领的法律体系被架空，而且许多机关如行政机关、司法机关并不具有违宪审查的权力，因此，违宪审查是一种最高层次的审查，也是在法规审查中较少采用的一种审查方式。违宪审查应在下列两种情形下才予以适用：一种情形是在违法审查的过程中，有权机关发现法规尽管没有违背作为上位法的法律，但作为上位法的法律本身可能违反宪法，导致法规也违反宪法，这种情况下可引发违宪审查；另外一种情形是法规并非直接依据上位法制定，如我国《立法法》第 9 条规定全国人民代表大会及其常务委员会有权作出决定授权国务院在法律缺位的情况下事先制定行政法规，在此时对行政法规的审查则可以直接依据宪法进行。

（2）法规审查主要是违法审查。违法审查是指以法律作为审查的依据，对行政法规、规章和规范性文件进行审查的一种活动。违法审查包括两种方式，一是狭义的违法审查，即以全国人大及其常委会制定的法律为依据

① 刘茂林主编：《宪法教程》，法律出版社 1999 年版，第 62—63 页。

对下位法所进行的审查；另一种是以行政法规、规章为依据对下位法和其他规范性文件所进行的审查。违法审查是在所有审查方式中采用得最多的方式。在我国，代表机关和行政机关都具有违法审查的权力，司法机关在法律规范的适用过程中也具有一定程度的违法审查的权力。违法审查的目的主要在于维护法制的统一。

（3）法规审查还具有适当性审查的性质。适当性审查是在违宪性审查、违法性审查之外的一种方式。适当性审查主要审查两种情况，一种情况是法规与同位法的规定具有不一致的情形，在这种情况下适当性审查表现为法制的统一性审查；另外一种情况是对法规的合理性审查，即在法规不抵触上位法的情况下对法规涉及公民、法人和其他组织的权利、义务的规定是否合理进行审查。

法规审查不仅具有违宪审查、违法审查的性质，也具备适当性审查的性质。因此，对法规的审查是行政立法正当性的保障，既要保障行政立法合宪、合法，又要保障行政立法适当。对法规进行审查是否属于裁量行为？有学者认为，法规审查不可避免地要行使裁量权，“有必要认识到无论是解释方法的选用、原则的选定与权衡，还是在整体上判断行政规范是否符合法体系的整体意义与脉络，都会致使审查者运用裁量权、都会涉及道德评价、价值判断的问题。在当下批评审查者消极、惰怠的同时，应当注意到裁量权被积极使用所可能导致的不利后果”。[①] 笔者对此并不赞同，适当性审查中无疑涉及裁量问题，但违宪审查和违法审查中并非一概涉及裁量问题，而是既存在羁束的审查行为，也存在裁量的审查行为。在某一些情况下，法规审查就属于典型的羁束行为，如我国 20 世纪 80 年代收容遣送办法的制定就明显超越了宪法和立法法规定的立法权限。

二、法规审查的特征

法规审查是指有权机关根据上位法和相关的法律原则，按照一定的法律程序审查行政机关制定的法规（包括规范性文件）或其草案的合宪性、合法性和适当性的活动。

---

① 袁勇：《论行政规范合法性审查的法学方法》，载《山东科技大学学报（社科版）》2008 年第 2 期。

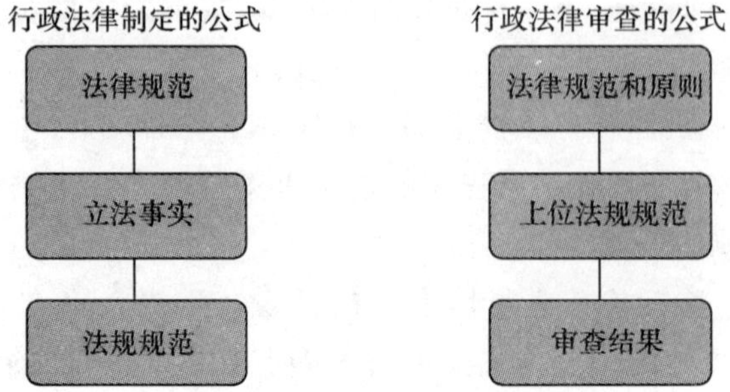

图 1　行政法律制定与行政法律审查

（1）就审查主体而言，法规审查的主体呈现出多元化，多种主体分工配合，为法规审查提供多重保障。从国内外的法规审查实践来看，法规审查的主体包括代表机关（立法机关）、行政机关和司法机关。三者在审查的功能、审查的权限、审查的依据、审查的标准、审查的程序和审查的强度诸方面都存在着较大差异。

（2）就审查对象而言，法规审查的对象包括行政法规、行政规章和规范性文件及其草案。与代表机关的立法不同，行政立法具有从属性的特点。行政立法相比代表机关的立法而言，具有以下特点：一是行政立法相对更具有专业性，代表机关体现了民主性，但专业性往往欠缺；二是行政立法相比代表机关的立法而言往往更具体，对代表机关的立法进一步予以了细化；三是行政立法的程序比代表机关的立法更具有效率、更便捷。法规审查必须考虑到作为审查对象的行政立法的这些特点。

（3）就审查依据而言，法规审查的依据视审查的对象而有所区别，包括宪法、法律、行政法规、地方性法规及规章。一个值得思考的问题是，宪法和法律的原则和精神是否也应作为审查的依据呢？笔者持肯定的态度。如上所述，对法规的审查不仅仅包括了违宪审查、违法审查，还包括了适当性审查。而适当性审查的依据不是宪法文本，也不是法律文本，有权机关不能凭空无据地随意进行审查，而只能依据相应的宪法和法律的原则和精神，否则会令审查的权威受到损害。另外，在我国一些法规审查的规范中，人大的决议也作为审查的依据之一，如《陕西省地方人民政府规章备案规定》第 8 条就将是否“与全国和省人民代表大会及其常务委员会的决议、决定相违背”作为审查的一个方面。人大的决议能否作为审查的依据呢？从性质上来看,上级人大或者本级人大及其常委会的有关决议、决定属于民意表达和集中的结果,是民主的产物,作为执行机关的行政机关当然应在民主的架构下行使立法权。法规审查的依据是否还包括国际法呢?从目前的法律规范来看,不管是立法法、监督法,还是地方的备案审查规定,都没有将国际法纳入审查的依据,但作为审查依据的全国人大及其常委会制定的法律实际上包括了对我国加入或认可的国际条约加以转化的法律。

(4) 就审查标准而言,法规审查的标准包括合宪性标准、合法性标准和适当性标准。三种标准具有不同的内涵和适用原则。合宪性标准从宪法依据出发,考察法规对基本权利的影响程度,而且合宪性标准的适用应当根据基本权利的不同类型宽严有别。相对于合法性标准的适用而言,合宪性标准应当坚持合宪性推定原则。合法性标准则以法律、法规为审查依据,考察法规是否超越了制定权限、是否抵触上位法和违背法定程序等。适当性标准从宪法和法律的精神和原则出发,考察法规涉及公民、法人和其他组织的权利、义务的规定是否合理。

(5) 就审查程序而言,法规审查的程序依审查主体、审查对象和审查依据的不同也呈现出差异性。代表机关作为民意机关,对法规的审查程序更多地体现了民主的要素;行政机关作为执行机关,对法规的审查着眼于自我纠错功能,对法规的审查程序更多地体现了效率的要素;司法机关作为审判机关,对法规的审查缺乏代表机关的民主性,也相比行政机关而言缺乏审查的专业性,其程序审查更多体现了公正的要素,由于其往往结合个案进行审查,强调两造之间的对抗、辩论和质证,也侧重从公民权利的角度进行考察。

三、法规审查的类型

(一) 违宪审查、违法审查与适当性审查

根据审查依据的不同,法规审查可以分为违宪审查、违法审查和适当性审查三种类型。适当性审查是在对法规的合法性审查、合宪性审查后发现符合宪法、法律对法规所进行的合理性审查。如前所述,适当性审查主要审查两种情况:一种情况是法规与同位法的规定具有不一致的情形,在这种情况下适当性审查表现为法制的统一性审查;另外一种情况是对法规的合理性审查,即在法规不抵触上位法的情况下对法规涉及公民、法人和其他组织

的权利、义务的规定是否合理进行审查。适当性审查的主体也应受到严格的限制,代表机关和司法机关在进行适当性审查时都应尤为慎重,这是由权力之间的分工和差异所决定的。

笔者认为,违规审查实际上仍然属于违法审查的范畴,违法审查与违规审查的区分并没有重要的理论价值和实践意义,因为违规审查与违法审查适用同一的标准和审查程度,相反,违宪审查与违法审查的区分才具有实质的意义,因为两者在审查标准、审查程度、审查主体和审查程序等方面都存在着较大的差异。违宪审查必然区别于违法审查,这是由宪法与法律的区别所决定的。宪法是法,但又不同于一般的法律,关于宪法与法律的关系仍然存在争议,但宪法与法律存在区别却是毋庸置疑的。因而,违法审查的标准不同于违宪审查的标准。笔者认为:其一,违法审查标准并不能从根本上解决行政立法的违宪问题,违法审查仅仅以宪法以外的其他法律规范作为审查的基本依据,而违宪审查以宪法和宪法原则作为审查的基本依据,违法审查并不能解决法律规范违宪问题,可能对法律违宪的情况无可奈何。其二,违法审查标准往往从形式上进行审查,尽管有时也进行内容上的审查,但限于较低层次的审查,主要审查越权问题,而违宪审查往往深入到行政立法的内部,从是否过度限制基本权利的角度来进行判断,“只有在法律途径—其中包括间接法律保护—已经穷尽时,向联邦法院提出针对法规命令的宪法申诉—即使具备其他条件—才具有适法性”①。其三,违法审查标准主要针于对行政立法的审查,而违宪审查的对象还包括了法律。其四,违法审查标准和违宪审查标准都存在层次性和区别度,但一般违宪审查标准的适用相对于违法审查标准的适用更为宽松。作为违宪审查的一个重要原则,合宪性推定要求有权审查主体尽可能地作出合宪判断,其目的乃在于尊重宪法的权威,维护稳定的宪法秩序。

（二）事前审查与事后审查

依法规审查的时间为标准,法规审查可以分为事前审查与事后审查。事前审查是指有权主体在法规生效前对法规进行的审查,事后审查则是有权主体在法规生效后对法规进行的审查。事前审查与事后审查虽然都

---

① 〔德〕哈特穆特·毛雷尔:《行政法学总论》,高家伟译,法律出版社2000年版,第341页。

属于法规审查的方式，但在审查的功能、审查的对象等方面存在着差异：其一，功能方面的差异。事前审查的进行在法规生效前，以法规草案为对象进行审查，而事后审查是在法规生效之后，因此事前审查的功能从源头上保障法规的正当性，而事后审查的功能则属于事后的监督和对公民权利的救济。其二，对象方面的差异。事前审查的对象是尚未通过生效的法规草案，也即行政机关的法规尚在酝酿的不成熟的过程中，故而事前审查的主体受到一定的限制，但由于法规尚未生效，对其的审查标准也更加宽泛；事后审查由于要考虑到法的安定性，即法规生效后对公民可能已经产生了信赖利益，因而其审查标准的适用也要考虑对公民信赖利益的保护和法的安定性的维护。

（三）主动审查与被动审查

依据审查主体是否自行决定启动法规审查为标准，法规审查可以分为主动审查与被动审查。主动审查是指审查主体主动根据宪法、法律赋予的权限审查法规的活动，被动审查则是审查主体基于其他主体的法规审查建议或者基于法规备案、提交和批准等程序而启动的法规审查活动。从审查主体来看，立法机关的审查和行政机关的审查既存在主动审查也存在被动审查，而司法机关的审查基于司法的消极原则无疑属于被动审查。主动审查方式与被动审查方式构成相互补充、相互配合的关系。

（四）代表机关审查、行政机关审查与司法机关审查

依据法规审查主体的不同，法规审查可以分为代表机关审查、行政机关审查与司法机关审查。也有我国台湾地区的学者将法规审查分为五类，“一个法规命令的审查除行政机关内部所进行的审查（如‘行政程序法’第157条的核定权）以及‘考试院’由‘宪法’增修条文第6条所拥有对于人员考铨命令，拥有审查权，自可依法行使监督权，是为所谓的考试权审查，以及‘监察院’行使的纠弹权，亦可追究行政机关订定法规命令有无违反法律。”[①]然则考试权审查与监察权审查并不具有典型意义，在此并不纳入探讨的范围。尽管我国法院的法官并没有赋予审查行政立法的权力，但实际上法院在一定程度上行使了司法审查权。一是依据我国《行政诉讼法》第52条第1款

① 陈新民：《行政法学总论》（修订第7版），台湾三民书局2000年版，第276页。

规定，“人民法院审理行政案件，以法律和行政法规、地方性法规为依据。地方性法规适用于本行政区域内发生的行政案件”，法院在法律的适用选择过程中无法回避对法规的审查。二是依据第53条第1款规定，“人民法院审理行政案件，参照国务院部、委根据法律和国务院的行政法规、决定、命令制定、发布的规章以及省、自治区、直辖市和省、自治区的人民政府所在地的市和经国务院批准的较大的市的人民政府根据法律和国务院的行政法规制定、发布的规章”，法院在法律适用中参照规章不可避免地要对规章进行审查。在1993年“任建国不服劳动教养复查决定案”中，被告山西省吕梁行署劳动教养管理委员会对法院判决不服，以“人民法院审理行政案件应当参照地方规章”为由，向山西省吕梁地区中级人民法院提出上诉。山西省吕梁地区中级人民法院经审理，以“对于那些不是根据法律和行政法规制定的规章，或者其内容与法律和行政法规相抵触的规章，则不在人民法院参照之列”驳回了被告山西吕梁行署劳动教养管理委员会的上诉。①

第三节　中国法规审查的理论基础

一、法规审查的宪政基础

行政立法涉及公民与政府的关系，实际上是在公民与政府之间配置权利义务，行政立法权来自于代表机关的权力转移，而代表机关的正当性根源于公民的基本权利，法规审查必然要对行政立法对公民的权利配置是否合法、合理进行审查。因此，基本权利原则是法规审查的理论基础之一。另外，法规的审查主体包括代表机关、上级行政机关和司法机关，法规审查也因此体现了立法权、司法权与行政权之间的权力关系，权力分立在不同国家

① 参见《中华人民共和国最高人民法院公报》1993年第3期。法院认为：“国务院有关劳动教养的行政法规中，对劳动教养的适用对象已有明确的规定，《山西省人民政府关于保护企业厂长、经理依法执行职务的规定》第8条第2项，把劳动教养的适用范围作了扩大的规定。对于这样的规章，人民法院只在符合行政法规规定的范围内参照适用，即行政法规规定的劳动教养适用对象有以暴力、威胁方法阻碍厂长、经理依法执行职务的行为时，可对其实行劳动教养。如果不属于劳动教养适用对象，则不能仅参照规章对其适用劳动教养。”

的宪政体制中有不同的内涵和形式，中国法规审查也必须建立在本土的宪政体制上，其理论基础自然迥异于其他国家的法规审查模式。

（一）基本权利原则

德国《基本法》第1条第1款明文规定："人之尊严不可侵犯，尊重及保护此项尊严为所有国家机关之义务"；第2条第1款还规定："人人都有自由地发展其人格的权利……"；第3项规定："下列基本权利拘束立法、行政及司法而为直接有效之权利。"可见，在德国，基本权利可以直接约束行政立法，基本权利也因此可以直接作为法规审查的重要标准。德国宪法法院在对基本权利的法规审查上有一个总体趋向，即审查基本权利限制是否侵害到人性尊严核心、是否实质地阻碍了个人的人格自由发展。美国构建平等权侵害的双重标准之时，鉴于历史上种族隔离政策所造成的严重社会政治问题，联邦最高法院通过著名的卡洛琳产品案提出"分散而隔离的少数"的民主政治程序补充理论，以加强对此类种族歧视的司法审查，后来扩大适用于国籍歧视、性别歧视等案件。这种"分散而隔离的少数"理论使得政府行为在"归类"准则上须接受法规审查，美国法院将归类对象的选择视为一种可能会事实上构成对某个族群的歧视行为。

我国《宪法》第二章专门规定了公民的基本权利。2004年《宪法修正案》将《宪法》第33条增加一款作为第3款："国家尊重和保障人权。"这标志着我国《宪法》对人权的保障迈上了一个新的台阶。有学者认为："中国宪法文本中人权条款的解释可以考虑以下要素：一是作为宪法原则意义上的人权；二是国家价值观意义上的人权；三是转化为基本权利内容的人权。"①笔者认为，"人权"本身是不确定的概念，在宪法文本中往往以综合的价值形态来出现，难以成为提炼新的基本权利的基础。中国宪法文本中的人权条款仅仅具有两个层面的意义：第一是作为宪法原则意义的人权，统领整个宪法文本，为宪法条款的解释和基本权利的解释提供理论上的支撑；第二是国家价值观意义上的人权，宣示了国家权力的正当性，表明了国家权力行使的界限和目的，立法权、行政权和司法权的行使都必须以人权的保护作为价值基础。基本权利是具有解释上的约束力还是直接作为法规审查适用

---

① 韩大元：《宪法文本中"人权条款"的规范分析》，载《法学家》2004年第4期。

的标准？我国对法规的审查是否能直接援引基本权利条款作为审查的依据呢？我国《立法法》并没有直接规定以基本权利作为对法规审查的标准，但在一些地方法规中有援用权利来对法规审查规定的例子，如《陕西省地方人民政府规章备案规定》第八条确定的审查标准中包括"违法限制、剥夺公民、法人和其他组织的合法权利，或者增加公民、法人和其他组织义务的"。不过，这里的审查并非依据《宪法》上的基本权利条款来进行，而只是在一般法律的层面上来保护公民的合法权利。基于我国目前的宪政体制和法律文本，除全国人大及其常委会以外的任何其他机关尚不具备违宪审查的权力。

我国《宪法》对法规审查的规定体现在以下方面：其一，《宪法》在法律体系中的统领地位，具有最高的法律效力，行政立法不得与《宪法》相抵触。我国《宪法》序言表明了《宪法》的根本法地位："本宪法以法律的形式确认了中国各族人民奋斗的成果，规定了国家的根本制度和根本任务，是国家的根本法，具有最高的法律效力。全国各族人民、一切国家机关和武装力量、各政党和各社会团体、各企业事业组织，都必须以宪法为根本的活动准则，并且负有维护宪法尊严、保证宪法实施的职责。"其二，《宪法》第五条规定："国家维护社会主义法制的统一和尊严。一切法律、行政法规和地方性法规都不得同宪法相抵触。"可见，我国《宪法》文本肯定了《宪法》作为法律体系金字塔顶端的地位，但在如何确保《宪法》的根本法、高级法以及人权保障书的地位上，宪法实施制度特别是有效的违宪审查制度还有待完善。

（二）权力分立原则

不同的权力分立模式下立法权、行政权和司法权之间的关系具有不同的特点，这无疑也影响到立法机关和司法机关在对行政立法进行审查时也必须在权力分立的框架下进行。美国的政体受孟德斯鸠的三权分立思想影响，建立了立法权、行政权与司法权之间的分立与制衡关系。在美国，立法否决权曾是国会对行政机关的法规进行监督的一种重要方式，直到最高法院在查得哈一案中对立法否决权作出违宪的判决。一些法律学家对该案的意义极为重视，"查得哈案的判决是多年来在宪法和行政法领域里的最具意义的判决，因为该裁决触及国会与行政分支之间的基本关系"。[①]在美国，法

---

① 〔美〕肯尼思·F. 沃伦：《政治体制中的行政法》（第 3 版），王丛虎等译，中国人民大学出版社 2005 年版，第 171 页。

院业已改变了司法审查的关注点(通过扩展和变革传统的程序机制)。“司法审查的主要目的因而不再是防止行政机关对私人自治领域的未经授权的侵入,而是确保所有受影响利益在行政机关行使其被授予的立法权力过程中得到公平的代表。”①

我国的法规审查权享有主体呈现出多样化、多层次的特点:其一,《宪法》规定了代表机关对法规的审查权。《宪法》第3条第3款规定“国家行政机关、审判机关、检察机关都由人民代表大会产生,对它负责,受它监督”,实际上从法律地位上肯定了人民代表大会作为权力机关对行政立法的监督权。第67条第7项规定了全国人民代表大会常务委员会具有“撤销国务院制定的同宪法、法律相抵触的行政法规、决定和命令”的职权。第99条规定“地方各级人民代表大会在本行政区域内,保证宪法、法律、行政法规的遵守和执行”。第104条规定,县级以上的地方各级人民代表大会常务委员会有权“撤销本级人民政府的不适当的决定和命令”。其二,《宪法》规定了行政机关内部对法规的审查权。《宪法》第89条规定了国务院有权“改变或者撤销各部、各委员会发布的不适当的命令、指示和规章”和“改变或者撤销地方各级国家行政机关的不适当的决定和命令”。第108条规定:“县级以上的地方各级人民政府领导所属各工作部门和下级人民政府的工作,有权改变或者撤销所属工作部门和下级人民政府的不适当的决定。”其三,《宪法》虽然没有明确赋予司法机关对法规的审查权,但也保留了司法机关对法规审查权的空间。《宪法》第126条规定“人民法院依照法律规定独立行使审判权,不受行政机关、社会团体和个人的干涉”。这表明了人民法院必须依照法律规范来解决社会纠纷,实现公平正义。法律冲突存在的必然性使得法院在个案中可能遇到行政立法与上位法发生冲突时的法律适用选择问题,因此,司法机关至少拥有一定程度的对法规的审查权。

我国的权力分立模式不同于西方国家的典型的三权分立模式,代表机关的立法权、政府的行政权与法院的司法权之间不存在西方国家那样的分立、制衡关系。我国行政机关对代表机关负责并报告工作,《宪法》第92条和第110条分别规定了“国务院对全国人民代表大会负责并报告工作;在全

---

① 〔美〕理查德·B.斯图尔特:《美国行政法的重构》,沈岿译,商务印书馆2002年版,第63页。

国人民代表大会闭会期间,对全国人民代表大会常务委员会负责并报告工作”和“地方各级人民政府对本级人民代表大会负责并报告工作。县级以上的地方各级人民政府在本级人民代表大会闭会期间,对本级人民代表大会常务委员会负责并报告工作”。司法机关同样应当对代表机关负责,《宪法》第128条规定“最高人民法院对全国人民代表大会和全国人民代表大会常务委员会负责。地方各级人民法院对产生它的国家权力机关负责”。这种权力分立模式对法规审查造成的影响是,人大的法规审查权比较大,而法院的法规审查权比较小。

另外值得探讨的是,当法规审查遭遇良性违宪、良性违法时该怎么办?在法规审查的层面上还存在着着“良性违宪”“良性违法”的观点。郝铁川教授将良性违宪界定为“国家机关的一些举措虽然违背当时宪法的个别条文,但却有利于发展社会生产力、有利于维护国家和民族的根本利益,是有利于社会的行为”。[①] 他指出,如有违宪事件,则进一步鉴定其为良性还是恶性。若为恶性,则理所当然地予以阻止或排除。若为良性,则向人民作出清楚的解释。良性违宪也必须有时间上的限制。所谓良性违法,有学者认为:一方面是指违法的初衷是善意的、良性的,违法行为是符合历史发展的,是有利于国家和民族利益的;另一方面是指违背的法是恶法,是不良之法。社会生活中良性违法主要体现在两个方面:良性违宪和良性违法。[②] 可见,不管是良性违宪还是良性违法都存在两个层面的判断:首先对是否违宪或者违法的判断,然后才是良性还是恶性的判断。良性还是恶性的判断并不能否定其违宪或者违法的本质,只是关系到是否宣布违宪或者违法的判断,是否追究违宪或者违法责任。法规审查中的违宪性、违法性判断属于是否违宪、违法的层面,而良性还是恶性则属于法规审查后果层面。笔者认为,西方国家并不存在所谓的“良性违宪”“良性违法”的说法,西方国家成熟的宪法解释技术和合宪性推定原则使得法规审查总在宪法和法律的框架内运行,“良性违宪”“良性违法”的争论实际上源于我国社会和法治的急剧转型带来的社会现实和法律文本之间的鸿沟,从长远来看并不利于宪法和法律的稳定性,不利于宪法和法律尊严的维护。因此,笔者并不赞同良性违宪和

---

① 郝铁川:《论良性违宪》,载《法学研究》1996年第4期。

② 何丽:《良性之治与良性违法》,载《云南行政学院学报》2003年第3期。

良性违法的观点，特别是良性这样一个抽象得足以容纳百川、“仁者见仁，智者见智”的词语也可能使宪政和法治被架空，法规审查应当坚持在现有的宪法和法律文本的框架内进行并坚持宪法的最高效力原则。

二、法规审查的行政法治基础

法律规范的来源不同客观上可能导致相互冲突，但法律秩序要求消除冲突，不允许相互冲突的规定存在。否则，法律秩序的安定性会因法律规范之间的“打架”现象而降低，影响法律的尊严和权威。同时，法规审查也应考虑到法规对公民权利的影响大小。笔者认为，法律优先原则、法律保留原则和比例原则构成了法规审查的行政法治基础。

（一）法律优先原则

法律优先原则是指行政应当受现行法律的约束，不得采取任何违反法律的措施。[①] 法律优先原则无限制和无条件地适用于一切行政领域。法律优先原则赋予行政机关采取合法行为的义务，而没有直接设定违反该义务的后果。但是，如果该原则没有被遵守，无论如何均必须有相应的制裁：违法的法规命令无效。德国《基本法》第 20 条第 3 款规定：“立法权应受宪法之限制，行政权与司法权应受立法权与法律之限制。”

对于行政立法，法律优先原则包括三个层次的含义：其一，法规应受宪法的直接拘束。行政机关的立法应受宪法之拘束，不得抵触宪法。行政立法不仅应维护宪法的基本规定，还应保障基本人权。其二，法规应受一般法律原则的拘束。行政法的基本原则不仅指导、调整整个行政执法行为，而且指导和调整行政法的整个立法行为。[②] 无论是宪法还是法律，即使规定得再具体，也无法完全应对纷繁复杂的社会现象。行政立法本身就是宪法和法律对社会关系调整范围具有局限性，宪法和法律作为相比基本原则而言更为具体、更为细致的规定必然对行政立法的调整和控制存在局限性，而一般法律原则正好可以弥补这种局限性。其三，行政立法权之行使，除受宪法的拘束之外，也受法律的拘束。行政机关不仅应受其在组织法上法律所赋予

---

① 〔德〕哈特穆特·毛雷尔：《行政法学总论》，高家伟译，法律出版社 2000 年版，第 103 页。

② 姜明安主编：《行政法与行政诉讼法》（第三版），北京大学出版社、高等教育出版社 2007 年版，第 63 页。

权限的限制,不得逾越组织权限;而且应受执行特定授权的拘束,不得逾越宪法或者法律授权的内容、目的和范围。

依据我国《立法法》,宪法具有最高的法律效力,一切法律、行政法规、地方性法规、自治条例和单行条例、规章都不得同宪法相抵触。法律的效力高于行政法规、地方性法规、规章。行政法规的效力高于地方性法规、规章。地方性法规的效力高于本级和下级地方政府规章。省、自治区的人民政府制定的规章的效力高于本行政区域内的较大的市的人民政府制定的规章。

(二)法律保留原则

根据保留原则,行政机关只有在取得法律授权的情况下才能实施相应行政行为。[①] 与法律优先原则相比,法律保留原则的要求更加严格,不仅要求行政活动不能违法,而且要求其必须具有法律依据。法律优先原则无可置疑地适用于所有行政领域,但法律保留的范围却充满了问题和分歧。在德国,《基本法》第 80 条第 1 款为联邦领域确立了决定性的规则,即"联邦政府、联邦阁员或邦政府,得根据法律发布命令(Rechtsverordnungen)。此项授权之内容、目的及范围,应以法律规定之。所发命令,应引证法律根据。如法律规定授权得再移转,授权之移转需要以命令为之"。"法律保留限于侵害行政已经有所突破。议会民主的发展、给付行政意义的扩大以及基本法对所有国家领域的约束都要求扩大法律保留的范围。"问题的关键集中在什么样的领域和事物在法律保留的范围之内?德国联邦宪法法院提出的重要性理论试图解决这一难题。重要性的标准并非依据事物的性质,而是某个规则对共同体和公民个人的意义、分量、基础性、深远性及其强度等。现代法治国家和地区不论是否在宪法上明确规定了法律保留原则,但几乎都体现了法律保留原则的内涵。法国第五共和国《宪法》于第 34 条列举了应以法律规定的事项,第三十七条则规定:"凡法律范畴以外之一切其他事项均属行政法规性质。"可见,法国第五共和国《宪法》对法律保留范围加以严格之限制,国会不得对法律保留范围外的事项制定法律,以免侵犯行政权之行使。我国对法律保留原则

---

① 〔德〕哈特穆特·毛雷尔:《行政法学总论》,高家伟译,法律出版社 2000 年版,第 104 页。

规定的概括条款是《立法法》第 8 条、第 9 条，另外在一些部门法中有相应的体现，如我国《行政处罚法》第 14 条就设立了一条规则：除法律、行政法规、地方性法规、规章依法设定之外，其他规范性文件不得设定行政处罚。

（三）比例原则

比例原则源于 19 世纪德国的警察法学，该法学认为警察权力的行使唯有必要时，才能限制人民的权利。比例原则是指"目的和手段之间的关系必须具有客观的对称性。禁止任何国家机关采取过度的措施；在实现法定目的的前提下，国家活动对公民的侵害应当减少到最低限度"[①]。比例原则由行政法学（警察法学）所产生，逐步向上发展成为宪法原则。行政立法兼具有立法和行政的双重特性，毋庸置疑应该受到比例原则的约束。比例原则主要有两个子原则：其一，妥当性原则，要求行政立法权的行使必须适合于实现特定的公益目的。根据相对清楚的公益目的的要求，行政立法中所提供的手段如果能有效达成其所要达到的公益目的，即为初步符合适当性原则。其二，必要性原则，又可称为最少侵害原则，指行政立法权对私人权益的影响不得超越实现正当目的的必要程度，意即在适当性已满足之后，在所有能够实现公益目的的方式中，必须选择对私人权益损害最小、影响最轻微的方法，也就是为了达到某个公益目的，有多个手段可以选择，应当选择给私人权益造成损害最小的手段。

第四节　法规审查中的解释方法

法规审查与法规解释之间存在着紧密的联系。在法规的审查过程中，审查的对象是行政法规、规章和规范性文件，审查的依据是宪法、法律以及其法律精神和原则。换言之，审查主体必须以审查依据为大前提，以审查对象为小前提，得出审查对象是否符合作为审查依据的结论。故而在审查的过程中既涉及对审查依据的解释，也涉及对审查对象的解释，同时还涉及对两者关系的判断过程。正如有学者指出的："只要通过运用法解释的方法确

---

① 〔德〕哈特穆特·毛雷尔：《行政法学总论》，高家伟译，法律出版社 2000 年版，第 106—107 页。

定了法规则及其相关行政规范条文的意思——亦即确定了审查所需的大前提与小前提,合规则性审查的结论也就会水到渠成。合规则审查的首要方法其实就是法解释方法。"①而且法规审查的解释方法不同于行政法律适用中的解释方法,行政法律适用是在法律规范与案件事实之间往返流转,是抽到个案之间的涵摄;而法规审查是在法律规范与法律规范之间往返流转,是抽象到抽象之间的涵摄。(见图2)

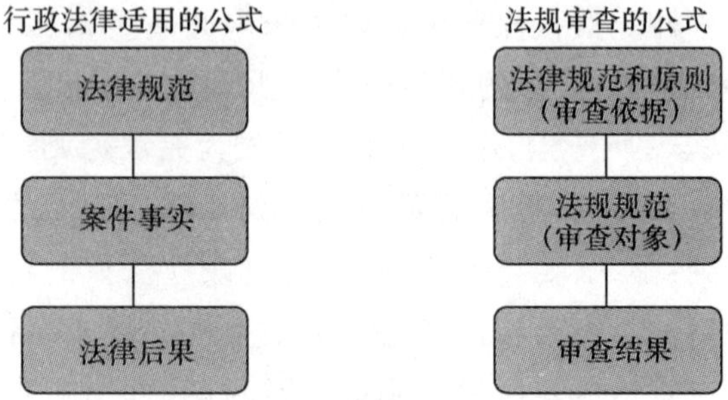

图2　行政法律适用与法规审查

如前所述,法规审查的依据视审查的对象而有所区别,包括宪法、法律、行政法规、地方性法规及规章。宪法和法律的原则和精神也应作为审查的依据。对法规的审查不仅仅包括了违宪审查、违法审查,还包括了适当性审查。三种审查呈现出层次性和阶段性。就层次性而言,违宪审查是最高层次的审查,其审查主体受到严格限制,其审查标准体现出合宪性审查的倾向;违法审查是第二层次的审查,其审查主体广泛,既包括代表机关、行政机关,也包括司法机关,其审查标准适用相对违宪审查和适当性审查较为宽松;适当性审查是第三层次的审查,其审查主体也受到一定限制,代表机关和司法机关在法规审查中都要保持节制,特别是司法机关,其审查标准比较抽象且难以操作。就阶段上而言,违法审查是第一个阶段的审查,是法规审查的第一步;适当性审查是第二阶段的审查,一般在违法性审查后进行,是在合法性的基础上所进行的合理性判断;违宪审查是最后阶段的审查,其只有在穷尽其他法律审查后才能由特定审查主体实施。

基于违法审查、适当性审查和违宪审查中解释方法的差异,下文将分别

① 袁勇:《论行政规范合法性审查的法学方法》,载《山东科技大学学报(社科版)》2008年第2期。

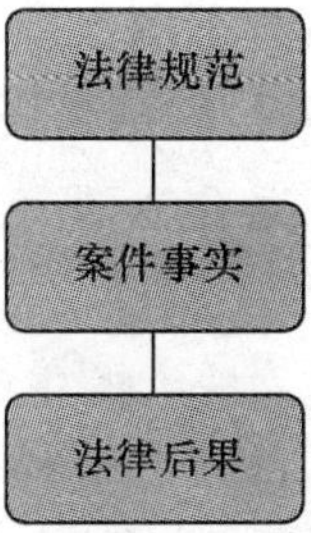

图 3　法规审查的层次

探讨法规违法审查、法规适当性审查以及法规违宪审查中的解释方法。

一、法规违法审查中的解释方法

有学者认为行政规范合法性的审查分为三大阶段：合规则的审查、合原则的审查与合体系的审查。三个阶段的不同审查依据决定了需要采用不尽相同的法学方法。[①] 其中，合体系审查的本体论和方法论基础在于，法规则与原则（合称为法规范）并非只是单纯并列，它们以多种方式相互指涉、彼此交织、相互合作而产生了一个规范整体。[②] 对此，笔者不敢苟同，合体系审查并非一种独立的审查类型，无论是在合规则审查中还是在合原则审查中都可能存在着合体系的审查，因此违法审查实际上包括两个层面，一是依据法律文本对法规进行的审查，二是依据法律原则对法规进行的审查。

（1）依据法律文本的审查。就法规解释的标准而言，以下几种解释方法比较典型：一是字义方法，文中的解释都始于字义。“字义是指一种表达方式的意义，依普通语言用法构成之语词组合的意义，或者，依特殊语言用法组成之语句的意义，于此，尤指该当法律的特殊语法。[③] 二是意义方法，当一种表达方式依其语言用法有多种意义可能性时，通常可由其适用脉络推知，具体情况下究竟应考虑何种可能性，虽然这种推论未必是终局而精确的。由上下文脉络可以确定某段文字应作何解，同样的，法律的意义脉络有助于个别字句的理解。[④] 这种解释方法也可称为整体解释方法。三是历史

---

① 袁勇：《论行政规范合法性审查的法学方法》，载《山东科技大学学报（社科版）》2008 年第 2 期。
② 同上。
③ 〔德〕拉伦茨：《法学方法论》，陈爱娥译，商务印书馆 2003 年版，第 217 页。
④ 同上书，第 204 页。

方法，假使依一般或法律特殊的语言用法获得的字义、依法律的意义脉络，或依法律基本的概念体系所得的解释结果，仍然包含不同的解释可能性，就会发生下述问题：何种解释最能适合立法者的规定意向或其规范想法。立法方法也因此变得具有价值，其在于探求立法者的意志或意图。四是目的解释，如果说历史方法追求的是立法者的主观意图，目的解释方法则追求的是法律文本本身所追求的目的，也就是法律的客观目的。这种法律目的一般明确地规定在法律文本的前言或总纲部分。

（2）**依据法律原则的审查**。依据法律原则的审查一般在两种情况下发生：一是法律文本中的规则之间发生积极冲突，依据法律原则来解决法律规范之间的不一致；二是法律文本的规则之间发生消极冲突，即法律文本存在规则上的漏洞，或者法律规则并不明确，在此情况下引入法律原则进行审查或辅以法律原则的解释进行审查。依据法律原则的审查存在两个方面的问题：首先什么是法律原则？如何发现法律原则？其次是如何依据没有明确指引的法律原则进行法规审查？在我国的成文法体系内，实定法原则来源于宪法、法律、法规和规章。还有一些法律原则，如比例原则，没有在我国的法律规范中予以明确规定，这些法律原则“通常先以一种观念、一种法理思想存在于各国立法者和国民的法律意识中，然后由本国的学者、法官加以概括、归纳，在其学术著作或法律文书中予以表述和阐释”。[①] 法律原则的适用也不同于法律规则的适用，规则要么完全适用，要么完全不适用，法律原则的适用的抽象性、竞争性使得依据法律原则的审查充满了裁量。

笔者试图以《食盐专营办法》是否违反上位法为例管窥违法审查中的解释方法的可能运用。2008 年 10 月 27 日，北京市东方公益法律援助律师事务所向全国人民代表大会常务委员会提交了《关于请求对〈食盐专营办法〉进行合法性审查的建议书》，要求依法审查《食盐专营办法》第 2 条、第 3 条、第 5 条、第 6 条、第 7 条、第 9 条、第 11 条、第 13 条的合法性。[②] 此案的后续进展由于审查信息并没有公开无从知晓，笔者尝试进行简单的学理分析。

① 姜明安主编：《行政法与行政诉讼法》（第三版），北京大学出版社、高等教育出版社 2007 年版，第 63 页。

② 《关于请求对〈食盐专营办法〉进行合法性审查的建议书》，载北大公法网，http://www.publiclaw.cn/article/Details.asp? NewsId = 2432&Classid = －9&ClassName = 公民参与立法，2009 年 9 月 6 日访问。

首先是目的解释方法的运用:我国《反垄断法》第7条规定,国有经济占控制地位的关系国民经济命脉和国家安全的行业以及依法实行专营专卖的行业,国家对其经营者的合法经营活动予以保护,并对经营者的经营行为及其商品和服务的价格依法实施监管和调控,维护消费者利益,促进技术进步。如果《食盐专营办法》涉及《反垄断法》第7条规定的"依法实行专营专卖的行业",那么国家对其经营者的合法经营活动予以保护。这里的关键是应如何对"依法实行专营专卖"进行法律解释。进而涉及文字意义上的解释:在法理上,对"依法"存在广义和狭义两种解释。广义的"依法"指依照我国所有的法律渊源,即除了法律还有行政法规、地方法规、部门规章以及地方规章等,狭义的"依法"仅仅指依照全国人大及其常委会制定的法律,在法理上不存在将"依法"仅仅认定为"依照法律和行政法规"的解释。我们认为,第7条的"依法"只能作狭义解释,否则会出现不合逻辑的问题。再而涉及从意义方法上进行整体解释:从《反垄断法》的语义和体系来看,第五章是禁止行政机关和法律、法规授权的具有公共管理职能的组织滥用行政权力,排除、限制竞争。我国所有的行政机关,包括国务院,都属于《反垄断法》第五章的调整范围。如果现在将第7条的"依法"进行广义解释,那就意味着,各级行政机关可以通过行政法规或者位阶更低的部门规章或者地方规章自行设立专营专卖,实施排除、限制竞争。如果这样,那么整个第五章将完全失去意义,成为一个空壳。这显然是一个非常荒谬的结果,不可能是立法者制定法律的本意。另外,从《反垄断法》保护竞争的最高目标来看,也应当严格解释第7条的"依法"。最后依据法律的基本原则进行解释:根据法律的基本原则,在没有明确授权的情况下,应当认为全国人大常委会保留制定例外和豁免条件事项的权力。因此,第七条不能成为《食盐专营办法》继续有效的法律基础。可见,法规审查可能并非简单的法律规范之间的涵摄,而是一项充满技术含量的在规范与规范之间、规范与事实之间往返的意义探究,各种解释方法往往交错运用,互相佐证。

二、法规适当性审查中的解释方法

行政立法的合理性问题,主要是逻辑推理问题。行政机关必须清楚地解释其关于事实的裁定与法律规范之间的一系列推理过程,推理过程必须符合逻辑，这样制定出来的法律规范才不至于专横、任性或者滥用行政立法权力。[①] 适当性审查关注的是立法性事实与法律规范之间的联系是否合理。尽管立法性事实与法律规范之间的逻辑推理关系不如裁决性事实与裁决结论之间的逻辑推理关系那样严密，但是，它也要满足最低限度的逻辑推理标准。一般来说，这些最低限度的标准包括：(1) 法律规范必须以立法性事实为基础；(2) 立法者要说明法律规范的事实基础并对立法性事实进行解释；(3) 立法性事实与法律规范之间的逻辑推理关系要有充分的、严格的关联性。[②] 我国目前正处于社会转型时期，兼具合法性和合理性的行政立法能推动社会转型，而缺乏合法性或合理性的行政立法将成为社会转型的阻力。在这个时期，关于烟花爆竹、煤矿安全、环境污染、交通事故、食品安全、流行性疾病等事项的行政立法决策更需要建立在一定的事实基础之上。

在“王贵川不服三河县卫生局作出食物中毒损害赔偿处理决定案”中，河北省三河县卫生局适用了卫生部《关于如何判定集体性食物中毒的规定》，并依据流行病鉴定结论及当事人的临床诊断，认定王贵川的此次发病为细菌性食物中毒。审理此案的三河县人民法院认为，卫生部《关于如何判定集体性食物中毒的规定》属行政规章，此规定与有关法律、法规不相抵触，而且法律、法规在实际执行中需要专业性很强的具体规定，三河县卫生局适用该规章依据流行病鉴定结论确定王贵川此次发病为食物中毒并无不妥。[③] 在该案中，法院对行政规章进行了合理性审查，尽管这种合理性审查并没有详细地说明审查的具体推断过程，但合理性审查在法规审查中值得重视却是不争的事实。法院在判决中以法律、法规在实际执行中需要专业性很强的具体规定为由肯定了部门规章的合理性，也在一定程度上反映了司法部门在合理性审查上的小心谨慎和合理性审查的复杂性。

三、法规违宪审查中的解释方法

违宪审查和宪法解释都是为解决宪法实施中宪法与社会生活冲突而采

---

① 参见王名扬：《美国行政法》，中国法制出版社 1995 年版，第 689 页。

② 于立深：《行政立法性事实研究》，载《法商研究》2008 年第 6 期。

③ 参见祝铭山主编：《食品药品安全行政诉讼（典型案例与法律适用）》，中国法制出版社 2004 年版，第 37—41 页。

取的一种手段。在位阶上,宪法处于法律体系的金字塔的顶端,处于根本法的地位,具有最高的法律效力,其他一切法律规范与宪法相抵触都将归于无效,这是当今世界上大多数国家都在宪法文本和宪政实践中予以承认的基本理念和原则。合宪性解释标准成为许多国家在宪政实践中推行的一项解释原则,如美国、德国等。德国宪法法院在许多裁判中宣示:只有当一项规定无法作"合宪性"解释时,始能认为其为违宪并因此无效。[①] 依照一般的法律解释方法,只有当违宪的解释是唯一可能的解释时才能认定为该规定违宪,只要存在一种合宪解释的可能,就应认定该规定合宪。相对于其他将使该规定违宪的解释,应优先择用依其余解释标准仍属可能,且并不抵触宪法原则的解释。对此,也有学者对宪法解释标准的特殊性持不同的观点。德国学者福斯特霍夫极力强调宪法的安定作用以及宪法解释的静态特征。其以为,宪法作为成文法,亦应适用与法律相同的解释规则,如"始能证实其意义,并控制其执行行为"。[②]

美国宪法学者却伯指出宪法解释的一个根本难题是:"宪法文本自身留出太多的想象空间。"[③]"鉴于宪法文本的模糊性、宪法术语的流变性、宪法历史的不确定性和宪法语言的可争议性,又如何能确认那条似乎可作为各种行动之依据的界限呢?"[④]法律像文学而非数学,人们不可能像证明一个数学推论是正确或错误那样,去证明一个法律判断特别是一个宪法判断,"司法考量就像一切法律讨论那样,不可能转化为演绎和归纳的科学过程"[⑤]。这些实际上涉及也许并非法律所独有的一个深层次的、恒久的问题:如何设想、概念化并弄清楚论证的过程与实践,如何在没有永恒、普遍和不容置疑的真理的前提下得出一个令人信服的结论?宪法解释相对于法律解释具有更大的空间,其推理的不确定性和并非无可置疑性使得法规的违宪审查应当极为小心谨慎。笔者认为,在处理一般法律规范与宪法的冲突时,鉴于宪法的特殊地位和特殊效力,宪法的解释应当也不同于一般的法律

---

① 〔德〕拉伦茨:《法学方法论》,陈爱娥译,商务印书馆2003年版,第217页。

② 同上书,第234页。

③ 〔美〕却伯、〔美〕多尔夫:《解读宪法》,陈林林、储智勇译,上海三联书店:2007年版,第21页。

④ 同上书,第25页。

⑤ 同上书,第27页。

解释,在法规的违宪审查中应当坚持合宪性推定原则,即只有当违宪的解释是唯一可能的解释时才能认定该规定违宪,只要存在一种合宪解释的可能就应认定该规定合宪。

第五节 中国法规审查的意义和功能

中国法规审查的意义和功能可以体现为三个方面:权力监督、权利保障和法制统一。在中国目前的语境下,这三种意义和功能实现的空间均比较大,无论是权力之间的制约、公民权利的保障还是法律秩序的统一,都需要法规审查制度的进一步完善。

一、权力监督的意义和功能

行政立法权仍然属于行政权的范畴。法国启蒙思想家孟德斯鸠有一句名言:“任何拥有权力的人,都易滥用权力,这是万古不易的一条经验。有权力的人们使用权力一直到遇有界限的地方才休止……”由于立法、体制和监督机制的不完善,行政法规和规章在我国现实生活中存在各种问题,如违法,越权,制定程序不当,内容不合理、不科学,乃至行政立法者利用行政立法搞地方保护主义、部门保护主义等,此种情况迫切需要建立和完善对法规的审查机制。

就正式的行政监督而言,对行政立法权的监督可以分为行政机关内部的监督和行政机关外部的监督,行政机关内部的监督包括行政复议机关的监督、上级行政机关的监督和行政机关自身的监督,行政机关外部的监督包括代表机关的监督、司法机关的监督。目前在我国,《立法法》虽然规定了对法规的审查制度,但这一制度并未得到有效的运行。我国对行政立法权监督的效果并不尽如人意。

一是代表机关对法规的审查存在局限性。我国代表机关对法规的审查包括全国人民代表大会常务委员会对行政法规的审查和地方各级人民代表大会对地方规章、其他规范性文件的审查。二是行政机关对法规的审查存在局限性。1994 年出台的《行政复议法》授权复议机构在具体行政行为的审查中可附带审查相关的“规章以下的命令、决定”，从而部分解决了规范性文件的合法性审查问题。但这种解决方法还是很有限：第一，由于行政诉讼法授权公民直接向法院提起行政诉讼，因而并不是每一个涉及规范性文件合法性的问题都一定会受到有关机构的处理；第二，更重要的是，复议机构一般是作出具体行政行为的机构的上级，因而经常也是有关规范性文件的制定者，而由复议机构解释自己制定的文件也同样违反了上述法治基本原则；第三，法规和规章本身的合法性或合宪性不能在复议中受到任何审查。三是司法机关只能行使有限的法规审查权。《行政诉讼法》第 12 条明确排除了对行政法规及规章单独提的诉讼请求，规定法院对此类起诉不予受理，该法第 53 条规定了对规章的参照，“参照”是一个模糊的用语而并非准确的法律表达，以至于学术界对“参照”是否具有审查的含义众说纷纭，莫衷一是。《行政诉讼法》的上述规定表明，现行的司法体制对司法机关的法规审查权带来了消极影响。

综上所述，法规审查实际体现了代表机关、行政机关和司法机关对行政立法权的监督功能，这种监督功能在很大程度上需要通过权力之间的制约来实现。在我国，在法规审查上体现的权力监督功能还有待进一步的完善。

二、权利保障的意义和功能

权利保障与权力监督实际上是一个硬币的两面，权力监督的最终目的仍然以权利保障为导向，此处所指的权利保障是指公民、法人或者其他组织认为自己的合法权益受到行政法规、规章或者其他规范性性文件侵害时，向有权机关提起法规审查建议，由有权机关启动法规审查程序对法规进行审查，从而保护其合法权益。不论从立法上还是从实践中来看，我国现行法规审查的权利保障功能都十分有限：一是《立法法》第 90 条第 2 款规定其他国家机关和社会团体、企业事业组织以及公民认为行政法规同宪法或者法律相抵触的，可以向全国人民代表大会常务委员会提出审查的建议，但此种建议并不必然引起法规审查的启动程序，而是需要常务委员会工作机构进行研究，必要时才送有关的专门委员会进行审查、提出意见。二是《法规规章备案条例》第 9 条规定“国家机关、社会团体、企业事业组织、公民认为地方性法规同行政法规相抵触的，或者认为规章以及国务院各部门、省、自治区、直辖市和较大的市的人民政府发布的其他具有普遍约束力的行政决定、命令同法律、行政法规相抵触的,可以向国务院书面提出审查建议,由国务院法制机构研究并提出处理意见,按照规定程序处理”。三是《行政复议法》第7条首次在我国行政法中确立了对规范性文件进行复议审查的制度,这在一定意义上是对我国行政法治的一大发展。但是,该制度确立以后在行政法治实践中却并没有发挥应有的作用。据了解,自《行政复议法》实施以来的三年多时间里,江苏省全省仅有10起附带请求审查作为具体行政行为依据的“规定”文件。[①] 笔者认为造成此种现象的原因是多方面的,但其中最主要的原因还在于对规范性文件复议的制度过于笼统,在制度设计上,现有的对规范性文件复议制度对于审查的机关、标准和程序的规定并不十分明确,对于审查决定的形式及效力并没有涉及。四是我国公民目前在行政诉讼中并没有对行政立法或者规范性文件提起审查或附带审查的权利,只能寄望于法院在审判过程中自觉地对行政立法或规范性文件予以审查决定是否适用,公民的权利救济功能在现有的行政诉讼制度下不全面、不充分。

综上所述,行政法规和规章在我国法的体系中具有特殊重要的地位,其数量数倍于法律和地方性法规,是绝大多数公权力行为的直接依据,对公民、法人和其他组织的权益具有最直接的和最广泛的影响。但现有的法规审查制度对公民、法人和其他组织的权益的保障存在着重大缺陷,法规审查制度的权利救济功能有待进一步加强。

三、法制统一的意义和功能

“从一般意义上讲,我国的法制统一应包括民事、刑事、行政等各个领域的法制统一,行政法制统一当然是其中必不可少的组成部分。更重要的是,行政法制统一也是法制统一的一个重点问题。”[②]在我国行政法制不统一表现得尤为严重,这是因为:其一,行政法不像民法、刑法一样都有统一完整的法典,而是由各种不同层级和类型的法律规范体系共同组成。行政法所调整的行政关系具有广泛性、多样性和多变性,“规制法相当普遍地因政治问责或政治审议的缺位、时过境迁或落伍过时、对体系化效应的误解以及缺少

---

① 杨海坤、章志远:《中国行政法基本理论研究》,北京大学出版社2004年版,第530页。

② 方世荣:《论维护行政法制统一与行政诉讼制度创新》,载《中国法学》2004年第1期。

协调而失灵。政治问责的缺位是一个独特的问题。制定法命令常因变动不居的环境而落伍过时,而且将各种各样的规制政策整合成一个整体性政策也殊非易事”[①]。各种不同的行政关系存在较大的差异,难以用一部统一的法典加以全面规定,这也造成行政法律规范不统一的状况。其二,行政活动具有行业性和地域性的特点,部门立法和地域立法在行政法规范中占了很大的比例,部门保护主义和地方保护主义是造成行政法规范不统一的重要原因。其三,我国的行政立法体制实际上是一个多主体立法体制。在我国,中央行政立法主体包括国务院和各部委,它们有权制定和发布行政法规、规章。地方行政立法主体包括省、自治区、直辖市人民政府,省、自治区人民政府所在地的市人民政府,以及经国务院批准的较大市的人民政府和全国人大常委会授权的经济特区市人民政府,它们都有权制定和发布行政规章。这些主体除了制定和发布行政法规和规章以外,还有权制定和发布具有普遍约束力的决定和命令。除此以外,我国其他各级各类行政机关都有权发布在本地区、本部门范围内具有普遍约束力的决定和命令。多主体立法体制在便利行政管理的同时,也更易带来各个层次、类别的行政法规范之间的冲突矛盾问题。其四,我国正处于社会转型时期,在经济上主要表现为从计划经济向市场经济转换,在政治上主要表现为从集权型向民主型转换,在文化上主要表现为从一元文化向多元文化转换,在社会上主要表现为从农业社会向工业社会和信息社会转换。转型时期法治的一个主要体现是法律体系尚不完善以及法律制度尚不成熟,改革和法治之间的张力使得法律的统一性面临着极大的挑战。其五,人治的观念仍然在一定程度上存在于行政立法领域,这主要表现为习惯于依领导人个人的意愿和决定办事。具体如一些部门和地方的行政立法有时未能真正依据国家宪法、法律规定的基本精神或原则出发,而是依据本部门和地方领导人的个人意愿,从部门或地方狭隘的局部利益来制定行政法规范。正如有学者指出:“如果中央与地方、中央各个部门、地方与地方各自为政,都从本行业、本地区的利益出发制定法律、法规、规章,搞部门保护主义或地方保护主义,统一的中华人民共和国法律体系内部弥漫矛盾和冲突,人们将无所适从或自行其是,其结果必然是

---

① 桑斯坦:《权利革命之后——重塑规制国》,钟瑞华译、李洪雷校,中国人民大学出版社 2008 年版,第 119 页。

法律结构的彻底瓦解。”[①]法律规范审查制度的目的和功能就是保证实现一种理性与统一的法律秩序，使宪法真正成为法律帝国中的王冠。[②] 法治的重要性之一是在于它为人的社会活动及其所引发的争端之解决提供了统一的规则，从而使人类能够在安全、稳定、可预测的生存环境中理性地计划自己的活动。然而，法律的统一性并不是从天上掉下来的馅饼，而是必须通过制度保障才能实现的目标。在法治不完善的国家里，不仅社会和政府行为经常和法律相抵触而得不到及时的纠正，而且法律规范本身也不统一。如果不能得到及时协调，法律规范之间的冲突必将损害法律体系的“理性”，并给人类活动带来不确定性和不可预测性。

① 张文显：《法哲学范畴研究》，中国政法大学出版社 2001 年版，第 165 页。

② 张千帆：《建立中国的法律规范审查制度——兼对修宪理论的一点探讨》，载《战略与管理》2004 年第 2 期。

第二章　人民代表机关对法规的审查

第一节　概述

行政立法是一把双刃剑,在适应现代行政发展趋势、促进政府依法行政的同时也随时可能成为脱缰的野马逃脱立法者的控制,正如有学者所言:"行政机关根据国会之授权所订之命令有无违反母法,不可避免成为中外不少国会议员之'佛兰肯斯坦梦魇'。"[①]人民代表机关的审查、行政机关的审查和司法机关的审查则构成了减少甚至消除这种梦魇的审查体系。在这三种不同的法规审查方式中,人民代表机关对法规的审查或许是一种最全面也最充分的审查方式。

一、人民代表机关审查概述

(一)概念

有学者称人民代表机关对法规的审查为立法审查,"行政命令既系法律所授权产生,解铃还须系铃人,原授权之立法机关自得为授权之检查"[②]。笔者对此基本赞同,只是这需要明确立法机关和行政命令的含义。在我

---

① 许宗力:《论国会对行政命令之监督》,载许宗力:《法与国家权力》,台湾月旦出版社股份有限公司 1993 年版,第 271 页。

② 陈新民:《行政法学总论》(修订第 7 版),台湾三民书局 2000 年版,第 276 页。

国台湾地区，行政命令是行政机关经由法律授权所订定的法规。[①] 台湾学界一般将行政规则也包括在行政命令的范围内。这里的立法机关应指民意代表之机关，在西方国家是议会，在我国则是指人民代表大会以及人民代表大会常务委员会。因此，代表机关对法规的审查指的是代表机关（议会或者人民代表大会）对行政立法所进行的监督和控制。行政立法来自于立法机关的授权，自然也得接受立法机关的监督。代表机关对法规的审查是民主的要求。正如美国学者所言："我们生活在一个由提供专业知识而非代议制政治的官僚来做出诸多政策决定的政治体制之中。这引出了我们民主国家的潜在问题。倘若没有选举产生的机关或官员去制约官僚政策或对官僚政策负责，还能说我们生活在民主制下吗？"[②]

（二）审查的主体

审查的主体为人民代表机关或议会。各个国家和地区的民意代表机关对法规审查的实施主体迥然各异。在美国，联邦一级一般由国会两院共同进行法规审查，一些州则设立了专门的立法委员会。英国议会对法规的审查由法定条规联合审查委员会和委任立法审查委员会行使。我国台湾地区对法规的审查则先由"立法院"各委员会对法规进行审查再提报"立法院"议决。我国人民代表机关对法规的审查的实施主体有法制工作委员会、专门委员会、法规备案审查室、法制办等各种不同的机关或机构。具体而言，人民代表机关又可以分为中央代表机关和地方代表机关。美国联邦和各州的议会都各自行使对法规的审查权。我国人民代表机关对法规的审查权则分别由全国人民代表大会及其常务委员会以及地方人民代表大会及其常务委员会行使。

（三）审查的方式

西方国家议会对法规的审查方式没有统一的模式，一般在授权母法中予以规定。如德国没有统一的规范来规定议会对法规命令的监督方式，而是任由立法者于个别授权母法中依个案需要设计不同的监督方式。议会对法规命令的监督模式大致有四种，依控制效力之强弱次序分别为："同意权

① 陈新民：《行政法学总论》（修订第 7 版），台湾三民书局 2000 年版，第 257 页。

② 〔美〕史蒂文·J. 卡恩：《行政法原理与案例》，张梦中等译，中山大学出版社 2004 年版，第 76 页。

之保留”、“废弃请求权之保留”、“国会听证权之保留”以及“课予单纯送置义务”。英国议会对呈报的委任立法的审查模式则是由授权法中有关委任立法规定的性质来决定的，主要的审查方式包括批准程序和搁置程序。在我国，人民代表机关对法规的审查方式则采用了统一的立法模式，可以分为主动审查和被动审查方式。主动审查是代表机关对报送备案的规范性文件直接进行审查，看是否有与宪法、法律、法规相抵触等不适当的情形存在。它是对报送备案的规范性文件的一种静态审查。被动审查是代表机关根据有关主体认为规范性文件存在与宪法、法律、法规相抵触等不适当的情形而提出审查要求或建议进行的审查。它是对规范性文件的一种动态审查，这种审查方式目的性、针对性强，便于从实践中多渠道发现问题、解决问题。

（四）审查的特征

人民代表机关对法规的审查相对于行政机关对法规的审查、司法机关对法规的审查而言具有自身的优势。“尽管行政审查和司法审查过程是公平性和可问责性的基本保障，进而成为监管实施质量的基本保障，但我们必须认识到，从总体上来看，它们都是成本高昂和耗时的补偿手段。”[①]行政机关的审查属于自我纠正的方式，“自己做自己的法官”不可避免地具有局限性；司法机关的审查不管在理论上还是在实践中都是关注的焦点，而人民代表机关对法规的审查往往受到了忽视，其功能和作用没有得到应有的重视。首先，在法规抵触上位法之情况下，行政机关自己纠正自己错误的可能性比较小，而司法机关对法规只能进行有限的事后审查，而且司法权之发动具有被动性，基于不告不理的原则，其不能对法规是否违法进行主动审查。而且受制于权力分立的原则，司法机关对法规审查的范围、标准和程度都受到限制。其次，立法者发现法规违法后，固然可通过重新立法废除授权或变更法规之内容，使得法规因抵触上位法而无效，但立法程序过于迟缓、繁琐，立法机关不具有行政机关立法的专门性知识，而通过立法审查的方式则能一定程度上避免立法机关专业知识的不足，其在审查结果的处理上和司法机关一样，不如行政机关具有较大的处理空间。最后，立法机关的审查往往是在行政立法生效前或者刚生效不久，这种较早对行政立法的监督能尽可能地

---

① 经济合作与发展组织编：《OECD 国家的监管政策：从干预主义到监管治理》，陈伟译，法律出版社 2006 年版，第 90 页。

避免违宪、违法和不适当的行政立法生效后对公民权利的侵害。但同时,人民代表机关对法规的监督也会存在一些局限性,包括相关利益团体的干预、影响行政立法效能、专业性知识的不足以及受到代表机关在宪政体制及其实践中的地位的影响等。

二、我国人民代表机关对法规审查的历史发展

1949 年的《中国人民政治协商会议共同纲领》序言规定,由中国共产党、各民主党派、各人民团体、各地区、人民解放军、各少数民族、国外华侨及其他爱国民主分子的代表们所组成的中国人民政治协商会议,是人民民主统一战线的组织形式。中国人民政治协商会议代表全国人民的意志,因而在过渡时期的五年中属于我国的人民代表机关。在普选的全国人民代表大会召开以前,由中国人民政治协商会议的全体会议执行全国人民代表大会的职权,制定中华人民共和国中央人民政府组织法,选举中华人民共和国中央人民政府委员会,并赋之以行使国家权力的职权。《共同纲领》第 17 条规定:"废除国民党反动政府一切压迫人民的法律、法令和司法制度,制定保护人民的法律、法令,建立人民司法制度",建国时期百废待兴,当时的首要任务是建立国家的政权组织和制定相关法律,因而,代表机关对法规的审查在这段时期并没有太大的施展空间。

1954 年《宪法》赋予了中央和地方代表机关对法规的审查权。该法第 31 条规定,全国人民代表大会常务委员会具有"撤销国务院的同宪法、法律和法令相抵触的决议和命令"的职权;第 58 条规定,"地方各级人民代表大会在本行政区域内,保证法律、法令的遵守和执行";第 60 条规定,"地方各级人民代表大会有权改变或者撤销本级人民委员会的不适当的决议和命令"。而 1975 年《宪法》仅仅只有 30 条,大大简缩了 1954 年《宪法》的内容。第 18 条在全国人民代表大会常务委员会的职权中删去了"撤销国务院的同宪法、法律和法令相抵触的决议和命令";依据该法第 21 条,地方各级革命委员会成了地方各级人民代表大会的常设机关,同时又是地方各级人民政府;第 23 条"地方各级人民代表大会和它产生的地方各级革命委员会在本地区内,保证法律、法令的执行",并没有明确表明其保证法律、法令的遵守。1978 年《宪法》第 25 条同样对全国人大常委会对国务院决议和命令

的审查权予以了忽略。第37条规定,“地方各级革命委员会,即地方各级人民政府,是地方各级人民代表大会的执行机关,是地方各级国家行政机关”,取消了其作为地方各级人民代表大会的常设机关的地位,但也没有新设地方各级人大常委会作为地方各级人大的常设机关。地方各级人民代表大会对地方政府的决议和命令的审查权也没有予以体现。1979年7月1日第五届全国人民代表大会第二次会议通过决议,增加第35条第4款:“县和县以上的地方各级人民代表大会设立常务委员会,它是本级人民代表大会的常设机关,对本级人民代表大会负责并报告工作,它的组织和职权由法律规定。”同时颁布的《地方各级人民代表大会和地方各级人民政府组织法》第7条规定,县级以上的地方各级人民代表大会行使“改变或者撤销本级人民政府的不适当的决议和命令”和“改变或者撤销下一级人民代表大会的不适当的决议和下一级人民政府的不适当的决议和命令”的职权。1986年该法被修改后,第8条所规定的县级以上的地方各级人民代表大会的法规审查权大为缩减,只能“撤销本级人民政府的不适当的决定和命令”,第39条规定县级以上的地方各级人民代表大会常务委员会具有与此相同的职能。

2000年7月起实施的《立法法》第87条规定了有权机关对行政法规、规章的审查标准;第88条规定了全国人大常委会有权撤销同宪法和法律相抵触的行政法规、地方人大常委会有权撤销本级人民政府制定的不适当的规章、授权机关有权撤销被授权机关制定的超越授权范围或者违背授权目的的法规,必要时可以撤销授权;第89条规定了行政法规应当报全国人大常委会备案、地方政府规章应报本级人民代表大会常务委员会备案、较大的市的人民政府规章还应同时报省、自治区的人民代表大会常务委员会备案、根据授权制定的法规应当报授权决定规定的机关备案;第90条、第91条还规定了对行政法规可以提起违法或违宪审查建议的主体以及审查的程序。2000年10月16日,第九届全国人大常委会第三十四次委员长会议通过《行政法规、地方性法规、自治条例和单行条例、经济特区法规备案审查工作程序》对法规审查工作程序予以了进一步的明确。2004年颁布的《监督法》第29条授权省、自治区、直辖市的人民代表大会常务委员会参照立法法的有关规定对县级以上地方各级人民代表大会常务委员会审查、撤销下一级人民代表大会及其常务委员会作出的不适当的决议、决定和本级人民政府发布的不适当的决定、命令的程序作出具体规定。截至2009年,全国共有17个省、省会城市或者较大的市的人民代表大会常务委员会制定了规范性文件审查备案的规定,有的称为"关于政府规章备案审查的规定",有的称为"规范性文件备案审查规定",其中包括两个省会城市即长春市、银川市,一个较大的市即青岛市,其余14个省份,依照颁布的先后顺序依次是:云南省、福建省、四川省、安徽省、河北省、广东省、江苏省、浙江省、湖南省、青海省、山东省、广西壮族自治区、甘肃省和湖北省。

第二节 域外代议机关对法规的审查

一、美国代议机关对法规的审查

美国《行政程序法》第551条将法规定义为"机关发布的具有普遍适用性或特殊适用性并将生效的陈述性文件的全部或一部分。目的在于实施、解释、规定法律或政策,或规定行政机关的组织、程序、或活动规则。包括批准或规定将来的收费标准、工资、法人的或财经的体制及其变革、价格、设备、器具及其服务或分配,还包括批准或规定与上述各项有关的估价、费用、会计或手续"。简而言之,法规是行政机关制定的法律规范。"因为授权制定的法规有可能在许多方面是武断的、反复无常或不公正的,所以立法机关采取相应措施防止行政人员滥用其法规制定权以及起草与美国的公共、正当程序精神相抵触的法规。"[①]在美国,国会对法规行使监督权的方式包括:它可以通过授权法限制法规调整的范围、制定的程序和保留对法规的审查权;它可以通过制定新的法律实际废除法规;有时甚至可以直接通过决议废除法规。不过这种直接废除方式很少使用,因为直接废除法规被认为是实际行使一种立法权,而国会行使立法权必须受总统的制约,不受总统制约直接立法是违宪的。在州一级,议会对规章的监督存在着备案和批准的方式。

① 〔美〕肯尼思·F.沃伦:《政治体制中的行政法》(第3版),王丛虎等译,中国人民大学出版社2005年版,第265—266页。

有的州还规定议会或议会中的任何一院可以通过决议废除行政规章。[①]

美国宪法及其后的修正案或其他联邦法律,并没有直接规定国会如何监督行政机关所发布的命令。美国国会最初采用“立法否决”方式来监督行政命令。所谓立法否决,是指行政机关根据国会的授权制定的行政命令,在一定期限内可被国会的任何一院或两院否决。过了此期限该行政命令才具有效力。这就是说国会在授予行政机关制定命令的同时保留了批准或否决行政机关行使授权的行为的权力。在美国,由议会通过决议撤销行政机关所制定的法规是否符合宪法存在着争议。但美国国会认为立法否决程序简单,使用方便,除采取消极的否决程序外,国会不用采取其他积极措施,也无须对行政机关指示任何替代方案,因此,这也是一种美国国会乐于采用的控制手段。[②] 尽管立法否决起步较晚而且发展缓慢,但是作为一种控制手段它却不断地被运用。在 1932 年至 1975 年间,立法否决被运用了 295 次。立法否决权的行使具有四种基本模式:(1) 两院都行使否决权;(2) 只由一院行使否决权;(3) 由一个单独的委员会行使否决权(罕见);(4) 仅由一个单独的委员会主席行使否决权(非常罕见)。[③]

时期	立法否决权行使的次数
1932—1939	5
1940—1949	19
1950—1959	34
1960—1969	49
1970—1975	163
1976—1983	不确定,但是次数很多
1984—1986	102
1987—至今	未获得数据

表 1　美国国会行使立法否决权的历史[④]

立法否决是否可以被看做一种传统的立法监督方式,引起了激烈争论,特别是自从 1932 年首次出现于联邦法律以来,国会的立法否决权一直饱受

---

① 姜明安主编:《外国行政法教程》,法律出版社 1993 年版,第 260 页。

② 参见王名扬:《美国行政法》, 中国法制出版社 1995 年版,第 910 页。

③ 〔美〕肯尼思 · F. 沃伦:《政治体制中的行政法》(第 3 版),王丛虎等译,中国人民大学出版社 2005 年版,第 169 页。

④ 同上书,第 168 页。

争议,最强烈的抵制来自那些坚决主张立法否决违宪的人,尽管它受到的攻击还出于其他许多理由。"实际上,所有的总统都指责立法否决权。这是因为他们主张立法否决代表了立法对行政分支领域的入侵,是违反宪法的。"[①]在第一个立法否决条款生效后的第五十年,最高法院最终在查得哈案中就立法否决的宪法地位作出裁决。最高法院裁决 1952 年《移民与国籍法》第 244 条中的一院制立法否决条款为违宪,认为其主要违反了宪法的权力分立原则。法院声称,立法机关这样做可能形成专制,并详细论证立法分支的立法否决权是对行政分支的违宪侵犯,因其实质上允许国会在宪法规定的范围之外制定法律。最高法院认为:"国会对查得哈的驱逐决定——不亚于国会授权司法部长做该决定的初始选择——涉及政策的确立,对此国会只有一条实施途径:两院一致通过并呈交给总统。"[②]现在美国国会主要是利用直接调查权,以明确行政命令是否侵犯立法权。[③] 查得哈案具有深远的影响,在该案判决的 13 年后这种影响达到极致。1996 年的《与美国的合同促进法》没有规定立法否决权,但采用了另一种国会对行政机关制定的法规的审查方式——不赞成的联合决议,即两院一致通过并呈交给总统。该条款适用于行政机关制定的所有重要法规。[④] 通过 1996 年的《小企业规则实施公平法》,国会已经回避了查得哈判决。根据该法,对小企业和小城镇有重要影响的法规提案在生效以前,须提交到有关的国会拨款委员会或小组委员会以及联邦会计总署。国会对法规提案的审议时间为 60 天。法规提案有可能因国会两院共同决议而"被推翻"。但被推翻的决议必须呈交给总统,总统或者签署或者否决。总统的否决可经宪法第一条的程序被推翻。如果某一机构的法规提案被国会成功地否决,那么除非得到特别立法许可,否则该法规不得被重新发布。[⑤]

---

① 〔美〕肯尼思·F. 沃伦:《政治体制中的行政法》(第 3 版),王丛虎等译,中国人民大学出版社 2005 年版,第 168 页。

② See *Immigration and Naturalization Service V. Chadha*, 462 U. S. 919(1983).

③ 陈保中、蔡爱平、郭艳 :《提高行政立法质量:目标与路径》,上海大学出版社 2009 年版,127 页。

④ Michael Herz, The Legislative Veto in Times of Political Reversal: Chadha and the 104TH Congress, Constitutional Commentary, 1997, summer.

⑤ 〔美〕史蒂文·J. 卡恩:《行政法原理与案例》,张梦中等译,中山大学出版社 2004 年版,第 79—80 页。

大多数州遵循联邦先例,判决立法否决违宪,但少数州的法院根据对州宪的独立解释,认为立法否决只是立法授权的一种先决条件,并未超越立法权限。在 1990 年的一个案例[①]中,爱达荷州的最高法院维持了州议会否决有关下水道处理的行政规章。一般来说,各州仍然保留了广泛的立法审查机制,以控制行政机构的规制过程。有些州还设立了专门的立法委员会,详细审查所有的行政规章,并不时公诸议会或公众。俄勒冈立法规定,如果任何人认为行政规章违法或违宪,都可以要求该州的立法评议委员会进行审查。明尼苏达州专门成立了行政规章审查委员会,该委员会有权中止任何行政机构的提案,并在下届议会开会时提交全会讨论。[②]《各州行政程序法范本》对行政规则如何审查提供了立法的模板。第 3 章第 203 条规定:"立法机构应设立'行政规章审查委员会'。该委员会必须由两党组成,包括 3 位由参议院议长任命的参议员和 3 位由众议院议长任命的众议员。"第二百零四条规定:"行政规章委员会应有选择地审查可能的、被提议或被采纳的规章,并为此规定适当的委员会程序。"该范本的立法监督机制并不包括立法否决,而是行政规章审查委员会"反对"行政决定。行政机构可以对反对意见作出书面回应。如果机构坚持决定的有效性与合理性,那么立法审查委员会的反对无效。但它的意见可能影响法院对决定合法性的判决。

二、英国代议机关对法规的审查

英国议会对委任立法的审查程序多样化,每个法定条规的通过所需遵循的程序取决于其母法的条款。主要程序如下:(1) 向议会呈交文件草案,在该文件可以被"制定"之前,必须获取赞同性决议。(2) 提交制定后的法律文件,只有得到赞同性决议的支持后才可生效。(3) 提交可以立即生效的法律文件,但须在一定时间内通过决议赞成该文件继续生效。(4) 提交可以立即生效的法律文件,但两院中的任一院通过决议废除则该文件无效。(5) 提交草案,议会可作出"不得采取下一步行动"的决议,其效力相当于命令大臣不得"制定"该法律文件。(6) 提交议会,没有进一步控制的规定。

---

① *Mead v. Arnell*, 117 Idaho 660, 791 P. 2d 410.

② 张千帆、赵娟、黄建军:《比较行政法——体系、制度与过程》,法律出版社 2008 年版,第 184 页。

“我们也应该注意到，在有些情形中，议会可能创设一个‘超级肯定’程序，以处理特殊的委任立法；而且，有些法定条规则根本无须提交议会。”①

1946 年的《法定条规法》对委任立法的印刷、公布和呈报议会审查等问题作出了许多规定。议会对呈报的委任立法的审查方式，是由授权法中有关委任立法规定的性质决定的。有两种主要的审查方式，而在这两种程序下议会对委任立法的审查期限均为 40 天。一种方式称之为“批准程序”。之所以称“批准”，是因为需由议会两院作出决议，委任立法方能生效（也有例外，如财政事务委任立法只需下议院单独批准即可）。自 1995 年以来，这些委任立法都需提交一个常设委员会。议会在决议前，很少进行辩论。另一种方式称之为“搁置程序”（最为常用），指在 40 天审查期间内，除非议会采取“无效决定”的形式提出异议，委任立法即自动生效（不过，这也存在一定的缺陷，因为任何委任立法只能整个而不能部分无效或部分通过）。

在议会中，具体承担委任立法审查任务的是法定条规联合审查委员会（Joint Committee on Statutory Instruments）（议会中的专门委员会，其成员来自议会上下两院，每院各有 7 名成员）。该委员会成立于 1973 年。法定条规联合审查委员会可以根据各种理由对委任立法进行审查，如是否有收费规定；是否试图排除法院对委任立法的审查及运用；是否有溯及力；是否存在推迟告知或公布的情形；内容规定是否存在缺陷或不确定；是否怀疑委任立法可能超越职权，所提出的建议形式是否需要进一步澄清。② 具体而言，该委员会必须决定是否要以以下理由将所审查的法规提请议会注意③：(1) 该法规增加了国库的负担，或者就任何许可证的发放、同意的给予以及任何公共机构所提供的服务收取费用；(2) 该法规系根据一项允许诉诸法院的立法所制定；(3) 该法规未经法定授权、旨在规定溯及既往的效力；(4) 该法规的出版或者送交议会有不合理拖延的情况；(5) 根据 1946 年《立法文件法》应予公告的条规，因不合理拖延而未能及时告知利害关系人的；(6) 对法规是否越权持有怀疑，或者该法规“不正常或者意外地”行使所

---

① 〔英〕A · W. 布拉德利，K · D. 尤因：《宪法与行政法》（下册），刘刚等译，商务印书馆 2008 年版，第 583 页。

② 〔英〕莱兰、安东尼：《英国行政法教科书》（第五版），杨伟东译，北京大学出版社 2007 年版，第 138 页。

③ 〔英〕威廉 · 韦德：《行政法》，徐炳等译，中国大百科全书出版社 1997 年版，第 612 页。

授权力的;(7) 因某种特定理由,需要对该法规的形式和内容予以说明的;(8) 该法规的起草过程似乎是有缺陷的。

英国每年有超过 1500 部法定条规要接受委员会的审查,但是,相对而言,只有少数条规须向两院作报告。在作这样的报告之前,相关的政府部门须向委员会就其立场提交一个解释。[①] 联合委员会行使委任立法监督权的最重要成果并不在于它可以将法规提交给议会辩论(尽管这方面有一些著名的例子),而在于它给政府部门一个生动的提醒:议会挑剔的眼光在监督着他们。受到审查的法规当中,大约有不超过2%的法规被联合委员会以报告提交给议会,这是联合委员会在确定报告的标准方面的成功措施的一个组成部分。联合委员会作为一个常设机构而不是定期进行调查的特别委员会,这又是它有价值的例证。韦德教授高度地评价联合委员会在委任立法审查中所发挥的重大作用:"在广泛的和技术性的领域免却了重复劳动,提供了效率。委员会对每一项法规所作的报告都限于其内容这个范围之内,哪怕报告只是说明对该项法规无可评论。在动议否决政府法规方面,该委员会的工作成果难以计数,而在促进政府改善行政活动方面,它则是一只尽职的啄木鸟。在这方面,该委员会的工作可以与议会行政监察专员——对行政活动进行非政治性的审查的另一个有价值的例子——的活动媲美。联合委员会报告的公正性意味着其不必承受议会中多数派的高压。"[②]

1992 年,上议院成立了新的专门委员会——委任立法审查委员会(Delegated Powers Scrutiny Committee),负责对委任立法进行审查(后其职权范围扩大到放松规制问题),并延续至今。其目的在于让委任立法审查委员会特别关注所谓的"亨利八世条款"和提纲式立法(skeleton legislation)(即事实上授权各大臣通过委任立法方式对政策作出规定)。例如,委任立法审查委员会建议对 1999 年《污染防治和控制议案》作出修改。作为欧共体的一个成员国,自 1972 年《欧洲共同体法》赋予共同体立法以法律效力后,在英国,就产生了如何对据其制定的条例进行议会监督这样一个新问题。大多数共同体立法是由枢密院根据欧共体委员会的提案制定的。议会两院分别设立

---

① 〔英〕A·W. 布拉德利,K·D. 尤因:《宪法与行政法》(下册),刘刚等译,商务印书馆 2008 年版,第 583 页。

② 〔英〕威廉·韦德:《行政法》,徐炳等译,中国大百科全书出版社 1997 年版,第 615 页。

了一个特别委员会审查这些提案。上议院的委员被称为“欧共同体特别委员会”,其下设6个小组,分别负责处理不同的政策问题;下议院的特别委员会则被叫做“欧共体立法特别委员会”。尽管议会并无直接的权力,但其可以要求部长以枢密院成员的身份对其所为予以说明。这两个特别委员会的宗旨是在共同体法进入枢密院讨论提案之前对其施加压力;同时,政府也可以负责就此目的进行辩论。两个特别委员会均须向其所属议院提出例行报告。[①]

在英国,人们普遍认为,当前议会对委任立法的审查制度总体上是有用的,这当然也包括法定条规联合审查委员会所承担的监督职权在内。然而,议会的审查仍然存在许多的局限性,也有许多批评的声音。根据《程序专门委员会1977—1978年度报告》,有学者认为该报告提出的批评在现在看来仍然相当中肯,包括:(1) 建议法定条规在呈报议会之前,应先由法定条规联合审查委员会进行审查;(2) 对最基本权力的委任没有任何宪法上的限制;(3) 法定条规联合审查委员会可能不具备对这些条例进行充分审查必要的专业知识;(4) 议会只享有要求相关部门重新起草委任立法的权力,而没有修改委任立法的权力,并且按照搁置程序制定的法定条规有许多下议院根本没有进行辩论就通过了;(5) 一些委任立法规定如改变间接税率的规定,未经公布即直接生效了;(6) 虽然对法定条规进行辩论的目的应当以对委任立法实施法律控制为中心,但这些辩论时常会加带上对委任立法是非曲直的判断,从而产生按照政治观点评价的倾向,通常会牺牲对委任立法进行充分的法律控制;(7) 在关键时刻,为赢得一般性立法的通过,政府几乎会不遗余力地加以争取;(8) 防患于未然必定胜于亡羊补牢。即正确起草、小心审查远好于其后冗长的司法审查程序进行的监督。[②]

三、德国代议机关对法规的审查

法规命令的合法要件由不同法律予以规定。由于涉及授权立法,首先适用的是《基本法》(即德国宪法)。《基本法》第80条第1款为联邦领域确

---

① 〔英〕威廉·韦德:《行政法》,徐炳等译,中国大百科全书出版社1997年版,第615—616页。

② 参见〔英〕莱兰、安东尼:《英国行政法教科书》(第五版),杨伟东译,北京大学出版社2007年版,第138—139页。

立了决定性的规则，即“联邦政府、联邦阁员或邦政府，得根据法律发布命令（Rechtsverordnungen）。此项授权之内容、目的及范围，应以法律规定之。所发命令，应引证法律根据。如法律规定授权得再移转，授权之移转需要以命令为之”。各州宪法也为各州的领域确立了相应的、基本相同的规则。法规命令的违法性表现在如下方面：在具体案件中，应当（根据联邦法，或者相应的州法）审查法规命令是否：（1）具有充分的、符合《基本法》第80条第1款规定的授权根据；（2）形式上符合规定；（3）内容上符合授权根据；（4）与其他上位阶的法律一致；（5）如果存在裁量，其发布无裁量瑕疵。[①] 具体而言，这些审查标准包含了以下要求：（1）授权根据，法规命令需要充分的法律授权根据，因此只有某个法律根据是不够的。也就是说，授权根据必须符合《基本法》第80条第1款规定，否则，授权根据违反宪法而无效，不能成为法规命令的根据。（2）形式合法性要件，这包括管辖权、程序、形式与公布等要求。管辖权指有权发布法规命令的机关由授权法律确定；程序包括其他国家机关的参与权特别是批准权，在发布法规命令之前听取非国家团体、独立专家或者“参与人”的意见（如《联邦公害防治法》第51条）等。但听取意见原则上不构成程序参与权，不能成为法规命令的参与要求，而是“准备”法规命令的前奏。因此，不听取意见并不影响法规命令的法律效力，但并不排除这些团体享有听取意见请求权，并且通过法院予以实现。程序瑕疵不显著通常不影响规范的法律效力。形式上要求法规命令必须采取书面的形式并且说明法律根据，这种引用义务使审查成为可能。公布要求法规命令必须采取书面形式。（3）实体合法要件，法规命令所作的处置必须在授权根据的范围之内，遵守授权根据的要求，并且符合其他法律和宪法的规定。因此，不仅需要从宪法的角度审查法规命令是否具有充分的授权根据，以及授权根据是否符合《基本法》第80条第1款，而且需要审查法规命令是否符合基本法的其他规定，特别是基本权利。法治国的一般“规范等级制度”和依法行政原则，已经形成了进行规范审查的理由。也就是说，法院进行规范审查所依据的标准，应当是所有可以考虑的联邦和州法律，同时也包括直接有效的欧洲法和宪法规范。（4）无裁量瑕疵，法令制定机关原则上有权裁

---

① 〔德〕哈特穆特·毛雷尔：《行政法学总论》，高家伟译，法律出版社2000年版，第340页。

量是否行使法律授权。只有在法律规定或者所有关联点产生这种需要时(如没有法规命令补充,法律就不能适用)才是这样。

德国《基本法》第80条第2款规定:“除联邦法律另有规定外,联邦政府或部长关于利用联邦邮政与电讯设施之原则与费用、利用联邦铁路设施之费用之征收原则及关于铁路之建设与经营等,所发布之命令,以及根据联邦法律所发布之命令,而该法律需经联邦参议院之同意,或该法律为各邦受联邦之委托而执行,或其执行属各邦本身之职务者,应经联邦参议院之同意。”这表明联邦政府制定《基本法》第80条第2款规定的法规命令需要参议院批准。联邦众议院经常在授权法律中保留法规命令的批准权。其程序分为三个步骤:联邦参议员授权,联邦政府制定法规命令,联邦众议院批准。毛雷尔教授认为:“虽然宪法没有明确规定这种批准要求,但一般性来看,批准是适法的:制定需要批准法令的授权只是无限制授权的‘一个限制’而已。”[①]除此以外,德国没有统一的规范来规定议会对法规命令的监督方式,而是任由立法者自行于个别授权母法中依个案需要设计不同的监督方式。议会对法规命令的监督模式大致有四种,依控制效力之强弱次序分别为,“同意权之保留”“废弃请求权之保留”“国会听证权之保留”以及“课予单纯送置义务”。[②]

(1)同意权之保留模式。此种模式对行政立法的控制效力最强,指立法者于授权母法中规定行政机关依本授权法之授权所订定之行政命令应先送国会,经国会同意后始得公布或生效。其目的主要在于延迟命令之生效,使国会之事前同意成为命令生效之前提要件,确保国会对命令内容之控制。德国国会采同意保留之监督模式时,通常也于授权母法中同时规定国会应于一定期限内表明是否同意,若期限届满后国会仍未作出决定即视为同意。此外,国会也可为部分同意行政命令的内容,此时行政机关也只能就同意部分的行政命令公布。当然,国会只有在法规命令的规范结构与内容可以作出分割的情况下才可以作出部分同意的决议。

(2)废弃请求权之保留模式。废弃请求权之保留是指立法者于授权母法

---

① 〔德〕哈特穆特·毛雷尔:《行政法学总论》,高家伟译,法律出版社2000年版,第338页。

② 参见许宗力:《论国会对行政命令之监督》,载许宗力:《法与国家权力》,台湾月旦出版社股份有限公司1993年版,第275页。

中规定，行政机关有义务将依本授权法之授权所订定之行政命令于公布后送置国会审查，国会保留嗣后请求行政机关废弃命令之权。行政机关制定法规命令后即可公布使之先行生效。由于国会保留具有法律拘束效力的废弃权，但若国会就送置的法规命令搁置不审议，而废弃权之行使又无时间限制，势必会对法的安定性造成严重的损害。有鉴于此，国会通常于授权母法中规定期限，若期限届满，国会仍未作出废弃命令的决议，则此废弃权消灭。

（3）国会听证权之保留模式。国会听证权之保留指立法者于授权母法中规定，行政机关依本授权法之授权所订定之行政命令非先经国会听证之程序不得公布。此种监督模式有两种目的，一是延迟命令之生效使国会能事先对命令草案加以审查并表示意见，二是行政机关可具有事先知悉、适应并配合国会意思的机会，从而减少命令因违反母法而嗣后遭废弃之后果发生。但值得注意的是，国会于听证程序中所表示之意见仅仅具有建议的性质，若行政机关不按建议作修正，命令依然于公布后生效，国会仅能嗣后以单纯决议或通过质询权的行使对行政部门施加政治压力，或者以具有法律拘束效力但较为繁琐的立法决议方式废止授权或直接变更命令之内容。国会听证权之保留是授权母法为命令之生效所预设之先决程序要件，因此命令若未符合该程序要件会导致自始无效的法律后果。

（4）课予单纯送置义务模式。课予单纯送置义务系所有监督模式中控制效力最弱者，意指立法者于授权母法中规定，行政机关有义务将本授权法之授权所订定之行政命令送置国会审查，至于先公布后送置，或以送置为命令之生效要件，听任立法者之决定。该监督模式中授权母法没有明确议会如何对待违法命令之措施。若行政机关不履行送置义务，是否影响已公布之命令的效力？一是若授权母法规定送置乃命令之生效要件，则命令因未履行法定生效要件而自始无效；二是若授权母法规定命令可先公布后送置，则命令之效力不因送置义务之未履行而受到影响，若国会通过其他方式发现命令违法可采取相应的措施应对。

四、我国台湾地区代议机关对法规的审查

依据我国台湾地区"'中央'法规标准法"第7条之规定，各机关所订定之命令，应视其性质分别下达或发布，亦即送"立法院"，"立法院"应提报

“立法院”会议:“各委员会审查行政命令,应于院会交付审查后3个月内完成之;逾期未完成者,视为已经审查。但有特殊情形者,得经院会同意后展延;展延以一次为限。”如认为无违反、变更或抵触法律者,或应以法律规定事项而以命令规定之情形,即准予备查。一般系由委员会审查后,经由程序委员会编列院会议程报告事项予以备查。再依2008年5月9日新修订的“‘立法院’职权行使法”第60条规定,各机关订定之命令应提报会议:“各机关依其法定职权或基于法律授权订定之命令送达‘立法院’后,应提报‘立法院’会议。出席委员对于前项命令,认为有违反、变更或抵触法律者,或应以法律规定事项而以命令定之者,如有15人以上连署或附议,即交付有关委员会审查。”第61条规定了行政命令审查之期限:“各委员会审查行政命令,应于院会交付审查后3个月内完成之;逾期未完成者,视为已经审查。但有特殊情形者,得经院会同意后展延;展延以一次为限。前项期间,应扣除休会期日。”第62条规定了行政命令违法之救济程序:“行政命令经审查后,发现有违反、变更或抵触法律者,或应以法律规定事项而以命令定之者,应提报院会,经议决后,通知原订颁之机关更正或废止之。前条第1项视为已经审查或经审查无前项情形之行政命令,由委员会报请院会存查。第1项经通知更正或废止之命令,原订颁机关应于2个月内更正或废止;逾期未为更正或废止者,该命令失效。”第63条则规定了对行政命令审查的范围可以援引其他法律案:“各委员会审查行政命令,本章未规定者,得准用法律案之审查规定。”

对于法规审查的标准,台湾地区“行政程序法”(2006年修订)第158条规定:“法规命令,有下列情形之一者,无效:(一)抵触‘宪法’、法律或上级机关之命令者;(二)无法律之授权而剥夺或限制人民之自由、权利者;(三)其订定依法应经其他机关核准,而未经核准者;法规命令之一部分无效者,其他部分仍为有效。但除去该无效部分,法规命令显失规范目的者,全部无效。”

对于台湾立法机关对法规的审查,李震山教授认为:“此种事后、被动的监督,正表示命令亦不要求以送置‘立法院’为生效要件,然后‘立法院’依一定程序审查,发现其有违背法律保留原则或逾越授权母法之授权时,虽通知原订定机关更正或废止,该违法命令早已行之多时,对人民之权利义务侵害甚大;但若以法律明定关涉人民权利义务之法规命令必须以送‘立法院’

核备为生效要件，又恐影响分权原理、授权精神及行政效率。”①

此外，法国代表机关对法规的审查在《法国第五共和国宪法》中进行了规定。《法国第五共和国宪法》第 38 条规定了政府的条例制定权及其控制，“政府为执行其施政计划，得要求国会授权在一定期限内，以条例方式采取原属法律范畴之措施。条例于征询中央行政法院之意见后，由部长会议颁布之。条例自公布之日起生效，但如在授权期限内未将条例草案送请国会追认者，该条例即行失效。在本条第 1 款所规定之期限届满后，条例之修改仅限于法律范畴事项，并须依据相关法律，始得为之。”第 69 条规定：“经济暨社会谘议院得徇政府请求，就政府送交审议之法律草案、条例、命令及法律提案，表达意见。经济暨社会谘议院得指派谘议一人，向国会两院就送交审议之法案及提案提出谘议院之意见。”第 70 条规定：“凡有关共和国或国协之任何经济或社会问题，政府亦得向经济暨社会谘议院征询意见。所有有关经济或社会之计划或施行草案，均应送交该谘议院审议。”

五、域外比较之结论

上述域外代议机关审查模式的介绍主要限于代议机关对法规审查制度及案例，而并没有对影响代议机关审查模式的权力结构、社会基础等进行分析。通过对域外代议机关对法规审查的分析，我们可以管窥到域外模式的以下特点：

（1）代议机关对法规的审查与一国的宪政体制紧密相关。美国有关立法否决的争论反映了在美国三权分立与制衡的宪政体制下立法权与行政权的关系问题。对立法否决权的质疑正是认为其违反了权力分立原则，作为立法分支的立法否决权是对行政分支的违宪侵犯。英国议会在法规审查中也没有修改委任立法的权力，而且也不时受到政治团体与行政权力的影响。德国代表机关对法规控制强弱不同的四种审查模式也反映了立法权在法规审查中与行政权不同的势力对比。“事实上，国会对行政命令的监督，可以说是立法权与行政权互动的缩影，在实际的政治运作中，所采取的方法与所

① 李震山：《行政法导论》，台湾三民书局 2007 年版，第 328—329 页。

进行的互动，受到政治传统、利益结构及社会需求的影响颇深，在各国的情形也不尽相同，必须有更进一步的观察与体认，方能获得全貌。"①

（2）代议机关对法规的审查模式一般没有统一的模板。西方国家议会对法规的审查方式没有统一的模式，一般在授权母法中予以规定。如德国没有统一的规范来规定议会对法规命令的监督方式，而是任由立法者自行于个别授权母法中依个案需要设计不同的监督方式。议会对法规命令的监督模式大致有四种，依控制效力之强弱次序分别为，"同意权之保留""废弃请求权之保留""国会听证权之保留"以及"课予单纯送置义务"。英国议会对呈报的委任立法的审查模式则是由授权法中有关委任立法规定的性质来决定的，主要的审查方式包括批准程序和搁置程序。美国代议机关对法规的审查不仅在联邦层面上没有统一的模式，而且在州层面上各有自己的特色。我国台湾地区的"'立法院'职权行使法"则规定了对行政命令的审查可以在该法没有规定的情况下援用其他法律案。

（3）代议机关尽管在法规的审查中发挥着重要的作用，但也存在一些局限性。"国会监督的主要困难，同样来自于国会专业能力及时间的有限性。由于此种内在结构上的限制，要求国会对行政命令做全面性、实质的监督，可能只是传送带模式理念下的理想类型。而且，来自国会的参与与监督，也可能带来其他诸如利益团体强力干预，及影响行政命令效能的负面作用。"②即代议机关对法规的监督会受到相关利益团体的干预、降低行政立法效能、专业性知识的不足以及受到代议机关在宪政体制及其实践中的地位等各种因素的影响等。

第三节　我国全国人大对法规的审查

一、全国人大对法规审查的现行制度

作为国家最高权力机关常设机构的全国人大常委会，是有权立法者，故

① 叶俊荣：《行政命令》，载翁岳生编：《行政法》（上册），中国法制出版社 2002 年版，第 575 页。
② 同上。

可以行使立法审查权撤销行政立法。1982 年《宪法》第 67 条第 7 项、第 8 项,《立法法》第 86 条、第 88 条第 2 项等相关条款为我国的权力机关监督提供了相应的规范基础。行政法规是否与法律相抵触,由全国人民代表大会常务委员会来审查和裁定,这属于全国人民代表大会常务委员会的监督权之范畴,对此现行《宪法》第 67 条第 7 项和《立法法》第 88 条第 2 项均规定,全国人民代表大会常务委员会"有权撤销同宪法和法律相抵触的行政法规"。由全国人民代表大会常务委员会对行政法规是否与非基本法律相抵触进行审查,是因为常委会自身是非基本法律的制定机关;而对行政法规是否与基本法律相抵触进行的审查,理论上而言应由全国人民代表大会进行,但鉴于全国人民代表大会的代表人数多、会期短等原因,宪法将此审查权也交给了全国人大常委会。

（一）审查标准依据的规范分析

对于审查标准,我国宪法及相关法律明确地或者潜在地提供了一些原则和具体的规则,但这些标准在表达上存在着差异,其含义也有着不同的内容。第一,不抵触标准。如《宪法》第 5 条第 2 项规定了"一切法律、行政法规和地方性法规都不得同宪法相抵触",第 67 条规定"撤销国务院制定的同宪法、法律相抵触的行政法规、决定和命令",由此可归纳出"不抵触"标准。第二,没有对标准进行统一概括,而是一一列举。《立法法》第 87 条规定了对法规审查的具体标准:"法律、行政法规、地方性法规、自治条例和单行条例、规章有下列情形之一的,由有关机关依照本法第 88 条规定的权限予以改变或者撤销:(一) 超越权限的;(二) 下位法违反上位法规定的;(三) 规章之间对同一事项的规定不一致,经裁决应当改变或者撤销一方的规定的;(四) 规章的规定被认为不适当,应当予以改变或者撤销的;(五) 违背法定程序的。"第三,适当标准。我国《各级人民代表大会常务委员会监督法》第 30 条既规定了"不抵触"标准("同法律、法规规定相抵触的"),又采用了兜底条款"有其他不适当的情形",可见不抵触标准只是适当标准的一个方面,适当标准不仅仅包括不抵触标准,还包括了不抵触上位法标准以外的其他情形。尽管数量众多的法律都规定了对行政法规、行政规章和行政规范性文件的具体审查标准,但大都处于"不适当""违背""相抵触""违反"与"不一致"这样高度概括的层面,并未对审查标准的含义加以具体的界定。

法规审查标准问题既是一个极其重要的问题,也是一个非常复杂的问题。说它重要,是因为审查标准作为人大常委会审查法规是否适当的标准或尺度,直接影响着法规审查的合法性、公正性、权威性;说它复杂,是因为法规的形态多种多样,决定了难以给法规审查设定一个固定的、具体的、详尽的标准。但是,审查标准的复杂性并不能阻止我们确定规范性审查标准的努力。那么,地方人大常委会按照什么标准来审查规范性文件呢?《宪法》和《地方各级人民代表大会和地方各级人民政府组织法》只规定地方人大常委会有权撤销本级人民政府不适当的决定和命令,有权撤销下一级人大及其常委会不适当的决议,但对什么是"不适当"没有作出规定。《各级人民代表大会常务委员会监督法》第 30 条规定,地方人大常委会对下一级人大及其常委会作出的决议、决定和本级人民政府发布的决定、命令,经审查,认为有下列三种不适当的情形之一的,有权予以撤销:一是超越法定权限,限制或者剥夺公民、法人和其他组织的合法权利,或者增加公民、法人和其他组织的义务的;二是同法律、法规规定相抵触的;三是有其他不适当的情形应当予以撤销的。这三种情形可以理解为是对"不适当"的实体性、具体化规定,从而在一定程度上把多年来理解上有分歧、实施起来有困难的原则规定,具体化为可以操作的规定。

(二)程序依据的规范分析

全国人大常委会审查法规的程序可概括为对行政法规的被动审查程序、对行政法规的主动审查程序以及对行政法规审查的处理程序。2000 年 10 月 16 日第九届全国人大常委会第三十四次委员长会议通过的《行政法规、地方性法规、自治条例和单行条例、经济特区法规备案审查工作程序》(已于 2005 年 12 月 16 日第十届全国人大常委会第四十次委员长会议第二次修订)对行政法规审查的工作程序进行了详细的规定。

1. 对行政法规的被动审查程序

国务院、中央军事委员会、最高人民法院、最高人民检察院和各省、自治区、直辖市的人大常委会认为法规同宪法或者法律相抵触,向全国人大常委会书面提出审查要求的,常委会办公厅接收、登记后,报秘书长批转有关专门委员会会同法制工作委员会进行审查。上述机关以外的其他国家机关和社会团体、企业事业组织以及公民认为法规同宪法或者法律相抵触,向全国人大常委会书面提出审查建议的,由法制工作委员会法规备案审查室负责接收、登记、并进行研究；必要时，报秘书长批准后，送有关专门委员会进行审查。专门委员会及常委会办公厅等工作机构收到前款规定的对法规提出审查建议的信函后，应当及时转交法制工作委员会。

2. 对行政法规的主动审查程序

报送备案的法规由全国人大常委会法制工作委员会法规备案审查室负责接收、登记、存档。法规备案审查室按照全国人大各专门委员会和常委会工作机构的职责分工，将报送备案的法规分送有关专门委员会。专门委员会认为备案的法规同宪法或者法律相抵触的，可以主动进行审查，会同法制工作委员会提出书面审查意见。法制工作委员会认为备案的法规同宪法或者法律相抵触，需要主动进行审查的，可以提出书面建议，报秘书长同意后，送有关专门委员会进行审查。

3. 对行政法规审查的处理程序

专门委员会、法制工作委员会根据规定对法规进行审查、研究，可以请制定机关说明有关情况。经法律委员会研究认为法规同宪法或者法律相抵触的，可以与制定机关进行沟通协商，提出意见。制定机关按照所提意见对该法规进行修改或者废止的，不再进行审查。制定机关应当及时将修改后的法规或者将废止法规的情况向全国人大常委会备案。专门委员会应当自收到秘书长批转的审查要求、审查建议之日起 3 个月内，提出书面审查意见；有特殊情况的，报秘书长同意，可以适当延长。专门委员会审查后，应当将书面审查意见报秘书长，由秘书长批转法律委员会研究。法律委员会的审查意见与有关专门委员会的审查意见一致，认为法规同宪法或者法律不抵触的，由法律委员会报秘书长同意，送常委会办公厅存档；认为法规同宪法或者法律相抵触的，由法律委员会报秘书长，经秘书长同意，由有关专门委员会向制定机关提出书面审查意见，建议制定机关自行修改或者废止该法规。法律委员会和其他有关专门委员会认为有必要共同对法规进行审查的，可以召开联合审查会议。有关专门委员会向制定机关提出对法规的书面审查意见后，制定机关应当在两个月内研究提出是否修改或者废止的意见，并将该意见一式五份向专门委员会反馈。有关专门委员会提出书面审查意见后，制定机关对同宪法或者法律相抵触的法规不予修改或者废止的，有关专门委员会可以向委员长会议提出撤销该法规的议案，由委员长会议决定是否提请常委会会议审议；经委员长会议决定提请常委会会议审议的，依照全国人大常委会议事规则的有关规定办理。法规审查工作结束后，常委会办公厅可以根据需要，将审查结果书面告知提出审查要求或者审查建议的国家机关和社会团体、企业事业组织以及公民。

二、全国人大对法规审查的实证分析

目前，全国人大从未启动过对法规的违宪审查或违法审查程序，也从未公布过对法规的违宪审查或违法审查的处理情况及处理结论。随着公民社会的成长和公民意识的健全，自从2000年以来来自公民对行政法规审查的呼声此起彼伏，《国内航空运输旅客身体损害赔偿暂行规定》《城市流浪乞讨人员收容遣送办法》以及国务院《关于劳动教养问题的决定》等十几部行政法规的合宪性、合法性或者适当性相继受到质疑。这些行政法规或者因行政机关的立法不作为而违背上位法，或者超越立法权限，或者与上位法相抵触，或者不适当，或者存在侵犯公民基本权利的嫌疑。这其中有些行政法规因公民的审查建议导致行政机关自行废止，有些被行政机关用新的立法代替，有的至今仍然有效。

（一）《国内航空运输旅客身体损害赔偿暂行规定》——行政立法不作为

2004年11月21日包头空难发生后，17名罹难者家属于2005年12月20日向全国人大常委会法律工作委员会提交了法律审查建议书，“建议对1993年国务院第132号令《国内航空运输旅客身体损害赔偿暂行规定》进行审查”，这是全国人大在《法规备案审查工作程序》修改后收到的第一份法规审查建议书。[①]《国内航空运输旅客身体损害赔偿暂行规定》第6条规定：“承运人按照本规定应当承担赔偿责任的，对每名旅客的最高赔偿金额为人民币7万元。”审查的理由主要基于两点：一是1996年施行的《民用航空法》第128条规定：“国内航空运输承运人的赔偿责任限额由国务院民用航空主管部门制定，报国务院批准后公布执行。”但是，自《民航法》颁布实施至今已将近10年，民用航空主管部门仍未依民航法授权制定相应规定，致使东方航空公司坚持按照1993年国务院132号令作为赔偿的依据。二是《立法法》第7条规定：“全国人民代表大会制定和修改刑事、民事、国家

---

① 参见左林：《包头空难索赔——公民能否启动启动首例法规审查》，载《中国新闻周刊》2006年1月16日。

机构的和其他的基本法律。"[1]同时，第八条列明了只能制定法律的事项，其中包括"基本民事制度"。人身损害赔偿属于基本民事制度，应当由全国人大通过法律形式制定。在《民用航空法》和《立法法》颁布施行之后，1993年国务院制定的《国内航空运输旅客身体损害赔偿暂行规定》缺乏上位法依据。根据《立法法》第87条的规定，下位法违反上位法规定的，由有关机关依照规定的权限予以改变或者撤销。国务院1993年132号令违反上位法民航法有关"被授权机关"的规定，因此，应当予以撤销。尤其值得注意的是，2006年2月28日中国民用航空总局令第164号 颁发了《国内航空运输承运人赔偿责任限额规定》，1993年11月29日国务院修订后重新发布的《国内航空运输旅客身体损害赔偿暂行规定》自《国内航空运输承运人赔偿责任限额规定》施行之日起同时废止。该规定第3条规定将国内航空运输承运人对每名旅客的赔偿责任限额提高到人民币40万元，同时第4条规定："第3条所确定的赔偿责任限额的调整，由国务院民用航空主管部门制定，报国务院批准后公布执行。"更有意味的是，2009年8月11日，北京市第二中级人民法院正式受理包头空难案。32名遇难者家属要求东方航空公司、飞机制造商庞巴迪公司、庞巴迪宇航公司及生产事故飞机发动机的通用电气公司，连带赔偿原告包括经济及精神损害等在内的损失1.23亿元人民币。由于我国民航局规定空难赔偿的限额是"40万元"，这起官司也被视为挑战民航"铁规"的一起诉讼。[2]

（二）《中华人民共和国公路管理条例》——征收养路费行为违法

2006年10月，周泽副教授、宋成军律师分别上书全国人大，认为征收养路费不符合我国《公路法》的有关规定，要求叫停，提出"尽快对《中华人民共和国公路管理条例》组织审查，并按《中华人民共和国立法法》第91条规定的程序进行处理。同时建议全国人大迅速通过执法监督程序，叫停违法征收养路费的行为"。2006年11月23日，全国人大常委会法制工作委员会、国务院法制办公室负责人通过答记者问的形式，向社会公开表态：在燃油税开征之前，征收养路费合法。这也是全国人大常委会首次对要求审查

---

① 参见谢庆：《包头空难家属依法上书全国人大》，载《法制日报》2005年12月21日。

② 《包头空难家属索赔1.23个亿，挑战40万赔偿限额》，载新华网，http://news.xinhuanet.com/legal/2009-08/19/content_11906932.htm，2009年8月20日访问。

法规的公民上书事件作出公开回应。1988 年 1 月 1 日起实施的行政法规《公路管理条例》规定:“拥有车辆的单位和个人,必须按照国家规定,向公路养护部门缴纳养路费。”1999 年 10 月 31 日第九届全国人民代表大会常务委员会第十二次会议决定将《公路法》第 36 条修改为:“国家采用依法征税的办法筹集公路养护资金,具体实施办法和步骤由国务院规定。”修订前第 36 条有关公路养路费征收的内容被取消,非常明确地规定公路养护资金只能靠征税来解决。这实际上提出了一个问题,当法律授权行政机关立法时,行政机关享有的这种立法权是否也是一种立法义务?这种立法义务的履行有没有期限?法治实践已经提出了如何对待法规审查中的行政立法不作为问题,这值得我们进一步思考。

(三)《城市流浪乞讨人员收容遣送办法》——超越立法权限

中国的收容制度起步于 1982 年 5 月国务院颁布的《城市流浪乞讨人员收容遣送办法》。最初,这个《办法》将乞讨者和“其他露宿街头生活无着的人”列为收容遣送对象。该《办法》在 1991 年有所变化,将收容对象扩大到“无合法证件、无固定住所、无稳定经济来源”的“三无”人员。该《办法》第 6 条规定:被收容人员必须遵守服从收容遣送,必须遵守收容遣送站的规章制度。这实际上,已经授权民政和公安部门可以对被收容遣送对象实施行政强制措施。这样,行政部门就拥有了司法部门才可能拥有的剥夺或限制公民人身自由的权力。1982 年 10 月 15 日颁布的该《办法》实施细则第 13 条规定:“被收容人员留站待遣时间:省内的一般不超过 15 天,外省的一般不超过 1 个月。”这说明,行政部门可以把那些没有违法的人关押在收容所里,限制其人身自由长达半个月、一个月甚至更长时间。第一,收容遣送制度严重违反现行宪法。《宪法》第 37 条规定:中华人民共和国公民的人身自由不受侵犯,任何公民,非经人民检察院批准或者决定或者人民法院决定,并由公安机关执行,不受逮捕,禁止非法拘禁和以其他方法非法剥夺或者限制公民的人身自由,禁止非法搜查公民的身体。第二,收容遣送制度违反了我国《行政处罚法》。该法第 9 条规定:限制人身自由的行政处罚,只能由法律设定。第三,收容遣送制度违反了《立法法》。该法第 8 条、第 9 条规定,对公民政治权利的剥夺、限制人身自由的强制措施和处罚,只能制定法律。第四,收容遣送制度不符合《公民权利和政治权利国际公约》的要求。我国已于 1998 年 10 月 5 日签署了该《公约》,该《公约》第 9 条规定:“除非依照法律所规定的根据和程序，任何人不得被剥夺自由。”但这一违反宪法和法律的行政法规却在中国实行了近二十年，直到孙志刚案之后，这一法规才被废除。

值得我们深思的是，《城市流浪乞讨人员收容遣送办法》的废除并不是制度正常运作的结果，全国人大常委会即使在三位博士向全国人大常委会提出了“关于审查《城市流浪乞讨人员收容遣送办法》的建议书”的情况下也没有启动法规审查程序，而是以国务院自行废止法规的形式结束的。最终于 2003 年 6 月，国务院废止了《城市流浪乞讨人员收容遣送办法》，代之以《城市生活无着的流浪乞讨人员救助管理办法》，但是，就三位博士的审查建议本身而言，并未见全国人大常委会作出任何回应。

（四）国务院《关于劳动教养问题的决定》——违法和侵犯人权

劳动教养制度在我国实施了五十多年的时间，一直以来备受诟病，这在很大程度上可归因于法规审查制度的不完善。1957 年 8 月 3 日国务院公布《关于劳动教养问题的决定》。其第 2 条规定：“劳动教养，是对于被劳动教养的人实行强制性教育改造的一种措施，也是对他们安置就业的一种办法。”1979 年 11 月 29 日国务院公布施行的《关于劳动教养的补充规定》也至今有效。在司法实践中，公民对劳动教养不服的纠纷属于行政诉讼的受案范围，而且法院一般认可劳动教养属于一种限制人身自由的强制措施，如在邱某诉龙岩市劳动教养管理委员会行政赔偿案中，龙岩市新罗区人民法院经审理认为：“行政机关在行使行政职权时，违法采取限制公民人身自由的行政强制措施的，受害人有取得赔偿的权利，该行政机关应按法律规定负责赔偿。”①

对于国务院的劳教决定和劳教补充决定，许多学者、律师曾向全国人大常委会提出审查申请，但审查程序一直未能启动。直到 2003 年 11 月 12 日中共十八届三中全会决定废止劳动教养制度之后，全国人大常委会方于同年 12 月 28 日正式作出《关于废止有关劳动教养法律规定的决定》，从法律上终结了这一长期受到侵犯人权诟病的劳教制度。

（五）《婚姻登记条例》——违背上位法

2005 年 8 月 2 日两位公民杨涛和王金贵向全国人民代表大会常务委员

---

① 邱某诉龙岩市劳动教养管理委员会行政赔偿案，参见福建省龙岩市新罗区人民法院判决书，2000 年 8 月 15 日。

会提交了《关于对〈婚姻登记条例〉及〈黑龙江省母婴保健条例〉进行审查的建议》。[①] 2006 年 9 月，湖南省溆浦县人大常委会起草了一份《关于对〈婚姻登记条例〉进行审查的建议》，并通过特快专递寄往全国人大常委会法律工作委员会。2003 年《婚姻登记条例》对于是否要提交“婚前医学检查证明”的规定与我国《母婴保健法》的规定相抵触。[②]

国务院在 2003 年 8 月 8 日颁行的《婚姻登记条例》第 5 条规定的办理结婚登记的内地居民需要提交的有关证件中，并没有包括需要提交“婚前医学检查证明”（即实行所谓“自愿婚检”）。全国人大常委会在 1994 年 10 月 27 日颁布的《母婴保健法》第 12 条中明确规定，男女双方在结婚登记时，应当持有婚前医学检查证明或者医学鉴定证明。因此，行政法规《婚姻登记条例》对于是否要提交“婚前医学检查证明”的规定与法律《母婴保健法》的规定是相抵触的。2003 年《婚姻登记条例》和《母婴保健法》的矛盾和冲突属于不同性质法律之间的对立，《母婴保健法》是全国人大制定的法律，比 2003 年《婚姻登记条例》高一个位阶，国家立法机关订立的法律与政府机关订立的法规之间是一种上位法与下位法的关系，从法律效率上看，2003 年《婚姻登记条例》应服从《母婴保健法》的规定，应主动修订，自觉维护法律的统一和尊严，所以 2003 年《婚姻登记条例》取消强制婚检的行为，违反了下位法不得与上位法相抵触的立法精神。

（六）《火车与其他车辆碰撞和铁路路外人员伤亡事故处理暂行规定》——不适当

2003 年 12 月 29 日下午 2 时多，刘先生的母亲庞老太在横穿沈山南线十公里 850 米处的铁路时，被一列北行的火车撞倒，当场死亡。12 月 30 日，刘先生到沈阳铁路公安分局大成派出所索赔时，派出所的警员拿出一份国务院于 1979 年 7 月 16 日印发的名为《火车与其他车辆碰撞和铁路路外人员伤亡事故处理暂行规定》的文件。按照规定，铁路方面除给刘先生解决粮票外，对事故死亡赔偿 80 到 150 元，最多赔偿 300 元。[③]《火车与其他车辆

---

① 参见阿计：《法规审查，仅有公民建议是不够的》，载《群言》2005 年第 9 期，第 42 页。

② 《人民之声报》2006 年第 60 期，2006 年 9 月 7 日。

③ 《火车撞死人赔粮票?》，http://news.sina.com.cn/c/2004-01-15/15211596177s.shtml，2009 年 8 月 11 日访问。

碰撞和铁路路外人员伤亡事故处理暂行规定》第六条规定:“凡违反本规定有关条款,造成伤亡的,属于伤亡者本人或所属单位责任,伤者的医疗费、住院期间伙食费,死者的火葬费或埋葬费,由伤亡者本人或所属单位负担。伤者住院期间吃饭所需粮票,必须由本人交纳,确无粮票来源的或来源不足的,经铁路公安部门证明,由当地粮食部门给以解决。伤者住院,经会诊鉴定可以出院的,应立即出院,不得拖延,拒不出院者由伤者单位负责领回。因伤致残,经济确实困难的,可根据其残废程度,由铁路部门酌情给予一次性救济费 50 至 150 元。死亡者,家庭生活确有困难的,由铁路部门酌情给予 80 至 150 元火葬费或埋葬费;还可酌情给予一次性救济费 100 至 150 元。”这个 24 年前的陈规不仅在中国继续发生着“法律效力”,而且在万众质疑的情况下仍能保持它超强的稳定性,这不能不让人怀疑我国法律自我纠错机制的有效性,法律审查制度俨然已被虚化。它突出暴露了我国维护法制统一的动态制度——法规审查制度还存在明显的缺陷和不足,它正日益成为法治建设的绊脚石和拦路虎。

《铁路交通事故应急救援和调查处理条例》自 2007 年 9 月 1 日起施行。1979 年 7 月 16 日国务院批准发布的《火车与其他车辆碰撞和铁路路外人员伤亡事故处理暂行规定》和 1994 年 8 月 13 日国务院批准发布的《铁路旅客运输损害赔偿规定》同时废止。虽然根据该条例第 32 条,“事故造成人身伤亡的,铁路运输企业应当承担赔偿责任;但是人身伤亡是不可抗力或者受害人自身原因造成的,铁路运输企业不承担赔偿责任”,而且对于赔偿数额没有明确,“事故造成其他人身伤亡或者财产损失的,依照国家有关法律、行政法规的规定赔偿”。但该条例明确了责任的划分并将赔偿数额保留给其他法律规定,改变了 1979 年比较僵化的暂行规定,体现了一定程度的进步。

（七）国务院《关于工人退休、退职的暂行办法》——侵犯公民基本权利

2006 年 3 月 7 日下午,北京大学法学院妇女法律研究与服务中心就国发(1978)104 号文件关于女职工退休年龄的规定,向全国人大常委会提起违宪审查建议。国发(1978)104 号文件包括《关于安置老弱病残干部的暂行办法》和《关于工人退休、退职的暂行办法》。其中《关于安置老弱病残干部的暂行办法》第四条规定,男年满 60 周岁、女年满 55 周岁的干部可以退休,《关于工人退休、退职的暂行办法》第 1 条则规定男年满

60周岁、女年满50周岁的工人应该退休。北京大学法学院妇女法律研究与服务中心在违宪审查建议书中指出，以上规定违反了我国《宪法》第33条第2款“中华人民共和国公民在法律面前一律平等”以及第48条第1款“中华人民共和国妇女在政治的、经济的、文化的、社会的和家庭的生活等各方面享有同男子平等的权利”的规定。建议书认为，国发（1978）104号文件实施的客观效果与立法初衷相悖。其立法初衷是对妇女的照顾和保护，立法时考虑到女性的生理特点和抚育子女的需要，体现了党和政府对职业女性的关怀。但是时代的变迁、社会的发展使这项保护性制度已演变成对女性的性别歧视，导致女性受到不公正对待，直接影响了和谐社会目标的实现。退休制度的建立应符合现实的需求，并应与国际接轨。按照我国“入世”时的承诺，立法应当逐渐与国际接轨。目前，规定男女同龄退休的国家约占60%，将男女退休年龄拉平已成世界发展趋势。近年来，女性对修改退休年龄法律规定的呼声越来越强烈，建立科学的、符合中国国情需要的退休制度势在必行。

（八）《娱乐场所管理条例》——侵犯公民的平等权，歧视特殊人群

2006年3月16日，成都律师邢连超和孙雷致信全国人大常委会和四川省人大常委会，请求对《娱乐场所管理条例》第五条进行审查。该《条例》第5条规定：“有下列情形之一的人员，不得开办娱乐场所或者在娱乐场所内从业：（一）曾犯有组织、强迫、引诱、容留、介绍卖淫罪，制作、贩卖、传播淫秽物品罪，走私、贩卖、运输、制造毒品罪，强奸罪，强制猥亵、侮辱妇女罪，赌博罪，洗钱罪，组织、领导、参加黑社会性质组织罪的；（二）因犯罪曾被剥夺政治权利的；（三）因吸食、注射毒品曾被强制戒毒的；（四）因卖淫、嫖娼曾被处以行政拘留的。”两律师认为该条规定侵犯了公民的平等劳动权即平等就业权，属于对特殊人群的歧视，违反了《宪法》《立法法》和《公司法》的相关规定。

关于反歧视的法规审查申请还有2003年8月13日网民“小谷子”在其网站发布的要求维护乙肝病毒携带者平等权益的违宪审查建议书。11月20日，这份建议书获得1611名公民签名支持，并递交至全国人大常委会、卫生部和国务院法制办。在该建议书及相关因素的促动下，2005年1月出台的国家公务员体检标准，特别规定了禁止“乙肝歧视”的条款。

相关的案例还有《非法金融机构和非法金融业务活动取缔办法》和《食盐专营办法》涉嫌违宪或违法的问题。2003 年 7 月，孙大午因涉嫌“非法吸收公众存款罪”被捕。此案在企业界、法律界引发巨大争议。担任孙大午辩护人的 3 位律师上书全国人大常委会，建议对刑法中的有关罪名作出解释，以清晰区分非法集资与合法民间借贷之间的界限；关注此案的 4 名学者亦上书全国人大常委会，建议审查国务院颁布的《非法金融机构和非法金融业务活动取缔办法》。最终双方达成某种程度的妥协，法院轻判孙大午有期徒刑 3 年，缓刑 4 年，当地政府则承诺支持大午集团的发展。2008 年 10 月 27 日，北京市东方公益法律援助律师事务所向全国人民代表大会常务委员会提交了《关于请求对〈食盐专营办法〉进行合法性审查的建议书》，要求依法审查《食盐专营办法》第 2 条、第 3 条、第 5 条、第 6 条、第 7 条、第 9 条、第 11 条、第 13 条的合法性。[①]

第四节　地方人大对法规的审查

一、地方人大对法规审查的制度的现状

有关对法规审查的规范包括我国《立法法》《地方各级人民代表大会和地方各级人民政府组织法》和《各级人民代表大会常务委员会监督法》等。《地方各级人民代表大会和地方各级人民政府组织法》第 8 条授权县级以上的地方各级人民代表大会有权撤销本级人民政府的不适当的决定和命令。《立法法》第 88 条第 5 项授权县级以上的地方各级人民代表大会常务委员会有权撤销本级人民政府的不适当的决定和命令；有权撤销本级人民政府制定的不适当的规章。《地方各级人民代表大会和地方各级人民政府组织法》第 44 条第 8 项授权县级以上的地方各级人民代表大会常务委员会撤销本级人民政府的不适当的决定和命令。《各级人民代表大会常务委员会监

① 《关于请求对〈食盐专营办法〉进行合法性审查的建议书》，载北大公法网，http://www.publiclaw.cn/article/Details.asp? NewsId = 2432&Classid = -9&ClassName = 公民参与立法，2009 年 9 月 6 日访问。

督法》第29条规定:“县级以上地方各级人民代表大会常务委员会审查、撤销下一级人民代表大会及其常务委员会作出的不适当的决议、决定和本级人民政府发布的不适当的决定、命令的程序,由省、自治区、直辖市的人民代表大会常务委员会参照立法法的有关规定,作出具体规定。”

对于地方人大对法规审查的制度依据,目前全国许多省、省会城市或者较大的市的人民代表大会常务委员会制定了规范性文件审查备案的规定,有的称为“关于政府规章备案审查的规定”,有的称为“规范性文件备案审查规定”,有的地方仅仅只对省人大常委会的备案审查进行了规定,如湖北省《规范性文件备案审查工作规程》,有的则对地方各级人大常委会的规范性文件备案审查进行了规定,如《甘肃省各级人民代表大会常务委员会规范性文件备案审查规定》。

一般来说,报送省人大常委会备案的行政机关制定的规范性文件的范围为省人民政府、省人民政府所在地的市人民政府制定的规章、省人民政府发布的决定、命令、规定、办法、细则等。也有的地方备案规定中将规章的修改决定、修改后的规章或者废止决定也纳入备案的范围,如《陕西省地方人民政府规章备案规定》第三条。各地根据《立法法》《各级人民代表大会常务委员会监督法》,结合各地人大常委会工作的实际对规范性文件的备案审查作了详细规定,实现了行政立法备案审查工作的法制化,但目前也有一些地方仍然存在规则缺位的问题。备案审查工作规范的实施的时间并不长,尚处于刚刚起步阶段,还需要经过实践的检验,备案审查制度在我国地方一级仍然会步履艰难。

(一) 审查标准的规范分析

从现有的地方各级人大常委会的规范性文件审查规定的来看,规定的审查标准从三个到六个不等,一般都规定了以下标准:(1) 超越权限;(2) 同上位法相抵触或同宪法、法律、行政法规和本省、市地方性法规相抵触;(3) 违背法定程序;(4) 不适当。《湖北规范性文件备案审查工作规程》(2009年5月31日颁布)第4条还加上了“超越权限,限制或者剥夺公民、法人和其他组织的合法权利,或者增加公民、法人和其他组织的义务的”和“有其他不适当的情形的”的兜底条款。《长春市人民代表大会常务委员会关于规章备案审查程序的规定》第4条指出对备案规章的合法性和适当性进行审查,还加上了“规章之间对同一事项的规定不一致,应当改变或者撤销一方的规定的”也属于应当予以改变或撤销的情形。《济南市各级人民代表大会常务委员会规范性文件备案审查工作规则》(2009 年 4 月 8 日济南市第十四届人民代表大会常务委员会第十二次会议通过)、《甘肃省各级人民代表大会常务委员会规范性文件备案审查规定》等将“同上级或者本级人大及其常委会的有关决议、决定相抵触”也作为审查的标准。《南昌市规章备案规定》(2002 年 7 月 26 日南昌市第十二届人民代表大会常务委员会第八次会议通过)还将“是否符合立法技术要求”作为一项独立的审查标准。《浙江省各级人民代表大会常务委员会规范性文件备案审查规定》(2007 年 11 月 23 日浙江省第十届人民代表大会常务委员会第三十五次会议通过)则规定了六种审查标准,最为全面:(1) 超越法定权限限制或者剥夺公民、法人和其他组织合法权利,或者增加公民、法人和其他组织义务的;(2) 超越法定权限制定规范性文件的;(3) 违反法定程序制定规范性文件的;(4) 同上位法相抵触的;(5) 同本级或者上级人民代表大会及其常务委员会的决议、决定相抵触的;(6) 有其他不适当的情形,应当予以撤销的。1998 年 9 月实施的至今仍然生效的《哈尔滨市人民代表大会常务委员会关于市人民政府规章备案的规定》第 3 条规定市人大常委会主要从以下几个方面对备案的规章是否适当进行审查:“(1) 与宪法、法律、行政法规及本省、本市的地方性法规是否相抵触;(2) 涉及公民、法人和其他组织的权利、义务的规定是否合理;(3) 制定程序是否合法。”其第二项审查标准“涉及公民、法人和其他组织的权利、义务的规定是否合理” 比“超越法定权限限制或者剥夺公民、法人和其他组织合法权利,或者增加公民、法人和其他组织义务的”的标准显得更加抽象、更加广泛,也更加难以操作。

透过这些标准规定文字,有一些问题值得我们思考:

(1) 标准的含义。这些标准的具体含义以及如何适用无法在规定中直接得到答案。如“超越权限,限制或者剥夺公民、法人和其他组织合法权利,或者增加公民、法人和其他组织义务的”中“超越权限”与“限制或者剥夺公民、法人和其他组织合法权利,或者增加公民、法人和其他组织义务的”是什么关系?《浙江省各级人民代表大会常务委员会规范性文件备案审查规定》则将“超越法定权限限制或者剥夺公民、法人和其他组织合法权利,或者增加公民、法人和其他组织义务的”和“超越法定权限制定规范性文件的”列为独立存在的两项审查标准。两者是并列关系吗?《江苏省各级人民代表大会常务委员会规范性文件备案审查条例》则仅仅采纳了“超越法定权限”的审查标准,而《哈尔滨市人民代表大会常务委员会关于市人民政府规章备案的规定》则仅仅采纳了“涉及公民、法人和其他组织的权利、义务的规定是否合理”。超越权限可能导致两种后果,一是限制或者剥夺公民、法人和其他组织合法权利,或者增加公民、法人和其他组织义务,二是扩大或者增加公民、法人和其他组织合法权利,或者减少公民、法人和其他组织义务。尽管后者的可能性在实践中发生的可能性很小,但不能排除其发生的可能性。“同法律、法规规定相抵触”中的“抵触”如何解释?“有其他不适当的情形的”中的“不适当”如何解释?“与全国和省人民代表大会及其常务委员会的决议、决定相违背”中的“违背”如何解释?

(2)标准的完整性。违法性审查标准是地方审查规范的主要方面,但也有一些审查规范采纳了其他标准,如适当性标准。《银川市规章备案审查条例》第5条就明确了市人大常委会对备案规章的合法性和适当性进行审查。更有如《河北省人民代表大会常务委员会关于地方政府规章备案审查的规定中》采用了“规章之间对同一事项的规定是否一致”标准、《安徽省各级人民代表大会常务委员会实行规范性文件备案审查的规定》采用了“规范性文件相互之间对同一事项的规定不一致的”标准,对此可简称为行政立法协调性标准。还有诸如《福建省地方政府规章备案审查规定》《云南省人民代表大会常务委员会关于政府规章备案审查的规定》等并没有规定“有其他不适当的情形的”条款,是否有必要采用适当性审查的兜底条款呢?笔者认为基于以下三点原因,备案审查规定有必要设定适当性审查的兜底条款:其一,对审查标准的列举无法穷尽所有不适当的情形,文字含义的相对有限性不能应对各种各样的不良行政立法;其二,人大常委会作为民意机关的常设机关,具有民意代表性,对行政立法的审查范围相对更广、审查程度更深入;其三,行政立法不仅仅应当在宪法、法律以及其他上位法的框架内制定,而且应当符合适当性的标准,符合良法的内涵。当然这种设定方式也有两种局限性,一是适当性的含义难以明确,二是人大常委会作为代表机关相对缺乏行政机关的专业性,人大常委会无孔不入的审查也会侵犯立法权、行政权分工的基本原理。

（3）标准的差异性。一是地方之间的差异性，二是地方与中央审查标准的差异性。《各级人民代表大会常务委员会监督法》第 30 条规定，县级以上地方各级人民代表大会常务委员会对下一级人民代表大会及其常务委员会作出的决议、决定和本级人民政府发布的决定、命令，经审查，认为有下列不适当的情形之一的，有权予以撤销：其一，超越法定权限，限制或者剥夺公民、法人和其他组织的合法权利，或者增加公民、法人和其他组织的义务的；其二，同法律、法规规定相抵触的；其三，有其他不适当的情形，应当予以撤销的。而我们可以看到，地方各级人大常委会对法规审查的标准可谓五花八门，一是对该《监督法》第 30 条的第一条标准进行了拆分，二是在不得抵触的依据中增加了宪法或者上级或者本级人大及其常委会的有关决议、决定，三是增加了不适当情形的具体类型，如不符合立法技术要求、规范性文件相互之间对同一事项的规定不一致。地方对法规审查的规范是否可以作出以上变更？《各级人民代表大会常务委员会监督法》第 29 条仅仅只是授权由省、自治区、直辖市的人民代表大会常务委员会参照《立法法》的有关规定对审查的程序作出具体规定，并没有涉及审查标准的细化或者变通。《宪法》第 100 条授权省、直辖市的人民代表大会和它们的常务委员会在不同宪法、法律、行政法规相抵触的前提下可以制定地方性法规，由此可以推出地方各级人大常委会可以在不与立法法相抵触的前提下对审查标准进行细化。

（4）标准的正当性。将"同上级或者本级人大及其常委会的有关决议、决定相抵触"作为审查的标准仍有商榷的余地。该审查标准与不得与上位法相抵触标准同时存在，显然这里上级或者本级人大及其常委会的有关决议、决定并不包括法律层面上的规范。而《各级人民代表大会常务委员会监督法》第 3 条并没有将法规不得与之抵触的依据扩大到人大及其常委会的决议和决定。"违反法定程序"标准并不能涵括所有违法程序的情形。程序本身是一个中性的概念，它可能是正当的，也可能是不正当的，可能是法定的，也可能不是法定的。

（5）标准的解释。标准的具体含义的抽象性、不完整性显然不能应对纷繁复杂的行政立法现象，在审查标准的适用过程中必然会出现标准如何解释的问题。审查标准的解释主体是谁？是制定标准的人大常委会主任会议抑或人大常委会会议？通过对上述规范的梳理，各级地方对法规的审查主体呈现出多头化的现象，有人大常委会的专门委员会，有人大常委会的工作机构，有常务委员会主任会议，有常委会会议，有时还有联合审查主体（两个或者两个以上专门委员会和工作机构联合审查，或者人大有关专门委员会或者常委会有关工作机构会同法制工作机构进行审查）。就湖北省《规范性文件备案审查工作规程》而言，该法对规范性文件的审查包括了五类主体的审查：专门委员会审查、常委会工作机构审查、两个或者两个以上专门委员会和工作机构联合审查或会同法制工作机构进行审查、主任会议审查和常委会会议审查。在没有统一审查标准细则出台的情况下，如此多主体的审查难免对审查标准的解释产生不一致的情况。即使存在统一的审查标准细则，法规审查标准的适用仍然存在解释的空间，因此现行的标准的解释与适用仍然不清晰，难以适应纷繁复杂的行政立法实践。

（二）审查方式的规范分析

地方人大常委会审查规范性文件的启动程序可以分为主动审查程序和被动审查程序。主动审查是地方人大常委会对报送备案的规范性文件直接进行审查，看是否有与宪法、法律、法规和上级人民代表大会及其常务委员会决议相抵触等不适当的情形存在。它是对报送备案的规范性文件的一种静态审查。关于主动审查程序，《立法法》在规范法规违宪违法审查程序时未作规定，于是有人就认为，既然《立法法》仅明文规定被动审查程序，说明主动审查与法律相违背，不能搞主动审查；同理，地方人大常委会也不能对规范性文件进行主动审查。其实不然，根据宪法和地方组织法的规定，地方各级人大常委会有撤销本级人民政府不适当的决定和命令、撤销下一级人大及其常委会不适当的决议的职权，地方人大常委会主动对规范性文件进行审查是宪法和法律赋予的一项神圣职责，不进行主动审查就是失职。《立法法》虽然没有明确规定主动审查程序，但是不能因此就错误地理解为全国人大常委会只能对法规进行被动审查，更不能据此得出地方人大常委会不能对规范性文件进行主动审查的结论。因为《立法法》并没有排除主动审查模式，而且主动审查基于其主动性而具有自身的优点，如可以事先发现并及时解决规范性文件与宪法、法律、法规和上级人民代表大会及其常务委员会决议相抵触等不适当的问题，避免和减少实际中的损失。当然，主动审查要有选择、有针对性地进行，要突出审查重点，不能泛泛而审。

主动审查在地方备案审查中予以明确的典型例子是《安徽省各级人民代表大会常务委员会实行规范性文件备案审查的规定》。该法第11条规定对下列规范性文件，可以进行主动审查：(1) 涉及改革发展稳定大局和人民群众切身利益、社会普遍关注的重大问题的；(2) 涉及限制或者剥夺公民、法人和其他组织合法权利，或者增加公民、法人和其他组织义务的；(3) 涉及行政许可、行政强制、行政处罚的；(4) 其他认为需要进行审查的。《山东省各级人民代表大会常务委员会规范性文件备案审查规定》(2008年9月25日山东省第十一届人民代表大会常务委员会第六次会议通过)第11条在备案审查方式、受理建议审查方式等被动审查方式外也规定了主动审查方式，即"人大有关专门委员会或者常委会有关工作机构可以对备案的规范性文件进行主动审查，认为规范性文件有本规定第7条所列情形之一的，依照本规定的有关程序处理"。

被动审查是地方人大常委会根据有关主体认为规范性文件存在与宪法、法律、法规和上级人民代表大会及其常务委员会决议相抵触等不适当的情形而提出审查要求或建议进行的审查。就提起规章或规范性文件审查的主体而言，包括两种情况，一种是相关主体提起审查建议后，有审查权的人大常委会必须启动审查程序，一种是相关主体提起审查建议后，有审查权的人大常委会是否启动审查程序有待由常务委员会法制工作委员会进行研究。在第一种情况下，能够提前审查建议并且必须导致人大常委会启动审查程序的主体一般包括同级法院、同级检察院、同级人民政府、下一级的人民代表常务委员会。也有的法规审查规定的提起审查建议的主体的范围更加广泛，如《长春市人民代表大会常务委员会关于规章备案审查程序的规定》还包括了长春军分区，《甘肃省各级人民代表大会常务委员会规范性文件备案审查规定》(2008年11月28日甘肃省十一届人大常委会第六次会议通过)第9条还包括了各级人民代表大会及县级以上人民代表大会常务委员会、各级人民代表大会的代表。《河南省人民代表大会常务委员会规范性文件备案办法》第9条则包括省人民政府，省高级人民法院、省人民检察院，各省辖市人大常委会，省人大专门委员会、省人大常委会各工作机构、办事机构。被动审查是对规范性文件的一种动态审查,这种审查方式目的性、针对性强,便于从实践中多渠道发现问题、解决问题。它基于这样一种理念:利益的拥有者才能够真正体会利益受侵害的切肤之痛,利益必须由利益拥有者自己主张。事实上,由于报地方人大常委会备案的规范性文件数量较多,如果要对每一件规范性文件都逐字逐句地进行全面审查,以地方人大常委会现有的人力和资源来看,是根本做不到的,也是不经济的。而且,法律科学具有很强的实践性,规范性文件的一些缺陷或不足,往往只有在具体实施过程中才会逐渐显现出来,而只是事前对规范性文件进行字面上的、抽象的、逻辑性的审查,是不可能全面和准确的。但是,被动审查也存在不足:一是不能及时发现问题,而是要在规范性文件的实施过程中才能发现问题;二是提出审查要求的主体内部程序复杂,公文办理时间长,造成启动审查程序时间过长;三是提出审查建议的主体往往不了解规范性文件备案审查程序,难以启动审查程序。

地方人大常委会对规范性文件进行审查的启动程序应采用主动审查程序与被动审查程序相结合、以被动审查为主辅以主动审查的模式。这种模式比较符合我国实际、更加切实可行,既能调动地方人大常委会对报送备案的规范性文件进行审查的积极性,便于及时发现问题,又能多渠道发现问题,有针对性地解决问题。

(三)审查程序的规范分析

地方各级人大常委会对法规的审查程序并不统一,但一般包括听取意见程序、联合审查程序、专家论证程序、协商沟通程序以及反馈和公开程序。

(1)听取意见程序。专门委员会或者工作机构审查发现规范性文件有违法或不适当情形的,可以通知该规范性文件制定机关派员说明情况,并根据情况,报常委会分管副主任同意后,向文件制定机关提出书面审查意见。

(2)联合审查程序。报送的规范性文件涉及两个或者两个以上专门委员会和工作机构,需要联合审查的,或者专门委员会和工作机构认为有必要与法制委员会联合审查的,报常委会分管副主任同意后,可以联合进行审查。

(3)专家论证程序。专门委员会或者工作机构对规范性文件进行审查时,可以征求省人大常委会立法顾问组成员、有关专家、组织的意见。

（4）协商沟通程序。规范性文件制定机关自收到省人大常委会有关书面审查意见之日起30日内，应当向相关专门委员会或者工作机构书面反馈是否修改的意见并说明理由。专门委员会或者工作机构认为规范性文件制定机关不予以修改的意见不当的，应当及时向常委会分管副主任报告，并进一步与该文件制定机关沟通；仍不能形成一致意见的，应当自收到反馈意见之日起15日内向主任会议提出处理意见或者依法提出建议撤销该规范性文件的议案，由主任会议决定提请常委会会议审议。

（5）反馈和公开程序。部分地方备案审查规定对反馈与公开程序予以明确，如《广西壮族自治区各级人民代表大会常务委员会规范性文件备案审查条例》第11条规定："不属于本级人民代表大会常务委员会审查范围的规范性文件，应当自收到审查要求或者建议之日起1个月内，告知提出审查要求或者建议的国家机关、社会团体、企业事业组织或者公民，向有权审查的机关提出。"同时还规定了对提起审查建议的反馈机制："承担具体审查工作的机构认为要求或者建议审查的规范性文件不存在本条例第7条所列情形的，应当自收到审查要求或者建议之日起两个月内，告知提出审查要求或者建议的国家机关、社会团体、企业事业组织或者公民。"第16条规定了规范性文件审查情况的公布机制："县级以上人民代表大会常务委员会会议对撤销不适当的规范性文件的议案进行审议的，审议结果应当通报同级人民代表大会代表和向社会公布。"《山东省各级人民代表大会常务委员会规范性文件备案审查规定》第18条也规定了类似的审查结果的反馈和公开机制，"规范性文件审查工作结束后15日内，备案审查工作机构应当将审查结果书面告知提出审查要求或者审查建议的国家机关或者社会团体、企业事业单位和其他组织以及公民"。湖北省《规范性文件备案审查工作规程》第十五条还规定："规范性文件备案审查工作情况纳入常委会工作报告，向省人民代表大会报告。"

二、地方人大对法规审查的实证分析

1996年，湖南省郴州市苏仙区计生委制定的《关于切实加强计划生育合同责任保证金管理的意见》规定，由乡镇计生办收取计划生育合同保证金。湖北省汉川市2006年下发文件，指定公务招待只能用"小糊涂仙"酒；

2007 年 6 月，甘肃省兰州市拟规定，全市普通级牛肉面馆的大碗牛肉面不得超过 2.5 元。

（一）合法性审查——以秸秆放倒证的设定等案为例

可以说，行政审批几乎浸透我们人生的每个阶段以及生活的每个角落。曾经，一些审批名目无奇不有：保姆证、模特证、馒头生产许可证、玉米砍伐证等。成安县委、县政府《关于秋季秸秆还田和禁烧工作的实施意见》(2007)18 号文明确规定“确需放倒、撂倒玉米秸秆的农户，需持有成安县秸秆还田和禁烧指挥部统一印制的《秸秆放倒证》，并做到当天放倒，当天清运。否则，按影响农机统一作业论处”。[①] 我国《行政许可法》第 17 条规定：其他规范性文件一律不得设定行政许可。成安县委县政府显然不具有设定行政许可的权力，这是超越职权、违法行政，有悖于依法治国的基本国策。2007 年 10 月 31 日，县委和县政府紧急下发了废止要求农民领取《秸秆放倒证》的 18 号文，对漳河店镇打人的两名工作人员进行了严肃处理，一人停职检查，一人辞退，并在全县通报批评。

2005 年 10 月 1 日起，广东省政府制定的《集体建设用地使用权流转管理办法》（广东省人民政府令第 100 号）开始实施。该办法第 2 条明确允许“集体建设用地使用权出让、出租、转让、转租和抵押”，从而为集体用地使用权的自由流转奠定了地方法律基础。建设用地的流转不再首先经过政府征收，也不需要任何行政审批。第 7 条要求“出让、出租和抵押集体建设用地使用权，须经本集体经济组织成员的村民会议 2/3 以上成员或者 2/3 以上村民代表的同意”。这条规定似乎是借鉴了《农村土地承包法》第 15 条，体现了村民自治下的自愿流转原则，可在一定程度上减少基层政府或村干部滥用权力、强迫流转、“黑箱操作”等侵犯农民集体土地权益的行为。广东省的办法引起了很大反响和争议。虽然肯定的声音居多[②]，质疑者也大有人在。反对意见主要是针对“突破《土地管理法》（上位法与国家大法）的限

① 薛子进：《自家田里收玉米居然要领〈秸秆放倒证〉，河北省成安县如此规定是不是越权了》，载《法制日报》2007 年 10 月 30 日。

② 北京大学中国经济研究中心教授周其仁认为，该法打破了“非经政府征地，任何农地不得合法转为非农用途”的传统，代之以一个征地制与农地直接入市制并存的新时期。见《广东首开先河推动农地入市与土地法冲突成隐患》，载《第一财经日报》2005 年 9 月 28 日。

制”,因而“国家法律的权威性将受到挑战,程序正义面临惨遭破坏的危险”。[①] 总的来说,反对者大都出于形式上的理由,认为该办法违反了国家法律并可能损害法治秩序;赞成者则主要是出于实体上的理由,认为广东办法为当地农民做了好事。如果两者都能成立,那么广东省的农地流转办法是一起典型的“良性违法”事件。《办法》与《土地管理法》具体的冲突包括:《土地管理法》第63条明确规定:“农民集体所有的土地使用权不得出让、转让或者出租用于非农业建设。”并且明确规定,农民集体所有的土地必须征为国有后才能出让。

在地方人大对法规审查的实践中,湖北省鹤峰县人大常委会就曾针对湖北省鹤峰县物价局出台的规范性文件启动了审查程序。1998年6月10日,湖北省鹤峰县物价局出台了一份鹤价字(1998)29号文件,《关于调整县城有线电视收视费标准的通知》,将县城有线电视收视费用由原来每月每户8元提高至12元,引起县城居民的强烈反响。县人民代表大会代表王学讲等10人联名向县人民代表大会常务委员会提起一份“要求撤销县物价局提高县城有线电视收视费标准的文件的议案”。7月23日,县人民代表大会常务委员会召开了第76次主任会议,会议认为:鹤价字(1998)29号文件,是在《价格法》出台后的一份文件。《价格法》明确规定了“制定关系群众切身利益的公用事业价格、公益性服务价格、自然垄断经营的商品价格等政府指导价、政府定价,应当建立听证会制度,由政府价格部门主持,征求消费者、经营者和有关方面的意见,论证其必要性、可行性”。县物价局没有依照《价格法》有关规定举行听证会,征求各方面的意见,这是严重违反法律规定的程序,产生的文件应予撤销。主任会议决定将代表的提案提交给县人民代表大会常委会审议,县人民代表大会党务委员会经过审议后决定将议案交县政府办理。县人民政府作出决定撤销县物价局提高县城有线电视收视费标准的文件。

(二)适当性审查——以北京市机动车限行规定案为例

为保证2008年北京奥运会、残奥会期间交通正常运行和空气质量良好,履行申办奥运会时的承诺,北京市政府制定了机动车“单双号限行”政

① 刘海明、刘世强:《“新土地革命”:挑战国法权威?》,载《光明观察》2005年9月26日;《广东建设用地流转面临诸多难点》,载《中国经济日报》2005年9月29日。

策。该政策的实施带来比较好的效果,获得了公众肯定。2008年9月27日,北京市人民政府发布《关于交通管理措施的通告》(京政发〔2008〕39号),通告决定:2008年10月11日至2009年4月10日,本市机动车试行按车牌尾号每周停驶一天(法定节假日和公休日除外),限行范围为五环路以内道路(含五环路),限行时间为6时至21时,即“1/5限行方案”。

然而就既有的限行措施来看,它却没有明确的法律授权。北京市政府与三部委在此之前曾联合发布限行措施。而北京市现在实施的限行通告只是含糊地称其“依据《中华人民共和国道路交通安全法》和《北京市实施〈中华人民共和国大气污染防治法〉办法》有关规定”,而却未指明到底是依据哪一条款——这本身就有对其限行措施是否具有法律依据不足而敷衍回避之嫌。然而,上述两部法律中与限行措施有关系的具体条文只有:《中华人民共和国道路交通安全法》第39条,即:“公安机关交通管理部门根据道路和交通流量的具体情况,可以对机动车、非机动车、行人采取疏导、限制通行、禁止通行等措施。遇有大型群众性活动、大范围施工等情况,需要采取限制交通的措施,或者作出与公众的道路交通活动直接有关的决定,应当提前向社会公告”。《北京市实施〈中华人民共和国大气污染防治法〉办法》第8条,即:“在大气受到严重污染,可能发生危害人体健康和安全的紧急情况下,市人民政府应当及时发布大气污染公告,采取强制性应急措施,包括责令排污单位停产、部分停产、部分机动车停驶”;第24条,即:“市人民政府可以根据大气环境质量状况,在一定区域内对机动车采取限制车型、限制时间行驶的交通管制措施”。2009年4月5日北京市政府发布的通告中提及,自2008年10月11日起试行的交通管理措施得到有效执行,北京市大气环境质量状况好于往年同期,市区道路交通流量下降、车速提高。但随着机动车保有量持续快速增长,北京市区空气质量和道路交通压力将进一步加大。北京市政府决定继续实施交通管制措施。

尽管公共利益可以成为限制个人权利的理由,但这绝不是说可以为了任何一项公共利益在任何情况下随意限制。立法者必须在所要维护的公共利益和为了维护公益而要限制的个人利益之间进行权衡,不能随意地、过度地限制私人权利。这一要求在公法学上叫做比例原则。比例原则具体而言包括以下三个层次:首先从合目的原则角度进行分析:即立法机关所采用的措施必须能够达成其所欲保障的公益目的。就私车限行问题而言，要考虑：限行措施能够有效实现其所要实现的诸如缓解交通拥堵、减少废气排放等预定公益目的吗？其次从最小侵害原则角度进行分析：立法机关在各种可以达成此项公益目的的措施中，应当选择对公民权利损害最小的措施。具体到限行措施而言，要考虑的问题是，相对于要实施的限行措施，是否有其他对车主车辆使用权限制更小的措施也可以实现缓解交通拥堵、提高环境质量等公益目的？例如，进一步完善公共交通设施系统，让地铁、公交更为便利，公共道路体系更为合理、有效；更为严格地控制公车出行等。最后从均衡原则角度进行分析：即不能为了一个较小的公益目的，而使公民承受过大的损失。具体到限行措施而言，要考虑：即使这些私车限行措施能够实现要达到的公益目的，即使与其他可能的替代措施相比也是对车主财产权损害最小的，也还要考虑，这些限行措施是不是确实给车主财产权造成的损害与所要实现的公共利益相比过于巨大？如果是，也仍然不得实施这些限行措施。上述三个方面，一方面需要在民主表决过程中予以审慎考虑，另一方面也需要违宪（审查限行措施是否违反我国现行宪法规定的私人财产保障条款）和违法审查（限行措施可能没有明确的法律授权进而构成违法）这两种反思性机制予以认真检视——这一方面即违宪和违法审查机制在我国仍然亟待完善。

第五节　我国人大法规审查制度的完善

我们通过前文对中央和地方人大法规审查的规范和实证分析，可发现我国人民代表机关对法规的审查制度存在着以下不足：其一，代表机关对法规审查的标准的含义上有待厘清，审查标准体系的完整性和协调性上有待加强，审查标准的适用机制有待完善；其二，审查方式过于僵化，对于何种情况下应当适用何种不同的审查方式缺乏类型化的划分，对不同审查方式的地位和角色的规定不清晰；其三，审查程序缺乏透明度，缺乏审查过程及结果的公开机制，也缺乏公民的参与及意见的表达，专家论证程序也存在空白；其四，代表机关对法规审查的动力和实效不充分。我国法治实践中涌现了各种各样的案例,有些法规有违宪嫌疑,有些法规有违法嫌疑,有些法规有不适当的嫌疑,而且不少已经被实践所证明应当引起法规审查,但绝大多数的法规或者仍然生存在我们的眼皮底下,或者通过法规审查以外的非制度渠道解决其正当性所带来的争议,这或许是中国法规审查制度面临的最大的问题。

一、我国人大对法规审查标准的完善

我国应当建立起违宪审查标准、违法审查标准以及适当性审查标准的多重审查标准体系。

(一) 违宪审查标准的完善

在我国,违宪审查权只能由全国人大及其常委会行使,不同于西方国家的违宪审查模式。德国联邦宪法法院的审判实践中,在判断一项宪法自由权利是否受到侵害时,通常依据如下方法:按照正当程序标准即政府是否有正当理由限制或剥夺公民某一自由权利,此一标准的实质就是根据比例原则对不同事物性质的个案进行利益衡量,其具体操作是使某一立法(或政府措施)依次接受比例原则的三个子原则,即适当性、必要性和狭义比例性的检验。在美国最高法院的违宪审查和宪法解释中,通过普通法的判例制度,在审查宪法权利限制的具体案件过程中,已累积出更精细的类型化多元标准。它们依据受限制的实体权利的位阶、立法(或政府措施)的利益重要性以及宪法权利受侵害的程度等因素的综合衡量,通常采取宽松不一的三重审查标准,即合理性审查、中度审查(日本称为严格的合理审查)和严格审查。西方国家的违宪审查体制与我国大相径庭,虽然我们不能东施效颦,但其合理内核却值得我国借鉴。其针对宪法权利的不同影响和侵害程度采取了宽严程度不同的审查标准,考虑到了法规形态的多样性,笔者认为我国的违宪审查体系可区分法规涉及的精神自由与经济权利的不同采取类型化的审查标准,全国人大对涉及精神自由的法规应当采取较为严格的审查标准,而对涉及经济权利的法规则采取较为宽松的审查标准。同时,宪法解释相对于法律解释具有更大的空间,其推理的不确定性和并非无可置疑性使得法规的违宪审查应当极为小心谨慎。笔者认为,在处理一般法律规范与宪法的冲突时,鉴于宪法的特殊地位和特殊效力,宪法的解释应当也不同于一般的法律解释，在法规的违宪审查中应当坚持合宪性推定原则，即只有当违宪的解释是唯一可能的解释时才能认定为该规定违宪，只要存在一种合宪解释的可能就应认定该规定合宪。

（二）违法审查标准（合法性审查标准）的完善

关于“抵触”的含义，有学者根据我国立法权限的划分和其他实际情况从四个方面作了界定：(1) 超越权限范围的。(2) 对同一事项的规定与上位法的规定相反的。(3) 与上位法的立法目的和立法精神相违背的。(4) 上位法对某一事项的处罚种类和限度作了规定，下位法就同一事项增加规定更重的处罚的。① 这种标准忽视了程序上的审查以及同级别的规范性文件对同一事项的规范是否一致。法规制定程序是法规实体正义的重要保障，而对同级别的规范性文件对同一事项的规范是否一致的审查是法制统一的重要内容之一。笔者认为，合法性审查的具体标准应包括：一是制定规范性文件的主体是否合法；二是是否超越法定权限，限制或者剥夺公民、法人和其他组织的合法权利，或者增加公民、法人和其他组织的义务；三是规范性文件的内容是否与宪法、法律、法规和上级人民代表大会及其常务委员会决议相抵触；四是制定程序是否合法；五是同级别的规范性文件对同一事项的规范是否一致。合法性审查有宪法、法律、法规和上级人民代表大会及其常务委员会决议作依据，比较容易操作。再者各个地方人大常委会对法规的审查标准可否呈现出差异性？笔者对此持否定态度。地方法律规范的差异性主要源于地方自治的需要，源于地方实际的差异，而对法规的审查标准与地方自治并不存在多少直接的联系，无序存在差异的必要。基于地方法规审查标准的不成熟，地方法规审查标准适用的实践或许是标准差异暂时存在的主要原因。

（三）适当性审查标准的完善

关于“不适当”的含义，有学者提出“可以考虑作如下界定：(1) 下位法规定的要求公民、法人和其他社会组织执行的标准或者措施明显脱离实际的。(2) 下位法规定的要求公民、法人和其他社会组织履行的义务与其所享有的权利明显不平衡的。(3) 下位法规定的国家机关的权力与其所承担

---

① 陈斯喜：《我国立法控制机制的现状与完善》，载《行政法学研究》1996 年第 3 期。

的责任明显不平衡的。(4)下位法规定的处罚与该行为所承担的责任明显不平衡的”①。合理性审查是对规范性文件的内容是否客观、适度、符合公平正义等法律理性,是否符合本行政区域的具体情况和实际需要进行审查。合理性审查体现了对实质正义的追求。但实际上,这种解释仍然是苍白乏力的,“脱离实际”、“明显不平衡”等概念显然无助于对适当性审查标准的细化和操作。笔者认为,对于适当审查标准,人大通过立法进行解释或在个案中进行解释只是厘清该标准的途径之一,适当审查标准的抽象性需要我们更多地转向程序方面的控制,以下三条途径可能会增强适当性审查标准的操作性:(1)加强法规审查结果的公开及说明理由制度完善。(2)可借鉴德国听证权之保留的法规审查模式。围绕着对行政自由裁量权的控制问题,美国行政法已从早期严格奉行禁止授予立法权原理的传统模式发展到一种提供一个政治过程,从而确保在行政程序中广大受影响的利益得到公平代表的模式,实际上就是将适当性的审查转型为政治过程并强调程序正义。(3)建立法规审查的案例指导制度。法规审查的案例制度在于从纷繁复杂的法规审查实践中抽象出一般的、普遍的规律,对于相同或者相类似的法规审查情形可以参照适用,从而可以形成相对一致的法规审查标准。

二、我国人大对法规审查方式的完善

目前审查方式过于僵化,对于何种情况下应当适用何种不同的审查方式缺乏类型化的划分,对不同审查方式的地位和角色的规定不清晰。西方国家议会对法规的审查方式没有统一的模式,一般在授权母法中予以规定。如德国没有统一的规范来规定议会对法规命令的监督方式,而是任由立法者自行于个别授权母法中依个案需要设计不同的监督方式。美国代表机关对法规的审查不仅在联邦层面上没有统一的模式,而且在州层面上各有自己的特色。我国台湾地区的“‘立法院’职权行使法”则规定了对行政命令的审查可以在该法没有规定的情况下援用其他法律案。笔者认为,对于法规审查的模式应当考虑到法规以及其授权母法的内容、层次、对权利的影响程度等等,除了在中央一级设定较为统一的模式以外,也可以在相应的授权

① 陈斯喜:《我国立法控制机制的现状与完善》,载《行政法学研究》1996年第3期。

母法中规定具有针对性的审查方式,从而避免审查方式的僵化。同时还要处理好以下三对关系:一是处理好备案与审查的关系。备案是基础,审查是关键。要切实采取有效措施,建立健全科学、有效的备案审查工作制度,尤其要注意研究来自被动审查渠道的审查要求、审查建议的处理机制和工作制度。对未按要求报送备案的要予以督促;对应审不审的要加强检查;对启动审查的要侧重合法性,关注适当性、合理性和协调性;对于明显违法或者不适当的,应当进行审查,必须予以纠正。二是处理好主动审查与被动审查的关系。主动审查与被动审查相结合,就是以被动审查为主,以主动审查为辅,就是要从实际出发,突出重点,有效地开展规范性文件备案审查工作。但这不是说每年一定要撤销"一府两院"、下一级人大常委会多少数量的规范性文件,也不能把坚持被动审查为主错误地理解为只能进行被动审查。中共中央转发《全国人大常委会党组关于进一步发挥全国人大代表作用加强全国人大常委会制度建设的若干意见》已经明确提出加强法规审查方式,推行主动审查方式。三是处理好事前审查与事后审查的关系。事前审查是指有权主体在法规生效前对法规进行的审查,事后审查则是有权主体在法规生效后对法规进行的审查。事前审查的对象是尚未生效的法规草案,也即行政机关的法规尚在酝酿的不成熟的过程中,故而事前审查的主体受到一定的限制,但由于法规尚未生效,对其审查标准也更加宽泛;事后审查由于要考虑到法的安定性,即法规生效后对公民可能已经产生了信赖利益,因而其审查标准的适用也要考虑对公民信赖利益的保护和法的安定性的维护。

三、我国人大对法规审查程序的完善

目前我国人大对法规审查的程序存在以下不足:审查程序缺乏透明度,缺乏审查过程及结果的公开机制,也缺乏公民的参与及意见的表达,专家论证程序也存在空白。中国社科院法学研究所范亚峰先生认为:"新规定对制度的设计很粗糙,最重要的反馈机制并没有建立起来。比如公民和社会团体在提起审查建议之后,人大回复以及回复的形式都没有规定。另外,驳回审查建议的时候是否必须说明理由,当被驳回的时候申请人有没有救济的

渠道,这些重要的制度设计仍然语焉不详。”①

笔者认为,我国人大对法规审查的程序可从四个方面进行完善:

(1) 建立和完善各级人大常委会对法规审查的信息公开以及反馈机制。目前一些地方人大常委会已经建立起相应的反馈审查机制,但这种机制在全国的制度化以及进一步的完善还有较大空间。告知和说明理由都是现代法治国家程序正义的体现。反馈机制不仅仅只是向相关主体公开法规审查的结果,还需要说明法规审查的理由,同时对于反馈程序的实行应当有时间上的限制。全国人大常委会尚未建立相应的反馈机制和法规审查的信息公开机制,可在每年的全国人大会议上的常委会工作报告中,汇报上一年度的审查结果。包括:一共受理了多少建议和要求,最后是怎么处理的,存在立法冲突的立法机关和司法解释机关自行纠正了多少,撤销了多少违宪、违法的法规,分别占多大比例,等等。

(2) 设立委员会制度。目前世界上许多国家都设有该制度。在我国,各级人大常委会行使对行政立法的审查监督权。但由于各种原因,导致人大常委会在实践中行使这一权力的效果不尽如人意。因此可考虑在全国人大之下设立一个专门委员会,对行政立法进行具体监督。委员会的成员应专职化,具体负责从立法主体、立法程序、立法权限、立法范围等各方面进行监督。监督法赋予各级人大常委会极大的权力,这必然对提高人大常委会成员的专业化素质提出了高要求,专职常委制可在省级、副省级人大常委会进行推广,否则难以实现对“一府两院”的监督,难以实现监督法的立法意图。同时,根据刚出台的党政干部任期制的规定,各级党政干部从“一线”退居人大“二线”的可能性大大减少,各级人大常委会委员的年轻化是大势所趋。

(3) 完善备案制度。通过备案制度,权力机关可以有效地对行政立法中的问题进行监督。如果权力机关发现备案有瑕疵,应当立即进行纠正。这里应注意的是必须明确规定备案期限,才能有效地起到监督作用。

(4) 完善法规审查的异议机制。法规审查的异议可能来自三个方面:一是法规的制定主体,二是法规审查的提起主体,三是对法规审查程序、结果以及人大所说明的理由有异议的其他主体。对于法规制定主体的异议,

① 左林:《包头空难索赔——公民能否启动启动首例法规审查》,载《中国新闻周刊》2006 年 1 月 16 日,第 35 页。

协商沟通程序可在法规制定主体与审查主体之间架构起博弈的桥梁；对于法规审查的提起主体以及其他提出异议的主体，笔者认为在我国目前的宪政体制下的一个可以容忍的做法是通过司法救济程序来解决，法规作为行政机关的立法受司法审查没有宪政体制上的问题，当然我们可将违宪审查纳入违法性审查的范围。对于纯违宪性审查，法院可不介入，对于适当性审查，法院可保持一定克制性的介入。

四、我国人大对法规审查功效的加强

我们关注从应然与实然的角度分析法规审查的功效。法规审查的功效同法的功效一样，都属于“实然”的范畴。功效和效力是两个不同的概念，功效问题所涉及的是法律规范可适用于哪些主体以及他们是否真正遵守这些规范的问题，而效力主要是指法律的适用范围，即在多大的范围中，在什么时间，对什么人有效。效力和功效是两个截然不同的概念，但两者之间仍然存在着重要的关系。“规范只能属于一个规范体系、属于一个就其整体来说是有实效的秩序的条件下，才被认为是有效力的。因而，实效是效力的一个条件；它只是一个条件，而不是效力的理由。”[①]人大对法规进行审查和监督，在实践中人大对法规审查权的行使要么动力和实效不够强，要么人大可能违法滥用法规审查权，在当前的中国前一个问题尤为突出，谁来监督人大？这引出一个古老的法学问题，谁来监督监督者？公法最基本的特征就是对于国家公权的规范与约束，有一句著名的拉丁语——“Quis custodiet ipsos custodies?”——“由谁来对监督者进行监督”？答案是众多监督者。[②] 基于我国人民代表大会的政体制度，行政权和司法权尚无法对立法权进行监督和制衡，因此，最合适的监督主体应该来自公民。所以，笔者认为当务之急应当构建人大对法规审查的信息公开机制。其次，应当构建人大对法规审查的公民参与机制，让公民也参与到法规审查的程序中来，拓宽公民对法规的民意表达渠道。最后，还应当建立专家在法规审查中的意见表达机制，以弥补人大在法规审查中专业性知识的不足。

---

① 〔奥〕凯尔森：《法与国家的一般理论》，中国大百科全书出版社 1996 年版，第 44—45 页。

② 〔美〕肯尼思 · F. 沃伦：《政治体制改革中的行政法》，王丛虎等译，中国人民大学出版社 2005 年版，第 163 页。

总之,我国人民代表机关在行使法规审查权时,应结合中国当前的法律制度、现实政治情况以及立法权与行政权互动状态的发展对法规审查的标准、方式和程序等加以完善,以加强对对行政立法的监督。最重要的问题在于将这一监督落到实处,在操作层面、监督机制上实现对现有制度的突破,以期适当弥补行政审查不力、缺乏有效司法审查监控等制度方面的缺憾。

第三章　行政机关对法规的审查

行政机关是行政法规、规章和其他行政规范性文件的制定主体，在行政系统内部对其进行审查和监督，与作为外部监督的司法机关审查和人民代表机关审查相比，具有自身的不足和优势。本章专门对法规的行政系统内部审查进行研究。在展开探讨之前需要说明的是，本章所讨论的“法规”虽然以行政法规、部门规章和地方规章为主，但是基于同样具有规范性、同属于抽象行政行为的角度考虑，也包括行政主体所制定的其他行政规范性文件。因此，如无特殊说明，本章的“法规”“行政立法”等词语的外延均包括行政法规、规章和行政规范性文件。

第一节　概述

一、行政机关审查的概念

行政机关对法规的审查，是指具有法定职权的行政机关或者行政机构对法规、规章和行政规范性文件的审查。有学者认为：“对行政立法进行行政审查，是一种行政系统内部的层级审查制度。即指利用行政层级的监督权，由上级机关对下级机关的行政立法活动进行审查，以判断其是否违法与失当。"[1]笔者基本同意这种观点，不过根据《立法法》等法律的相关规定，我国行政法规、规章的制定程序中有专门的"审查"环节，并且在现实行政立法中行政机关也必然要对法规草案反复审查斟酌，因此，本章所讨论的审查既包括层级审查，也包括自身审查，既包括制定过程中的审查，也包括法规公布之后的审查。

一般而言，行政机关对行政立法的审查属于行政系统的内部监督范畴，审查权源于组织法上的上级对下级的领导或者指导权以及监督权。不过，基于各国的立法体制、政权组织体制和中央地方关系各不相同，行政机关审查法规的主体、方式和标准等也各有不同。

二、行政机关审查的主体

（一）行政机关审查的主体概述

讨论行政机关对法规审查的主体，实质上是讨论审查主体与法规制定主体之间的关系。虽然现实中审查主体多种多样，但是根据审查主体与法规制定主体之间的关系，大体可分为如下三种情况。

1. 法规制定主体

在立法过程中，法规制定主体的众多机构及行政机关首长都参与进来，法规审议、通过和签署本身就包含着审查。不过在更多的情况下，由制定主体的专门机构对法规进行审查，是制定审查科学化的一种标志。其中，通过专门的法制机构在立法过程中或者立法后对法规进行审查，是许多国家的做法。例如日本的内阁法制局承担着对政令（行政法规）的审查。[2]在我国，承担制定审查的专门机构也是法规制定主体的法制机构。根据《立法法》《行政法规制定程序条例》《规章制定程序条例》以及各地的相关规定，法制机构是指国务院及其工作部门的法制机构、地方各级人民政府及其工作部门的法制机构。在目前行政体制下，国务院及地方各级人民政府的法制机构一般称为法制办公室；国务院各部委的法制机构一般称为法规司或者政策法规司，县级以上地方各级人民政府工作部门的法制机构一般称为法制

---

① 湛中乐：《论中国行政立法的扩展与法律监控》，载《国家行政学院学报》2004年第3期。

② 朱芒：《行政立法程序基本问题试析——发达国家的基本状况以及对我国的启发》，载《中国法学》2000年第1期。

处、法制科等。当然，制定机关的其他业务机构等也在各自的范围内起到审查的作用，另外，在法制机构本身是起草机构的情况下，日常办公机构等也可能成为主要审查机构。

2. 上级行政机关

所谓上级行政机关，可能有不同的情况。第一种是领导监督关系，即标准意义上的行政系统内部的层级关系，例如我国国务院相对于国务院各部委以及地方人民政府，实行垂直领导的上级行政机关相对于下级行政机关，再例如美国总统相对于联邦各部；第二种是指导监督关系，一般包括单一制国家的中央政府组成部门相对于地方政府的组成部门，例如在我国的农业部与地方农业厅局之间就是一种指导监督关系；第三种是中央政府与地方自治政府或者享有自治权的组织之间的关系，例如法国中央政府与实行地方自治的市镇之间。[①]无论是基于行政层级领导关系，还是指导关系，或基于监督法制统一的要求，无论是单一制国家还是联邦制国家，无论是中央集权还是地方分权，不同国家和地区都存在行政机关内部的一般行政监督。[②]只是监督的手段和标准有所不同而已。当然，上级机关实行法制监督所依赖的具体机构多种多样，比如我国上级政府监督下级政府的立法一般依赖于上级政府的法制机构，在美国，总统对联邦各部授权立法的监督则主要依赖于管理与预算局(The Office of Management and Budget，缩写为 OMB)。[③]

3. 其他外部主体

除了法规制定主体本身、上级行政机关及其机构对行政立法进行监督审查外，根据各国的不同制度，还有一些其他外部主体也享有审查监督行政立法的权力。例如，各国一般有行政复议制度，如果抽象行政行为属于复议范围，那么行政复议机关很可能享有对法规的实质审查权，因为在很多情况下复议机关同时也是法规制定主体的上级行政机关。再如，在法国，最高行政法院通常理解为属于行政系统的一部分，政府许多法令或者条例在出台之前，必须咨询最高行政法院的意见，最高行政法院就成为相关行政立法的审查主体。虽然咨询意见并不意味着政府必须遵守，但是最高行政法院的

---

① 王名扬：《法国行政法》，中国政法大学出版社 1988 年版，第 88 页。

② 张正钊、韩大元：《比较行政法》，中国人民大学出版社 1998 年版，第 650 页。

③ 王名扬：《美国行政法》(下)，中国政法大学出版社 1995 年版，第 883 页。

意见仍有重要影响力。[①]

（二）我国法规审查的行政机构

目前我国涉及行政机关对法规审查的立法有《立法法》《行政复议法》《行政法规制定程序条例》《规章制定程序条例》《法规规章备案条例》等中央法律法规，以及《湖南省规章规范性文件备案审查办法》《广东省行政机关规范性文件管理规定》等相关地方立法。根据这些立法规定，我国目前对法规进行审查的行政机构主要包括法规制定机关本身、上级行政机关、行政复议机关三种情况。法规制定机关通过其法制机构在立法过程中或者在本级行政复议等特定情况下对法规进行审查，上级行政机关通过其法制机构在法规前置审查、备案审查等情形下对法规进行审查，有权行政复议机关也通过其法制机构在行政复议过程中对规章以下的行政规范性文件进行审查。因此，总体而言，县级以上各级人民政府的法制机构及其工作部门的法制机构是我国行政机关对法规进行审查的最重要的主体。在我国目前行政体制下，国务院及地方各级人民政府的法制机构一般称为法制办公室；国务院各部委的法制机构一般称为法规司或者政策法规司，县级以上地方各级人民政府工作部门的法制机构一般称为法制处、法制科等。当然，在个别情况下也有立法规定由政府的日常办公机构主要负责对法规进行审查。[②]

三、行政机关审查的方式

根据各国的具体情况不同，行政机关对法规的审查方式各不相同。

（一）事前审查与事后审查

这是根据审查时间与法规颁布时间之间的关系所作的分类。事前审查是法规颁布之前的审查，事后审查则是法规颁布之后的审查。行政立法制定过程中的审查，制定完毕后出台之前报上级机关审查或者批准，都是事前审查的情况；法规公布之后向特定机关的备案及相关审查，行政复议中审查，行政相对人对有权主体提出的异议审查等则都属于事后审查。

---

① 王名扬：《法国行政法》，中国政法大学出版社 1988 年版，第 613 页。

② 如根据《四川省行政规范性文件制定和备案规定》，政府制定规范性文件，由本级人民政府办公厅负责对规范性文件草案的必要性、可行性、适当性等进行审查；本级人民政府法制部门协助本级人民政府办公厅对规范性文件草案的合法性进行审查。

（二）主动审查与被动审查

这是根据审查程序的启动主体所作的分类，也可称为依职权审查和依申请审查。主动审查是审查主体依照法律规定主动对行政立法进行的审查，被动审查则是审查主体应行政相对人的申请而对法规进行的审查。法规制定过程中的审查、法规清理过程中的审查、法规备案审查等都属于主动审查；行政复议审查、相对人针对法规提出的异议审查等都属于被动审查。

（三）内部审查与外部审查

这是根据审查主体与法规制定主体之间的关系所作的分类。内部审查是由制定机关及其内部机构进行的审查，外部审查则是制定机关之外的行政机关对法规进行的审查。制定过程中制定机关的法制机构、预算机构等进行的审查，颁布之后制定机关对自身制定法规的清理审查等属于内部审查；法规颁布之前上级机关的批准审查、上级机关法制机构的前置审查、美国管理与预算局的成本收益审查、颁布之后的上级行政机关的行政复议审查、法规异议审查等都属于外部审查。

（四）直接审查与附带审查

这是根据法规审查与具体案件之间的关系所作的分类。直接审查是指不依托于具体案件的审查，附带审查是指依托于案件，对具体案件所涉及的具体行政行为所依据的行政立法规范进行的审查。法规制定过程中的审查、批准审查、备案审查等都属于直接审查；行政复议审查属于附带审查。

（五）制定审查、前置身查、备案审查、复议审查、异议审查与清理审查

这是根据行政机关对法规审查的各种不同制度规定所作的分类。[①] 制定审查是一种行政立法程序制度，是指法规制定过程中由作为制定主体的行政机关及其内部机构进行的审查。前置审查也是一种行政立法程序制度，是指由法规制定机关的上级机关或者其他机关对已经制定完毕但尚未发布或者生效的法规进行的审查，经过前置审查法规方能发布或者生效。备案审查是一种行政立法监督制度，是指在法规发布之后的特定时间内，由制定主体向上级机关备案并接受其审查的制度。复议审查主要是一种行政救济制度，是指在行政复议案件中对作为具体行政行为依据的法规所进行

① 例如我国广东省人民政府法制办公室所制定的《广东省政府法制机构规范性文件审查工作规范化评价标准（试行）》就是采取的此种分类。

的审查。异议审查是一种行政监督和救济制度，是指行政相对人不依托于具体案件对已生效的法规向有权行政机关提出的审查。清理审查则属于行政立法清理制度的重要内容，是在对行政立法清理中对法规进行的审查。

（六）我国行政机关对法规审查的方式

总体而言，上述行政机关对法规的审查方式在我国法制实践中基本都存在，差别主要在于各种审查方式的制度完善程度有所不同。

根据《立法法》《行政法规制定程序条例》《规章制定程序条例》等相关规定，制定审查是我国行政法规、行政规章、地方规章制定程序的法定环节，这种审查是事前审查、内部审查、主动审查、抽象审查，其审查制度已经比较完备。

根据《深圳市行政机关规范性文件管理规定》等相关地方立法，我国部分地方政府所属工作部门制定规范性文件需由地方政府的法制机构统一审查，并统一发布，或者需要上级行政机关批准，这种审查就是前置审查，它是事前审查、主动审查、外部审查、直接审查。目前为止，这种审查的对象一般限于部分地方政府工作部门的规范性文件，审查制度相对不完善。

根据《立法法》《法规规章备案条例》和地方政府的相关立法，我国已建立起关于行政法规、规章和规范性文件的备案审查制度，备案审查属于事后审查、主动审查、外部审查、直接审查。近年来在国务院法制机构的推动之下，目前我国现已初步形成五级政府、四级监督的规范性文件备案审查制度体系。[①]

根据我国《行政复议法》及其实施条例，在我国行政复议中，行政相对人可以依托具体案件对规章以下行政规范性文件提出审查请求，这就是复议审查。这是一种事后审查、被动审查、具体审查，因复议机关不同，可能是内部审查，也可能是外部审查。目前我国行政复议中对行政立法的审查仅限于规章以下的规范性文件，制度十分不完善。

根据《规章制定程序条例》《法规规章备案条例》和地方立法的相关规定，国家机关、社会团体、企业事业组织、公民认为规章及其他行政规范性文

---

① 李立：《我国规范性文件备案审查制度体系初成》，载《法制日报》2007 年 11 月 5 日。"五级政府、四级监督"中"五级"是指国家、省、市、县、乡五级，对于地方的行政规范性文件，也称"四级政府、三级监督"体制。

件同上位法相抵触的，可以向国务院法制机构或相应地方人民政府法制机构提出审查建议，并由该法制机构研究处理，这种审查就是异议审查，它是事后审查、被动审查、外部审查、抽象审查。目前该制度尚处于十分不完善的阶段，中央层面对规章异议审查的程序、处理方式等尚无具体制度规定。

根据国务院办公厅《关于开展行政法规规章清理工作的通知》(2007年)以及《广东省政府规章清理工作规定》《吉林省规章规范性文件清理办法》等地方立法，我国已经初步建立起对行政法规、规章和规范性文的清理制度。清理审查总体上属于事后审查、主动审查、直接审查、内部审查。目前我国该项制度也不是十分完善。

四、行政机关审查的标准

(一) 审查标准概述

关于对法规的审查标准，目前有不同的理解和界定：

第一，将审查标准理解为审查某一法规时所依据的宪法规定、上位法的相关规定或者法律原则等，即与被审查的法规相关的上位法依据。

第二，将审查标准理解为依据上位法的某一规范审查判断接受审查的法规是否违反上位法时，所采取的对上位法的解释方法。众所周知，语言本身具有相对的模糊性，因此法律必然需要解释，而解释方法又分为文字解释、历史解释、结构解释、目的解释等不同方法。[①] 一般理解，文字解释、历史解释更倾向于法律文本的客观含义，而结构解释、目的解释则更容易使文本含义适应时代发展和变化，不同的解释方法，则可能导致在审查某一规范是否违反上位法时得出不同结论。

第三，将审查标准理解为关于审查内容的相关法律规定。比如根据《法规规章备案条例》，国务院法制机构对报送国务院备案的法规、规章，就下列事项进行审查：(1) 是否超越权限；(2) 下位法是否违反上位法规定；(3) 地方性法规与部门规章之间或者不同规章之间对同一事项的规定不一致，是否应当改变或者撤销一方或者双方规定；(4) 规章的规定是否适当；(5) 是否违背法定程序。这五个方面的内容在很多情况下都当做法规审查

① 张千帆：《宪法学导论——原理与应用》，法律出版社 2004 年版，第 183 页。

标准来讨论。

第四,将审查标准理解为审查的强度,比如,对于法规是否违反宪法,德国宪法法院通过判例发展出了明显性审查、可支持性审查和强力审查三个标准,联邦行政法院及州行政法院将其广泛适用在法规是否违法的审查上面。①

笔者认为,这四种理解都与法规审查有关,而且之间相互联系。解释方法是关于作为上位法的法律规范或者原则的解释,审查内容的相关规定必然涉及上位法与下位法的关系,同时,关于不同方面的内容的审查规定,比如是否违反上位法(合法性审查)、是否适当(合理性审查)等本身就代表了不同的审查强度,另外,不同的审查强度往往也与对上位法的不同解释方法相联系。不过,从理论上来说,上位法律规范更确切地说是审查的根据,或者审查过程中解释和适用的对象,法律解释方法虽与审查标准相关,但是其一般以法律解释的名义进行研究,因此,本章所研究的审查标准主要指行政机关对法规进行审查的内容标准及审查强度标准。

(二)影响行政机关审查标准的相关因素

我国台湾地区学者许宗力教授在讨论订定命令的裁量(即行政立法裁量)与司法审查的关系时,讨论了影响行政主体裁量"如何"订定命令的十一种因素,这些因素均与司法审查的标准相关联。虽然其旨在讨论司法审查的标准,但是对行政机关审查的标准亦有重要借鉴意义,故笔者将其总结如下②:

第一,以命令内容的规范属认识行为或者意志行为区分,因认识行为的裁量范围小,故司法审查应适用较严的标准,而意志行为的裁量范围大,司法审查标准则相对从宽。

第二,以授权法是否属联结式规定区分,如果订定命令的目的在于解释或具体化授权法构成要件部分的不确定法律概念,而授权法的法律效果部分又同时含有行政裁量的授权(即所谓的连接式规定),在此情形下,由于行

---

① 何永红:《德国法规审查标准之类型化——基于学说与实务视角的法理分析》,载《时代法学》2008 年第 6 期。

② 许宗力:《订定命令的裁量与司法审查》,载许宗力:《宪法与法治国行政》,台湾元照出版公司 2007 年版,第 221—235 页。

政处分的最后作出经过命令的订定、适用以及行政裁量的行使等两道程序，特别是有后面一道程序的加入，较能保障个案正义的维护，故法院对订定命令之裁量的审查应从宽；反之，如果授权母法不是联结式规定，法定构成要件一旦具备，行政机关就有义务为一定的决定，此即行政机关以具体化法定构成要件为目的所订定的命令，对最后行政处分的做成就具有唯一、关键性影响地位，不再有机会透过行政裁量照顾个案正义，则此时法院应当从严审查。

第三，以应否经过法律的授权区分，内容不具有基本权利与公共事务重要性的独立的法规命令，无须法律授权，不适用法律保留原则，在此范围内行政机关具有广泛的裁量空间，法院审查应从宽；相反，适用法律保留原则，需要法律授权的非独立的法规命令，其订定裁量始终受制于法律授权的目的、内容与范围，裁量空间小，法院审查标准相对从严。

第四，以实际是否经法律授权区分，理论上在法律保留原则适用范围的法规命令一律须有法律授权，否则无效，但为照顾现实而退求其次，对无法律授权的法规命令适用最严审查标准，相较之下，有法律授权的非独立命令应从宽审查。

第五，以法律授权明确与否区分，理论上不符合授权法明确性要求的授权法本身应属无效，但为照顾现实而退求其次，即对依其制定的法规命令采用最严审查标准，在相反情况下，审查则相对从宽。

第六，以授权对象的层级区分，“行政院”的层极高，命令的政策评价色彩浓，审查标准相应宽松，反之，单纯部会所订定之命令则应从严。

第七，以授权对象是否属独立委员会区分，以委员会方式组成的合议制行政机关所订定的命令，常具有高度专业性，或者涉及利益层面广泛，需要权衡，以及制定机关构成人员具有专业代表性，或反映社会多元利益，并保有独立机制，不受上级指挥，对此类命令法院审查宜从宽，反之，则相对从严。

第八，以有无履践公开的命令订定程序区分，履行公开制定程序的行政命令与未履行的相比较，其相对从宽。

第九，以有无“国会”的参与区分，如“国会”对授权制定命令附加了同意权、废弃请求权与“国会”听证权等监督方式，强化对行政命令的控制，则应从宽审查,反之,则从严。

第十,以是否属“措施性命令”区分,因措施性命令是“披着命令外衣的行政处分”,故要求法院适用与行政处分同样严格的审查标准,反之,则适用一般命令的审查标准。

第十一,以事务领域的不同区分,授权母法规范性指示内容的不同与前文所讨论的各种不同规范功能结构相联系,共同影响该命令审查标准的宽严。

笔者认为,上述影响司法机关审查行政立法的标准的十一种因素,大部分也适用于行政机关的审查,只有第七项“授权对象是否属独立委员会”、第九项“有无‘国会’的参与”以及第十一项“事务领域的不同”对我国大陆地区目前的行政立法审查标准基本没有影响。理由如下:关于第七项,我国大陆地区目前的行政立法主体尚无前述独立委员会的情况,并且行政事项的专业性是司法审查需要考虑的因素,行政机关的内部审查并不需要特别考虑;关于第九项,我国大陆地区目前行政立法也基本没有需要经过代表机关批准或者附加同意权、废弃请求权与人大听证权的情况,目前的人大常委会对行政立法的备案审查尚不能增加行政立法的民主性,因此行政机关的审查标准不应受其影响;关于第十一项,事务领域不同与专业性密切相关,虽然对司法审查有重要影响,但是对行政系统内部的审查影响不大。当然,由于上述影响审查标准的因素是许宗力教授是从“订定命令之裁量范围界定的角度”讨论得出的,限于其本人角度。事实上,影响审查标准的还应有其他因素。综合上述因素及笔者思考,影响行政机关审查标准的因素大体可概括为如下方面:

1. 审查主体

审查标准与审查主体密切相关。众所周知,立法机关、司法机关和行政机关,由于处于不同的宪法地位,具有不同的组织方式和运作机制,其对于特定行政机关制定法规的审查标准必然不会完全一致。一般认为,立法机关和法院的审查属于外部审查,基于权力分立和互相尊重的原理,以及出于对行政专业性知识的尊重,其审查标准更强调合法性,而作为行政系统的内部监督,其审查标准则一般更加宽泛,既包含合法性标准,也包含合理性或者适当性标准。[①] 审查主体对审查标准的影响不但适用于立法机关、司法机关和行政机关之间,同样也适用于行政系统内部不同机关或机构之间。

审查主体影响审查标准主要源于两个方面因素:一方面是作为审查主体的行政机关或者机构本身的职权事项范围。由于职权事项不同,审查标准的侧重也就不同,例如我国政府法制机构的职权事项主要是法制相关工作,其审查更侧重于合法性审查(当然也包括其他方面),而美国联邦政府的管理与预算局的职权事项主要与预算相关,因此其审查标准则更侧重于授权立法的成本与效益分析。[②] 另一方面是审查主体与法规制定主体之间的关系。如果审查主体是法规制定主体本身,或者与法规制定机关有授权与被授权关系、领导与隶属关系等,则对法规的审查和监督权限必然更大,相应的审查标准也可以更严格,既可以进行合法性审查,也可以进行合理性审查;如果审查主体与法规制定主体没有领导或隶属关系,仅有业务指导或者法制监督关系,比如中央行政机关与地方自治团体之间,则审查标准一般限于合法性审查。

2. 法规制定主体

法规制定主体因处于不同的行政层级,具有不同的职能权限,故对其所制定法规的审查标准也不能完全一致。在国外如法国、日本等,有一般行政机关和自治行政机关之分,其立法事项权限自不一致;在我国,有政府立法和政府所属部门立法之分,立法权限也有自主性立法和执行性立法之别,故对其审查标准也不可能完全一致;在我国台湾地区,也有"行政院"和各部会的区别,上述第六项"授权对象的层级"实际上讨论的就是这一因素。大体来说,对于高层级的政府立法、自治机关立法等,审查主体一般尊重其决定,主要在于合法性审查,审查标准较宽,而对于低层级的政府部门立法,非自治的行政机关立法,审查标准相对较严,既有合法性也有合理性审查。

3. 受审法规本身性质

作为审查对象的法规本身可能具有完全不同的属性,对这些迥异的法规采用一刀切的审查标准,显然不是可取之道。上述许宗力教授讨论因素之中,就有多项涉及受审法规本身性质;当然,在此之外还有其他一些因素,

---

① 赫荣平:《行政规范备案审查制度刍议》,载《辽宁行政学院学报》2004 年第 3 期。

② 王名扬:《美国行政法》(下),中国政法大学出版社 1995 年版,第 878—880 页。

下面一并讨论。

(1) 法规内容属认识行为还是意志行为。上述许宗力教授讨论的第一项因素即是。其中,认识行为是指“法律授权的目的在于要求行政机关以命令方式就经验上可资认识、确定的事实加以规范”的情形,“这种命令的订定应认为只具有单纯的法适用功能,与法制定功能不同。换言之,行政机关此时只能将现实上既存的‘情况’辨识出来规范之,至于命令内容的形成则已不再具有任何裁量的余地”。而意志行为是指“规范的内容含有评价、评量、权衡或预测等意志性成分”的情形,此时行政机关拥有一定的自由裁量的空间。前者如行政机关根据噪音管制法的授权以命令的方式划定噪音管制区的情形,因为噪音管制区的分类及噪音管制标准已定,噪音状况的测定又有仪器可资使用,因此管制区范围的划定基本上是单纯的事实认识行为,并未给行政机关留下自由裁量的空间;后者如行政机关根据公路法的授权对“合于当地运输需要”“确能增进公众便利”等不确定法律概念进行解释细化的情形,具有明显的评价、衡量等意志性成分,容许行政机关拥有裁量空间。[①] 基于认识行为与意志行为的不同性质,审查主体的审查标准应有所不同,前者因不允许制定主体随意裁量,故审查标准应从严,后者允许制定主体合理裁量,故审查标准相对从宽。

(2) 法规所规范事项的重要性程度。上述许宗力教授讨论的第三项因素即是。根据法律保留原则,涉及基本权利及重要公共事务事项的行政立法原则上应有法律授权并具体规定行政立法的目的、内容与范围等,因此,行政立法的裁量空间小,相较之下应受严格审查;反之,因事项不甚重要而不受法律保留原则约束,行政机关的裁量空间大,审查标准宜从宽。

(3) 法规有无法律依据或者法律授权。上述许宗力教授讨论的第四项因素即是。虽然涉及基本权利及重要公共事务的事项的行政立法原则上应有法律授权,但是基于现实需要的考虑,没有授权法根据的法律也并非一律无效,不过在法规审查中应采用严格审查的标准以示慎重。相较之下,有法律授权的行政立法则可根据授权法所规定的目的、内容、范围等依常规标准审查即可。

---

① 许宗力:《订定命令的裁量与司法审查》,载许宗力:《宪法与法治国行政》,台湾元照出版公司2007年版,第222—223页。

（4）法规内容属措施性命令还是一般性命令。一般性命令是抽象的法规范，只有经过行政执法转化后才能产生直接法律效果，而措施性命令是以规范个案为目的的命令，严格来说不是法规范，而是具体行政行为，因此其应适用与行政行为相同的审查标准，而非行政立法的一般审查标准。

（5）法规属于职权立法还是授权立法。在我国，职权立法是指行政机关根据宪法和组织法所赋予的行政立法权所进行的立法活动，而授权立法是行政机关根据单行法律法规或授权决议所授予的立法权而进行的立法。职权立法一般不能变通法律和法规的规定，授权立法可以变通、补充相关法律法规的规定。[①]“一个合法的依职权的创制性文件不得与有关法律规范的规定相抵触，一个合法的依授权的创制性文件必须有直接的授权依据。”[②]因此，对职权立法的审查标准为“不抵触”，对授权立法的审查标准为“有授权的依据”，但根据该授权，其可能与相关立法的规定不一致。

（6）法规属于创制性规范、解释性规范还是指导性规范。叶必丰、周佑勇教授曾将行政法规、规章之外的其他行政规范性文件分为上述三类，其中创制性规范是指行政主体未启动行政立法程序而为不特定相对人创设权利义务的行政规范；解释性行政规范是解释法律、法规和规章，不独立地设定、变更或消灭相对人权利义务的规范性文件；指导性行政规范是行政主体对不特定相对人事先实施书面行政指导时所形成的行政规范。[③] 实际上，行政法规、规章中的规范也可以如此分类。因为创制性规范为行政相对人创设或消灭了新的权利义务，解释性规范通过解释法律、法规或者规章也影响相对人的权利义务，而指导性规范则对相对人的权利义务不具有强制性的影响和执行力，所以对解释性规范尤其是创制性规范的审查标准需要严格，而对指导性规范的审查标准则最为宽松。

（7）法规处于制定过程或者已经颁布生效。此一因素易于理解，即处于草案阶段的法规，因尚未发布并未产生实际影响，故对其审查大可围绕多个方面施加多种标准，力求立法的合法合理、民主科学；而法规颁布生效后，对其的审查结果必牵一发而动全身，鉴于法的安定性原则与信赖保护原则，

---

① 姜明安：《行政法与行政诉讼法》，北京大学出版社、高等教育出版社 2005 年版，第 206 页。

② 同上书，第 214 页。

③ 叶必丰、周佑勇：《行政规范研究》，法律出版社 2002 年版，第 79、96、115 页。

审查必趋于慎重,审查标准较之法规颁布前必然宽松。

4. 授权法的特点

许宗力教授所讨论的第二项、第五项内容与授权法本身的特点有关。授权法本身为“联结式”规定(参见上文解释),授权法规定的明确程度都将影响审查标准的宽严。作为审查依据授权法如果是“联结式”规定、明确的规定,则审查标准依授权法即可,相反,审查机关则要慎重审查,审查标准必趋于严格。

5. 审查方式

行政机关的审查方式也与审查标准密切联系。不同审查方式代表不同的审查目的和制度运作。例如制定审查以提升立法质量为目的,法规处于草案阶段,审查标准可包括多个方面、多种标准,同样,清理审查以清理法规、提升整体法制水平为目的,审查标准也会包括多个角度、多种标准;而复议审查则以行政救济为目的,审查时所考虑的因素自然与法规清理不一样,其标准必然主要为合法性审查。

6. 处理方式

法规审查必然对应着不同的处理结果,虽然审查在前,处理在后,但是不同的处理方式往往与审查目的相联系,从而对应不同的审查标准。以清理审查为例,根据《广东省政府规章清理工作规定》[①],对于应否“宣布失效”的审查标准是:(1) 适用期已过的;(2) 调整对象已消失的;(3) 规定的事项及任务已完成的;(4) 其他原因需要予以宣布失效的。而对是否“应当予以修改”的审查标准则是:(1) 部分内容与法律、法规不一致或者相抵触的;(2) 国家政策重大调整,政府规章的部分内容与之不适应的;(3) 部分内容明显不适应经济社会发展需要的;(4) 部分内容的程序性、可操作性不强,需要予以细化和完善的;(5) 政府规章之间对同一事项的规定不一致的;(6) 其他原因需要予以修改的。二者的审查标准显然不一致。

7. 法规制定程序

即许宗力教授所讨论的第八项,其认为,以有无采行公开的命令订定程序区分,履行公开制定程序的行政命令与未履行的相比较,应相对从宽。实

---

① 广东省人民政府令第138号,2009年9月1日发布。

际上，是否履行法定程序，是法规审查的重要内容，也可称为程序合法标准，不过从作为审查强度的审查标准角度来讲，笔者认为许宗力教授的观点也有道理，即如果行政立法遵循公开程序，广泛征求意见，一般而言必能增强行政立法的民主和科学性，作为公众讨论结果的行政立法，审查机关对其合理性应以立法资料和听证纪录为依据，尊重社会意见，不作高强度审查；反之如果法规未经公开程序，系闭门造车，即使上位法并无立法程序之要求，审查机关为确保法规之合法合理，也应当进行相对高强度的审查。

（三）小结

无论国内国外，对法规审查标准的讨论，由于更加重视外部性审查，故对司法审查及议会审查讨论的居多，行政审查研究的居少，并且讨论中往往以行政机关既能进行合法性审查也能进行合理性审查的论述一笔带过，少有展开论述。实际上，行政机关对法规的审查固然可以进行合法性、合理性等多种审查，但是基于审查主体的不同、受审法规制定主体的不同、授权法依据的不同、受审法规的内容性质和制定程序不同、审查方式和处理方式不同等多种因素，行政机关在不同情况下的审查标准必然各不相同。讨论行政机关的审查标准，应当区分不同情况，方有实质意义。

五、行政机关审查的优势和不足

与立法审查和司法审查相比较，行政机关对法规审查最大的特点即是其是行政系统内部的审查，其诸多特点，无论其优势还是不足，皆是由这一根本特征所带来。

（一）行政审查的主体多样、方式灵活

对于法规的审查，立法机关的审查更多的是直接审查（不依托于具体的争议）、事后审查，在我国目前主要是人大常委会备案审查，司法审查则根据国家不同有附带审查和规范审查等方式①，但是目前我国司法机关目前尚无法规审查的功能。比较之下，可作为审查主体的行政机关的主体众多，审查方式更是灵活多样，上文已经论述，行政审查的这种特点，在我国立法机关

① 美国对法规的审查主要依托于具体案件之中，但也可对作为法规的行政行为提起诉讼；德国则有专门规范审查之诉。参见王名扬：《美国行政法》（下），中国法制出版社 1995 年版，第 602—603 页；〔德〕弗里德赫尔穆·胡芬：《行政诉讼法》，莫光华译，法律出版社 2003 年版，第 339 页。

审查缺乏力、司法机关审查制度尚未建立的情况下，实际意义更大。

（二）行政审查的标准多样化

一般认为，司法审查对法规的审查重点在违法标准，在法律授权的范围内，是行政机关的裁量和塑造空间，司法一般不进行严格审查。例如在美国，对行政法规的审查包括事实审查和法律审查两个方面。美国的传统观念认为，事实认定是行政机关的特长，法律知识是法官的特长，因此对事实问题一般更尊重行政机关的观点[①]，对法律解释问题法院则倾向于严格审查。虽然自谢弗朗诉自然资源保护委员会一案（*Chevron v. Natural Resources Defense Council*）[②]后，美国法院也开始向尊重行政机关的法律解释一边倾斜，总体而言，合法性、合理性和正当程序皆是审查的标准[③]，但是合法（包括实体和程序）标准仍是司法审查的主要内容。我国将来即使建立了抽象行政行为的司法审查制度，也主要以合法性审查为主，这可以从目前学理研究及立法建议稿中看出。[④] 司法机关一般不审查行政立法的合理性的法理根据在于行政权与司法权的分立：既然立法机关已授予行政立法的裁量塑造空间，司法则应给予充分尊重；而实务根据则在于行政国家时代，行政必须被赋予积极的能动性，以其专业化的知识有力回应社会发展需要，而司法严格审查行政立法则会有碍社会治理的效果。与司法机关审查的限制不同，作为行政系统内部的审查，行政审查不存在有违权力分立原则之虞，审查时间和方式又灵活多样，从原理上说，则既可以进行合法性审查，也可以进行合理性审查，还可以就同位阶法规的衔接问题进行处理，审查标准也会更灵活多样，在很大程度上可高于司法审查的标准。

（三）更具专业性和针对性

由于审查机构本身属于行政系统，相较于代表机关和法院，其对于本行政领域的实践状况、专业知识和技术等具有更多的了解，从而审查更具有专业水准，同时也具有高效率、低成本的优势。

---

① 王名扬：《美国行政法》（下），中国法制出版社 1995 年版，第 677 页。

② See *Chevron v. Natural Resources Defense Council*, 467 U. S. 837（1984）.

③ 刘东亮：《我国行政行为司法审查标准之理性选择》，载《法商研究》2006 年第 2 期。

④ 马怀德：《行政程序立法研究：〈行政程序法〉草案建议稿及理由说明书》，法律出版社 2005 年版。

（四）具有自身独特的责任体系

行政系统内部的审查与负责行政立法官员的政绩相关联，尤其是在我国行政问责制逐步建立起来之后，这种审查的效果更为明显。无论是其事前的威慑作用、预防和改正作用，还是事后的纠正、救济作用，都依托于行政系统内部的层级关系和责任体制而得到放大。而立法审查和司法审查则主要是针对法规文件本身，其对行政立法官员的影响较小，并且即使产生影响，也主要通过行政系统内部的问责体制来实现。

由于行政审查具有如上优势，加之在我国目前体制下对法规的立法审查乏力、司法审查制度尚未建立，实践中行政审查起了巨大的作用。尤其是在近年来在对传统上所诟病的“红头文件”多、滥、乱的治理中，行政机关的审查作用更为明显。①

当然，行政系统的审查也有自身严重不足之处，即有违“任何人不得做自己案件的法官”的自然正义原则。在西方国家，“任何人不得做自己案件的法官”这一观念深入人心，所以国外行政法学研究对规范的审查，一般研究司法审查、议会监督，很少专门研究行政审查。在他们看来，行政机关审查行政立法正是“自己做自己案件的法官”，这种审查即使不是“可有可无”的，也仅仅是一种补充性的监督手段。“任何人不得做自己案件的法官”背后有深刻的法理根据，是人类社会治理的重要经验总结。虽然上文我们分析了行政机关对法规监督的诸多优势，但是，对其不足也应有充分的认识。从长期来看，健全立法监督、司法审查等外部监督制度，与行政监督内外结合，才是法规审查监督的科学体制。

第二节 国外、境外行政机关对法规审查情况简介

一、德国

在德国，行政机关发布的外部性法律规范称为“法规命令”，其合法要件

① 李立：《我国规范性文件备案审查制度体系初成》，载《法制日报》2007年11月5日。

包括具有充分的授权依据、符合形式和实体合法要件等,不具备合法要件的,即构成违法。在具体案件中,应当(根据联邦法,或者根据相应的州法)对法规命令作如下方面审查:(1) 具有充分的、符合《基本法》第 80 条第 1 款规定的授权依据;(2) 形式上符合规定;(3) 内容上符合授权根据;(4) 与其他上位阶的法律相一致;(5) 如果存在裁量,其发布无裁量瑕疵。[①] 法规命令不符合某个或多个强制性要求的,原则上无效,但是可因期限届满、瑕疵补正、不重要等原因而不予考虑和审查。[②]

行政机关对法规命令等行政规范性文件的审查,属于行政自我监督的范畴,而在德国,行政自我监督是指通过本机关或者上级机关审查行政的活动,监督权中包括了撤销权和变更权,以确保行政活动符合合法性和合目的性的要求。行政监督的标准包括合法性监督、合目的性监督、经济性监督和绩效监督。[③] 其中,与对法规命令审查相关的主要是前两种:(1) 合法性监督,是指被监督的行政活动符合所有客观法规范的监督。除了外部法例如宪法、法律、条例、规章等之外,监督标准还包括仅具有行政内部效力的规范,其中尤其是指导裁量权行使的行政规则。(2) 合目的性监督,其主要针对法律为其设定了不同决定方式的裁量行政。由于法规命令的制定中也会包括裁量,因此,合目的性监督也适用于此。

行政自我监督的手段包括内部启动的自我监督和外部启动的自我监督。前者包括领导的监督、横向监督和内部行政专员的监督,后者包括行政复议、声明异议、申诉监督等。

行政机关的内部规范审查是监督行政立法的重要方式,具体是指行政机关发现法律或者上级机关制定的法规命令可能存在问题时,按照审查权限向其上级机关,特别是制定法规命令的行政机关或者统治机关提出异议。如果异议没有效果,行政机关则应当将其作为有效的法律规范予以适用,除非这没有意义或者明显违反宪法或者刑法。行政机关本身没有"拒绝适用权",否则,《基本法》第 20 条第 2 款和第 3 款确立的法律约束力就会被削

---

① 〔德〕哈特穆特·毛雷尔:《行政法学总论》,高家伟译,法律出版社 2000 年版,第 340 页。

② 〔德〕汉斯·沃尔夫、奥托·巴霍夫、罗尔夫·施托贝尔:《行政法》(第一卷),高家伟译,商务印书馆 2002 年版,第 293—298 页。

③ 同上书,第 737 页。

弱。根据这些规定,在提出异议之后,上级机关和法律监督机关承担行政活动合法性的责任。上级机关或者法律监督机关确信法规命令或者规章违反正式法律或者上位阶的法规命令的,可以采取相应的监督手段。在审查期间,为了避免重大的不利情况,在可能并且必要的情况下,应当终止法律的执行(终止权)。如果违反宪法的情况显而易见,因为联邦宪法法院已经对此作出了一般判决或者以前同样内容的法律规范曾经被宣布无效,行政机关不得适用有异议的法律规范。出于宪法制度方面的理由,应当排除临时的不适用权。[①]

二、法国

根据法国宪法,法国总统享有对政府各部门的活动进行仲裁以保证公共权力的正常进行的权力,签署内阁会议所决定的法令和命令,据此总统对行政立法具有审查权力。同时,宪法规定总理领导政府的活动,根据这一权力,总理监督各部的行政活动,各部所制定的普遍性命令都必须向总理府递交一份副本,总理认为不当时,可以要求部长变更和撤销,以保证各部活动得以执行和政策的贯彻执行。[②] 因此,法国行政系统内部总统和总理对各部所制定法规的审查包括合法性审查和合理性审查等多个方面。

目前法国已经广泛实行地方自治,中央对地方自治团体的监督与对各部委的监督标准不一样。中央对地方自治团体的法规监督主要包括如下几个原则:(1) 事后监督,地方团体的决定立即生效,不需要中央政府批准;(2) 合法性监督,地方团体的行为是否适当不在监督范围之内;(3) 统一的监督,即对市镇、省和大区原则上适用相同的监督。[③] 监督主要包括下列几个步骤:(1) 地方团体应将全部适用行政监督的决定通知有关的国家代表。在通知以后,决定立即生效,不需要任何批准。(2) 国家代表收到送审文件以后,可以采取三种措施:其一, 认为地方团体的行为合法时,不须任何表示。如果地方团体要求明确表示时,应告知不准备起诉,这种表示不妨碍国

---

① 〔德〕汉斯·沃尔夫、奥托·巴霍夫、罗尔夫·施托贝尔:《行政法》(第一卷),高家伟译,商务印书馆 2002 年版,第 300—301 页。

② 张正钊、韩大元:《比较行政法》,中国人民大学出版社 1998 年版,第 641 页。

③ 王名扬:《法国行政法》,中国政法大学出版社 1988 年版,第 114—115 页。

家代表以后改变意见,也不能拘束其他利害关系人的见解。其二,认为地方团体的决定不合法时,应立即通知该地方团体,并建议改正。后者不同意改正时,有关的国家代表在收到文件后两个月内,请求行政法院审查。其三,有关的国家代表认为有必要时,可在请求行政法庭审查的同时,要求暂时停止执行受审查的决定。法庭认为国家代表的要求有理由时,应在正式判决以前裁定暂时停止执行。对于影响公民自由的案件,行政法庭应在48小时内决定是否暂时停止执行。[①]因此,中央对地方自治团体规章的监督实际上是通过行政法院来实现的。

三、日本

在日本,行政立法就其性质可以分为法规命令和行政规则两种。法规命令是行政机关制定的、关于行政主体和私人的关系中的权利义务的一般性规范。其进一步可分为委任命令和执行命令,前者无须法律特别授权,后者则须有法律的具体授权;行政规则是内部性规则,无须法律授权,通常以告知、指示、通知等形式,虽名为内部规则,但也往往"名不副实",有些规则具有外部化现象,对外具有外部法律效果。[②]

日本行政机关对法规的审查监督取决于不同行政官厅之间的关系。根据日本的国家行政组织法,行政官厅之间的关系包括如下几种:(1) 上下关系,上级官厅对下级官厅具有监视权、许可认可权、指挥权、撤销和停止权等;(2) 委托代理关系,在此种关系中,由于权限完全转移,委任厅和受委任厅之间不产生监督关系;(3) 对等官厅关系,对等官厅之间的权限发生或消极的权限争议时,由上级官厅予以裁决。[③] 由此,行政机关对法规的审查要发生于行政官厅的上下关系之中。内阁作为最高行政机关,对行政各部门具有指挥监督权,作为内阁附属机构,内阁法制局掌管有关政府提出的法律案、政令的审查立案及法律问题,向内阁等陈述意见等。[④]

关于中央行政机关对地方行政机关的监督,日本主要表现在如下几个

---

① 王名扬:《法国行政法》,中国政法大学出版社1988年版,第117页。
② 〔日〕盐野宏:《行政法》,杨建顺译,法律出版社1999年版,第68页以下。
③ 同上书,第554—556页。
④ 同上书,第571页。

方面:其一,中央政府对地方政府的某些工作享有审批权,地方政府制定、修改或废除条例,必须上报自治大臣核准。其二,中央政府对地方政府享有某些命令和代行权。地方从事交通、教育、建筑、医疗等项事业,都要同中央的运输省、文部省、建设省、厚生省等有关部门联系。如果主管大臣认为都、道、府、县知事违反法令、工作不善,可以向知事发布命令。如果知事不执行命令,大臣可以上告高等法院,要求处理。知事被传讯期间,大臣可以代行知事职务。因此,中央对方政府法规的监督,标准也是属于合法性监督,监督需要通过法院实现,中央行政机关仅具有监督启动权。①

四、英国

在英国,行政立法被称为"授权立法",关于授权立法监督的研究主要集中于议会审查和司法审查两部分,关于行政机关对授权立法进行审查的资料极少。这或许可从张越先生的一段话中得到答案:"有关行政立法或者委托立法的程序的以上介绍,显然不能让中国学者满意。但从英国行政法教材中所能获得的信息大致也就是这些。由此反映出我们对于行政立法程序的期望值与英国学者介绍行政立法程序时的着眼点之间的差异。"②授权立法的程序已如此,历来不受重视的行政系统内部监督的研究可想而知。仅有的资料显示,英国行政机关对法规的审查可能来自如下方面:第一,作为授权立法制定机关的行政机关对授权立法具有审查权。第二,根据《法定条规法》,授权法可以授权大臣等批准命令、规则、法规的权力。③据此,批准就成为一种行政系统审查监督的方式。第三,关于中央行政机关对地方行政机关立法的监督。从总体上讲,英国实行地方分权制,各级地方政府是自治的、独立的,中央政府对地方政府的监督,着重于对地方立法的监督。监督方式主要包括发布命令和章程、批准单行条例和计划。中央各部对主管业务有发布命令和规程的广泛权力,地方政府对此必须服从;地方政府制定的单行条例必须呈报有关部门批准,地方政府根据法律规定所制定的很多计

---

① 张正钊、韩大元:《比较行政法》,中国人民大学出版社 1998 年版,第 646 页。

② 张越:《英国行政法》,中国政法大学出版社 2004 年版,第 571 页。

③ 〔英〕彼得·莱兰、戈登·安东尼:《英国行政法教科书》,杨伟东译,北京大学出版社 2007 年版,第 37 页。

划，例如发展计划、清除贫民窟计划等，也必须报呈有关的部门批准。①

五、美国

美国是实行三权分立的国家，按照美国宪法规定，立法权属于国会，据此，其他机关的立法权都是委任立法权，谈美国的行政立法就是谈委任立法，或称授权立法。当然，根据法规的内容不同，法规也可分为实体性法规、程序性法规和解释性法规。实体性法规必须有法律授权；程序性法规如果仅仅规定行政机关的办事程序，则无须法律授权，而如果在它所执行的法律以外，规定新的权利和义务，则仍需法律授权；解释性法规是行政机关在执行法律时对法律的解释，一般不需要法律授权。②

美国是联邦制国家，联邦政府和州政府各自的权限和相互关系由美国宪法规定，并由联邦最高法院解释。因此，讨论美国行政机关对法规的监督，需要分联邦和州两个体系，即联邦总统和白宫对联邦各部以及对独立管制机构的审查监督，以及州政府对州地方行政机关的审查监督。

（一）总统对联邦行政立法的审查

美国联邦行政机关的立法主要是授权立法，议会一般以各部等具体行政机关为授权对象，而非笼统授权给总统或者联邦政府。美国学者讨论行政机关对授权立法的监督，主要讨论总统对于授权立法的监督，这种监督通过管理与预算局（OMB）来进行。

从20世纪30年代美国遭受严重的经济危机以后，政府对私人经济活动和社会活动的控制比以往增加，行政法规的增加引起社会的强烈反响，要求总统控制行政机关制定法规的程序。尼克松总统1971年实行生活质量评议计划，要求环保局制定法规必须听取其他有关机关的评论，并把评论的意见和法规草案送管理与预算局审查。以后历届总统逐渐加强对行政机关制定法规的控制，要求行政机关制定重要的法规时，必须进行经济效益分析。这种控制在里根总统12291号（1981年）和12498号（1985年）行政命令中，达到非常高的程度。这些行政命令要求行政机关在制定重大的法规之前，必须先对执行这项法规所花的费用和可能得到的效益，进行分析，向

① 张正钊、韩大元：《比较行政法》，中国人民大学出版社1998年版，第645页。

② 王名扬：《美国行政法》（上），中国法制出版社1995年版，第353页。

管理与预算局汇报，由该局审查这项法规是否真正需要。行政机关制定法规必须能够得到最大的经济效益，如果有花费较少的方案可供选择，行政机关没有选择这个方案时，必须说明理由。命令还要求行政机关每年必须向管理与预算局提出一个制定法规的年度计划，使管理与预算局对行政机关制定法规程序提早控制。[①] 12498 号行政命令和 12291 号行政命令都只适用于隶属于总统的行政机关，独立的行政机关可以自由决定是否适用上述两个命令。[②] 1993 年 9 月，美国总统克林顿颁布了 12866 号行政命令，替代了第 12291 号和 12498 号行政命令及其修正案，虽然命令内容有变化，但主旨仍是加强对行政立法的成本效益分析和审查；2002 年 3 月，小布什颁布了 13258 号行政命令，仅仅对 12866 号行政命令中涉及有关副总统作用的条款作了修正。至今，12866 号行政命令仍然是美国行政机构和独立监管机构制定规章、有效监管及白宫的管理与预算局、信息和监管事务办公室向国会报告联邦政府监管成本和收益的年度报告的法律性文件。关于这种监督审查的讨论，参见下文前置审查部分的讨论。

（二）州政府对地方政府法规的审查

美国州以下的政府为地方政府，联邦宪法对地方政府没有规定，地方政府的组织和活动受州的管辖，州政府根据法律的规定监督和协调地方政府的组织和活动。州政府对地方政府法规的监督方式包括要求提交报告、审查地方政府的行为等。

六、我国台湾地区

在我国台湾地区，行政机关的立法一般称为行政命令，台湾“行政程序法”的有关规定已确立了其订定行政命令之内部控制的规范基础。该法第 157 条作出原则性的规定：“法规命令依法应经上级机关核定者，应于核定后始得发布；数机关会同订定之法规命令，依法应经上级机关或共同上级机关核定者，应于核定始得会衔发布”；第 158 条第 3 款第 1 项规定应核准却未经核准而订定的，构成法规命令无效的事由之一。而在具体的控制形态方面，台湾许多法律在授权行政机关订定命令的同时，往往会要求须经相关

---

① 王名扬：《美国行政法》（上），中国法制出版社 1995 年版，第 373—374 页。

② 王名扬：《美国行政法》（下），中国法制出版社 1995 年版，第 878—881 页。

机关会商或会同，或经上级机关核定，或报请上级机关备查，甚至直接交由上级机关订定等特别的情况。其中上级机关核定或备查与我们讨论的行政机关对法规的审查联系最为密切。

台湾上级机关核定的情况约有两种：其一，法律授权主管机关订定行政命令，但仍保留其上级机关的核定权，例如“邮政法”的主管机关是“交通部”，但是该法第49条授权订定的行政规则，却要求“交通部”拟定，呈请“行政院”核准。其二，法律授权行政命令时，考量到因地制宜的需要，而个别授权“中央”与地方各自订定，但立法者往往会要求地方主管机关订定的行政命令必须送上级主管机关核定。例如“建筑法”的“中央”主管机关为“内政部”，该法授权的营造业管理规则，就是直接由“内政部”订定；但建筑管理规则，则授权省市政府根据地方情形，分别订定建筑管理规则，但须报“内政部”核定。因此，上级机关核定的程序类型，强调的是高层行政的控制与监督，一方面考量到行政命令的专业性，要求专业主管机关草拟，但也考量到整体政策的协调与控制，遂让上级主管机关最后核定。至于上级机关备查的程序，由于行政命令的订定仍专属于主管机关，备查只属于整合的考量，属于相当低度的政策控制，当然，上级机关的影响空间仍在。①

七、简要分析

关于上述国家和地区行政机关对法规审查制度的讨论无疑挂一漏万，在下面各节具体审查标准的讨论中笔者将根据讨论需要适时作相应补充。总体而言，考察英美德法日五国和我国台湾地区行政机关对行政立法的审查，我们大体可以得出如下结论：

第一，在不同国家和地区，各级行政机关的内部层级监督，即有隶属关系的上级对下级的监督，都无一例外的存在，差别也不大。②中央政府对各部委，地方政府对各工作部门，一般都有直接的指挥监督权，相应的对行政立法，尤其是非授权立法具有审查撤销权。这种法规审查的标准一般要超越合法性标准，包括合理性、协调性等各方面内容。

第二，虽然各国家和地区情况不完全一样，但是法规一般都可分为需要

---

① 翁岳生：《行政法》，中国法制出版社2002年出版，第588页。

② 张正钊、韩大元：《比较行政法》，中国人民大学出版社1998年版，第650—651页。

授权的行政法规和无须授权的行政规则。尤其是美国、英国等国，由于行政立法主要是授权立法，而法律的授权对象往往是具体的行政机关，比如美国联邦各部、独立管制委员会等，而不是笼统地授予总统、中央政府，因此由于授权立法和职权立法的不同，也导致监督方式和标准有所不同。

第三，由于许多国家和地区往往实行地方自治，中央政府对地方自治机关行政立法的监督往往与对政府所属各部门的监督标准不一样。出于尊重自治权的角度，中央行政机关对地方立法的监督标准一般限于合法性监督，而且监督方式一般是司法监督，行政机关的作用主要在启动审查程序。

第四，英美法系和大陆法系对法规的行政监督也略有不同。“在英美法系的国家和地区中，鉴于是三权制衡的模式，因此，行政机关自身监督就相对弱些，这些国家更重视立法机关的监督，如瑞典的议会监察专员制度，以及司法机关的监督，如英美的司法审查制度等；而在大陆法系的国家和地区中，行政机关自身的监督就相对健全、完善一些，例如在法国，其行政机关的监督职能较为健全，包括总统、总理、部长在内的中央行政机关都有法定的相应的监督职权，地方各级行政机关也有相应的监督下级的权限。”①

第五，“在资本主义国家，总的来说行政机关的内部监督不如其他国家机关的监督有影响”②，除美国联邦管理与预算局对行政立法的控制引起理论和实务界的广泛重视之外，其他国家的一般行政法学著作中，几乎很少涉及行政机关对行政立法的监督，而立法监督和司法监督则讨论的非常多，尤其是司法监督，更被作重点论述，关于法规审查标准的研究，比如德国、美国等已有高度理论化的论述。

总体而言，上述国家行政机关对法规审查标准的研究可资我国借鉴的并不很多，笔者以为，或许以下两点较为重要一些：其一，美国联邦管理与预算局对授权立法的成本收益审查标准颇具特色，虽然该制度与美国特殊体制有关，但是成本收益审查的方法和标准确是法规审查的重要方面，而目前我国行政立法审查中尚无这方面制度规定，因此需要加以借鉴。其二，不少国外行政机关的审查都因法规制定主体是否享有自治权而导出不同的监督审查方式和标准。虽然我国是单一制国家，除民族区域自治之外，并无特别

① 张正钊、韩大元：《比较行政法》，中国人民大学出版社 1998 年版，第 639 页。
② 同上书，第 650 页。

的地方自治，但是尊重地方政府和人民因地制宜决定本地事务的法理却应是相通的，因此，笔者以为应借鉴此种审查理念和标准，即对地方人民政府法规的审查标准应略宽于对政府所属部门法规的审查标准。

第三节 制定审查

从本节开始，笔者将根据我国法规审查的实际，依据制定审查、前置审查、备案审查、复议审查、异议审查、清理审查的分类[①]，对不同审查方式下的审查标准作一讨论。由于清理审查实际上是行政机关对自身所制定的法规的清理，严格来说并不是针对特定法规的审查制度，而且清理的标准也无太大争议，既包括合法性标准、也包括时效性、合理性等内容，限于篇幅，本章就不作专门讨论；另外，由于目前我国的异议审查制度是依托于备案审查制度建立的，即行政相对人对法规的异议是向备案审查机关提出的，其审查标准实际上就是备案审查的标准，因此本章对其也不作专门论述。从本节开始，笔者将针对行政机关对法规的制定审查、前置审查、备案审查和复议审查展开讨论，本节首先讨论制定审查。

一、制定审查概述

制定审查是在法规制定过程中，由作为制定主体的行政机关及其内部机构对法规草案的合法性、合理性、协调性、可行性等各方面所进的审查。

制定审查是一种对法规的事前审查、内部审查制度。在法规制定过程中，由法规制定主体包括其内部机构对法规草案进行不同方式不同角度审查，各国都有类似的规定。根据我国《行政法规制定程序条例》《规章制定程序条例》和相关地方立法的规定，我国承担行政立法制定审查工作的机构为法规制定主体的法制机构。在国外对法规的制定审查也有与我国类似的制度，比如在日本，内阁法制局承担着对政令（行政法规）的审查，各省（内

---

① 目前，我国行政对机关对行政法规、规章和行政规范性文件的法制审查主要包括这六种制度，个别地方的法制机构已作出总结并制定了审查工作的相关评价标准，例如《广东省政府法制机构规范性文件审查工作规范化评价标准（试行）》（2008 年发布）。

阁所属各部)内部的官房文书课、总务课则承担对各省各自所制定的府令、省令和告示的审查工作,这种制度类似于我国法制机构对法规草案的审查。[1]

作为一种行政立法程序制度,制定审查具有重要意义,科学有效的制定审查制度对于防止出现违法的或者不适当的法规、提高立法质量具有重要作用。

二、我国制定审查的历史

行政主体在法规制定过程中对其进行反复审查、推敲是科学立法的应有之义,有法规制定,就必然伴随着制定主体的反复审查。早在1949年中华人民共和国成立时,根据中国人民政治协商会议第一届全体会议制定的《中华人民共和国中央人民政府组织法》第18条和第21条的规定,中央人民政府就设立了中央人民政府法制委员会。它的任务是:"秉承中央人民政府委员会的意旨,受政务院的领导及政务院政治法律委员会的指导,研究、草拟与审议各种法规草案并解答现行各种法规。"(《中央人民政府法制委员会试行组织条例》第2条)。中央人民政府法制委员会(1949年9月至1954年11月)历经国务院法制局(1954年11月至1959年6月)、国务院秘书厅法律室(1959年6月至1965年12月)、"文革"期间彻底取消、"文革"后国务院办公厅法制局和国务院经济法规研究中心并存(1980年5月至1986年4月)、新建的国务院法制局(1986年4月起)等历次沿革,直到今天的国务院法制办公室(1998年3月起),这些政府法制机构历来都承担着审查国务院行政立法草案的职责。[2] 当然,法规草案的审查不仅仅是政府法制机构的事,法规制定主体的相关职能部门,如财经部门、农林部门等都要对各自领域的法规制定提供具体意见。

在法规审查的制度建设方面,1987年《行政法规制定程序暂行条例》将"审定"作为行政法规制定的必要程序之一,但是关于审查规定得较为简单,

---

① 朱芒:《行政立法程序基本问题试析——发达国家的基本状况以及对我国的启发》,载《中国法学》2000年第1期。

② 《国务院法制办公室沿革》,来自国务院法制办公室网站,http://www.chinalaw.gov.cn/article/jgzn/lsyg/,2009年9月30日访问。

仅在第13条规定，“报送国务院的行政法规草案，由国务院法制局负责审查，并向国务院提出审查报告”，对具体的审查内容、程序都没有作出规定。

2000年我国《立法法》的颁布是我国法制历史上的一件大事，其关于法律规范的位阶规定、适用规定，以及法律规范冲突的解决办法等，都对法规审查具有重要的意义。《立法法》在行政法规一章专门规定：“行政法规起草工作完成后，起草单位应当将草案及其说明、各方面对草案主要问题的不同意见和其他有关资料送国务院法制机构进行审查。国务院法制机构应当向国务院提出审查报告和草案修改稿，审查报告应当对草案主要问题作出说明。”《立法法》的规定为行政法规审查制度的完善奠定了基础。2001年出台的《行政法规制定程序条例》和《规章制定程序条例》都将“审查”作为必要的立法程序之一，并对审查的内容、审查方式、处理方式等作了详细规定。我国中央层面的法规审查制度逐步完善起来。

在中央层面不断完善对行政法规和行政规章的制定审查的同时，地方立法也不断完善对地方规章和规范性文件的审查制度。在《规章制定程序条例》出台之前，已有不少地方人大或者地方政府出台了关于地方规章和行政规范性文件制定程序的规定。《规章制定程序条例》出台后，由于其对地方规章的制定审查已有比较详细的规定，地方立法的空间不大，而中央尚无关于行政规范性文件制定审查的统一规定，因此，地方立法对法规审查制度的发展主要体现在规范性文件方面。

三、制定审查的主体

（一）专门审查机构

专门审查机构是根据立法规定，对法规草案担负专门审查义务、提供专门审查意见的机构。在我国，行政法规草案必须经国务院法制机构审查，部门规章必须经部门法制机构审查，法制机构就是专门审查主体。在地方，对于规章和规范性文件草案，一般也是法制机构审查，只有个别地方立法规定特定情况下由其他机构审查，比如根据《四川省行政规范性文件制定和备案规定》，政府制定规范性文件，由本级人民政府办公厅负责对规范性文件草案的必要性、可行性、适当性等进行审查；本级人民政府法制部门协助本级人民政府办公厅对规范性文件草案的合法性进行审查。上文已述，由法制机构审查,日本也有类似制度。

（二）决议机构和行政机关首长

任何国家行政立法的通过都需要决议机构决定以及行政首长的签署。在我国,行政法规草案最终须经国务院常务会议审议或者由国务院审批,部门规章应当经部务会议或者委员会会议决定,地方政府规章应当经政府常务会议或者全体会议决定。国务院、国务院部委或者地方政府的法制机构应当根据决议机构的审议意见,对行政法规和规章草案进行修改,形成草案修改稿,最后报请行政机关首长签署并以国务院令或者本部门、政府首长命令的形式公布。因此,决议机构的审议或者审批,是制定法规草案的重要程序,重大争议的条款或规定,相关部门不能协调达成一致意见的规定,都将由决议机构决定。在行政机关首长负责制的情况下,行政首长主持会议,并在通过后最终签署,表明行政机关首长具有重要的审查权。

根据我国《立法法》《行政法规制定程序条例》《规章制定程序条例》等相关规定,虽然对法规进行审查和提出意见的主体也包括一些相关机关、机构和社会组织、公众等,但是总体来看,这些审查意见是以专门审查主体即法制机构为统筹的,即法规草案通过法制机构转发相关机关征求意见,通过法制机构向社会公布征求意见,意见最后由法制机构整理归纳、提出初步意见并报立法机关审议,因此,法制机构在立法过程中起着承上启下、统筹各方的重要作用。如果说决议机构的审议更多具有最终决策的意味,法制机构作为法规草案的专门审查主体,无疑是最重要的审查主体。

四、制定审查的方式

根据我国相关法律规定,审查是制定行政法规、规章的必经步骤,也是许多地方立法中制定行政规范性文件的必经环节。审查是以法制机构为统筹的,以行政法规的制定为例,我国《立法法》第 59 条规定,行政法规起草工作完成后,起草单位应当将草案及其说明、各方面对草案主要问题的不同意见和其他有关资料送国务院法制机构进行审查。国务院法制机构应当向国务院提出审查报告和草案修改稿,审查报告应当对草案主要问题作出说明。国务院法制机构的审查方式主要如下:

（一）发送国务院有关部门、地方人民政府、有关组织和专家征求意见

国务院法制机构应当将行政法规送审稿或者行政法规送审稿涉及的主

要问题发送国务院有关部门、地方人民政府、有关组织和专家征求意见。国务院有关部门、地方人民政府反馈的书面意见,应当加盖本单位或者本单位办公厅(室)印章。重要的行政法规送审稿,经报国务院同意,向社会公布,征求意见。

(二)实地调查研究

国务院法制机构应当就行政法规送审稿涉及的主要问题,深入基层进行实地调查研究,听取基层有关机关、组织和公民的意见。

(三)召开座谈会、论证会、听证会征求意见

行政法规送审稿涉及重大、疑难问题的,国务院法制机构应当召开由有关单位、专家参加的座谈会、论证会,听取意见,研究论证。行政法规送审稿直接涉及公民、法人或者其他组织的切身利益的,国务院法制机构可以举行听证会,听取有关机关、组织和公民的意见。

五、制定审查的标准

(一)关于审查标准的相关制度规定

根据我国法律法规,与审查标准相关的规定主要包括两个方面:

1. 关于行政立法合法性的相关规定

行政立法欲要合法,必然包括主体合法、权限合法、实体合法、程序合法等多个方面内容,这些合法性的判决需要借助相关上位法的规定加以明确。因此,相关上位法的规定就成为审查标准。以权限合法为例,根据《立法法》,部门规章的立法权限是“规定的事项应当属于执行法律或者国务院的行政法规、决定、命令的事项”,而地方规章立法权限是“(1)为执行法律、行政法规、地方性法规的规定需要制定规章的事项;(2)属于本行政区域的具体行政管理事项”。因此,部门规章的立法权限限于执行性规章,而地方政府的立法权限除了执行性规章外,还包括自主性规章[①],对后者的审查标准相对宽松。当然,立法权限的含义还包括许多方面,比如具体的事项权限,包括《行政处罚法》所规定的行政处罚的设定权、《行政许可法》所规定的行政许可的设定权等。

---

① 刘莘:《行政立法研究》,法律出版社2003年版,第253页。

2. 作为法规制定必经程序的“审查”的相关规定

我国关于行政立法有《行政法规制定程序条例》《规章制定程序条例》等专门规定，审查作为立法程序的必经环节，其内容如下：其一，正面规定。即从正面表明制定审查应审查什么内容，采取何种标准。例如根据《行政法规制定程序条例》第 17 条，国务院法制机构主要从以下方面对行政法规送审稿进行审查：（1）是否符合宪法、法律的规定和国家的方针政策；（2）是否符合本条例第 11 条的规定[①]；（3）是否与有关行政法规协调、衔接；（4）是否正确处理有关机关、组织和公民对送审稿主要问题的意见；（5）其他需要审查的内容。再如，根据《四川省行政规范性文件制定和备案规定》第 13 条，规范性文件制定机关的法制部门（机构）负责对规范性文件草案提出审查意见，审查意见应当包括下列内容：（1）制定的必要性和可行性；（2）是否超越制定机关法定的职权范围；（3）是否符合本规定第 4 条、第 6 条、第 7 条的规定[②]；（4）是否与相关的规范性文件相协调、衔接；（5）是否征求相关机关、组织和管理相对人的意见和意见采纳处理情况；（6）对重大分歧意见的协调处理情况；（7）其他需要审核的内容。这些审查规定是行政机关审查法规草案的直接指导，起着汇总审查标准的重要作用。其二，反面规定。即规定在不符合审查标准的情况下行政机关所采取的处理方案。例如根据《行政法规制定程序条例》第 18 条，行政法规送审稿有下列情形之一的，国务院法制机构可以缓办或者退回起草部门：（1）制定行政法规的基本

---

① 《行政法规制定程序条例》第 11 条规定：起草行政法规，除应当遵循立法法确定的立法原则，并符合宪法和法律的规定外，还应当符合下列要求：（一）体现改革精神，科学规范行政行为，促进政府职能向经济调节、社会管理、公共服务转变；（二）符合精简、统一、效能的原则，相同或者相近的职能规定由一个行政机关承担，简化行政管理手续；（三）切实保障公民、法人和其他组织的合法权益，在规定其应当履行的义务的同时，应当规定其相应的权利和保障权利实现的途径；（四）体现行政机关的职权与责任相统一的原则，在赋予有关行政机关必要的职权的同时，应当规定其行使职权的条件、程序和应承担的责任。

② 《四川省行政规范性文件制定和备案规定》第 4 条规定：行政机关制定规范性文件，应当遵循下列原则：（一）国家法制统一原则；（二）依照法定职权和程序制定原则；（三）职权与责任相一致原则；（四）维护公民、法人和其他组织合法权益原则；（五）精简、统一、效能和公开原则。第 6 条规定：规范性文件的内容应当明确、具体，具有可操作性；不得与法律、法规、规章和国家的方针、政策相抵触。规范性文件应当科学的规范行政行为，符合转变政府职能的要求。第 7 条规定：除有法定依据或者国家另有规定的外，行政机关不得在规范性文件中设定下列内容：（一）行政处罚事项；（二）行政强制措施；（三）行政许可事项；（四）行政事业性收费事项；（五）其他应当由法律、法规、规章或者由特定行政机关规定的事项。

条件尚不成熟的;(2) 有关部门对送审稿规定的主要制度存在较大争议,起草部门未与有关部门协商的;(3) 上报送审稿不符合本条例第 15 条、第 16 条规定的。[①] 第 15 条、第 16 条规定的主要是制定法规的形式要求。

3. 关于制定审查标准的分析

综合行政法规、规章和行政规范性文件制定审查的相关规定,法制机构的审查标准包括如下方面:(1) 合法性标准。合法性标准既包括实体合法,比如受审法规草案是否符合上位法,符合宪法、法律的规定和国家的方针政策,是否超越权限,等等;也包括程序合法,比如是否征求相关机关、组织和管理相对人的意见,是否对意见正确处理等。合法性标准主要是一种法规的上下比较,即受审法规草案是否符合上位法的要求。(2) 合理性标准。主要指法规草案的内容是否具有必要性、可行性、适当性,所规定的法律措施是否能解决具体问题,同时符合比例原则,不对行政相对人构成过分负担等。合理性比较主要是一种法规与事实之间的比较,即法规措施是否能适当地解决实践问题、适当地平衡相关利益。(3) 协调性标准。指受审法规草案是否与相关立法相协调,这是一种法规之间的横向考察,以维护法制统一,防止出现同一事项有不同的规定进而导致行政相对人无所适从的情况。(4) 科学性标准。科学性标准与合理性标准有联系,但侧重点不一样,比如根据《行政法规制定程序条例》。行政法规科学性标准有四:其一,体现改革精神,科学规范行政行为,促进政府职能向经济调节、社会管理、公共服务转变;其二,符合精简、统一、效能的原则,相同或者相近的职能规定由一个行政机关承担,简化行政管理手续;其三,切实保障公民、法人和其他组织的合法权益,在规定其应当履行的义务的同时,应当规定其相应的权利和保障权利实现的途径;其四,体现行政机关的职权与责任相统一的原则,在赋予有关行政机关必要的职权的同时,应当规定其行使职权的条件、程序和应承担的责任,这些都是科学性的要求。笔者认为,合理性侧重于法规内容与目前现实的契合程度,科学性侧重于法规与行政管理发展的趋、社会发展趋势的

---

① 《行政法规制定程序条例》第 15 条规定:起草部门向国务院报送的行政法规送审稿,应当由起草部门主要负责人签署。几个部门共同起草的行政法规送审稿,应当由该几个部门主要负责人共同签署。第十六条:起草部门将行政法规送审稿报送国务院审查时,应当一并报送行政法规送审稿的说明和有关材料。

契合程度,使法规具有更强的适应性和预见性。(5)立法技术标准。指立法本身是否语言明确、内容具体、结构严谨、格式得当、相关条款之间的衔接紧密等。在法规草案阶段,立法技术标准具有重要意义。(6)形式性标准。包括报审的材料是否齐备,是否经过起草部门负责人签署等等。

(二)关于制定审查标准的相关制度建议

总体而言,我国行政机关在法规制定审查中的审查标准规定已比较完善。在此,笔者仅就下面三个方面提出自己的一些看法:

第一,目前我国负责行政法规、规章制定审查的主要机构是法制机构。但是在行政法规、规章的立法程序中,法制机构可能本身就是草案的起草机构。这样,制定机构和审查机构同为一个机构,违反了"任何人不能做自己案件法官"这一法律原则。虽然制定审查本身属于制定机关的自己审查,但是在内部采取适当的职责分工还是有利于真正发现草案问题的。因此,在法制机构负责起草法规的情况下,可考虑由办公厅负责审查和提出意见。

第二,关于合理性审查,成本收益分析应是其中的重要方面,但是我国目前关于立法成本收益的审查尚无制度规定。笔者认为,应当借鉴美国联邦管理与预算局的相关规定,由特定机构对行政立法内容的成本收益进行审查,以保证立法的科学合理。

第三,目前制定机关的法制机构审查实际上有两种不同的标准。一种是完全审查标准。如《行政法规制定程序条例》《规章制定程序条例》,以及诸多省级规章如《四川省行政规范性文件制定和备案规定》等,都规定了法制机构对规章草案的完全审查,审查内容包括合法性、合理性、必要性、协调性等各个方面。另一种是合法性审查标准。以湖南省行政程序规定为代表,规定法制机构对"合法性"进行审查,并未对其他方面的审查作出要求。

从理论上说,在法规制定过程中,制定机关可以而且应当对法规草案的各个方面进行全面细致的审查,以保障最终的立法科学、合理、合法、具有良好的规范作用和适应性。但是法制机构作为制定机关的内设机构之一,其职能定位是"法制工作",其专长是合法性审查,包括是否与上位法抵触,是否符合法定程序等,而不是法规的适当性、可行性等。法制机构作为综合部门,仅依靠自身的专业知识往往不足以对法规的合理性、可行性等作出科学有效的审查,与业务部门相比存在劣势。因此,在现行立法赋予法制机构对法规各方面统筹审查的情况下,法制机构应充分注意借助征求意见、公开讨论、专家论证、举行听证等方式进行审查,从而保证审查的实际效果。

第四节 前置审查

一、前置审查概述

关于何谓前置审查,有观点认为:“规范性文件前置审查制度包括内部的法制审核和外部的前置审查。内部的法制审核是指行政机关在规范性文件起草以后、制定发布之前由其法制机构所进行的合法性审查。外部的前置审查是指政府法制机构对下级政府和同级政府部门、上级机关法制机构对下级机关制定的规范性文件发布前的审查,这是前置审查制度的核心。”①不过,或许因为内部的法制审核与行政法规、规章的制定审查并无差别,在目前学者的研究讨论中,似乎更多的情况仅指后者,即前置审查就是外部的前置审查。②本节所讨论的前置审查也主要是指后者,不过范围要广于单纯的法制机构审查,是指在法规颁布生效之前,由法规制定机关的上级机关或者其他机关等外部机关对法规草案进行的审查。前置审查是一种事前审查制度,其与制定审查的区别在于,制定审查是内部审查,而前置审查是外部审查。

传统上我国行政机关对法规的审查主要是制定审查,很少有前置审查的情况。批准作为一种常规性前置审查制度,只适用于民族自治地方的自治条例和单行条例等个别情况;上级行政机关对下级规范性文件的批准只有在有关特别事项的立法规定时才会存在。不过,随着法制监督实践的发展,目前对行政规范性文件的一般性前置审查制度已经在不少地方建立起来。

2001 年,深圳市在全国率先确立了行政规范性文件前置审查制度。该制度的核心是确立了“统一要求,统一审查,统一发布”的行范性文件审查制

---

① 张宗利:《应推行规范性文件前置审查制度》,载《中国医药报》2009 年 7 月 18 日第 6 版。

② 杨树人:《论行政规范性文件前置审查》,载《四川行政学院学报》2008 年第 2 期。

度，即对政府工作部门制定、修改、废止的规范性文件统一要求，由政府法制部门而非部门法制机构统一审查，在政府公报上统一发布。目前，已有山西、安徽、广东、山东、河北、宁夏、山西等省、自治区学习深圳经验建立了该项制度。据了解，已建立这项制度的省、自治区，在减少行政规范性文件数量、提高行政规范性文件质量、避免和减少产生违法或者不当抽象行政行为、维护国家法制统一、推进依法行政等方面都取得了明显成效。[①]

二、国外前置审查的相关制度

在国外，在法规出台之前，由制定机关之外的机关进行审查的情况很多。比如在法国，最高行政法院一般被视为行政系统的组成部分，其作为中央行政机关中的咨询机关，对政府的行政立法负有进行审查和提出意见的义务。[②]又如英国中央政府对地方政府立法监督就包括批准地方的单行条例和计划；[③]英国行政机关在制定授权立法时，不管授权法有没有规定，一般还要在部门内或者部门外进行会商。例如英国的内政部长在制定有关警察事务的管理条例之前，必须向警察委员会或者警察咨询处进行咨询和会商，英国政府根据《社会保障法》制定行政条例时，也必须事前与社会保障咨询委员会进行会商，未经会商通常被视为一种违反法律强制性规定的行为而导致该行为的无效。[④]在这些国外前置审查的相关制度中，美国管理与预算局的审查具有鲜明的特点，下面加以简单介绍。

美国管理与预算局对法规的审查属于美国总统对授权立法进行监督的重要组成部分。由于美国国会往往直接对联邦行政机关而非总统进行授权，因此总统通过管理和预算局的监督总体上应属于外部监督，是前置审查而非制定审查。本章第二节曾对这一制度作过初步讨论。从20世纪30年代美国遭受严重的经济危机以后，政府通过授权立法对私人经济活动和社会活动的控制比以往增加，对企业界带来大量的经济负担，引起社会的强烈反响，要求总统控制行政机关制定法规的程序。从尼克松总统开始，总统开

---

① 崔国红：《在省直部门法制工作会议上的讲话》，引文网址：http://www.sx.xinhuanet.com/dfzx/zfwz/2006-11/10/content_8487826.htm，2009年10月10日访问。

② 王名扬：《法国行政法》，中国政法大学出版社1989年版，第65—66页。

③ 张正钊、韩大元：《比较行政法》，中国人民大学出版社1998年版，第645页。

④ 〔英〕威廉·韦德：《行政法》，徐炳译，中国大百科全书出版社1997年版，第607页。

始通过行政命令对授权立法进行控制,控制方式主要是成本效益分析和审查。原来起作用的主要是里根总统发布的12498号行政命令和12291号行政命令[①],1993年9月,美国总统克林顿颁布了12866号行政命令,替代了第12291号和12498号行政命令及其修正案;2002年3月,小布什颁布了13258号行政命令,仅仅对12866号行政命令中涉及有关副总统作用的条款作了修正。至今,12866号行政命令仍然是美国行政机构和独立监管机构制定规章、有效监管及白宫的管理与预算局、信息和监管事务办公室向国会报告联邦政府监管成本和收益的年度报告的法律性文件。[②]

根据12866号行政命令,联邦行政机构的制定规章进行监管的理念是:联邦行政机构只有在法律要求、解释法律所必须、且公众迫切需要时,比如私人市场实质性失灵,未能保护和促进公共健康和安全、环境以及美国人民的福利时,方可颁布规章。在决定是否监管和怎样监管时,行政机构应该评估所有可以利用的监管方案的成本和收益,包括选择不予监管的方案。成本和收益应该理解为,既包括可以定量衡量的(在最大限度内通常能够估算的成本和收益),也包括对那些难以量化、但又必须考虑的成本和收益进行定性计量。进一步说,在可供选择的监管方法中,行政机构应该选择使净收益最大化(包括潜在的经济、环境、公共健康和安全以及其他优势;分配方面的影响;以及平等)的方法,除非法律要求另一种监管方式。管理和预算局执行规章审查功能。在管理与预算局内,“信息和管制事务办公室”(the Office of Information and Regulatory Affairs/OIRA)是关于管制问题的智囊团,它的管制方法论和程序影响着众多行政机关、本行政命令以及总统管制政策。每一行政机关应自行审查自己颁布的规章的成本收益,同时如果信息和监管事务办公室行政官识别或判定为“重大监管行为”(Significant regulatory action)的事项,发布机构应该向信息和监管事务办公室提交:(1)监管规章草案文本,附有对监管行为必要性的合理、详细的描述,和监管行为如何符合实际需要的解释;(2)监管行为潜在的成本和收益的评估,包括说明监管行为以何等方式同法律要求保持一致、如何在法律允许范围内促进总统优

---

① 〔美〕欧内斯特·盖尔霍恩、罗纳德·M.利文:《行政法和行政程序概要》,中国社会科学出版社1996年版,第38页。

② 于立深:《美国〈管制计划与审查〉行政命令》,载《行政法学研究》2003年第4期。

先考虑事项，以及如何避免不正当地干预州、地方和原住民部落政府正常行使其政府职能。而被认定为“重大监管行为”的规章是指可能产生以下任何一种后果：(1) 一年中对经济影响达到或超过1亿美元，或实质性地对经济、经济中的某一部门、生产力、竞争、就业、环境、公共健康或安全，或州、地方和原住民部落政府或社区产生消极影响的监管行为；(2) 造成同另一行政机构已采取或计划采取的行动严重不一致，或以其他方式干预另一行政机构已采取或计划采取的行动；(3) 本质上改变了授权项目、专项拨款、使用费或贷款项目的预算效果，以及其中接受者的权利和义务；或者(4) 在法律、总统优先考虑事项和本行政命令所确定的原则之外，引发了新的法律或政策问题。

总之，根据该命令，管理与预算局对行政机关拟制定的规章进行审查，确保规章同生效的法律、总统优先权以及成本效益等原则保持一致，并确保某一行政机关的决定与另一行政机关所执行或是计划执行的政策和行动不会产生冲突。在法律允许的范围内，管理与预算局应该向行政机关提供指导，协助总统及其管制政策顾问，并成为个别行政规章的审查实体。[①]

另外，在法律允许范围内，行政机关首长之间，或者信息和管制事务办公室同其他机关之间的意见不一致或冲突，信息和管制事务办公室行政官不能裁定时，应在总统公务长官和相关机关首长（以及其他相关的政府官员）协助下由总统决定。总统对不一致意见的审查可由行政管理和预算局局长、管制行为发布机关首长，或者所发布的管制行为对其有重大利益影响的机关的首长发起。该种审查不得应其他人、实体或机关的请求而进行。[②]

美国这种从成本收益角度对授权立法进行行政监督方式，无论是对我国行政机关的法规制定审查还是前置审查都具有重要借鉴意义。

三、前置审查的主体

前置审查主体必然是行政立法主体之外的行政机关，根据各国不同情况，大体有如下四种情形：

---

① 席涛：《美国12866号行政命令：监管的计划和审核》，载《当代金融家》2006年第10期。

② 于立深：《美国〈管制计划与审查〉行政命令》，载《行政法学研究》2003年第4期。

（一）上级行政机关的法制机构

在我国，不少地方政府所属部门的规范性文件的发布需要经过本级政府法制机构进行审查，即为这种情况。

（二）上级行政机关的管理与预算机构

以上文所述，在美国，总统所属的行政机构制定授权立法，需要经过管理与预算局的审查，管理与预算局就是专门的审查主体。[①]

（三）上级行政机关

有些情况下，行政立法需要上级政府的批准，批准必然意味着审查，因此这时批准机关的审查就是前置审查。

（四）政府咨询机构审查

在法国，最高行政法院属于中央政府的咨询机构。政府依议会授权，以法令形式规定属于法律范围内的事务，必须咨询最高行政法院意见；属于条例范围内的事项，政府是否咨询最高行政法院意见，可以自由决定，但如果这些事项在1958年《宪法》实施以前已由法律规定，政府要用条例改变这项法律，也必须咨询最高行政法院意见[②]，虽然咨询意见并不意味着政府必须遵守，但是最高行政法院的意见仍有重要影响力。在必须征求意见的情况下，最高行政法院就成为专门的审查主体。

四、前置审查的方式

前置审查的方式主要有三：

（一）批准审查

批准审查是法律规定上级机关拥有批准权的情况下对下级机关行政立法所进行的审查。不少国家和地区都有上级行政机关批准行政立法的制度，我国也有类似制度。例如根据2009年6月15日民政部、财政部、人力资源社会保障部、卫生部共同制定的《关于进一步完善城乡医疗救助制度的意见》，要进一步扩大了医疗救助对象的范围，具体救助对象界定标准，由地方民政部门会同财政等有关部门，根据本地经济条件和医疗救助基金筹集情况、困难群众的支付能力以及基本医疗需求等因素制定，并报同级人民政

① 王名扬：《美国行政法》（上），中国政法大学出版社1995年版，第373—374页。

② 王名扬：《法国行政法》（下），中国政法大学出版社1995年版，第613页。

府批准。据此,本级人民政府就有对该标准审查批准的权力。

(二)法制审查

法制审查是指由政府法制机构对政府所属部门制定的规范性文件进行的审查。自2001年,深圳市在全国率先建立行政规范性文件前置审查制度以来,法制审查制度已经获得了快速的发展。目前的一般情况是政府部门制定的规范性文件由政府法制机构统一审查,然后在政府公报上统一发布。

(三)成本收益审查

成本收益审查即美国联邦管理与预算局针对行政机关规章所进行的审查,鉴于上文已有论述,就不多作论述。

五、前置审查的标准

前置审查,因审查目的侧重和相关制度设计的不同,审查标准必然有所不同。一般而言,批准审查,即在法律明确授予了上级机关批准权的情况下,其内容和标准就由上级机关自行把握,可松可紧。而成本收益审查本身就指明了审查标准,即审查行政立法给行政相对人、给社会公益等所带来的收益是否大于成本。笔者认为,从长远来看,我国应当借鉴美国管理与预算局对规章进行成本收益审查的制度,也建立起我国法规的成本收益前置审查。不过限于我国法制监督现状,法制审查是目前我国前置审查的主要内容,甚至实践中前置审查也仅指法制审查,因此下文将着重讨论法制机构前置审查的情况。

(1)相关制度规定。目前,关于法制机构前置审查标准的规定主要有以下两类:其一,仅进行合法性审查。例如根据《广东省行政机关规范性文件管理规定》,政府法制机构审查部门规范性文件,原则上只审查合法性,不审查可行性和适当性,若发现存在可行性或者适当性问题时,可以向制定机关提出建议。其二,除进行合法性审查外,还进行适当性、协调性、技术性等方面的审查。例如,根据《大同市行政机关规范性文件前置审查规定》,大同市人民政府工作部门制定的规范性文件,在公布之前必须报送市人民政府法制机构进行合法性、适当性和协调性审查。再如根据《深圳市行政机关规范性文件管理规定》,制定、修改、废止规范性文件的市政府工作部门,应当在规范性文件或者废止规范性文件的决定拟生效日期25个工作日前,将规范性文件提请市法制部门进行法律和技术审查。

(2) 关于法制机构前置审查标准的讨论。关于政府法制机构只审查合法性,主要具有如下支持理由:其一,如果既审查合法性,又审查合理性、可行性等,可能会使得政府法制机构的工作量过大,不堪重负,毕竟法制机构还有其他许多工作,包括立法起草、执法监督、行政复议、备案审查等;其二,法制机构的专长在于合法性审查,合理性审查更多与专业技术相关,而这是专业部门的特长,而非法制机构特长。这些理由不无道理,但是笔者认为,审查标准的确定应当基于法制的现实问题而非理论说教,而现实中我国行政规范性文件的问题远非违法所能涵盖,因此笔者更支持审查标准不限于合法性,也包括合理性、必要性、可操作性等方面的观点。①

姜明安教授曾将规范性文件的突出问题总结为"制定主体乱、调整范围乱、制定程序乱,总之围绕滥用行政权力打转",具体表现在设定公民义务或剥夺公民权利无依据;擅自设定行政处罚内容或自行规定罚没款的收缴方式;擅自设定行政审批事项或增设审批环节、条件;文件制定不符合技术规范;强调行政管理相对人的义务多,规定管理机关责任和制约的措施少这5大问题上。②实际上除了"乱"以外,"滥"也是重要问题,即"红头文件"泛滥,不少规范性文件了无新意,完全是下级抄上级,有些是为应付考核、创建、达标活动而制发,有些法律、法规、规章以及上级政策已有明确规定,制发的必要性不强,甚至根本没必要制发。上述这些问题,有一部分是规范性文件的合法性问题,但很大一部分是必要性、适当性、科学性等方面的问题,为防止这部分文件浪费资源、危害法制,完全有必要进行前置审查。

至于政府法制机构的承担能力和专业水准等方面的问题,笔者认为可以考虑如下解决方案:第一,将前置审查的法规限定在一定范围内,比如目前前置审查制度只适用于部分地方政府所属部门制定的规范性文件,行政法规规章均不适用,再如有学者建议"规范性文件前置审查不能包罗所有,而应限定在一定范围内,具体可限定为以下三类:(1) 涉及对行政相对人履行义务作出规定的文件;(2) 对所规定事项依据把握不准或者有异议的文件;(3) 涉及行政许可、行政处罚、行政强制等行政执法事项的执行规定文

① 张宗利:《应推行规范性文件前置审查制度》,载《中国医药报》2009年7月18日第6版。
② 李立:《我国规范性文件备案审查制度体系初成》,载《法制日报》2007年11月5日。

件”,笔者认为有一定道理,具体范围地方政府可以根据本身法制机构的人员数量、素质以及本省法制的实际情况制定。第二,完善审查方式和相关制度,包括征求意见、公开讨论、设置专门的专家咨询委员会等,借助社会各方面力量提升法制机构的审查能力。第三,加强法制机构建设和人员培训,提升法制机构工作人员的业务素质,等等。总之,笔者以为,对于政府所属部门的规范性文件,既然已经建立的前置审查制度,审查标准最好不仅仅限于合法性,而应当包括必要性、适当性、协调性、可操作性等各方面。

第五节　行政备案审查

一、概述

备案审查是指行政法规、规章和规范性文件在颁布之后的一定时间内向特定国家机关备案,接受备案的机关依法对法规的合法性和适当性进行审查的一种立法监督制度。

在法规发布之后,由制定机关向特定机关提供法规文本备查是一些国家和地区行政法制监督的方式。例如根据美国统一法律委员会的《各州行政程序法范本(1981)》,行政机构制定规章之后,“有关机构应向州务卿办公室呈请备案采纳的每一项规则和在本法生效之时尚未备案的所有规则。…… 在每项规则备案之后,州务卿应尽快把经公证的规则复印件传送行政规则编辑、行政规则顾问和行政规则审查委员会的成员”①。在我国台湾地区也有类似制度,根据其“地方制度法”,自治法规由地方行政机关订定,并发布或下达者,称自治规则。“直辖市”政府、县(市)政府及乡(镇、市)公所订定之自治规则,除法律或自治条例另有规定外,应于发布后依下列规定分别函报有关机关备查:其属法律授权订定者,函报各该法律所定“中央”主管机关备查;其属依法定职权或自治条例授权订定者,分别函送上级政府及各该地方立法机关备查或查照。②

---

① 美国统一法律委员会《各州行政程序法范本(1981)》,第 3—114 条。

② 翁岳生:《行政法》(上册),中国法制出版社 2002 年版,第 139—140 页。

在我国大陆地区，根据《立法法》《法规规章备案条例》等相关法律、法规规定，备案审查制度包括向代表机关备案和向行政机关备案两种情况，限于本章主旨，本节仅讨论向行政机关的备案审查，简称行政备案审查。

二、行政备案审查的历史

1987 年 3 月，国务院办公厅根据 1982 年《宪法》和地方人大、地方政府组织法的规定，发布了《关于地方政府规章和国务院各部门规章备案工作的通知》，从而在我国建立了规章备案监督制度。该通知规定：省、自治区、直辖市，省、自治区人民政府所在地的市和国务院批准的较大市的人民政府，以及国务院各部委、各直属机构制定和发布的规定、办法、实施细则等规章，应于批准之日起的 30 日内，由各省、自治区、直辖市人民政府和国务院各部委、各直属机构将规章文本、起草说明、备案报告等有关材料一式二十五份，报送国务院备案。该通知对审查内容、方式、标准等未作任何规定。

由于国务院关于规章备案工作的通知仅仅规定了要向国务院备案，对于备案后如何审查、发现问题如何处理等都没有明确规定，这都造成规章备案工作的进一步开展缺乏必要的法律基础。为此，当时具体负责规章备案管理的国务院法制局经过广泛征求意见，起草了《法规规章备案规定》，并以行政法规的形式于 1990 年 2 月 18 日发布实施。《法规规章备案规定》对规章审查的审查程序、审查内容、处理方式等作了比较详细的规定。为做好备案工作，国务院办公厅于该年 4 月 29 日发布了《关于贯彻实施〈法规规章备案规定〉的通知》，对规章备案的具体程序、方式和备案格式等又作了进一步明确规定。具体到审查标准，《法规规章备案规定》中审查内容的相关规定与审查标准密切相关，其第 6 条规定，报送国务院备案的法规、规章，由国务院法制局负责就下列几个主要方面进行审查：(1) 地方性法规是否同法律、行政法规相抵触；(2) 规章是否同法律、行政法规相违背；(3) 地方性法规与部门规章之间、规章相互之间是否矛盾；(4) 规章的制定是否符合法定程序及规范化要求。总之，该规定的颁布标志着我国规章备案审查制度进入正规化、法制化的轨道。①

---

① 赵振华：《规章审查制度研究报告》，载应松年、袁曙宏主编：《走向法治政府——依法行政理论研究与实证调查》，法律出版社 2001 年版，第 412 页以下。

2000 年 3 月，我国《立法法》颁布，《立法法》第五章“适用与备案”对法规和规章的备案作了专门规定，从而将备案审查制度上升到法律的高度。根据《立法法》，国务院于 2001 年 12 月 4 日发布了新的《法规规章备案条例》，根据条例第 10 条，国务院法制机构对报送国务院备案的法规、规章，就下列事项进行审查：(1) 是否超越权限；(2) 下位法是否违反上位法规定；(3) 地方性法规与部门规章之间或者不同规章之间对同一事项的规定不一致，是否应当改变或者撤销一方或者双方规定；(4) 规章的规定是否适当；(5) 是否违背法定程序。条例对法规规章备案的范围、程序、方式、审查内容、处理方式等都作了具体规定，代替原来的《法规规章备案规定》。至此，法规、规章的备案审查制度已相对完善。下表为自法规规章备案审查制度建立以来部分年份规章备案情况的统计表。

表 1　规章备案审查制度建立以来规章备案情况统计表①

单位：件　制表时间：2009 年 9 月

年度	地方政府规章	国务院部门规章	合计
1987 年	536	645	1181
1988 年	1472	769	2241
1989 年	1584	755	2339
1990 年	799	555	1354
1991 年	836	453	1289
1992 年	857	386	1243
1993 年	509	302	811
1994 年	894	580	1474
1995 年	854	450	1504
1996 年	659	316	975
1997 年	831	346	1177
1998 年	766	272	1038
1999 年	771	333	1104
2000 年(截至 9 月份)	367	135	502

① 本表 1987—2000 年数据来源于应松年、袁曙宏主编：《走向法制政府：依法行政理论研究与实证调查》，法律出版社 2001 年版，第 416 页；其他数据为笔者根据国务院法制办公室网站公布的备案数据整理所得。

（续表）

年度	地方政府规章	国务院部门规章	合计
2007 年	673	222	895
2008 年	615	160	775
2009 年(截至 6 月份)	289	100	389

随着法规、规章备案审查制度以及制定制度的完善，行政法规、规章违反上违法、相互冲突打架的情况得以规范，但是规章以下规范性文件违法违规的情况还未得以从制度上解决。对于规章以下的规范性文件，其备案审查的制度化首先是从地方立法开始，最近五年来也得到中央的重视。

2001 年国务院发布的《法规规章备案条例》规定："省、自治区、直辖市人民政府应当依法加强对下级行政机关发布的规章和其他具有普遍约束力的行政决定、命令的监督，依据本条例的有关规定建立相关备案制度，维护社会主义法制的统一，保证法律、法规的正确实施。"这一规定既是国务院对地方建立规范性文件备案审查制度的授权，也是要求。2004 年 3 月，国务院颁发《全面推进依法行政实施纲要》也规定："要加强对规章和规范性文件的监督。规章和规范性文件应当依法报送备案。对报送备案的规章和规范性文件，政府法制机构应当依法严格审查，做到有件必备，有备必审，有错必纠。公民法人和其他组织对规章和规范性文件提出异议的，制定机关或者实施机关应当依法及时研究处理。"2008 年 5 月，国务院发布《关于加强市县依法行政的决定》，对于市县行政规范性文件的备案审查作了进一步明确规定：县市县政府发布规范性文件后，应当自发布之日起 15 日内报上一级政府备案；市县政府部门发布规范性文件后，应当自发布之日起 15 日内报本级政府备案。备案机关对报备的规范性文件要严格审查，发现与法律、法规、规章和国家方针政策相抵触或者超越法定权限、违反制定程序的，要坚决予以纠正，切实维护法制统一和政令畅通。建立受理、处理公民、法人或者其他组织提出的审查规范性文件建议的制度，认真接受群众监督。

截至目前，虽然在中央层面还未对行政规范性文件的备案审查出台专门立法，不过几乎每个省级行政单位的地方人大和政府都已出台地方性法规、地方政府规章或者规范性文件，对其他行政规范性文件的备案审查作出了规定，例如《山东省规章和规范性文件备案规定》《甘肃省规章规范性文件备案审查办法》等。总体而言,对于规范性文件备案,基本上类似于行政规章的备案审查。

三、行政备案审查的主体

(一) 规章的备案审查

根据《法规规章备案条例》,规章审议通过后应当自公布之日起30日内,依照下列规定报送备案:部门规章由国务院部门报国务院备案,两个或者两个以上部门联合制定的规章,由主办的部门报国务院备案;省、自治区、直辖市人民政府规章由省、自治区、直辖市人民政府报国务院备案;较大的市的人民政府规章由较大的市的人民政府报国务院备案,同时报省、自治区人民政府备案。国务院各部门的法制机构,省、自治区、直辖市人民政府和较大的市的人民政府的法制机构,具体负责本部门、本地方的规章备案工作。

(二) 规范性文件备案审查

目前,全国各省、自治区、直辖市都已建立了规范性文件的行政备案审查制度。例如,根据《湖南省规章规范性文件备案审查办法》[①]第6条,规范性文件应当自公布之日起15日内,依照下列规定报送备案:(1) 各级人民政府制定的规范性文件,报其上一级人民政府备案;(2) 县级以上人民政府所属部门制定的规范性文件,报本级人民政府备案;(3) 实行垂直领导的部门制定的规范性文件,报上一级主管部门备案,同时抄送本级人民政府;(4) 两个或两个以上部门联合制定的规范性文件,由主办部门按照本条第(2)、(3) 项的规定报送备案。各地的规定基本与此类似。

四、行政备案审查的程序

(一) 报送

根据《法规规章备案条例》,规章应当自公布之日起30日内报送法定机关备案,规范性文件的备案时间则根据各地规定有所不同,例如,根据《湖南省规章规范性文件备案审查办法》,湖南省规范性文件的备案时间为自公

---

① 2004年5月23日发布。

布之日起15日内,根据《广东省行政机关规范性文件管理规定》[①],广东省内各级政府的规范性文件备案时间为自公布之日起30日内。报送规章备案,应当向国务院法制办公室提交备案报告、规章文本和说明,并按照规定的格式装订成册,一式十份。具备条件的,应当同时报送规章的电子文本。报送规范性文件备案,根据各地的规定办理,但是与规章备案的要求大体相同,一般都要求提交备案报告、规范性文本和说明,并按固定格式和份数要求,具备条件的地方还要求报送电子文本。

(二)登记

报送规章备案符合备案范围规定和形式要求的,由国务院法制机构予以备案登记;不属于备案范围的,不予备案登记;符合备案范围规定但不符合形式要求的,暂缓办理备案登记。对暂缓办理备案登记的,由国务院法制机构通知制定机关补充报送备案或者重新报送备案;补充或者重新报送备案符合规定的,予以备案登记。规范性文件的备案也有大体类似的规定。

(三)公布

根据《法规规章备案条例》,经备案登记的规章,应当及时公布其目录。编辑出版规章汇编的范围,应当以公布的目录为准。目前,国务院法制办公室每月将备案的部门规章和地方性规章在其官方网站上进行公布。关于行政规范性文件,大部分地方并无公布备案目录的规定。不过我国许多地方政府已经建立部门规范性文件统一由政府公报发布的制度。

(四)审查

国务院法制机构审查规章时,可以要求有关的国务院部门或者地方人民政府提出意见,或者说明有关情况,有关的机关应当在期限内回复或者予以说明。对于行政规范性文件的审查,各地规定大同小异,一般都有要求有关机关提供意见或者说明情况等规定,例如《山东省规章和规范性文件备案规定》规定,县级以上地方各级人民政府法制工作机构在审查规章和规范性文件时可采取下列措施,有关机关应当予以协助:(1)要求制定机关提供与备案文件相关的情况和资料;(2)征询有关部门或者下级人民政府的意见;(3)组织论证会或者听证会。

---

① 2004年12月23日发布。

关于审查时间,规章与规范性文件备案审查的制度规定目前有重大区别。根据《法规规章备案条例》,法规规章的审查并无时间规定,也就是说备案之后任何时候接受备案的机关都可以审查;而对于地方的规范性文件,许多地方都有审查时间的规定,例如《山东省规章和规范性文件备案规定》规定,县级以上地方各级人民政府法制工作机构对报送备案的规章和规范性文件应当自备案登记之日起 60 日内审查完毕,《甘肃省规章规范性文件备案审查办法》规定,政府法制工作机构应当自收到规章、规范性文件之日起 30 日内审查完毕。对情况复杂的,可以延长 15 日。

关于审查标准,下一部分专门讨论。

(五) 处理

根据《法规规章备案条例》,经审查发现规章有超越权限,违反法律、行政法规规定,或者其规定不适当的,由国务院法制机构建议制定机关自行纠正;或者由国务院法制机构提出处理意见报国务院决定,并通知制定机关。部门规章之间、部门规章与地方政府规章之间对同一事项的规定不一致的,由国务院法制机构进行协调;经协调不能取得一致意见的,由国务院法制机构提出处理意见报国务院决定,并通知制定机关。对于不符合《规章制定程序条例》的无效规章,国务院法制机构不予备案,并通知制定机关。对规章在制定技术上的问题,国务院法制机构可以向制定机关提出处理意见,由制定机关自行处理。通知制定机关在 30 日内作出处理;逾期不处理的,由上一级人民政府或者本级人民政府责令其改正或者依法予以撤销。地方立法所规定的备案审查制度,对于有问题的规范性文件的处理方式也大体类似,包括通知制定机关处理,由法制工作机构进行协调,由上一级人民政府或者本级人民政府责令其改正或者依法予以撤销等。

五、行政备案审查的标准

(一) 相关制度规定

我国《宪法》第 89 条规定:“国务院行使下列职权:……(十三) 改变或者撤销各部、各委员会发布的不适当的命令、指示和规章;(十四) 改变或者撤销地方各级国家行政机关的不适当的决定和命令……”第 108 条规定:“县级以上的地方各级人民政府领导所属各工作部门和下级人民政府的工作,有权改变或者撤销所属各工作部门和下级人民政府的不适当的决定。”根据《地方各级人民代表大会和地方人民政府组织法》(1995 年 2 月 28 日)第 59 条,“县级以上的地方各级人民政府行使下列职权:……(二)领导所属各工作部门和下级人民政府的工作;(三)改变或者撤销所属各工作部门的不适当的命令、指示和下级人民政府的不适当的决定、命令……”据此,国务院和地方各级人民政府对于备案的法规的审查标准应是“不适当”标准。

根据《立法法》规定,规章有下列情形之一的,由有关机关依照该法第 88 条规定的权限予以改变或者撤销:(1) 超越权限的;(2) 下位法违反上位法规定的;(3) 规章之间对同一事项的规定不一致,经裁决应当改变或者撤销一方的规定的;(4) 规章的规定被认为不适当,应当予以改变或者撤销的;(5) 违背法定程序的。改变或者撤销规章的权限是:国务院有权改变或者撤销不适当的部门规章和地方政府规章;省、自治区的人民政府有权改变或者撤销下一级人民政府制定的不适当的规章。据此可以理解为《立法法》对“不适当”的内涵有了细化规定,这五个方面便是细化了的“不适当”标准。

《法规规章备案条例》是关于法规规章审查的专门行政法规,不过关于审查标准的规定并未作出比《立法法》更细化的规定。其规定如下:国务院法制机构对报送国务院备案的法规、规章,就下列事项进行审查:(1) 是否超越权限;(2) 下位法是否违反上位法规定;(3) 地方性法规与部门规章之间或者不同规章之间对同一事项的规定不一致,是否应当改变或者撤销一方或者双方规定;(4) 规章的规定是否适当;(5) 是否违背法定程序。

与《立法法》和《法规规章备案条例》相比,地方立法对于审查标准的规定有所细化和完善,除上述中央立法所规定的审查内容外,还出现了其他更具体的要求。例如根据《山东省规章和规范性文件备案规定》,备案审查机关的法制工作机构要审查相应规章和规范性文件“是否超越法定权限设定行政处罚、行政许可、行政收费等事项”,这是关于“超越权限”这一标准的细化,点明了对地方行政立法权限的审查重点;再如《湖南省规章规范性文件备案审查办法》规定,法制工作机构要审查相应规章和规范性文件“是否违反上位法和世界贸易组织规则的规定”,在上位法之外增加了世界贸易组织规则。这一规定是我国加入 WTO 之后对法规备案审查工作提出的新要求。

（二）研究现状

总体而言，目前关于行政机关备案审查的研究更多的是针对备案审查制度而展开，不涉及或很少涉及具体的审查标准问题，仅有的研究也是主要基于法解释学的角度展开的。例如，有学者解释宪法、组织法等规定等“不适当”：“对于‘不适当’似乎不好理解，尺度难以把握，这其实就是一个合理性（是否符合自然法）的问题，也就是是否违反了‘自然正义’的理念。因为‘真正的法律是正确的理性，是一种永恒不变的法，无论何时何地，它都有效’（古罗马法学家西塞罗）。这包括对公民增设义务、限制权利、侵害公民各种权益、实行民族歧视、实行地方保护主义、分割统一市场，等等。总之，不管是什么规范性文件，无论发文机关如何强调合理、可行，只要违背了法律法规的‘非人格性’准则，权力机关都应该依法进行审查，并作出相应的处理。”[①]再如刘莘教授在研究对行政立法的“行政系统内部的监督”时，对《立法法》所规定的五项标准，即超越权限、下位法违反上位法规定、对同一事项的规定不一致、不适当、违背法定程序等五方面进行了细致的法解释学研究[②]，这是研究审查标准方面比较深入的文献。

（三）行政备案审查的内容标准

在本章第一节，笔者曾经讨论审查标准的含义，认为关于审查标准实际上分为不同的方面：既有审查内容标准，也有审查深度标准。关于审查内容标准，即对哪些方面的内容进行审查，例如是只进行合法性审查还是也进行合理性审查，是仅进行实体审查还是也进行程序审查，等等；关于审查深度标准，即对于每一项内容标准，是严格审查，还是中度审查、宽松审查？例如，对于违反法定程序制定的规范性文件，是一律无效，还是可以允许补正？显然，内容和强度是审查标准的不同方面，而目前法律所规定的、也是大多文献所研究的是内容标准，而非深度标准。笔者下文对审查标准的讨论就围绕着这两个方面展开。

---

① 罗建明：《规范性文件备案审查的范围和标准》，载《人大研究》2007 年第 9 期。

② 刘莘：《行政立法研究》，法律出版社 2003 年版，第 252—266 页。

总结目前中央和地方关于规范性文件审查的内容，笔者认为主要可以归纳为以下四个标准：

1．合法性标准

关于法规的合法，在理论上一般归纳为职权合法、内容合法、程序合法、形式合法等方面。[①]实践中，根据《法规规章备案条例》及地方相关规定，合法性标准的内容是：其一，超越权限，例如越权设定处罚、许可等；其二，违背上位法规定，既包括国内立法的上位法规定，也包括 WTO 规则等国际法规定；其三，违背法定程序，主要理解为违反核心的必要程序或直接影响立法内容的程序的应为无效或者撤销，违反非核心的程序或者并未实质影响立法内容的，基于法的安定性原则，原则上可以补正。[②]

2．合理性标准

关于“不适当”的含义，笔者基本同意如下界定：其一，下位法规定的要求公民、法人和其他社会组织执行的标准或者措施明显脱离实际的。其二，下位法规定的要求公民、法人和其他社会组织履行的义务与其所享有的权利明显不平衡的。其三，下位法规定的国家机关的权力与其所承担的责任明显不平衡的。其四，下位法规定的处罚与该行为所承担的责任明显不平衡的。[③]

3．协调性标准

无论是《法规规章备案条例》，还是各地的规范性文件备案审查办法，都有关于协调性标准的规定，即审查地方性法规与部门规章之间、不同规章之间、不同规范性文件之间对同一事项的规定是否不一致。协调性标准的审查是不同法规之间的横向比较，在互不一致的两个法规中，可能有一个是不合法的，或者不合理的，因此协调性标准与上述两个标准有内在的联系。不过，在两个不一致的法规中有一个为不合法时，起关键性作用的标准是合法性标准，而非协调性标准，因为合法性标准不允许不合法的法规存在；只有两个法规都合法的情况下，协调性标准才起到关键性作用，指引合理性标准

① 姜明安：《行政法与行政诉讼法》，北京大学出版社、高等教育出版社 2005 年版，第 202—203 页。

② 张家洋：《行政法》，台湾三民书局 2002 年增订三版，第 506 页。

③ 陈斯喜：《我国立法控制机制的现状与完善》，载《行政法学研究》1996 年第 3 期，第 82 页。

起作用。因为如果没有比照，那么即使不甚合理的法规往往也会容易被忽视，而在协调性要求下，必然有一个会被判定为不合理。关于“不一致”的情况，可能是管辖部门不一致，也可能是管辖事项的规定不一致。管辖部门的冲突，比如对未按照规定办理企业动产抵押变更登记的，根据国家工商局《企业动产抵押登记管理办法》第 14 条规定，由企业动产抵押登记机关责令限期办理，逾期未办理的，处 2000 元以上 5000 元以下的罚款；但是，根据大连市人民政府发布的规章《大连市企业单抵押物登记管理办法》第 14 条的规定，由工商行政管理机关责令限期补办手续，逾期不办的只处 1000 元以下的罚款。[①]关于特定管辖事项的不一致，比如依据国家邮政主管部门有关“邮件直寄”的规定，将用户交寄的邮包装上租用的社会车辆实行点到点、门对门的服务，属于邮政业务。但依据 1999 年 10 月 22 日交通部的规定，道路货物运输包括汽车邮件运输，邮政企业不使用邮政标志的，可视为道路货运，必须按照交通部门的有关规定，办理有关运营手续。[②]

4. 技术性标准

技术性标准包括立法语言是否精确、逻辑是否严禁，格式是否规范等方面。例如甘肃省政府法制办公室在《关于对〈酒泉市工程建设监理招标投标管理暂行办法〉的备案审查意见》（甘府法规备审字［2006］3 号）就指出：《酒泉市工程建设监理招标投标管理暂行办法》的文号中标注的发文时间有误，部分条款文字不够规范和严谨。《暂行办法》的发布时间为 2005 年 11 月 24 日，而其发文文号中标注的发布时间为 2004 年，二者相互矛盾，明显有误。此外，该文件部分条款中有关时间的表述前后不一致，汉字与阿拉伯数字相互混用，“日”和“天”相互混用，不符合公文制发的有关规定，应当予以纠正。[③]

（四）行政备案审查的强度标准

关于行政立法的审查强度标准，取决于诸多因素。首先因事前审查和事后审查而不同，一般而言，因为法的安定性和信赖保护原则的要求，事后

---

① 刘莘：《行政立法研究》，法律出版社 2003 年版，第 258 页。

② 同上。

③ 引自甘肃省政府法制网：http://www.gsfzb.gov.cn/ReadNews.asp? NewsID = 6014，2009 年 10 月 10 访问。

审查的强度要松于事前审查的强度；其次，因审查机关不同而不同，一般而言，司法机关的审查强度不及行政机关；再次，因审查的事项不同而不同，美国法院关于平等审查的标准因种族问题、性别问题、经济问题等各不相同。[①]那么，具体到行政备案审查，其应采取何种强度标准呢？目前文献中几乎无人讨论这一问题。

笔者认为，在我国现行体制下，备案审查机关与法规制定机关的关系可以分为两大类，一种是上下级政府之间的关系，如省级规章报国务院备案；另一种政府和所属工作部门之间的关系，如国务院部委规章报国务院备案、地方政府所属部门的规范性文件报本级政府备案。在实行地方自治国家，中央政府对所属部门的监督可以包含合法性、合理性的各方面，强度可以很大，但是对于地方自治立法的监督一般限于合法性监督，如法国等[②]，以尊重地方的自治权，保证地方能够因地制宜地制定适合自身的法规。我国虽然没有类似于法国的地方自治，但是应当尊重地方政府因地制宜地决定自身事务的道理是一致的。实际上，对于部门规章和地方规章，《立法法》对其权限范围规定并不完全一样，虽然二者都要"根据"法律、国务院行政法规等上位法来规定，但是"部门规章规定的事项应当属于执行法律或者国务院的行政法规、决定、命令的事项"，而地方政府规章除了可以对"为执行法律、行政法规、地方性法规的规定需要制定规章的事项"作出规定，还可以对"属于本行政区域的具体行政管理事项"作出规定。因此，"衡量部门规章是否超越权限的标准也是两条，一是看部门规章是否属于执行性规章，还是'自主性'(创设性)规章，如果是没有上位法作为依据……可以肯定地说部门规章是超越权限的"[③]，而地方规章则不一定越权，因为可以是自主性规章。总之，笔者认为，为了尊重地方因地制宜决定自身事务的权利，对于备案审查的标准，对下级地方政府立法的审查强度应小于对本级部门立法的审查强度。

---

① 张千帆：《宪法学导论——原理与应用》，法律出版社 2004 年版，第 584 页。
② 王名扬：《法国行政法》，中国政法大学出版社 1988 年版，第 117 页。
③ 刘莘：《行政立法研究》，法律出版社 2003 年版，第 253 页。

第六节　行政复议审查

一、行政复议审查概述

行政复议审查，是行政复议机关在具体案件中对作为具体行政行为依据的法规进行的审查。目前在我国对行政法规和规章的复议审查制度尚未建立，但是《行政复议法》已经初步建立了对规章以下的规范性文件的审查制度。在国外，已经有不少国家建立了在行政复议中对行政机关立法进行审查的制度。因此，行政复议中对法规的审查有必要单独讨论。

二、部分国家行政复议审查概况

由于各个国家和地区行政复议制度往往差别较大，有些国家和地区甚至对行政复议中抽象行政行为的审查并无规定[①]，因此笔者仅选取法国、德国和美国情况略作说明。

（一）法国

由于法国的行政法院属于行政系统，其建立脱胎于一般意义上的行政救济。因此与我国行政复议制度类似的制度当属行政诉讼之外的行政救济。目前，在行政法院体制下，行政救济根据受理的机关不同，可以分为善意的救济和层级的救济。对于行政法规和规章（在法国，行政法规和规章称为"条例"[②]）的审查也包括这两类。

善意救济是行政行为的当事人，向原行政机关所申请的救济。例如市

---

① 例如，在我国台湾地区行政复议称为诉愿，依据台湾地区"诉愿法"第 1 条规定，人民对于"中央"或地方机关之行政处分，认为违法或不当，致损害其权利或利益者，得依本法提起诉愿。但法律另有规定者，从其规定。各级地方自治团体或其他公法人对上级监督机关之行政处分，认为违法或不当，致损害其权利或利益者，亦同。而根据第 3 条，本法所称行政处分，系指"中央"或地方机关就公法上具体事件所为之决定或其他公权力措施而对外直接发生法律效果之单方行政行为。前项决定或措施之相对人虽非特定，而依一般性特征可得确定其范围者，亦为行政处分。有关公物之设定、变更、废 止或一般使用者，亦同。所以，根据该法，台湾地区行政复议的范围仅为行政处分及不作为，并不包括行政规范性文件等。

② 王名扬：《法国行政法》，中国政法大学出版社 1988 年版，第 134 页。

镇居民请求市长变更某项市警察规章是善意的救济。这种救济不用法律规定,当然存在,排除这种救济必须有法律明示的或默示的规定。对于当事人的申请,原机关可以或者维持、撤销、废止、变更或者重新作出决定。善意救济的申请人,不仅可以请求矫正违法和不当的行政行为,甚至可以请求得到某种宽容和恩惠,这是其他救济手段中所不能有的。层级救济是向作出决定的行政机关的上级机关所申请的救济。例如不服省长的决定,向有关的部长所请求的救济是层级的救济。这种救济,也不用法律的规定,当然存在。法律对于层级救济,可以规定限制,甚至可以取消而规定其他救济方式。例如在法律规定权力下放的时候,下级机关享有一定的自主权力。这时上级机关的监督,只能按照法律规定的方式行使,没有当然变更和代替下级机关作出决定的权力。享有自治权力的行政机关,虽然也受上级主管行政机关的监督,这种监督属于自治监督。在很大程度上取消了层级救济,而适用诉讼救济或法律规定的其他救济手段。①

根据王名扬教授1988年所著《法国行政法》,“条例不对任何人产生既得权利。行政机关可以随时废除和修改,但废除和修改不产生溯及既往的效力”②。不过,根据新近的资料来看,合法预期保护或者信赖保护原则也适用对条例的审查。在*Enterprise Transports Freymuth v. Ministre de l'enviroment*一案③中,政府部门通过了一个新的规定取代了1990年的旧政策,一夜之间改变了特定物品进出口制度,并且没有规定过渡期间,也没有规定其他过渡措施,使Freymuth公司1/3的营业活动转眼成为非法。政府专员指出,尽管原告无权禁止行政机关修订过去制定的规章,但是他享有1990年的规定不会突然之间被彻底改变的合法预期;本案既不存在立即改变规则的重大公共利益,也不存在免于提供赔偿或者其他过渡措施的紧迫需要。法院认为,当行政机关基于事实情况或者法律依据的改变而改变规则时,除了情况紧急要立即实施外,必须采取适当的措施以确保利害关系人事前得到通知或者

① 王名扬:《法国行政法》,中国政法大学出版1988年版,第518—519页。

② 同上书,第144页。

③ Strasbourg Adminstrative Court, December 8, 1994. 转引自张兴祥:《行政法合法预期保护原则研究》,北京大学出版社2006年版,第12页。

为其提供过渡措施。[①]“当个人有关法律和行政行为的确定性和可预见性的合法预期未受到尊重时,行政机关要承担责任并赔偿因行政规则或者行政行为突然改变对行政管理对象造成的损失。”[②]

总之,法国行政救济机关对“条例”的审查总体而言是既可以审查其合法性,也可审查其适当性;但是在层级救济情况下,在涉及权力下放时,只能审查其合法性;而在涉及自治机关制定的条例时,则可能丧失层级监督的权力。在行政机关有权审查的情况下,审查不必遵循不告不理的原则,可以根据职权依法主动撤销或者改变行政决定,不受申请人申请范围的限制。行政救济也要遵循合法预期保护原则,其撤销或者改变规则应提起对利害当事人通知,并为其提供过渡措施。

(二)德国

德国的行政复议制度包含在行政申诉制度之中。德国的行政申诉,是行政相对人控告行政主体行政行为的一种制度,其范围超过行政复议,包括公民通过“申诉委员会”向“议会机构”提出的申诉和公民向行政“主管部门”提出的申诉,但不包括行政诉讼。其中行政主管部门接收公民的申诉而进行的审查成为“异议审查制度”,类似于我国的行政复议制度。

德国行政复议机关对于法规的合法性审查,“与行政法院不同的是,复议机关无权决定不予适用低于法律的规范(规章和章程)。因此,在复议程序中也就不存在对这些规范的附带审查。在实践中,这种问题主要出现在,一个复议机关在审查某个建筑许可的过程中,对其建筑计划的合法性有怀疑时。根据联邦行政法院的判例,乡镇自身和法律监督机关都无权确认一个违法建筑计划的无效性。这两者都不得直接逾越低于法律的有效规范。因此,不得因为假定建筑规划无效,而拒绝颁发或撤销建筑许可。只要其无效性没有经过规范审查程序得到确认,或者,只要此建筑计划未由乡镇自己撤销。如果非由乡镇充当的复议机关认为此规范违法,它就必须延缓复议程序,并按《行政法院法》第 47 条给予解释(此种情况下,须有申请资格和

① 张兴祥:《行政法合法预期保护原则研究》,北京大学出版社 2006 年版,第 12 页。

② Roger Errera, Recent Decisions of the French Conseil d'Etat, [1995] *P. L* 657, p.659. 转引自张兴祥:《行政法合法预期保护原则研究》,北京大学出版社 2006 年版,第 12 页。

请求权)。在自治行政范围以外,可以考虑对颁布法规的机关(包括代执行者)进行法律审查。如果涉及由复议机关自己颁布的某一法规,它可以且必须首先撤销该法规"①。

(三) 美国

严格来说,美国并不存在本章讨论意义上的行政复议制度。② 目前我国国内讨论的行政上诉制度③或者行政法官制度④,仅仅是与我们一般意义上所说的行政复议制度类似。事实上,这种源于美国《联邦行政程序法》第557条第2款的行政上诉制度,是美国行政决定的正式程序——听证程序(审判式听证)的一个特殊阶段。美国《联邦行政程序法》规定的正式听证程序一般由以下五个步骤组成:(1) 发出听证通知书;(2) 正式听证前的会议;(3) 听证与质证;(4) 作出初步决定和建议性决定;(5) 最终决定。在具体操作中,最终决定的取得有两种途径:一种途径是当事人针对听证主持人作出的初步决定向行政机关提起上诉,则进入最终决定程序,行政机关拥有最终决定权力,可在听证案卷的基础上全盘考虑,不受初步决定的约束;另一途径是在听证主持人将建议性决定连同全部听证案卷送交行政机关后,由行政机关根据该建议性决定及全部案件材料,决定是接受建议性决定,还是另行作出决定。⑤在依据这种正式程序制定法规中,如果当事人针对初步决定提起复议,那么行政机关对关于行政法规的初步决定有完全的审查权,不受初步决定的约束。由于依据正式程序制定的法规在美国行政立法中所占比例很小,因此这种形式的监督审查并未占据重要地位。

(四) 小结

总体来看,各国行政复议制度中对法规的审查情况有很大差别,有的情

---

① 〔德〕弗里德赫尔穆 胡芬:《行政诉讼法》,莫光华译,法律出版社2003年版,第91—92页。

② 应松年主编:《当代中国行政法》,中国方正出版社2005年版,第1683页。

③ 方世荣:《行政复议法学》,中国法制出版社2000年版,第47页。"在美国,行政复议被称为行政上诉(administrative appeal),是指行政相对人对行政机关的行政裁决不服,向有关的行政机关及其官员申请重新审查的法律制度。"石佑启、杨勇萍:《行政复议法新论》,北京大学出版社2007年版,42页。

④ 宋华琳:《美国的行政法官制度》,载周汉华:《行政复议司法化:理论、实践与改革》,北京大学出版社2005年版,第469—485页。

⑤ 应松年主编:《当代中国行政法》,中国方正出版社2005年版,第1688—1689页。

况下有完全的审查权,有的则无审查权或者仅有合法性的审查权。行政复议中对法规审查制度的不同与一国关于法规审查的其他制度(比如司法审查制度)的完善情况、是否采取地方自治制度、法制传统等有关。

三、我国行政复议审查的历史

新中国的行政复议制度起源于20世纪50年代,最初是以个别立法条文的形式规定在具体的行政管理法规中,中间经过"文化大革命"时期的曲折,截至1990年12月,我国已经有一百多部法律、法规分别规定了行政复议制度。这些单行法律法规中关于行政复议的规定针对的是行政机关的具体行政行为,而非抽象行政行为,并未涉及对法规进行审查的规定。

1990年12月24日颁布的《行政复议条例》改变了原先行政复议制度分散规定的状况,实现了行政复议制度统一和协调发展。但是,该条例并没有赋予行政相对人对抽象行政行为提起行政复议的权利。《行政复议条例》第10条明确规定:"公民、法人和其他组织对下列事项不服,不能依照本条例申请复议:(一)对行政法规、规章或者具有普遍约束力的决定、命令不服的……"不过,该条例第43条对具体行政行为的依据违法的情况作了相应的处理规定即:"复议机关审查具体行政行为时,发现具体行政行为所依据的规章或者具有普遍约束力的决定、命令与法律、法规或者其他规章和具有普遍约束力的决定、命令相抵触的,在其职权范围内依法予以撤销或者改变。复议机关认为具体行政行为所依据的规章或者具有普遍约束力的决定、命令与法律、法规或者其他规章和具有普遍约束力的决定、命令相抵触,而复议机关又无权处理的,向其上级行政机关报告。上级行政机关有权处理的,依法予以处理;上级行政机关无权处理的,提请有权机关依法处理。处理期间,复议机关停止对本案的审理。"

据此,根据《行政复议条例》,行政复议机关对法规审查的特点可以概括为如下三项:第一,审查方式是复议机关主动审查,行政相对人不可以单独或者附带地提起行政复议;第二,审查的对象是具体行政行为所依据"规章或者具有普遍约束力的决定、命令",不包括行政法规;第三,审查的标准是

“相抵触”,包括两种情况,一者是与上位法相抵触,即“与法律、法规或者其他具有普遍约束力的决定、命令相抵触”,另一者是与同位阶法规范相抵触,包括“其他规章和具有普遍约束力的决定、命令相抵触”。

1999 年 4 月 29 日通过的《行政复议法》给我国行政复议带来崭新的时代。该法与《行政复议条例》相比有很多方面的突破和发展,其中重要的一个方面就是将部分抽象行政行为纳入到行政复议中来,当然,原来《行政复议条例》中就存在的依职权审查的制度也被规定进来。

四、行政复议审查的种类

(一) 依申请审查

我国《行政复议法》第 7 条规定:“公民、法人或者其他组织认为行政机关的具体行政行为所依据的下列规定不合法,在对具体行政行为申请行政复议时,可以一并向行政复议机关提出对该规定的审查申请:(一) 国务院部门的规定;(二) 县级以上地方各级人民政府及其工作部门的规定;(三) 乡、镇人民政府的规定。前款所列规定不含国务院部、委员会规章和地方人民政府规章。规章的审查依照法律、行政法规办理。”第 26 条对相关处理程序作了规定,即行政复议机关对该规定有权处理的,应当在 30 日内依法处理;无权处理的,应当在 7 日内按照法定程序转送有权处理的行政机关依法处理,有权处理的行政机关应当在 60 日内依法处理。处理期间,中止对具体行政行为的审查。据此,行政相对人针对抽象行政行为提起审查的特点可概括如下:第一,行政相对人提出审查的方式为附带提起,即在对具体行政行为提出复议审查时,附带提起对其依据合法性的质疑。第二,审查对象为规章以下规范性文件,不包括行政法规和规章。第三,关于行政复议审查的标准是“不合法”,但由于规定过于简单,其内涵存在争议(见下文审查标准部分的讨论)。

(二) 依职权审查

除了上述依据行政相对人的申请对规章以下的规范性文件附带审查外,《行政复议法》也规定了行政复议机关主动审查或者依职权审查的制度。《行政复议法》第 27 条规定,行政复议机关在对被申请人作出的具体行政行为进行审查时，认为其依据不合法，本机关有权处理的，应当在30日内依法处理；无权处理的，应当在7日内按照法定程序转送有权处理的国家机关依法处理。处理期间，中止对具体行政行为的审查。据此，依职权审查具有如下特点：第一，审查范围是具体行政行为的"依据"。至于该依据的范围，则没有具体说明，一般认为，其应不限于规章以下的规范性文件，还应当包括行政法律、行政法规、地方性法规、规章等。第二，审查标准是"不合法"。《行政复议》第27条明确规定的是"不合法"标准，没有对合法性审查之外的其他标准作出说明。

五、行政复议审查的主体

根据我国《行政复议法》，针对具体行政行为的行政复议机关主要有四类：(1) 作出被复议具体行政行为的行政机关的同级人民政府；(2) 作出被复议具体行政行为的行政机关的上一级主管部门；(3) 上一级人民政府；(4) 作出被复议具体行政行为的行政机关自身。[①]但是并非每一行政复议机关都有权对作为具体行政行为的依据的规范性文件进行审查，只有复议机关是受争议的规范性文件的制定主体，或者是制定主体的上级领导机关时，才有对该规范性文件进行处理的权力，否则，只能转送有权机关进行处理。因此，在行政复议中，对法规有权进行审查的主体包括两种：

一是行政复议机关本身为有权处理机关。包括其是引起争议的规范性文件的制定主体、制定主体的本级人民政府、有领导关系的上级主管部门三种情况。

二是行政复议机关之外的有权处理机关。根据我国《行政复议法》的规定，有权机关分为有权处理的行政机关（《行政复议法》第26条）和有关处理的国家机关（《行政复议法》第27条）。因为后者主要指代表机关，其对法规的审查标准不是本章所讨论的范围，因此此处仅讨论有权处理的行政机关，具体为：(1) 被申请复议的具体行政行为的"依据"的制定机关为人民政府时，其有权处理的行政机关为其上一级人民政府；(2) 被申请复议的具体行政行为的"依据"的制定机关为人民政府部门时，其有权处理的行政机

---

① 刘飞宇、王心禾：《论具体行政行为"依据"复议制度》，载《法学杂志》2008年第4期。

关为其同级的人民政府和有领导关系的上一级主管部门;(3) 被申请复议的具体行政行为的“依据”的制定机关为实行垂直领导的行政机关时,有权处理的机关为颁布该“依据”的机关及其上级机关。[①]

六、行政复议审查的程序

根据行政复议机关是否有权对争议的规范性文件进行处理,行政复议审查的程序分为自行处理程序和转送处理程序。“按照转送程序处理的,在经转送后开始的对行政规范的处理,其处理权限和程序,自然是与复议机关的复议审查权限和程序分离的。而在依法自行处理程序中,处理权限和复议审查权限的主体是同一的,但是对行政规范的处理程序却不直接适用行政复议法所规定的程序。”[②]当然,在处理之前,还有规范性文件审查的启动这一环节,因此行政复议中的规范审查程序大体可概括如下:

(一) 启动

上文已述,启动包括当事人在具体行政案件中依申请启动,以及当事人未申请但行政复议机关在复议中认为具体行政行为依据不合法而依职权启动两种情况。

(二) 处理

因行政复议机关的权限不同而分为自行处理和转送处理两种情况:(1) 自行处理。无论是以申请启动审查还是依职权启动审查,行政复议机关对该规定有权处理的,都应当在 30 日内依法处理完毕。(2) 转送处理。依申请启动的审查,行政复议机关无权处理的,应当在 7 日内按照法定程序转送有权处理的行政机关依法处理,有权处理的行政机关应当在 60 日内依法处理。依职权启动的审查,行政复议机关无权处理的,也应当在 7 日内按照法定程序转送有权处理的国家机关依法处理,处理期间,中止对具体行政行为的审查。不过,行政复议法并未规定有权机关的审查期限。

---

① 刘飞宇、王心禾:《论具体行政行为“依据”复议制度》,载《法学杂志》2008 年第 4 期。

② 周佑勇:《完善对行政规范的复议审查制度》,载《法学研究》2004 年第 2 期。

七、行政复议审查的标准

（一）目前制度规定

上文已述，目前我国关于行政复议中对法规审查的规定主要见于《行政复议法》第 7 条、第 26 条、第 27 条的规定，关于审查标准的规定仅涉及三个字“不合法”，如此简单的规定必然难以应对实践中复杂的情况。

（二）目前主要观点

目前我国理论界关于行政复议中对法规的审查标准主要存在两种观点：其一，合法性标准。例如，有学者认为：“从复议法关于申请人一并申请审查‘规定’的条件来看，明确是‘规定’不合法（标准），这里没有包括适当标准。从关于对‘规定’进行处理的条文内容看，也是由有权机关‘依法处理’。这里，与对具体行政行为的复议审查制定标准（违法或不当）有所不同，没有了不当审查标准的规定。其实，不仅文字上是这样，就是在实践上与道理上也应当是这样。因为，‘规定’虽然不是立法，但也是抽象的规范性文件，它如果涉及个人权利义务方面的内容，首先必须合乎上位法的原则、规定，不得违反或与上位法相抵触；其次必须依职权作出，超越权限的‘规定’是违法的。对于抽象的规范性文件始终是这两项标准在控制，这两项标准都是合法性标准，不是合理性标准。所以，既然法律对于‘规定’的要求是合法性标准，那么，复议中的审查标准当然也应当是合法性标准。”①

其二，合法性标准兼合理性标准。例如有学者认为，《行政复议法》中规定的“合法性”只是相对人申请审查的提出标准，审查机关审查标准并非由《行政复议法》来设定，而是被《行政复议法》自身的规定转移给了其他制度。这些“其他制度”里中央的有国务院的《规章制定条例》《法规规章备案条例》等，地方的有各地地方性法规和地方政府规章，如上海市人民政府 2002 年发布的《上海市行政机关规范性文件制定程序规定》、绍兴市人民政府 1997 年发布的《绍兴市人民政府规范性文件制定程序规定》等。他们都

① 杨小军：《我国行政复议制度研究》，法律出版社 2002 年版，第 329 页。

或详或简地规定了对可能违法或不当的行政规范性文件进行处理的办法。[①]还有学者认为:“对抽象行政行为的审查,要从合法性、合理性等几个方面进行,行政复议机关应当正确理解法律的基本精神,牢牢掌握违法必究的基本原则,使我们的工作目的与行政复议法的立法宗旨相一致,真正起到纠正违法的或不当的行政行为的作用。”[②]

（三）关于行政复议审查标准的探讨

从文义解释的角度来说,我国《行政复议法》第 7 条和第 26 条是针对行政相对人提出申请的复议范围所作出的规定,因此,这里的“不合法”应是行政相对人对规章以下规范性文件提出复议申请的标准,不是复议机关的审查标准,这一理解应无疑义。但第 27 条是关于复议机关审查的规定,似乎可以将“不合法”理解为既是提出标准,也是审查标准。不过,如果结合上下文理解,我们就会发现,这里的“不合法”主要是以“启动”行政复议对法规审查的方式规定的,至于法规审查程序启动后,其可能是有权处理机关,也可能不是有权处理机关,而在后者情况下其应转送有权机关,有权机关采取何种标准审查《行政复议法》并无规定,复议机关的“认为”似乎并不能左右其审查标准。有学者也表达了类似的观点,“审查机关审查标准并非由《行政复议法》来设定,而是被复议法自身的规定转移给了其他制度”。这一观点有一定道理,不过笔者并不完全认同。根据《行政复议法》,在复议机关无权审查具体行政行为的依据的情况下,审查职责确实转移到了法规备案审查机关等,而备案审查的标准我们在上节曾经讨论过,其确实不仅是合法性标准,也包括适当性、协调性等方面。但是,笔者认为,这并不表明行政复议的审查标准就是备案审查的标准,不仅审查合法性,也审查合理性。道理很简单,“问渠哪得清如许,为有源头活水来”,既然只有争议法规存在“不合法”的问题才能启动行政复议的法规审查程序,“不合理”的问题无法启动审查程序,那么后面的审查主体又有什么机会来审查合理性问题呢？因此,根据目前的《行政复议法》规定,将法规的复议审查标准解释为合法性标准

---

① 徐键:《行政复议中对“规定”审查的标准》,载《重庆工商大学学报(社会科学版)》2008 年第 4 期。

② 张播:《论行政复议中的抽象行政行为审查》,载《黑龙江省政法管理干部学院学报》2000 年第 2 期。

应更为合适,不包括合理性标准。

行政复议中的法规审查标准只是合法性标准可能会得到不少学者的反对,尤其是对于依职权审查而言。例如,下列观点就很具有代表性:"复议审查制度还应该当然地包括一种主动的职权审查制度,即复议机关在行政复议中,如果发现被申请复议的具体行政行为所依据的行政规范违法或不当,即使申请人没有对该行政规范提出申请,也应当依职权主动地予以撤销或变更,或者提请有权的行政主体依法予以撤销或变更,而不能借口当事人没有提出申请而拒绝对该行政规范进行审查、处理。"[①]从行政系统监督的一般原理来说,笔者承认这种观点很具有说服力。但是,笔者认为确立行政复议对于法规的审查标准,与备案审查不同,至少需要考虑其他几个因素:

其一,具体案件与普遍性法规之间的张力。对此,有学者曾解释道:"抽象行政行为的内容是否适当,当事人固然可以向有关机关反映意见,但不能申请复议,因为抽象行政行为作为一种行为规范,原本就是利益平衡的结果,只能考虑和满足绝大多数人的最大利益,因而就局部而言,必然有不妥当的一面。"[②]笔者同意该观点。

其二,行政复议案件的紧迫性。在行政复议中,无论是依职权还是依申请提起的法规审查,都与具体案件的解决密切相关,因为争议的法规是具体行政行为的"依据"。为防止案件久拖不决,需要在较快的时间内决定是否肯定该法规条文。由于法规的合法性一般有较为明确的标准,比如是否违反上违法、是否超越职权、是否违反法定必要程序等,因此判断较为容易,但是对于法规的合理性,则标准相对模糊,常常需要调研大量情况进行利益衡量,因此,合理性审查更容易导致案件久拖不决,损害公众对法治的信心。

其三,行政复议往往又涉及第三方行政相对人的情况,在行政相对人有基于争议法规的对立利益时,根据信赖保护原则或者合法预期保护原则,不应当对法规的合理性进行审查,除非能对因改变不合理的法规而受损的当事人予以补偿。因为,根据行政法上的合法预期保护原则,合法的预期受到

---

① 周佑勇:《完善对行政规范的复议审查制度》,载《法学研究》2004 年第 2 期。

② 方军:《将抽象行政行为纳人行政复议范围的立法构想》,载《法学研究》2004 年第 2 期。

保护，不能随意被改变。法规虽然存在不合理的情况，但因并不存在合法性问题，也会对信赖该法规对社会调整方案的人以合法的预期，该合法预期应受到法律保护。[①]因此，复议审查中不能随意改变合法而不合理的法规，让一方受损而是使得另一方获益。改变不合理的法规在实体上需要有过渡措施转变对个人预期的损害，在程序上需要听取意见与说明理由，在个别情况下还应给予受损者补偿。[②]

总之，笔者认为，虽然根据行政层级监督的一般原理，行政复议中对法规的审查似乎应既包括合法性原则也包括合理性原则，但是鉴于我国《行政复议法》所确立的主要是合法性审查的原则，加之行政复议本身的时间紧迫、又往往涉及对法规的合法预期利益保护等特点，行政复议中对法规的审查应主要以合法性审查为标准，行政复议中发现的法规合理性问题可以通过备案审查等制度加以解决。

---

① 张兴祥：《行政法合法预期保护原则研究》，北京大学出版社 2006 年版，第 29 页。
② 同上书，第 102—104 页。

第四章　司法机关对法规的审查

考查我国《立法法》和《监督法》的规定，我国在法规审查制度方面已经形成了人民代表机关审查、行政机关审查和司法机关审查的三位一体的审查体系。从这三个审查主体在权力结构中固有的功能看，它们对法规的审查分别侧重和对应于对法规的事前、事中和事后监督。相对于人民代表机关和行政机关而言，专门承担审判职能的司法机关并无制定法规的职能，而人民代表机关和行政机关都享有相应的制定法规（省级和较大的市级地方人大和人大常委会有权制定地方性法规）的权限，因此人民代表机关和行政机关对法规的审查并不能完全排除“自己做自己的法官”模式所带来的消极影响，而司法机关的独立地位和“局外人”色彩更有利于保障其审查过程和结果的公开性和公正性。从这一角度来看，司法机关对法规的审查是整个法规审查体系中不可或缺的重要一环。

由于司法机关在法规审查中的地位不同于人民代表机关和行政机关，因此司法机关对法规的审查标准也有别于人民代表机关和行政机关。具体而言，司法机关对法规的审查标准应当更加凸显“司法”的功能属性。由于司法机关对法规的审查承担着监督行政机关依法行政与保护行政相对人合法权益的双重职能，因此确立司法机关对法规的审查标准应当对这两个方面予以兼顾。此外，由于司法机关本身所固有的特性，司法机关的法规审查标准应当遵循“司法谦抑”的原则,适度调适司法审查与民主治理之间的紧张关系,理性确定法规审查的深度与广度,防止过分逾越权力边界而损害司法独立与司法权威。

第一节 司法机关对法规的审查概述

一、法规审查与司法审查及违宪审查的相关性

(一)司法审查、违宪审查及法规审查的概念

司法审查的概念源于英美法系。“司法审查在总体上说,是由普通司法机关对公权力的行使进行的审查。”①大陆法系国家一般并无此概念,其与之最相近的概念为违宪审查。由于英美法系的法律是一体适用的,在法律体系和适用制度上并无公法、私法的区分,且英美法系的法官具有崇高的地位,因此普通司法机关可以对公法和私法的适用统一作出判断,其中对公权力行使的合宪性、合法性作出判断就是司法审查。而大陆法系国家则不同,大陆法系国家存在明显的公法、私法区分,与此相对应,大陆法系国家对公法和私法适用的判断机构也分为两个系统,如法国和德国除了设立普通法院对私法的适用进行判断以外,还另行设立了专门的机构承担公法适用的判断职能:法国设立了行政法院和宪法委员会;德国则设立了行政法院和宪法法院。由于上述原因,在英美法系国家司法审查与违宪审查具有类似含义,而在大陆法系国家则不然。

就公权力的行使而言,规范公权力行使的公法主要包括宪法与行政法两大类,因此司法审查也可依此分为宪法意义上的司法审查与行政法意义上的司法审查两种类型。“宪法意义上的司法审查,包括由普通司法机关对立法权行使的合宪性的审查和对行政权行使的合宪性的审查。行政法意义上的司法审查,是指普通司法机关对行政权行使的合法性的审查,包括对抽象行政行为的合法性审查和对具体行政行为的合法性的审查。”②在英美法

① 胡锦光:《违宪审查与相关概念辨析》,载《法学杂志》2006 年第 4 期。
② 同上。

系国家,这两种类似的审查都是由普通法院承担的;而在大陆法系国家,宪法意义上的司法审查——违宪审查是由宪法法院(以德国为代表)或宪法委员会(以法国为代表)承担,行政法意义上的司法审查则是由行政法院来承担。

所谓“违宪审查”,乃指“特定的国家机关依据宪法对直接根据宪法制定的法律等规范性文件及具体行为是否符合宪法进行的审查”[①]。与司法审查概念着重明确审查主体为普通法院不同,违宪审查这一概念侧重于揭示审查的依据——依据宪法而进行审查。而从审查对象来看,违宪审查与司法审查具有相似性:既包括对立法行为的审查,也包括对行政行为的审查,同时由于大量授权立法的出现,违宪审查也包括对行政机关立法行为的审查。

就违宪审查的主体而言,英美法系和大陆法系国家具有不同的特征。美国承担违宪审查职能的机构是普通法院,但并非只有联邦最高法院才享有违宪审查权。“与其他违宪审查的模式相比,美国的违宪审查的特色主要是将释宪权与审判权合一行使。任何一级的联邦法院都可以进行违宪审查。”[②]在大陆法系国家,违宪审查主体表现出多元化的特征:法国的违宪审查职能由宪法委员会承担;而德国的违宪审查职能则由宪法法院承担。宪法委员会和宪法法院不同于美国的普通法院,宪法委员会和宪法法院是兼具司法性质和政治性质的机构。

违宪审查与司法审查中的违宪审查部分有重合之处,但不同于司法审查中的违法审查。在三权分立的权力结构模式下,由于立法机关的立法权直接来自于宪法的规定,因此对立法机关行为的审查是违宪审查而非违法审查;而行政机关的行政行为和立法行为既有来自宪法的授权,也有来自法律的授权,因此对行政机关行为的审查既有违宪审查,也有违法审查。

所谓“法规审查”,是指有权国家机关对行政机关制定的行政法规、规章和其他规范性文件合宪性、合法性的审查,广义的法规审查还包括对地方民意代表机关制定的地方性法规和其他规范性文件合宪性、合法性的审查。在传统的宪政模式下,立法权是议会单独享有的权力,行政机关行使立法权

---

① 胡锦光主编:《违宪审查比较研究》,中国人民大学出版社 2006 年版,第 2 页。

② 同上书,第 40 页。

不具有正当性。而当西方宪政进入现代社会以后,伴随着积极行政和福利国家的兴起,宪政体制出现了从“议会主导”逐渐向“行政主导”转化的趋势。“原来以议会为中心的‘议会政府’被认为是过了时的古典宪政体制,原来由议会领导的‘议会国’被由行政机关领导的‘行政国’所取代。”[①]在这种宪政背景下,原来由议会独占的立法权也出现了松动,行政机关通过议会授权而分享立法权成为宪政发展的必然要求和社会管治的现实需要。

根据我国《宪法》和《立法法》的规定,我国的立法实行立法机关立法和行政机关立法并行的“二元”立法体制,其中全国人民代表大会及其常委会的立法权直接来自宪法的规定,其制定的法律文件统一称作“法律”;而国务院及国务院各部委、地方人大和地方政府所享有的立法权则既有宪法的授权,也有全国人大的授权,它们所制定的法律文件分别称为行政法规和部门规章、地方性法规和地方政府规章。我国的法规审查主体主要有三类,一是立法机关——全国人大常委会和地方人大常委会的审查;二是行政机关——国务院和地方政府的审查;三是司法机关——各级人民法院在行政诉讼中对法规的附带审查。

(二)法规审查与司法审查及违宪审查的关系

从法规审查与司法审查及违宪审查的内在关联性来看,法规审查并非与司法审查或违宪审查并列的概念,因为无论是司法审查还是违宪审查,其本身就包含对法规审查的内容:司法审查和违宪审查都包括对立法行为的审查和对行政行为的审查,其中对行政行为的审查又可分为对行政执法行为的审查和对行政立法行为的审查,对行政立法行为的审查亦即法规审查。具体而言,法规审查与司法审查及违宪审查的关系主要体现在以下几个方面:

(1)审查主体的交叉性。法规审查主体有立法机关、行政机关与司法机关;司法审查主要由司法机关或者具有司法性质的机关承担;而违宪审查主要由司法机关或具有司法性质的机关承担。

(2)审查对象的重合性。法规审查的对象具有单一性——通常只审查行政立法行为。司法审查和违宪审查的对象则既包括立法行为,也包括行

---

① 许崇德、王振民:《由“议会主导”到“行政主导”——评当代宪法发展的一个趋势》,载《清华大学学报(哲学社会科学版)》1997年第3期。

政行为——行政执法行为和行政立法行为。从这一角度来看,法规审查实际是司法审查和违宪审查的下位概念。

（3）审查程序的同一性。由于法规审查和司法审查都包括违宪审查与违法审查,因此司法审查与法规审查的程序是同一的。对于违宪审查而言,由于这种审查也包括行政立法行为的违宪审查,而行政立法行为的结果就是法规,因此违宪审查中的立法行为的审查程序与法规审查的程序也是同一的。

（4）审查结果的趋同性。就法规审查而言,其审查结果有合宪或违宪、合法或违法两种结果;对于司法审查中的行政立法行为的审查而言,其审查结果也有合宪或违宪、合法或违法两种结果;对于违宪审查而言,只存在合宪或违宪一种审查结果。

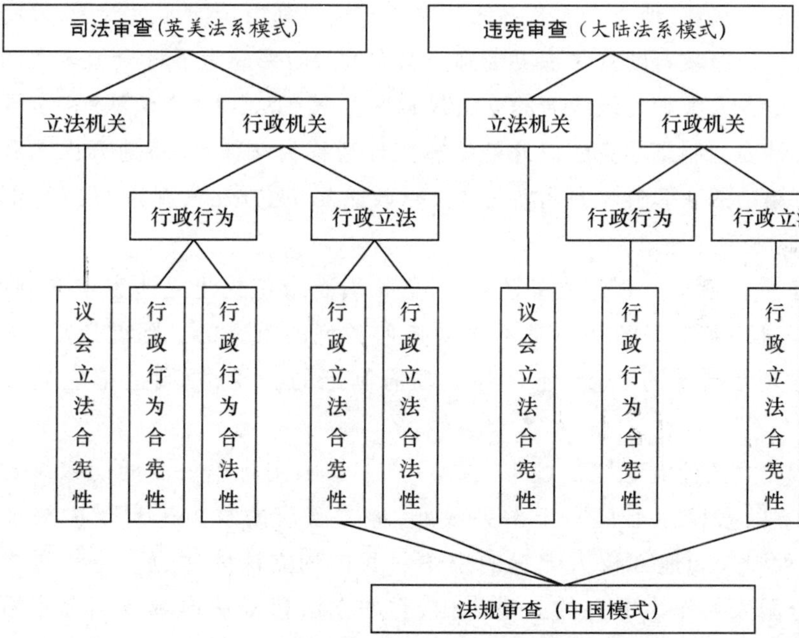

图1　法规审查与司法审查、违宪审查关系图

二、司法机关法规审查标准的影响因素

（一）立法体制

（1）立法体制决定法规审查的范围。根据我国《立法法》的规定,我国

的立法体制实行“统一而又分层次的立法体制”。[①] 具体而言，我国的立法体制可以从纵向与横向两个维度进行考察。从纵向看，可分为中央立法与地方立法；从横向看，可分为人大立法与政府立法。就法规的立法而言，主要包括四种类型。一是由国务院制定的行政法规；二是由国务院部门制定的部门规章；三是由地方人大制定的地方性法规；四是由特定地方政府制定的地方政府规章。其前两类属中央立法，后两类属地方立法；第三类属人大立法，其余三类属政府立法。广义的法规还包括各级行政机关制定的除规章以外的行政规范性文件。

由于我国实行“议行合一”的政治体制，全国人民大会大会及其常委会享有最高的立法权，因此它的立法权不同于地方人大的立法权，也不同于各级政府的立法权，地方人大和各级政府的立法权都由全国人大授予，因此地方人大和各级政府的立法都要受到全国人大的监督。为了将全国人大的立法权与地方人大和各级政府的立法权相区分，《宪法》和《立法法》将全国人大及其常委会制定的宪法以外的法律文件通称为法律，而将地方人大和各级政府制定的法律性文件称作法规（行政法规、地方性法规）和规章（部门规章、地方政府规章）。

由于全国人大享有最高立法权，且我国尚未正式建立违宪审查制度，因此全国人大制定的法律是不接受任何类型的审查的。除此以外，无论是地方人大制定的法规，还是各级政府制定的法规，原则上都应当接受审查。

（2）立法体制确定法规审查的重点。我国实行单一制的国家结构形式，全部国家权力都集中于中央政府，地方政府的权力来自于中央的授予，这种中央和地方权力配置的模式对我国的立法体制也产生了重大影响。全国人大作为中央的立法机构，它的立法权限从地域范围上来看覆盖全国；从立法内容上看涵盖所有事项。而地方人大及各级政府由于其立法权来自全国人大的授予，因此其享有的立法权是有限的：地方人大只能就所辖范围内的事项行使立法权；国务院及其部委只能就其行政职权内的事项行使立法权；地方各级政府只能就其管辖范围内的与其行政职

① 杨景宇：《我国的立法体制、法律体系和立法原则》，载《吉林人大》2003年第11期。

权有关的事项行使立法权。

由于立法权限存在差异，因此各立法主体所制定的法规其侧重点也是不同的，这直接影响到法规审查的重点。由于所有的法规都是授权立法，因此法规审查的首要任务就是要审查所制定的法规是否存在越权的情形，包括地域越权与级别越权；其次，对于中央一级的法规，其审查的重点在于是否存在无视地区差异而造成实质上的地域歧视，对于地方一级的法规，其审查的重点则在于是否存在地方保护主义；最后，既要审查各类法规是否与宪法和法律相抵触，也要审查地方法规与中央法规之间是否存在冲突。

(3) 立法体制影响法规审查的方式。就各国法规审查方式而言，根据司法机关审查时间与法规生效时间先后的不同，可将司法审查分为事前审查与事后审查两种方式；根据法规审查是否需要通过对具体案件的审理相结合为标准，可将司法审查分为直接审查与附带审查（或称"一并审查"）两种方式。从上述两种分类的关系来看，事前审查一般与直接审查相结合，事后审查一般与附带审查相衔接。

根据我国《立法法》的规定，各类法规通过以后即可公布实施，公布实施的法规只需上报有关部门备案而无须由司法机关进行审查，因此司法机关对法规的审查只能是事后审查。同时根据我国行政诉讼法的规定，对有关法规的审查请求只能在提起某一具体诉讼案件时一并提起而不能单独提起，因此我国司法机关对有关法规的审查属附带审查。

（二）司法体制

(1) 司法体制决定法规审查的权限。司法体制是由政治体制决定的。在我国现行的政治体制框架下，我国的司法机构由人大产生，向人大负责，各级司法机构要接受相应级别人大的监督，下级司法机构同时要接受上级人大的监督；从司法机构与各级政府的关系来看，政府部门往往通过对司法机关人事和预算的控制来对司法机构施加影响，因此在目前的政治体制下，我国的司法机关受到人大和政府的双重制约，这种制约对司法机关的法规审查权限产生了直接影响。

根据我国《行政诉讼法》的规定，国务院制定的行政法规和地方人大制定的地方性法规在原则上是排除司法机关审查的；对于国务院所属部门和地方政府所制定的规章而言,《行政诉讼法》要求司法机关予以“参照”,参照并非审查的同义语,因此对于司法机关是否承担法规审查职能的问题,就目前的司法实践而言,尚且是一个存疑的问题。目前西方法治国家已经普遍建立了司法机关对法规的审查机制,原因在于这些国家完全实行司法独立。

(2) 司法体制制约法规审查的强度。在现行的司法体制下,我国的司法机构所承担的主要职能在于“息纷解讼”而不在于制约立法权和行政权,这种职能定位直接影响到司法机关对法规审查的强度。即使在理论上认可司法机关对法规的审查权,这种审查权也是极其有限的。

对司法机关法规审查权进行限制的一个重要表现就是现行《行政诉讼法》的规定:首先,《行政诉讼法》第12条明确排除公民、法人或其他组织对行政法规、规章和有普遍约束力的决定、命令单独提起诉讼,规定法院对此类起诉不予受理;其次,《行政诉讼法》第52条规定司法机关审查行政案件以行政法规和地方性法规作为审理依据,而在中国的法律文本表述里,对于作为案件审理依据的法律文件司法机关是无权审查的;最后,《行政诉讼法》第53条规定了对规章的参照,“参照”是一个模糊的用语而并非准确的法律表达,以至于学术界对“参照”是否具有审查的含义而众说纷纭,莫衷一是。《行政诉讼法》的上述规定表明,我国现行的司法体制对司法机关的法规审查权带来了消极影响。

(3) 司法体制制约法规审查的效果。现行司法体制一方面对司法机关法规审查的范围作出了限制,另一方面也制约了司法机关法规审查的效果。从审判权的运行机制来看,司法独立包括两个方面:一是外部独立,即司法机关独立于立法机关和行政机关,其审判活动不受立法机关和行政机关的干预;另一个是内部独立,即法官在审理具体案件的过程中应当独立作出判断,不受法院内部组织和个人的干涉。在目前的司法体制下,司法机构不可避免地出现了司法地方化和司法行政化的不正常局面,这种不正常局面对司法机关法规审查的效果无疑产生了制约作用。

司法地方化使司法机关难以摆脱地方人大和地方政府的控制,这导致司法机关在审理行政案件的过程中往往把地方利益的维护放在首位,这种地方利益自然也包括地方人大和地方政府的权威与形象。因此,司法机关在对法规审查的过程中，即使认为法规存在合宪性或合法性的问题，也往往不便于贸然作出判断，而经常性的做法是通过与地方人大和地方政府“沟通信息”及至以“汇报工作”的方式进行内部消化处理，对行政相对人利益的维护则大事化小，小事化了，甚至不了了之。这种处理方式导致的结果就是一方面相对人的合法权益得不到保护；另一方面不合宪、不合法的法规不能通过法院审判而予以纠正。

司法行政化使司法机构的内部管理完全采取了行政机关的管理模式，所有的法官都有着如同政府部门工作人员一样的行政级别，而在法院担任领导职务的人，其级别要比普通法官高，这样就在法院内形成了一套完整的等级秩序，这种科层制的法官管理模式严重影响了法官个人对于法院领导的独立。由于法官在内部缺乏独立性，因此法官也失去了独立判断的资格和能力，法官的判决结果经常为法院领导的意志所左右，而法院领导的意志在很大程度上取决于地方人大和地方政府的意志，在这种意志“传送”模式下，法院很难实现“让审理者裁判，让裁判者负责”，司法机关对法规审查的效果可想而知。

（三）法规审查体制

根据《立法法》的规定，我国的法规审查实行立法机关审查、行政机关审查和司法机关在适用法规中审查相结合的审查体制。单从审查密度上看，我国似乎已经建立了世界上审查密度最大的法规审查体制，然而从法规审查的实际效果来看，由于受到种种政治因素的制约，司法机关的适用法规审查因为司法体制的原因而力度最小，效果很不如人意。我国三位一体的法规审查模式对司法机关的法规审查有时产生负面影响。

（1）司法机关的法规审查为事后审查。从《立法法》和国务院制定的《法规规章备案审查条例》的规定来看，立法机关以及行政机关的备案审查都是事前审查，与之相对应，司法机关的审查则为事后审查。从审查方式来看，立法机关及行政机关的事前审查都是直接审查，而司法机关的事后审查则为附带审查。所谓“直接审查”就是不以争议案件的存在为前提，可直接对立法本身进行独立的违宪、违法审查。所谓“附带审查”正好相反，是必须在具体的案件中，对作为案件适用依据的立法所进行的违宪、违法审查，由于对案件本身也要进行审查，所以具体审查属于一种附带审查。[①] 由于事后审查为一种附带审查，因此司法机关对法规的审查是被动的：这种审查需要通过案件当事人的起诉才能启动，如果当事人不提起相关的诉讼，司法机关是无法对相关法规进行审查的。而在立法机关与行政机关的备案审查中，法规的制定主体有义务将所制定的法规在规定的期限内提交给相应机关进行审查，这种审查与司法机关的审查相比具有一定的主动性。

由于事前审查体现的是权力机关内部的上级对下级的监督关系，因此事前审查往往需要对法规的整体进行审查，包括立法权限、立法程序以及立法的必要性等；而司法机关的事后审查往往与所需要解决的纠纷相关联，其审查的重点只在于法规中与所审理案件相关联的条款，一般情况下无须对法规的整体作出审查，因此这种审查具有较强的针对性和目的性。

（2）司法机关的法规审查为适用审查。在现行法规审查体制下，司法机关的法规审查方式为适用审查，即司法机关对法规的审查只出现在具体案件的审理过程中，具体案件的审理涉及事实认定与法律适用两个方面，司法机关的法规审查即发生在法律适用的环节。司法机关的适用审查与立法机关及行政机关的备案审查存在明显的区别。

一是备案审查是上级立法机关对下级立法机关及下级行政机关、上级行政机关对下级行政机关在立法权上的监督，而适用审查是司法机关对立法机关和行政机关的监督。从这一角度来看，备案审查更多体现的是一种立法权的内部监督；而适用审查则是外部的司法权对立法权的监督。

二是备案审查体现的是权力机关的监督和上级行政机关对下级行政机关的监督，而适用审查体现的是司法权对行政权的制约。这种不同的权力关系结构直接影响到法规审查的动力来源。在我国单一制的国家结构形式下，下级权力机关服从上级权力机关是一种法定义务，因此若下级机关怠于履行这种法定义务，上级机关可以对其予以追究。而上级机关对其监督权的行使则享有完全的主动权，即它完全可以根据自己的需要行使这种监督权，既可以积极监督，也可以应公民、法人或者其他组织的请求进行监督。司法机关适用审查的动力则来源于两个方面：一个方面是当事人的起诉权。

① 胡锦光主编：《违宪审查比较研究》，中国人民大学出版社2006年版，第330页。

当事人的诉权对司法权的行使存在制约,这种制约表现在当事人提起诉讼以后法院不得拒绝裁判。就适用审查而言,由于不得拒绝裁判,因此法院必须对法规进行审查。另一个方面是权力分立模式下司法权对立法权和行政权的制约,这种动力来源于宪政架构。不过由于目前我国尚未完全实现司法独立,来源于这一方面的动力显得明显不足。

三是备案审查的目的在于维护权力运行秩序,而适用审查的重心则在于保护相对人权利。由于备案审查是权力内部上级对下级的监督与制约,因此这种审查的直接目的在于防止下级机关超越立法权限而对上级机关的立法权产生侵蚀效应,以维持权力运行的稳定结构。司法机关的适用审查则是对法规的应用效果作出检验,是以宪法和法律为依据对法规进行合宪性与合法性审查,一旦法规不能通过这种审查,它们将面临不予适用的后果,从而在客观上达到保护相对人合法权益的目的。

(3) 司法机关的法规审查为案件审理过程中的必经程序。从实践来看,无论是立法机关的备案审查,还是行政机关的备案审查,由于受到种种因素的限制,目前都大量存在“备而不审”的情形。而司法机关的法规审查则不同,由于每个具体的诉讼案件都涉及法律适用的问题,因此司法机关在审理案件的过程中必须对法规进行审查,因为不进行审查就无法选择可适用的法律、法规,没有可适用的法律、法规,案件就无法作出相应判决。从这一角度来看,司法机关对法规的审查有着比立法机关和行政机关更为严格的程序要求。

虽然司法机关对法规的审查为必经程序,但由于诉讼案件所涉及的法规是有限的,因此寄希望于司法机关通过案件审理对法规进行全面的审查是不现实的。同时由于司法机关对法规的审查只是有针对性的重点审查而非整体性审查,因此司法机关在个案中对具体法规的审查范围和幅度也都是有限的。

三、司法机关法规审查标准的类型化

审查标准的类型化即对审查标准进行具体分类。司法机关法规审查标准的类型化是指根据司法权的特性、司法权与立法权及行政权的关系来对法规审查的标准进行合理划分,以规范司法权在法规审查领域的具体运作,

提高司法机关法规审查的效率,保障司法机关法规审查的公正性。司法机关法规审查标准的类型化是行政立法类型化与行政诉讼类型化相互作用的结果,此外法规审查标准的类型化也受到司法审查标准和违宪审查标准的影响和制约。

(一)法规审查标准与司法审查标准及违宪审查标准的关联性

1. 法规审查标准与司法审查标准的关系

司法审查包括对立法权的审查和对行政权的审查,其中对立法权的审查是指对议会立法的审查,对行政权的审查则包括对具体行政行为的审查和对行政立法的审查两个方面。从上述划分来看,司法审查的标准具体可分为议会立法审查标准、行政行为审查标准与行政立法审查标准三个部分。

法规特指行政机关行使行政立法权所制定的法律性文件,因此法规也就是行政立法,法规审查标准也即行政立法审查标准。从这一角度来看,法规审查标准并不等同于司法审查标准,它只是司法审查三个标准中的一个标准。

从司法审查的依据来看,议会立法的审查依据为宪法,因此对议会立法的审查为违宪审查;行政行为即行政立法的审查标准为宪法、法律和上位法规,因此对行政行为和行政立法的审查既包括违宪审查,也包括违法审查。

2. 法规审查标准与违宪审查标准的关系

违宪审查表明其审查的依据是宪法而非一般法律。违宪审查包括对立法权的审查和对行政权的审查,对行政权的审查也包括对具体行政行为的审查和对行政立法的审查,因此违宪审查标准可分为议会立法审查标准、具体行政行为审查标准和行政立法审查标准三种类型。

由于法规审查既包括法规违宪审查也包括法规违法审查,因此法规审查标准并不等同于违宪审查标准中的行政立法审查标准,因为违宪审查中的行政立法审查只包括行政立法违宪审查而不包括行政立法违法审查。在违宪审查模式下,行政立法的违法审查不是由宪法审查机构来承担,而是由单独设立的行政法院来承担的,因此法规违法审查标准对应于行政法院的行政立法违法审查标准。

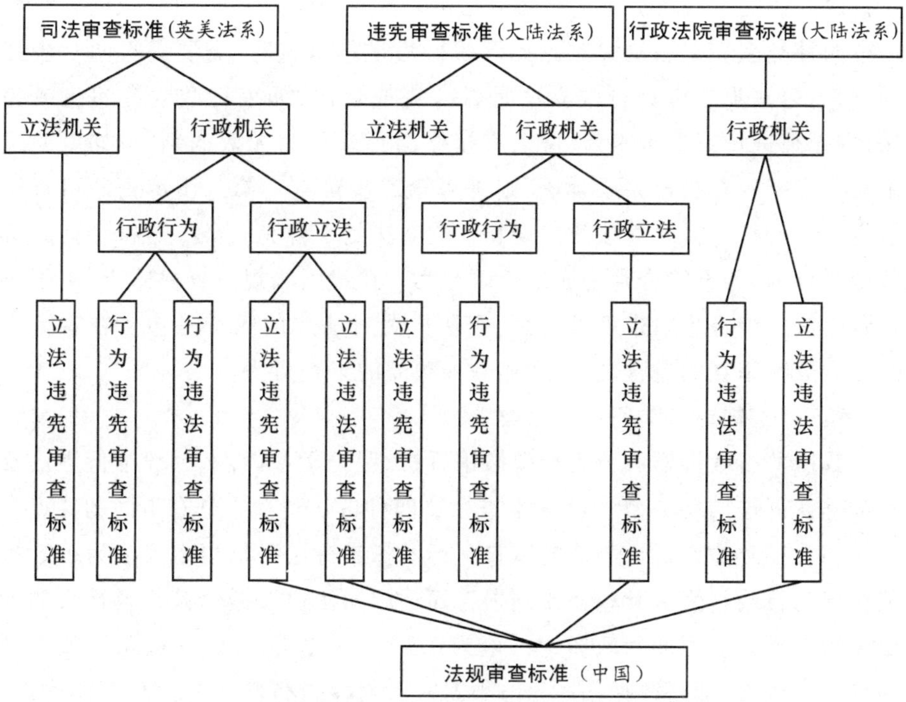

图2　法规审查标准与司法审查标准、违宪审查标准关系图

（二）法规审查与行政行为类型

从行政行为的依据来看，可以将行政行为分为以宪法和法律为依据的行政行为和以行政立法为依据的行政行为两种类型，不同的行政行为类型对法规审查标准有着不同的影响。

(1) 行政行为以宪法和法律为依据。宪法具有最高的法律效力，因此，以宪法为依据的行政行为只需审查行政行为是否与宪法相符，合宪的则为有效行政行为；违宪的则为无效行政行为。由于我国尚未建立司法审查或违宪审查制度，因此法律的合宪性是不受审查的，以法律为依据的行政行为只需审查是否与法律相符，合法的则为有效行政行为，违法的则为无效行政行为。从上述分析可以看出，当行政行为以宪法或法律为依据时，是不存在法规审查问题的。

(2) 行政行为以行政立法为依据。法规审查即对行政行为所依据的行政立法进行审查。由于行政立法可依宪法而制定，亦可依法律而制定，从而对行政立法的审查可分为对行政立法的合宪性审查和对行政立法的合法性审查两种类型。司法机关对此类行政行为进行审查时,需要进行两个步骤的审查:第一步是审查行政立法是否合宪或合法,如果行政立法违宪或违法,则无须进行第二步审查,可以直接作出行政行为无效的判断;如果通过审查认定行政立法合宪或合法,则进入第二步审查。第二步审查即审查行政行为是否符合行政立法的规定和行政立法是否合宪、合法,若符合则为有效行政行为;若不符合则为无效行政行为。在我国法规审查模式下,由于对行政立法的审查为附带审查,因此司法机关对法规的审查是包含在对行政行为有效性审查的过程之中,而非一种独立的审查行为。

(三)法规审查与行政诉讼类型

我国的行政诉讼可分为行政撤销诉讼、课予义务诉讼、一般给付诉讼及行政确认诉讼四种类型①,法规审查在这四种诉讼类型中具有不同的特点。

(1)行政撤销诉讼与法规审查。行政撤销诉讼是指当事人认为行政机关作出的行政行为致其权益受到损害而请求司法机关撤销该行政行为的诉讼类型。最为典型的行政撤销诉讼为针对行政处罚、行政征收及行政强制而提出的诉讼,即行政撤销诉讼一般是对针对侵益行政行为而提起的诉讼。行政机关作出侵益行政行为必须要有明确的法律依据,这里的依据包括行政立法,由于行政立法的合法性直接关系到侵益行政行为的有效性,因此当事人在提起此类诉讼时往往一并提起对行政立法的附带审查,法院在审查此类案件的过程中也经常需要依职权对行政立法的合法性进行审查,因此司法机关的法规审查在这种类型的行政诉讼中最为普遍。

(2)课予义务诉讼与法规审查。课予义务诉讼是指当事人向行政机关申请作出某种行政行为,在行政机关拒绝或怠于作出该行政行为的情形下,当事人请求司法机关判令行政机关作出该行政行为的诉讼类型。典型的课予义务诉讼为行政许可诉讼及要求公安机关履行保护人身权、财产权职责的诉讼。由于课予义务诉讼以当事人所享有的行政法上的请求权为前提,因此诉讼审查的重点在于审查当事人是否享有这种请求权,若享有该请求权则应判令行政机关作出相应行政行为,若无,则当事人的诉讼请求应予驳

---

① 参见章志远:《行政诉讼类型化模式比较与选择》,载《比较法研究》2006年第5期。

回。从行政机关的角度来看,课予义务诉讼一般表现为行政不作为诉讼,从逻辑上讲,行政不作为是不需要法律依据的,行政不作为本身只是一种法律事实。综上所述,在课予义务的行政诉讼中,一般不涉及对法规的审查。当然,在当事人主张行政机关依法规有某种作为义务而行政机关主张相应法规违宪、违法时,法院也有启动对法规审查的必要。

(3) 一般给付诉讼与法规审查。较其他行政诉讼类型而言,一般给付诉讼是一种新型的行政诉讼类型。一般给付诉讼与课予义务诉讼存在关联性,“除了要求行政机关积极作出行政行为需要提起课予义务诉讼之外,举凡给付内容因行政契约、行政事实行为或行政命令而发生的,无论是积极作为的给付还是消极不为的给付,都可以提起一般给付诉讼的方式为之”①。典型的一般给付诉讼为行政给付诉讼、行政合同诉讼及政府信息公开诉讼。司法机关对此类诉讼的重点与课予义务诉讼的重点具有相似性,即重点在于审查当事人的请求权是否成立,判断行政机关是否应为相应给付需以当事人的请求权是否成立为前提,因此,此类诉讼与课予义务诉讼一样,只在特定情况下才涉及法规审查。

(4) 行政确认诉讼与法规审查。行政确认诉讼是指当事人请求司法机关确认行政行为合法性及效力的诉讼。请求确认行政行为无效和请求确认行政行为违法是行政确认诉讼的两种主要类型。从行政确认诉讼与行政撤销诉讼在诉讼程序上的关联性来看,可以将行政确认诉讼看做是行政撤销诉讼的一个组成部分:撤销需以确认为前提,只有在确认行政行为无效或违法的情况下才会导致行政行为撤销的后果。不过由于有些行政行为被宣告无效或违法后,对该行为的撤销已无法律上的必要,因此行政确认诉讼才从行政撤销诉讼中独立出来而成为一种独立的诉讼类型。② 判断行政行为合法性及效力需以该行政行为赖以作出的法律法规依据为依据,而行政行为的依据包括行政立法,因此法规审查在行政确认诉讼中存在普遍性。

---

① 参见章志远:《行政诉讼类型构造研究》,法律出版社 2007 年版,第 163 页。

② 参见姜明安主编:《行政法与行政诉讼法》(第二版),北京大学出版社、高等教育出版社 2005 年版,第 587—588 页。

第二节 国外司法机关法规审查标准及其借鉴

一、美国司法审查标准与法规审查标准

（一）司法审查标准

1. 双重标准理论

双重标准理论由美国最高法院大法官斯通(Stone)所创立。在1938年的“卡罗琳产品案”(*United States v. Carolene Products Company*)中,斯通大法官通过著名的“脚注四(Footnote Four)”正式提出了双重标准理论。斯通通过脚注四提出三个相关的命题:第一,如果国会立法涉及对与民主程序有关的基本权利进行限制,如司法机关在审查此类立法时,合宪性推定原则将受到限制,直至放弃合宪性推定原则。第二,如果国会立法涉及的是与民主程序无关的基本权利的限制,司法机关将对该类立法予以尊重,采取合宪性推定原则。第三,如果国会立法涉及对代议制民主之基石的政治过程进行限制,则这类立法应当受到严格审查。斯通提出的这三个命题实际包含两层意思:一是从程序上对政治过程提供特别保护,对国会通过的与之相关的立法进行严格审查;二是从实体上对基本权利的保护作两种分类,对不同类型的基本权利提供不同的审查标准。我们通常所指的“双重标准理论”,实际上是指在分类的基础上对基本权利提供不同的保护。

“关于‘双重审查基准’,实际上将对有关公民的基本权利的立法人为地划分为两个领域,一是受严格审查的‘自由权’领域,一是受宽泛审查的‘经济、社会权’领域。”[①]双重标准理论意味着法院对涉及公民精神自由和经济自由的立法将采取不同的审查标准:对涉及精神自由的立法实行严格审查,而对涉及经济自由的立法则实行宽松审查。这种审查标准的区分实际反映了联邦最高法院对两种类型的自由进行了价值比较:对于代议制民主而言,精神自由比经济自由具有更高的价值,精神自由是代议制民主的核

---

① 莫纪宏:《论“违宪审查的基准”及其学术价值》,载《南阳师范学院学报(社会科学版)》2007年第11期。

心和基石,因此司法机关对涉及精神自由的立法给予更有力的保护;而经济自由则是代议制民主程序的结果,因此司法机关对这种民主的结果应当保持适度的"谦抑"。

2. 三层密度标准

三层密度标准是从立法目的的重要性程度、立法所采手段之强度以及目的与手段之间的关联性程度等因素对国会立法及政府行为进行不同程度的审查。

(1) 严格审查标准(Strict Scrutiny)。严格审查标准要求立法和行为是为了令人信服的公共利益(a compelling state interest),且该利益的维护极其迫切;同时立法所采取的手段必须是实现该目的最为合适的方法,即必要且损害最小的方法;立法目的与所采手段之间具有异常紧密的关联性(precisely tailored)。只有同时满足上述三个条件,国会立法或政府行为才有可能通过严格审查。严格审查适用最常见的是种族歧视领域,由于标准极其严格,因此通过此类审查的可能性微乎其微。

(2) 中度审查标准(Intermediate Scrutiny)。中度审查标准要求立法和行为的目的是为了"重要的"或"重大的"利益(an improtant or significant governmental interest),所使用的手段与目的之间具有"实质的"关联性(substantially related)。中度审查标准适用最常见的领域是性别歧视领域。

(3) 合理性基础审查标准(Rational Basis Test)。这一审查标准要求立法或行为所追求的是一项"合法的"利益(a legitimate government interest),所使用的手段与目的之间存在"合理的"关联(rationally related)。联邦最高法院在审查涉及经济及社会权利的案件时多采用此类标准,由于采取合宪性推定原则,因此未能通过此项审查的立法和行为非常少。

(二) 法规审查标准

根据美国《联邦行政程序法》第553条的规定,行政机关可以制定三种类型的法规:一是解释性法规。解释性法规是行政机关对法律的解释,其目的是为了澄清和说明法律条文的具体含义,以促进行政机关更好地执行相关法律。制定解释性法规不需要法律的授权,因此这类法规不具有和法律相同的效力。二是程序性法规。程序性法规是从程序上对实体法的实施作出具体规定。程序性法规可因法律授权而制定,也可不因法律授权而制定。

依授权而制定的程序性规则具有与法律相同的效力;不依授权而制定的程序性规则只有说明力而无拘束力。三是实体性法规。实体性法规是影响个人权利和义务的法规。“实体法法规是根据法律授权规定个人权利和义务的法规,它所产生的法律效果和国会所制定的法律的效果相同,具有法律所有的各种效果。”①

1. 程序性审查标准

程序性标准也就是“正当法律程序标准”。根据联邦行政程序法的规定,不同类型的法规要求遵循不同的程序来制定。“按照行政程序法的规定,法规制定程序在理论上分为正式程序与非正式程序。但实际上,绝大多数法规制定程序都是非正式程序。由于正式程序极其冗长烦琐,国会极少明确要求法规制定过程经过正式听证。”②法规制定程序整体上可分为公告评价程序、审判式听证程序、介于上述两种程序之间的混合程序以及自由裁量程序。③ 如果行政机关制定法规时未遵守这些程序,所制定的法规就有可能被司法机关宣布无效。

正当程序标准另一个内容是审查所制定的法规是否公开发布,未公开发布的法规是无效的法规。除了直接规定个人权利义务的实体性法规以外,由于程序性法规和解释性法规也会对个人的权益造成实质影响,因此这三类法规都要求公开发布。《联邦登记》是法规发布的法定刊物。“当我们说某个机构通过了一个解释性法规时,那意味着某个机构作了一个非正式的决定来解释某法律中的某个术语并且在《联邦登记》上公布这一解释。”④

2. 实体性审查标准

实体性审查标准包括三个方面的内容:一是授权标准,即审查法规的制定是否经过相应授权。实体性法规的制定必须要有法律的明确授权;程序性法规中具有和法律相同效力的必须经过法律的授权,不具有此种效力的程序性法规无须法律授权;解释性法规由于其不具有相当于法律的效力因而无须法律的授权。二是专断和反复无常标准。“‘专断和反复无常’标准

① 王名扬:《美国行政法》(上),中国法制出版社 1995 年版,第 355 页。

② 张千帆:《美国行政程立法序的模式选择与变通》,载《浙江学刊》2006 年第 6 期。

③ 参见姜明安主编:《外国行政法教程》,法律出版社 1993 年版,第 255—260 页。

④ 〔美〕史蒂文·J. 卡恩:《行政法原理与案例》,张梦中、曾二秀、蔡立辉等译,中山大学出版社 2004 年版,第 356 页。

即审查规章制定所依据的事实是否存在着必要的证据,规章的内容是否参考了前例,行政机构根据相应事实所作出的结论是否合理,等等。"①三是实质性证据标准。"根据传统的观点,实质性证据标准的审查,比专横、任性、滥用自由裁量权标准严格。"②实质性证据标准首先是要求政府制定法规必须有足够的证据支持,这些证据来源于法规制定程序中的对各种事实的调查、对公众反馈信息的记录以及对法规内容的评价意见等;其次是这些证据要有充分的证明力,要能使一个理智的人依据这些证据可以作出与行政机构相同的结论。

二、德国违宪审查标准及法规审查标准

(一) 审查主体与审查程序

德国的法院系统分为两大类:一类是宪法法院,另一类是普通法院。普通法院根据其性质及所涉及行业的不同又可分为五种类型:刑事和民事法院、行政法院、劳动法院、财政法院和社会法院。德国是联邦制国家,德国的司法系统在纵向上可分为联邦法院系统和州法院系统,两个系统都包括宪法法院和行政法院。

宪法法院在德国的司法管辖中占有特殊的地位。根据联邦基本法和各州宪法的规定,各州设立自己的州宪法法院,联邦设立联邦宪法法院。联邦宪法法院与各州的宪法法院之间没有上下级的隶属关系。德国宪法法院分为两个庭,第一庭专门处理政治中立的司法审查,听取涉及个人权利的宪政申诉及其他法院提交的具体宪法争议;第二庭则专门从事宪法审查,以决定宪法政治机构之间的争议以及抽象法律审查。"宪法审查是指法院对宪法规定的政府机构之间的争议进行审查,它的目的是政治体制本身:通过控制行政权力,保护政府不因拥权自重而受到自身伤害。司法审查则是指法院对政府机构与公民之间的争议所进行的审查,其目的是保护公民的宪法或法律权利不受政府侵犯。在实行司法审查时,法院有权根据宪法,去宣布立法、执法或司法决定违反宪法条款。"③

① 姜明安主编:《外国行政法教程》,法律出版社 1993 年版,第 261 页。
② 王名扬:《美国行政法》(下),中国法制出版社 1995 年版,第 720 页。
③ 张千帆:《西方宪政体系》(下),中国政法大学出版社 2005 年版,第 166 页。

德国的行政法院分为三级,分别是初等行政法院、高等行政法院和联邦行政法院,其中前两级法院属州法院系统,后一级法院属联邦法院系统。大多数行政案件都由初等行政法院受理,当事人如对初等行政法院判决不服,可上诉到高等行政法院,直至上诉到联邦行政法院。德国虽然设立有专门的行政法院,但并非所有的行政诉讼案件都由行政法院审理,行政法院只受理因行政机关的行政行为和行政合同而引起的行政诉讼案件,其他行政诉讼案件根据其所涉行业的不同而由不同的专门法院受理:劳动争议案件由劳动法院受理;财政税务行政案件由财政法院受理;社会法领域的行政案件由社会法院受理。

德国对法律法规的审查是宪法法院的一项重要职能。[①] 宪法法院对法律法规的审查根据其程序和审查重点的不同,可以分为抽象审查(即直接审查)与具体审查(即附带审查)两种类型。抽象审查是指不涉及具体的法律适用或具体的诉讼案件的审理,只就法律法规是否与宪法相抵触而进行审查的程序,其实质是宪法法院对法律法规的效力进行审查的程序。在抽象审查方面,联邦宪法法院具有审查联邦法和州法是否违反联邦基本法的管辖权;各州宪法法院具有审查州法是否违反州宪法的管辖权。具体审查是指普通法院在审查具体案件的过程中,如果认为所适用的法律或法规可能违反上位阶法律或法规而对其效力产生疑义时,应当中止该案的审理程序,而将该案移送到具有管辖权的宪法法院,由宪法法院对法律法规的效力进行审查。待宪法法院作出法律法规效力的审查结论以后,普通法院才可依审查结论恢复对具体案件的审理。

(二) 审查标准

(1) 比例原则。比例原则是德国行政法的基本原则,也是宪法法院对法律法规进行抽象审查和具体审查所使用的主要审查标准。比例原则的基本内涵是行为的手段和目的的关系必须适当,国家在基于公共利益的需要而对公民的基本权利进行限制时,必须采取限制最小的手段而避免对基本权利作出过多的限制。比例原则最初适用于行政行为领域,其形象的比喻是"不得以炮轰鸟"。行政机关的授权立法大量出现以后,为了加强对行政

① 宪法法院除承担对法律法规的审查外,还承担弹劾总统案、政党违宪案、国家机关争议案及宪法诉愿案等案件的裁判。

立法的制定和审查，比例原则也逐步运用到对行政立法的审查程序中而成为违宪审查的一项基本标准。

比例原则包括三个子原则：一是必要性原则，是指所采行的措施必须能够实现行政目的或至少有助于行政目的达成并且是正确的手段。这个原则是一个“目的导向”的要求。二是适合性原则，是指在前述“必要性””原则已获肯定后，应当进行利益衡量，只有实施该行为所取得的公益大于私益的前提下，才可实施某一行政行为。三是狭义比例原则，即行政权力所采取的措施与其所达到的目的之间必须合比例或相称。这一原则要求行政机关在作出行政行为时，“必须在多种方案中进行选择，择其成本最小的、收益最大的、对相对人权益损害最小的方案实施”。①

比例原则在逻辑上固然是高度自洽的，但这一看似价值中立的原则未免过于抽象，因此当这一原则适用于法规审查时，容易造成审查方式与各种具体的权利内涵相割裂，直至成为一个“内容空洞的公式”。为了解决比例原则过于抽象的难题，德国宪法法院在违宪审查中引入了“立法事实”概念。“‘立法事实’是指立法者对法律规范所涉及的事实问题之‘主张’或‘看法’，是相对于‘判决事实’或‘司法事实’等概念而言的。合宪性（或合法性）审查将法律规范置于‘立法事实’脉络下进行观照，更加符合认识论的观点，因为所谓的‘事实’，毋宁是取决于立法当时观察者的认识与评价判断，而不是经过了时流物变、到达司法裁判时的‘案件事实’。”②

引进立法事实这一概念以后，德国宪法法院在法规审查过程中对不同的立法事实施以不同的审查标准，这样就将抽象的比例原则导入具体的立法事实，从而通过对立法事实的审查达到了对法规审查的目的。经过类型化后的比例原则包括三个标准：一是明显性审查标准，要求法规对基本权利的限制不得有显而易见、毫无疑义的错误；对基本权利的限制不得逾越宪法的最外围界限。这一审查标准通常适用于经济事务领域中的基本权利限制案件。二是可支持性审查标准，这一标准要求对基本权利的限制必须合乎事理，

---

① 姜明安主编：《行政法与行政诉讼法》，北京大学出版社、高等教育出版社 2005 年版，第 71 页。

② 何永红：《德国法规审查标准之类型化——基于学说与实务视角的法理分析》，载《时代法学》2008 年第 6 期。

必须充分考虑到可以接触到的知识资料。这一审查标准通常适用于涉及复杂社会事务的经济性或财税性领域。三是强力审查标准,这一标准要求对基本权利的限制必须具有充分的、真实的且相当可靠的限制理由。这一审查标准通常适用于涉及生命权、人身自由权领域以及涉及政治权利的领域。

(2)授权标准。行政机关只有获得宪法和法律的授权才能制定法规,这是授权原则的基本要求。如果行政机关制定的法规缺乏授权或超越授权范围,则其所制定的法规将因违反授权原则而归于无效。授权原则本是立法权对行政权的一种控制手段,这一原则逐步发展成为违宪审查的一项基本原则。"在抽象的规范审查程序中,对联邦规章的宪法审查也扩张到了审查规章是否具有法律授权之基础、其规定是否在授权的范围之内。"[①]根据授权标准对法规的审查是对法规审查的前置程序,它是将整部法规作为一个整体来进行分析,具体是看法规所调整的对象是否属于法律授权行政机关制定法规的范围,若属于授权范围,则对法规内容进行进一步的审查;若不属于授权范围,则可直接宣告法规因缺乏授权而无效。

(3)抵触标准。德国的成文法有着严格的法律位阶秩序,下位法不得与上位法发生抵触。在宪法与其他法律的关系中,德国基本法作为宪法具有最高的法律地位,联邦和州的一切法律都不得与其相抵触。在联邦法与州法的关系中,所有联邦法都高于州法,所有的州法都不得与联邦法相抵触。在德国的违宪审查中,无论是对法律法规的抽象审查还是具体审查,抵触标准都是判断法律法规合宪性与合法性的重要标准。在对联邦法律进行审查时,其唯一的依据就是基本法;而对州法进行审查时,其审查依据则为基本法和联邦法律。"依据基本法第 93 条第 1 款第 2 项的字面规定,对联邦法的审查标准只有基本法,对州法的审查标准为基本法以及'其他联邦法'。"[②]依据抵触原则对法规进行审查包括两个层面:一是对联邦法律和州法律是否与联邦基本法抵触进行审查;二是对州法律是否抵触州宪法进行审查。[③]

---

① 〔德〕克劳斯.施莱希、斯特凡.科里奥特:《德国联邦宪法法院——地位、程序与裁判》,刘飞译,法律出版社 2007 年版,第 145 页。

② 同上书,第 144—145 页。

③ 参见胡锦光主编:《违宪审查比较研究》,中国人民大学出版社 2006 年版,第 182 页。

三、法国违宪审查标准及法规审查标准

(一) 审查主体与审查程序

法国承担违宪审查职能的机构是宪法委员会,宪法委员会既是一个司法机关,同时也是一个政治机关。宪法委员会除承担违宪审查的职能外,还承担总统咨询职能和选举诉讼职能。宪法委员会的成员由任命的成员和当然成员两部分构成。宪法委员会成员共9名,由共和国总统、国民议会议长和参议会议长分别任命3名,第三年改选1/3。当然成员为共和国总统,前任共和国总统无须任命自动成为宪法委员会的成员。

宪法委员会审查的对象分为两种类型:一是强制审查的规范。法国《宪法》第61条第1款规定,各项组织法律在颁布以前,议会两院的内部规则在执行以前,均应提交宪法委员会审查,以裁决其是否符合宪法。这类法律必须自动接受宪法委员会的审查,审查时不需要发生任何实际的案件,也不需要存在实际的利害关系人。二是非强制审查的规范。法国《宪法》第61条第2款规定,除第一款规定法律以外的法律可以由共和国总统、内阁总理或者两院中的任何一院议长提交宪法委员会审查。这类法律只有在特定主体提出审查请求的情况下,宪法委员会才会对其进行审查。

法国的行政法院可分为普通行政法院与专门行政法院两套系统。普通行政法院包括行政法庭、上诉行政法院和最高行政法院,普通法院负责审理一般行政案件。专门行政法院包括审计法院、财政和预算纪律法院、补助金和津贴法院、职业团体纪律处分委员会等,上述专门行政法院负责审理特殊的行政案件。最高行政法院承担咨询和审判两种职能。对于政府提出法律草案和制定行政条例、作出行政处理等行政行为,最高行政法院负责向政府提供咨询意见。为保证行政审判的公正性,法律规定为政府提供过咨询意见的法官将不能参与针对该行政行为的审判工作。最高行政法院针对不同案件分别行使初审管辖权、上诉管辖权和复核管辖权。上诉行政法院负责审理上诉行政案件,创立上诉行政法院的目的是为了减轻最高行政法院的审判负担。地方行政法庭是一般权限法庭,它所承担的职能也分为咨询职能和审判职能。

法国宪法委员会对法律的审查为事前审查和抽象审查,这是法国违宪

审查的最显著的特征。事前审查包括两种情形:一种情形是在法律制定以后公布实施以前进行审查。按照法国《宪法》第 61 条第 1 款的规定,组织法制定以后由总理在公布前提交宪法委员会审查;议会条例由上议院议长或国民议会议长提交宪法委员会审查。另一种情形是在法律正式通过以前对法律草案进行审查。这种事前审查将审查的时间提到了法律制定之前,因此其预防性效果更为明显。这种审查方式是指"在法律讨论期间,政府与两院议长因对两院所提交的法律草案或法律修正案是否侵入了条例的管辖范围持不同意见而将该问题提交到宪法委员会由其依照宪法做出判决。这是一种预防性机制,其目的在于阻止或停止对争议法律的讨论"。① 这种审查一方面起到了平衡立法权与行政权的作用,防止立法权不当侵入行政权领域;另一方面也可以防止侵犯公民基本权利的法律草案在议会获得通过。如自 1971 年以来,宪法委员会相继否决了政府提出的几部法律草案,这些法律草案包括"1971 年的结社自由法案、1977 年的个人自由法案、1977 年的教育自由法案、1983 年的住宅不可侵犯法案、1979 年的罢工权法案、1984 年的大学教授独立法案以及 1986 所的新闻自由和通讯自由法案等等"。②

法国宪法委员会与行政法院在法律法规的违宪审查上存在明确的分工。"宪法委员会实施的违宪审查的对象主要是议会的立法,而由政府制定的各种行政法规,如条例,则不在宪法委员会的审查范围之内。对政府颁布的行政法规是否违反宪法的问题,实际上是由最高行政法院在具体诉讼案件中实施审查的。"③行政法院对行政法规的审查为事后审查,在行政诉讼案件中,最高行政法院经过审查可以宣告违反宪法的行政法规无效。"最高行政法院可在政府制定的行政法规超越权限,特别是侵犯了宪法规定的应由议会行使的立法权而宣告其无效。"④法国行政法院对行政法规的审查既可以是抽象审查,也可以是具体审查。"利害关系人认为条例违法,可在条例公布后 2 个月内向行政法院提出越权之诉,请求撤销不合法的条例。也可以在任何时候在其他诉讼中,主张条例无效。"⑤

---

① 施鹏鹏:《法国宪法委员会若干问题研究》,载《山东社会科学》2006 年第 9 期。

② 同上。

③ 李滨:《法国违宪审查制度探析》,载《北方法学》2008 年第 3 期。

④ 同上。

⑤ 王名扬:《法国行政法》,中国政法大学出版社 1988 年版,第 151 页。

（二）审查标准

(1) 越权标准。越权标准是法国违宪审查和法规审查的一项重要标准,议会所制定的法律和行政机关所制定的法规是否超越各自享有的立法权限是法律和法规是否合宪或合法的判断标准。法国在宪制传统上遵循议会主权的原则,认为议会是唯一的立法主体,只有议会立法才具有正当性。伴随着法院宪政体制的逐步转型,法国宪法也确立了授权立法的原则,这成为行政机关立法正当性的依据。法国《宪法》第38条规定:"政府为了实施其施政纲领,可以要求议会授权它在一定的期限内以法令来对通常属于法律范围的事项采取措施。"这一条款明确规定了立法委代。法国立法委代的特点在于,委托立法的权限范围一旦确立,行政机关的委托立法就具有相对的独立性,这种独立性受到宪法保障,一经委代,议会即不得自行在委代范围内进行立法,否则其立法将被宪法委员会宣布为违宪。与此同时,行政机关所制定的行政法规亦不得侵入议会立法的领域,也即行政机关不得超出立法委代的范围,否则这些法规将被宣布为违宪。

越权标准与授权标准的区别在于,在授权标准模式下,行政机关的立法一方面必须要有立法机关的授权;另一方面其立法不得超出立法机关授权的范围,无论出现哪一种情形都将导致行政机关的立法违宪或违法而无效。而在越权标准模式下,一方面要求行政机关遵循授权标准,不得在无授权的情况下立法,亦不得超出授权立法;另一方面也要求议会不得侵入委托立法范围而自行立法。在这种模式下,议会立法权与行政机关的委托立法权存在明确划分,它们相互之间都不得越权。而在授权标准模式下,立法机关当然可以在委托立法范围内立法,因而不存在议会立法越权的问题。

(2) 抵触标准。无论是对法律的合宪性审查还是对法规的合宪性与合法性审查,不得与宪法和法律相抵触都是共同的标准。"在行使宪法第61条赋予的权限时,宪法委员会必须提请审查的法律没有违背宪法原则,也不与具有宪法效力的规则相抵触。"[①]法国学者将违宪审查的依据统称为"合宪性审查依据规范集合",这个集合包括宪法(序言和正文)、"具有宪法效力的法基本原则"以及组织法,但不包括议会规则。根据抵触标准,宪法委

---

① 莫纪宏主编:《违宪审查的理论与实践》,法律出版社2006年版,第217页。

员会对法律的审查适用“最低限度的审查”。最低限度的审查一开始表现为“明显的判断错误标准”，这一标准指不需要专门知识、任何具有普通智识的人都可以根据常识识别出的错误。由于这一标准过于宽泛，以至于有学者诟病其为“最大限度审查”标准，因为很难想象几百名议员在经过漫长的立法程序后会一致出现常人即可识别的“明显判断错误”。正是由于这个原因，宪法委员会从1994年起更倾向于“明显失当”标准，而不再使用“明显判断错误”标准。在行政诉讼程序中，行政法院可对行政法规进行审查，对于与法律相抵触的法规，行政法院可以将其撤销。“条例的效力受法律的限制，不能和法律相抵触，这是原则。”①

四、对国外司法机关法规审查标准的评价与借鉴

（一）对美国、德国和法国司法机关法规审查标准的评价

美国的司法审查制度独具特色，在这一审查模式下，司法机关将对议会立法的审查和对行政立法的审查合二为一，这两种审查既有着一些共同的指导原则，同时又各自有着不同的审查重点。在美国司法审查的发展历程中，联邦最高法院发挥着极其重要的功能和作用，正是由于联邦最高法院十分睿智地在司法保守与司法激进之间保持着平衡，使立法权和行政权都服膺于司法审查，从而能够保持三权分立架构的长期稳定，公民基本权利的保障水平也因此而得到不断提升。

美国司法机关法规审查标准的主要特色有三：

其一，以公民基本权利保障为目标来构建审查标准。无论是双重理论标准还是三层密度标准，其审查标准的出发点都在于基本权利的保护。美国宪法通过宪法修正案——权利法院的方式对公民的基本权利作了列举，同时规定公民所享有的基本权利并不以修正案的列举为限。权利法案对基本权利的列举有利于明确基本权利的主要内容，这对立法权和行政权的行使具有指引功能，但权利法案的规定只是原则性甚至抽象性的规定，公民的基本权利保护还有赖于立法机关和行政机关通过相应立法来予以落实。从立法的内容来看，无论是议会立法还是行政立法，都存在正向保障和反向限

---

① 王名扬：《法国行政法》，中国政法大学出版社1988年版，第145页。

制基本权利两种可能。由于正向保障有利于基本权利的实现,因此正向立法并非司法审查的重点;反向限制则有可能对公民基本权利造成严重损害,因此这类立法自然而然地成为司法机关审查的重点。无论是双重理论标准还是三层密度标准,都是以审查议会立法和行政立法对基本权利限制的范围、幅度、程度及深度为标准的,核心在于审查基本权利限制的正当性、必要性及合理性,以达到规制国家权力的行使、保护和促进基本权利实现的目的。

其二,审查标准以基本权利的类型化为基础。基本权利根据其性质的不同从总体上可以分为自由权与平等权两大类,双重理论标准和三层密度标准即是以这种分类来构建审查标准的:双重理论标准主要适用于对自由权限制的审查;而三层密度标准主要适用于对平等权限制的审查。双重标准理论将自由权分为精神自由与经济自由两种类型,对精神自由实行比经济自由更为严格的审查。三层密度标准虽然从形式上看其具体指向哪一类权利并不明朗,但司法实践已表明这一审查标准是对平等权限制的最为科学的审查模式。自由权与平等权限制的区别在于,对自由权的限制往往涉及范围更广的人,而对平等权的限制一般只涉及特定群体。基于社会管治的有效性,政府往往需要对不同的群体实行不同的管治措施,因此就立法权的行使而言,立法分类并不当然为宪法所禁止,宪法所禁止的是不合理的归类及不适当的限制措施。如果归类不合理或限制不适当,就会带来歧视的后果,这种歧视后果才是宪法所反对的。三层密度标准针对不同的歧视采用不同的审查标准:对种族歧视实行严格审查;对性别歧视实行中度审查;对经济和社会领域的歧视实行合理性基础审查。双重理论标准和三层密度标准都是以对权利类型的价值衡量作为基础的,都是对不同价值的权利施以强弱不同的审查标准。由于精神自由具有比经济自由更为更为重要的价值,因此对精神自由实行更为严格的审查;由于种族歧视具有比对性别歧视更为严重的社会破坏性,因此对种族歧视实行更为严格的审查,其他类型的歧视亦可依此类推。

其三,行政立法的审查重点为法规制定过程。从美国行政立法审查标准与议会立法审查标准的关系来看,议会立法的审查标准——双重理论标准与三层密度标准无疑都适用于对行政立法的审查,除此之外,行政立法还有着自己独特的审查标准。由于行政立法存在“民主性不足”的缺陷,因此相对于议会立法而言,行政立法的审查重点在于通过司法机关的审查来弥补其民主性的不足。行政立法民主性的不足主要体现为立法过程的民主参与不够,因此美国法规审查标准重点在于对法规制定过程的审查,包括制定过程中的程序审查与实体审查两个方面。无论是对不同法规适用不同制定程序的要求,还是运用实质性证据标准或专断与反复无常标准对法规内容进行审查,其目的都在于对法规的制定过程进行控制,将行政立法民主性不足的影响限制在最小的范围内。

德国违宪审查标准最鲜明的特征是比例原则的适用。比例原则最早是行政法的原则而非违宪审查的原则,且比例原则最早适用的领域是行政行为领域而非行政立法领域,之所以将比例原则引入违宪审查领域,就是因为比例原则所反映的公共利益与公民权利之“利益衡量”不仅是行政权行使的原则,同时也是立法权所应遵循的原则。由于所有的立法都涉及公共利益的维护与公民权利的保障,而这两者在很多情况下会出现冲突和对立,因此需要找到一个合理的标准来调整二者之间的关系,毫无疑问,比例原则是处理这一难题最有效的方法。德国宪法法院和行政法院以比例原则为核心,构建了一个完整的法律法规审查体系。这主要体现在下述三个方面:

其一,比例原则在立法目的与实现手段考量的基础上,增加了公民权利这一考量因素,从而使得违宪审查标准更加全面。比例原则包括两层含义:一是目的与手段相互协调,这是对立法内部结构上的要求;另一个方面是公共利益与公民权利相互平衡,这是对立法外部关系上的要求。“所谓比例原则,乃是联邦宪政法院所发展的不成文的程序性规则。它要求必须采取合适手段以达到合法目的,而且手段必须和目的合理相关,并对宪政价值束缚最小。”[①]这里所指的“宪政价值”,就是指宪法所保护的基本权利。

其二,比例原则不以权利分类为基础,对各种类型的基本权利限制一体适用。与美国基于基本权利分类基础上的司法审查标准不同的是,德国的比例原则在形式上并不以基本权利的分类为基础,比例原则对于自由权与平等权同样适用。比例原则的基础在于对基本权利的价值进行预先衡量,

---

① 张千帆:《西方宪政体系》(下),中国政法大学出版社 2005 年版,第 171 页。

从而形成一个基本权利的价值体系，在这个价值体系中越靠近中心的权利其价值超高，对其施加限制的要求更加严格；离价值中心越远的权利，对其施加限制的要求也就相对宽松。从这一角度来看，虽然比例原则在形式上不以权利分类为标准，但在实质审查模式上与美国的司法审查标准具有某种程度的同构性。

其三，授权标准和抵触标准的目的在于保障宪法秩序和法律秩序。在法治国家中，宪法秩序和法律秩序是维系整个社会秩序的基础，如果宪法秩序和法律秩序遭受破坏，整个社会秩序就会失去可靠的保障。德国违宪审查中的授权标准和抵触标准，其目的就在于保持宪法秩序和法律秩序的稳定，这两个审查标准通过对立法权限和立法内容的控制来保障宪法和法律的应有地位，从而形成一个稳定而有序的法律位阶秩序。授权标准体现的是立法权对行政权的控制，也就是代议机关对非代议机关的控制，这体现了民主的正当性；抵触标准体现的是下位阶的法律对上位阶法律的服从，这既体现了代议机关对行政机关的控制，同时也体现了行政机关内部上级对下级的控制。

法国是一个单一制的国家，其国家结构形式有别于美国和德国的联邦制。这一点在违宪审查机构的设置上也有所体现。美国系由普通法院承担违宪审查的职能，不管是联邦的法院还是各州的法院都享有违宪审查权；德国则在联邦和州一级上都设有宪法法院。而法国则不同，法国只在中央层面上设有违宪审查机构——宪法委员会，宪法委员会以下并未设置专门的违宪审查机构。这种集中审查的模式有别于美国和德国的分散审查模式。

法国司法对法规的审查标准主要有以下两个特色：

其一，法国的“越权标准”独具特色。法国在宪制结构上是一个半总统制半议会制的国家，行政权和立法权边界清晰，这一宪制特点在违宪审查标准中也有所体现，这就是法国独具特色的“越权标准”。按照英国的行政法理论，“越权无效”是行政行为的一项基本原则，其本意是指行政机关所作出的行政行为不得超出其享有的权限，超过其权限作出的行政行为即为无效行政行为。越权无效原则是为了规范行政机关内部上下级行政机关之间和同一级行政机关之间的权力关系，以防止纵向越权与横向越权。法国违宪审查中的越权标准则是为了保持议会与行政机关在立法权限上的分工——

经过立法委托的行政立法权具有相对的独立性，议会不得在立法委托的范围内立法，法国的这种立法委托与议会主权模式下的授权立法存在着显著的差异。

其二，抵触标准具有两个面向。对于行政立法的审查而言，抵触标准包括两层含义，一是行政机关所制定的法规不得违反上级行政机关所制定的法规；另一层含义是行政机关所制定的法规不得违反议会所制定的法律。“如果一个行政命令违反了部门规章即是违法的，同样，一个部门规章违反了国会立法也是违法的。”[①]抵触标准的这两个面向体现了立法机关对行政机关的控制，也体现了上级行政机关对下级行政机关的控制，这是维护宪法和法律秩序的需要，也是维持单一制国家结构形式的需要。

（二）启示与借鉴

上述美、德、法诸国司法机关对法规审查的制度对我们主要有下述四个方面的启示与借鉴：

（1）法规审查标准的建立需以违宪审查标准的确立为基础。从法规审查与违宪审查的关系来看，无论是美国实行的司法审查，还是德国和法国实行的违宪审查，法规审查都是包含在违宪审查之中的。法规审查一方面当然适用宪法审查的标准，另一方面法规审查还有着自身独特的标准，如美国的法规制定程序标准、实质性证据标准；英国的授权标准；法国的越权标准等，这些标准只适用于法规审查，或者主要适用于法规审查。从某种意义上看，在建立了司法审查或违宪审查的国家，法规审查就是顺理成章的事情，因而无须刻意强调法规审查；而在尚未建立司法审查或法规审查的国家，即使单独建立法规审查制度，其审查的效果也将大打折扣。

法规审查标准根据其审查依据的不同可以分为外部审查标准——以议会立法为审查依据和内部审查标准——以上位阶法规为审查依据，其中外部审查标准涉及违宪审查，内部审查标准则涉及违法审查。从两种审查标准的关系来看，内部审查标准需要以外部审查标准为保障：内部审查实质为法规内部的审查，如果缺乏外部审查，即使法规通过内部审查，也不能当然得出法规合宪或合法的结论。由于内部审查是一种垂直审查，内部审查的

---

① 〔英〕L·赖维乐·布朗、约翰·S.贝尔：《法国行政法》（第五版），高秦伟、王锴译，中国人民大学出版社2006年版，第204—205页。

最终依据——效力位阶最高的法规仍然存在违宪或违法的可能，因此如果法规审查的最高依据违宪或违法，则通过垂直审查的法规也有可能违宪或违法。只有在建立有效的外部审查——违宪审查或违法审查的前提下，通过内部审查的法规的合宪性与合法性才有可靠的保障。

就我国的法规审查而言，我们一方面要建立统一的法规审查标准体系，使法规审查真正从规范层面走向实证层面，发挥法规审查应有的功能和作用；另一方面也需要逐步建立我国的司法审查制度，以对法规审查起到推动、促进和保障作用。

（2）法规审查标准的结构取决于司法审查的价值取向。从司法审查的价值取向来看，司法审查的目的主要有两个：一种是以维护宪政秩序为重点；另一种则以保障公民权利为重点。根据司法审查价值目标的差异，可以将司法审查分为三种模式：以公民权利保障为重点的模式、以宪政秩序维护为重点的模式和两者兼顾的居中模式。从对美国、德国和法国司法审查标准的分析可以看出，美国的司法审查以公民权利保障为重点；法国的司法审查以宪政秩序的维护为重点；而德国则接近于两者兼顾的居中模式。

图3　美国、德国、法国司法审查模式关系图

无论是从理论还是实践的角度来看，要在上述三种模式之间分出优劣都是很困难的。一个国家具体采用哪种审查模式，是由这个国家的文化传统、司法传统、国家结构和宪政结构决定的；这种审查模式的多样性同时也说明司法审查并没有普遍适用的模式，每一个国家都应该根据本国的具体情况采用最适合本国基本情况的审查模式。“法国违宪审查体制的直接出发点是为了保障宪法秩序，客观效果是保障公民权利。而美国型的直接出发点是为了保障公民权利，客观效果是保证宪法秩序。”①

司法审查的价值取向直接影响司法审查标准，而法规审查标准则为司法审查标准所决定，因此法规审查标准与司法审查的价值取向密切相关。

① 胡锦光主编：《违宪审查比较研究》，中国人民大学出版社2006年版，第256页。

从我国的法治现实来看,宪政秩序的维护和公民权利的保障都是我国法治建设所要追求的目标,无论在形式上还是在实质上这两个目标都不容偏颇,因此我国的司法审查在模式设计上主要应当参照德国的模式,同时吸收和借鉴美国及法国模式的可取之处。

(3) 法规审查标准应当具有可操作性。审查标准从本质上看是一种判断标准,判断标准要处理好定性和定量的问题,定性是目的,定量是手段,二者缺一不可,否则审查标准的实际运用就会遇到困难,甚至难以达到审查的目的。就审查标准的可操作性而言,美国的审查标准可操作性最强;德国审查标准次之;法国审查标准的可操作性相对较弱。美国审查标准的可取之处在于其类型化处理:双重审查标准将自由权分类;三层密度标准则将平等权领域的歧视进行归类,这种类型化的技术处理便于司法机关在审查的过程中"按图索骥""对号入座",提高司法审查结果的稳定性和可预测性,更好地发挥司法审查的指引功能。德国的比例原则在逻辑上是高度自洽的,但这一原则在未进行类型化处理以前,其具体适用是难以把握的,而在引入了"立法事实"这一考量因素以后,比例原则得以成功地类型化,其可操作性随之得到加强。

从我国司法机关法规审查的实践来看,我国目前的法规审查标准为单一标准——合法性标准,即行政法规不得与法律和上位阶法规相抵触。合法性标准是一个非常宽泛的标准,也是一个高度概括和高度抽象的标准,这一标准目前既未像美国司法审查标准那样予以类型化,也未像德国的审查标准那样有比例原则这种行政法法理作为支撑,这一标准十分类似于法国的审查标准——定性明确但定量模糊。此外,合法性标准是一个通用的标准,也是一个最低限度的标准,因此要完美我国的法规审查标准,一方面要将合法性标准具体化;另一方面要对审查标准进行类型化,以提高合法性标准的可操作性。

(4) 法规审查标准的形成是一个动态的发展过程。法规审查标准作为一种司法认知和判断模式,它的出现不是一蹴而就的,也不是一劳永逸的,而是有着一个动态的发展过程,审查标准的发展和完善过程同时也是司法认知由表及里、由浅入深的发展过程。在这个发展过程中,丰富的司法实践起着至关重要的作用。科克大法官说过,法律乃一门艺术,一个人只有经过长期的学习和实践，才能获得对它的认知，法规审查标准正是长期司法实践的结果。美国双重理论标准的提出得益于斯通大法官在卡罗琳产品案中的“发现”；德国比例原则的运用也是宪法法院的法官长期受到行政法中的比例原则浸润的结果，上述标准的形成无一不是法官智慧积累、提炼、升华的产物。

客观而论，我国目前还尚未形成一个完整的法规审查标准体系，要建立这样一个体系，一方面有赖于理论研究的深入；另一方面也有赖于司法实践的不断展开，目前我国在这两个层面上都存在欠缺。由于我国是成文法而非判例法国家，“法官造法”并非审查标准之形成的可靠路径，因此理论研究的突破是建立法规审查标准体系的必由之路。与此同时，我们也不能忽视司法实践对理论研究成果的检验作用，只能经过实践检验的理论才是具有真实价值的理论，因此理论研究还必须面向司法实践，以研究真问题，创造真理论。

第三节　我国司法机关法规审查标准之重构

一、我国司法机关法规审查标准之现状

（一）司法机关法规审查权

建立司法机关法规审查标准的前提是司法机关享有法规审查权，否则研究标准建立的问题就只停留在纯粹的理论探讨层面而无实际意义。对于我国法院是否取得法规审查权以及法规审查权范围的问题，学术界目前并未形成统一的认识。由于法规审查权与违宪审查权紧密相连，因此司法机关法规审查权取决于我国的违宪审查制度的建立及其运行模式。

1. 我国违宪审查的现状

我国《宪法》在序言部分规定，宪法“是国家的根本法，具有最高的法律效力”，这就确立了宪法在我国法律体系中的最高法律地位。《宪法》第 62 条规定，全国人民代表大会行使“监督宪法实施”的职权；第 67 条规定，全国人大常委会行使“解释宪法，监督宪法实施的职权”。从《宪法》的规定来

看,我国监督宪法实施的机关是全国人大及其常委会。与此同时,《宪法》在序言部分也作出了有关“宪法实施”的规定:“全国各族人民、一切国家机关和武装力量、各政党和各社会团体、各企业事业组织,都必须以宪法为根本的活动准则,并且负有维护宪法尊严、保证宪法实施的职责。”从监督宪法实施的具体含义来看,序言中规定的宪法实施与具体条文中规定的宪法实施具有不同的含义:序言中规定的宪法实施具有政治含义,是指宪法规定的各项政治制度的落实;具体条文中规定的宪法实施具有法律意义,是指宪法具有最高的法律效力,其他任何法律都不得与宪法相抵触。[①]

宪法实施与违宪审查是两个不同的概念,宪法实施是指将宪法的条文规定变为现实运作,侧重于宪法秩序的形成;而违宪审查则是依据宪法对现实中存在的违宪的立法和行为进行审查,以维护宪法的最高法律地位。宪法实施是建立违宪审查的前提,但违宪审查实现还需要在宪法实施的基础上建立专门的机构和制度来予以保障,因此宪法实施并不会当然导致违宪审查。新中国成立以后的宪法实施情况也充分说明了这一点:我国宪法规定了宪法实施的制度,但迄今为止全国人大及其常委会从未进行过违宪审查。[②] 全国人大及其常委会未进行违宪审查并不表明我国不存在违宪的现象,世界上没有哪一个法治国家没出现过违宪的事件,我国未进行违宪审查只能说明两个问题:一是出现过违宪的问题但不是通过违宪审查而是通过政治途径予以解决;二是出现过违宪的问题既未通过政治途径亦未通过违宪审查途径予以解决,因而这些违宪问题自始至终都未得到纠正。

我国《立法法》于2000年颁布实施,这部法律对人大立法及行政立法作出了全面具体的规定,对规范立法行为起到了积极作用。《立法法》对立法监督作了专门规定:行政立法要接受同级人大、上级人大和上级政府的备案审查。由于《立法法》并未对法律的审查作出规定,因此《立法法》所确立的审查制度为违法审查而非违宪审查,因为只有法律才是违宪审查的主要对

---

① 参见胡锦光:《违宪审查与相关概念辨析》,载《法学杂志》2006年第4期。

② 全国人大曾进行过两次“合宪审查”:1990年4月4日,七届全国人大三次会议作出《关于〈中华人民共和国香港特别行政区基本法〉的决定》,宣布香港基本法符合宪法;1993年3月31日,八届全国人大一次会议作出《关于〈中华人民共和国澳门特别行政区基本法〉的决定》,宣布澳门基本法符合宪法。

象[1]，缺乏以法律为对象的审查至多是一种违法审查而决非违宪审查。

2003年“孙志刚案”发生后，三位博士上书全国人大常委会要求对国务院颁布的《城市流浪批发乞讨人员收容遣送办法》进行审查[2]，这是《立法法》颁布实施以来我国公民依据该法第91条向全国人大常委会正式提出的针对行政法规的审查建议，三位博士提出的理由是该遣送办法既违法又违宪，其目的在于通过提起这一审查建议推动我国的违法审查乃至违宪审查，从而迈出建立完整的违宪审查制度的关键一步。然而，事情的结局却出乎三位博士及所有关注此次事件的法律人的期待，全国人大常委会既未根据三位博士的建议书对遣送办法进行违法审查，也未对其进行违宪审查，而是由国务院通过国务院常务会议制定了《城市生活无着的流浪乞讨人员救助管理办法》，以此废止了《城市流浪乞讨人员收容遣送办法》。从这一结果来看，三位博士要求废止遣送办法的目的达到，但他们希望以此案为契机推动中国的违法审查乃至违宪审查的目的落空了，因为这一结果的出现仍然是通过政治途径而非法治的途径实现的。这正如滕彪后来所说的，“实体主义的要求似乎被满足了，但程序正义或形式正义的要求似乎被忽略了”。[3]

2004年5月，全国人大常委会正式成立法规备案审查室，法规备案审查室的成立时间耐人寻味，因为四年前颁布实施的《立法法》就作出了法规备案审查的规定，而直到四年后全国人大常委会才建立法规备案审查室，从其成立的时间来看，三位博士的上书无疑起到了某种推动作用。法规备案审查室的成立无疑迈出了行政立法违法审查的重要一步，但审查室的成立并不意味着我国已经建立违宪审查制度。[4] 首先从组织结构来看，法规备案审查室并非全国人大常委会的直接下属机构，而是隶属于全国人大常委会下设的法制工作委员会；其次从审查人员来看，参与审查的人员并非全国人大代表，而只是法律工作委员会的普通工作人员；最后从审查内容来看，备案

① 参见胡锦光：《论对法律的违宪审查》，载《北方法学》2007年第2期。

② 2003年3月湖北籍公民孙志刚在广州被错误收容后，惨遭殴打不幸死亡。5月14日，俞江、滕彪、许志永三位博士以公民身份联名向全国人大常委会递交建议书，建议对国务院1982年制定的《城市流浪乞讨人员收容遣送办法》进行审查。

③ 滕彪：《绕不过去的法规审查》，载《江淮法治》2003年第11期。

④ 参见蔡定剑：《法规备案审查还不等同违宪审查》，载《中国新闻周刊》2006年第2期。

审查室只对行政立法进行违法审查,而不对法律进行违宪审查。[①]

2. 我国司法机关的法规审查权

我国最早对司法机关法规审查作出规定的法律是《行政诉讼法》。该法于 1989 年 4 月 4 日颁布,于 1990 年 10 月 1 日开始施行。该法对法规审查作了三个方面的规定,一是该法第 12 条[②]第 2 项规定,对于公民就“行政法规、规章或者行政机关制定、发布的具有普遍约束力的决定、命令”提起的诉讼不予受理;二是第 52 条[③]规定法院审查行政案件以法律和行政法规、地方性法规为依据,第 53 条[④]第 1 款规定法院审查行政案件参照规章;三是第 53 条第 2 款规定规章冲突的解决途径。第 12 条规定表明我国法院不对行政立法这种“抽象行政行为”进行单独审查;第 52 条规定表明我国法院不对法规进行附带审查,综上,依照《行政诉讼法》的规定,我国司法机关形式上不享有对行政法规和地方性法规的审查权。第 53 条第 1 款规定法院对规章进行“参照”适用,学术界普遍认为,“参照”需以审查为前提,基于这种分析,可以认为法院对规章具有审查权。这种审查权也延伸到第 53 条第 2 款:如果不进行审查,就无法发现规章之间存在冲突,因此第 2 款的适用也是以行使审查权为前提的。

2000 年施行的《立法法》第 90 条第 1 款规定,最高人民法院认为行政法规与宪法或法律存在冲突的,可以向全国人大常委会提出审查要求,这一规定实质上也赋予了最高人民法院法规审查权,因为如同《行政诉讼法》第 53 条第 2 款的规定,不进行审查就无法发现法规之间的冲突。《立

---

① 参见新华网(2004-6-29):《设法规备案室只是过渡》,http://news.xinhuanet.com/herald/2004-06/29/content_1553872.htm,2009 年 9 月 3 日访问。

② 第 12 条 人民法院不受理公民、法人或者其他组织对下列事项提起的诉讼:(一)国防、外交等国家行为;(二)行政法规、规章或者行政机关制定、发布的具有普遍约束力的决定、命令;(三)行政机关对行政机关工作人员的奖惩、任免等决定;(四)法律规定由行政机关最终裁决的具体行政行为。

③ 第 52 条 人民法院审理行政案件,以法律和行政法规、地方性法规为依据。地方性法规适用于本行政区域内发生的行政案件。

人民法院审理民族自治地方的行政案件,并以该民族自治地方的自治条例和单行条例为依据。

④ 第 53 条 人民法院审理行政案件,参照国务院部、委根据法律和国务院的行政法规、决定、命令制定、发布的规章以及省、自治区、直辖市和省、自治区的人民政府所在地的市和经国务院批准的较大的市的人民政府根据法律和国务院的行政法规制定、发布的规章。

人民法院认为地方人民政府制定、发布的规章与国务院部、委制定、发布的规章不一致的,以及国务院部、委制定、发布的规章之间不一致的,由最高人民法院送请国务院作出解释或者裁决。

法法》第90条第2款规定，第1款规定以外的“其他国家机关和社会团体、企业事业组织以及公民”发现行政法规违反宪法或法律的，可以向全国人大常委会提出审查建议，这里的“其他国家机关”是否包括除最高法院以外的其他各级法院，单从法律条文的文字逻辑来看，其他国家机关当然应当包括除最高法院以外的各级法院。综合上述分析可以得出结论：根据《立法法》的规定，我国司法机关实质上享有行政法规及地方性法规的审查权。①

这样一来，《行政诉讼法》和《立法法》就在司法机关是否负有法规审查的职能上似乎发生了冲突：《行政诉讼法》只赋予司法机关对规章的审查权；而《立法法》则赋予司法机关对行政法规及地方性法规的审查权。这里的冲突只是形式上的，而非实质性的冲突。从形式上看，《行政诉讼法》排除了司法机关对行政法规、地方性法规的审查权（包括单独审查与附带审查），但这种排除并未禁止司法机关在审理案件过程中“发现”行政法规、地方性法规与宪法或法律之间的冲突，这种冲突的可能性是完全存在的，司法机关当然不能视而不见，《行政诉讼法》并未对审判过程中发现的这种冲突提供解决途径，《立法法》的规定正好填补了这一空缺。从实质上看，《行政诉讼法》规定的审查权与《立法法》所指的审查权其内容并不完全一致。审查权根据其性质的不同可以分为“审查发现权”与“审查决定权”两个方面，审查发现权是指发现法规冲突；审查决定权是指有权决定冲突的解决方式，确定冲突的解决结果。《行政诉讼法》所规定的审查权——参照规章，既包括审查发现权——规章不符合上位阶法的规定；也包括审查决定权——决定对该规章不予适用；而《立法法》所指的审查权则仅指审查发现权——发现行政法规、地方性法规与宪法或法律存在冲突，而不包括审查决定权——司法机关不能自行解决这类冲突，而只能提请全国人大常委会予以解决。

---

① 我们并不能依据这里的逻辑得出法院以外的“其他国家机关和社会团体、企业事业组织以及公民”也享有法规审查权，这是由法院的司法性质决定的，其他的主体更多的是从维护自身利益出发而发现法规之间的冲突，而法院则是由于行使审判职能而发现法规之间的冲突。

权限 类别	审查发现权 （发现抵触）	审查决定权 （处理抵触）
行政法规、地方性法规、自治条例、单行条例	√	×
部门规章、地方政府规章	√	√

图 4　司法机关法规审查权:审查发现权与审查决定权

《行政诉讼法》颁布实施以后,行政诉讼开始在全国范围内展开,司法机关也开始在行政诉讼的过程中对法规进行审查。司法机关对法规的审查与行政诉讼密不可分。行政诉讼与刑事诉讼、民事诉讼在法律适用上存在根本性的区别,在刑事诉讼和民事诉讼中,司法机关只需要依据法律审理案件,而无须对所依据的法律进行审查;而行政诉讼则不同,在依据法律解决行政纠纷之前,法院需要对法律依据中的"法规"进行审查,只有通过审查要求的法规才能作为定案的依据。由于我国司法机关的法规审查是通过具体案件进行的,因此我国司法机关的法规审查方式为事后审查、具体审查和附带审查。

从司法实践来看,《立法法》颁布实施以后,最高人民法院尚未依据该法第 90 条就行政法规和地方性法规违宪和违法的问题向全国人大常委会提出过审查请求。对于规章与行政法规和地方性法规之间、规章之间冲突的问题,最高人民法院先后作出了五个司法解释,透过这五个司法解释基本可以了解我国司法机关法规审查权的具体运作情况:

第一,1991 年 10 月 16 日,最高人民法院行政审判庭作出《关于部门规章之间规定不一致时应如何对待问题的复函》,认为新疆高级人民法院反映的部门规章之间的冲突因案件发生时只有一个规章已生效,因此并不存在真正的冲突;

第二,1993 年 3 月 11 日,最高人民法院作出《关于人民法院审理行政案件对地方性法规的规定与法律和行政法规不一致的应当执行法律和行政法规的规定的复函》,认为出现地方性法规与法律和行政法规不一致的,应当执行法律和行政法规;

第三,1994 年 1 月 13 日,最高人民法院作出《关于人民法院审理行政案件对缺乏法律和法规依据的规章的规定应如何参照问题的答复》,指出地方政府规章缺乏法律和行政法规依据的,应当适用法律和行政法规,对地方政府规章不予适用;

第四,1997 年 3 月 7 日,最高人民法院作出《关于公安部规章和国务院行政法规如何适用问题的复函》,指出当公安部规章与国务院行政法规不一致时,应当适用国务院制定的行政法规;

第五,2003 年 8 月 15 日,最高人民法院作出《关于道路运输市场管理的地方性法规与部门规章规定不一致的法律适用问题的答复》,指出出现上述情况的,应当适用根据当地具体情况和实际需要制定的地方性法规。

通过上述司法解释可以看出我国司法机关法规审查权的实际运用有如下特征:一是法规审查的对象主要集中在对规章的审查,包括对部门规章和地方政府规章的审查,涉及部门规章之间的冲突、部门规章与地方性法规的冲突、部门规章与行政法规的冲突、地方政府规章与法律和行政法规的冲突等四种情形;二是出现冲突时,优先适用法律或位阶较高的法规;三是审查标准统一适用的是“不一致”标准。可以看出,由于受到种种因素的制约,我国司法机关对法规的审查还停留在一个较低的水平,审查的方式和标准显得过于简单,审查结果偏重于形式上的合法性而对实质合法性关注不足。

（二）司法机关法规审查标准

(1) 不一致标准。我国《行政诉讼法》规定司法机关审理行政案件对规章予以参照适用,但对如何参照并未作出具体规定。对“参照”一词的含义,时任全国人大常委会副委员长及法制工作委员会主任的王汉斌在七届全国人大二次会议上指出,参照规章就是“对符合法律、行政法规规定的规章,法院要参照审理,对不符合或不完全符合法律、行政法规原则精神的规章,法院可以有灵活处理的余地”。他在讲话中对规章审查标准使用的表述是“符合”法律、行政法规,这里的符合即是指一致,不符合也就是不一致。王汉斌讲话中的不一致是指不同位阶法律之间的冲突,这与《行政诉讼法》第 53 条第 2 款规定的地方政府规章与部门规章、部门规章之间的“不一致”的含义是不一样的,《行政诉讼法》规定的不一致是同级法规之间的冲突,这种冲突的解决方式不同于不同位阶法规之间冲突的解决方式。

我国《立法法》对法规之间出现不一致如何适用的问题作了进一步的规

定,这些规定成为司法机关处理不一致问题的指导原则。《立法法》第86条①对地方性法规之间、规章之间、地方性法规与规章之间、授权性法规与法律之间不一致如何裁决的问题作出了规定。比较《行政诉讼法》第53条第2款的规定可以看出,《行政诉讼法》仅就规章之间不一致的问题作出规定,《立法法》的规定则更加全面,除了对规章之间的不一致的问题作出规定以外,还对其他不一致的情况作出了规定。对于行政立法的不一致问题,《行政诉讼法》和《立法法》都规定出现不一致情况的由国务院进行裁决。从这一角度来看,司法机关依据不一致标准对行政立法进行审查时,只有行政立法不一致的发现权而无不一致问题的裁决权。

从最高人民法院发布的五个司法解释来看,第一个和第五个司法解释涉及的是同一位阶法规②之间的不一致;其余三个司法解释涉及的是不同位阶法规之间的不一致。司法机关对于上述两种情况的审查权限是不一样的:对于不同位阶之间的不一致,法院可直接决定适用位阶较高的法规;而对于同一位阶之间的不一致,根据《立法法》的规定,在"不能确定如何适用时",应当报请国务院或全国人大常委会裁决。

(2)抵触标准。从法律的效力位阶来看,宪法是根本法,宪法的效力高于一切法律。我国《宪法》第5条规定:"一切法律、行政法规和地方性法规都不得同宪法相抵触",宪法的这一规定宣告了宪法的最高法律地位,同时也将下位法是否与上位法相抵触作为判断下位法合宪性与合法性的审查标准。根据这一标准,《宪法》第67条规定,全国人大常委会有权撤销与宪法、法律相抵触的行政法规;有权撤销与宪法、法律和行政法规相抵触的地方性法规;第89条规定,国务院有权"改变或者撤销各部、各委员会发布的不适

---

① 第86条规定:"地方性法规、规章之间不一致时,由有关机关依照下列规定的权限作出裁决:(一)同一机关制定的新的一般规定与旧的特别规定不一致时,由制定机关裁决;(二)地方性法规与部门规章之间对同一事项的规定不一致,不能确定如何适用时,由国务院提出意见,国务院认为应当适用地方性法规的,应当决定在该地方适用地方性法规的规定;认为应当适用部门规章的,应当提请全国人民代表大会常务委员会裁决;(三)部门规章之间、部门规章与地方政府规章之间对同一事项的规定不一致时,由国务院裁决。

根据授权制定的法规与法律规定不一致,不能确定如何适用时,由全国人民代表大会常务委员会裁决。"

② 从立法法、监督法的相关规定来看,我国行政立法的法律位阶次序为:行政法规—地方性法规(部门规章)—地方政府规章。

当的命令、指示和规章”，这里的“不适当”当然也包括“抵触”的情形。从宪法的上述规定可以看出，“不相抵触”是判断法律和法规合宪性与合法性的一项宪法原则。

我国《立法法》对宪法规定的不相抵触原则作出了进一步的规定。《立法法》的规定主要体现在三个方面：一是地方人大和政府只有在不与上位阶法律或法规相抵触的情况下才能制定地方性法规；二是与上位阶法律或法规相抵触的行政立法是无效的行政法规和地方性法规，相关机构有权予以撤销；三是有关主体认为行政法规、地方性法规与宪法或法律相抵触的，可以向全国人大常委会提出审查要求或审查建议。《立法法》同时规定国务院可以撤销不适当的部门规章和地方政府规章；地方人大和政府可以撤销不适当的地方政府规章，这时的“不适当”也包括“抵触”的情形。《立法法》的上述规定表明，“抵触”标准是判断行政立法合法性的根本标准。

从宪法与《立法法》的规定与司法机关法规审查的关系来看，就宪法而言，由于它是国家的根本法，宪法对一切国家机关都有约束力，当然也包括司法机关，因此宪法确立的“不相抵触”原则是司法机关法规审查所应遵循的原则；就《立法法》而言，一方面《立法法》直接对司法机关的法规审查作出了规定，如第 90 条规定当最高人民法院发现行政法规、地方性法规与宪法和法律相抵触时，可以向全国人大常委会提出审查要求；另一方面司法机关在具体案件审理过程中发现规章之间存在不一致的，也应根据《行政诉讼法》第五十三条的规定提请国务院裁决，而国务院的裁决标准即为立法法所确立的抵触标准，因此立法法所确立的抵触标准也是司法机关法规审查所应遵循的标准。

（3）不一致标准与抵触标准的关系。不一致标准与抵触标准是形式审查标准与实质审查标准的关系。不一致是指下位法的规定与上位法的规定存在差异，即下位法的规定在文字表述、法规调整范围、规范的行政模式及法律后果上与上位法不统一。下位法与上位法不一致的情况是普遍存在的，一般而言，上位法更强调抽象性和原则性，而下位法更强调实用性和具体性，因此下位法必然存在与上位法不一致的现象。从这一角度来看，并非所有的不一致都涉及违宪和违法的问题，判断不一致是否构成违宪和违法需要运用实质审查标准——抵触标准：如果不一致与上位法相抵触则为违宪或违法；如不抵触则不构成违宪或违法。

抵触是指下位法的规定违反上位法的原则精神或具体规定，这种违反导致宪政秩序受到破坏，公民权利受到损害，因而构成违宪或违法。有学者认为，抵触可分为四种情形①：一是越权性抵触，即下位法超出了自身的立法权限；二是原则性抵触，即下位法违反了上位法所确立的原则；三是变更性抵触，即下位法的具体规定违反了上位法条文所体现的实质精神；四是补充性抵触，即对上位法规定的公共权力予以扩张、对公民权利进行限缩。

不一致标准和抵触标准之间形式审查与实质审查的关系定位也符合司法机关对证据的认定过程。对于当事人提交的证据，法院需要从形式要件与实质要件两个方面进行认定：形式要件是指证据的真实性、合法性与有效性；实质要件则是指证据的证明力有无及证明力大小。这两个方面的认定在程序上具有先后次序：如果证据不能通过形式要件的审查，则该证据无须通过第二方面的认定即可予以排除；通过形式要件认定的证据则成为可采证据，可采证据还需要经过实质认定来确定其证明强度。由于我国司法机关对法规的审查为附带审查，而且在审查过程中将法规作为具体行政行为的证据来使用②，因此司法机关对法规的审查是通过在案件审查过程中对证据的审查来实现的。不一致标准是司法机关对法规进行形式要件审查的标准；抵触标准则是司法机关进行实质要件审查的标准。

二、我国司法机关法规审查标准的重构

（一）我国司法机关法规审查标准的缺陷

（1）现行审查标准侧重于宪政秩序的维护而对公民权利保障关注不足。不一致标准和抵触标准的功能主要有两个，一个是法律适用的选择标准——在下位阶法与上位阶法存在不一致和抵触的情况下，应当适用上位法而不适用下位法；另一个是撤销法律的判断标准——对于与上位法出现不一致和抵触情形的下位法，人大或者政府可以将其予以撤销。无论是选

---

① 参见张绍明、王建瑞：《“抵触”与“不一致”辨析》，载《楚天主人》1998 年第 7 期。

② 我国《行政诉讼法》第 32 条规定：“被告对作出的具体行政行为负有举证责任，应当提供作出该具体行政行为的证据和所依据的规范性文件。”从这一规定可以看出，规范性文件对于行政机关而言是其作出行政行为的“依据”，但在行政诉讼程序中，它是证明行政行为合法性的“证据”。

择法规还是撤销法规,其目的都在于维护既定的宪政秩序。行政法规和地方性法规不得与法律相抵触体现的是行政立法权对人大授权的服从;规章不得与行政法规抵触体现的是下级行政立法权对上级行政机关权力的服从。

我国是单一制国家,为了维护法律的统一和尊严,通过法规审查以加强上位法对下位法的控制、形成一个稳定有序的法律位阶秩序是完全有必要的,不一致标准和抵触标准客观上有利于统一有序的法律秩序的形成。但法规审查并不应当仅限于维持宪政秩序,它同时还应当具有公民权利保障的功能,法规审查应当在这两种功能之间保持均衡。我国是一个具有悠久的中央集权历史和人治传统的国家,加强人权保障在我国具有特别重要的意义。2004 年通过的《宪法修正案》在第 24 条增加了一款:“国家尊重和保障人权”,这一修正案正式将人权保障提升到宪法的高度,对改善和推动我国的人权保护状况无疑具有开创性的意义。法规审查标准是衡量法规审查目的的重要指标,从我国目前的法规审查标准来看,这一标准的特征在于对宪政秩序的维护有余而对公民权利的保障不足。目前的审查标准侧重于建立一个稳定的权力等级秩序,这一审查标准并未给予公民权利保障应有的地位。

(2) 现行审查标准缺乏授权标准来控制立法秩序。就立法秩序的维护而言,通过授权标准对各类立法进行审查是不可或缺的重要途径,但在我国现行的法规审查标准中,我们尚无法发现授权标准的实际运用。无论是不一致标准还是抵触标准,其实际运用都是以相应的上位法的存在为前提的,换言之,不一致标准和抵触标准是以其直接的上位法为“参照物”的,如果某一立法不存在直接上位法这种参照物,不一致标准和抵触标准便无法适用,这对统一立法秩序的维护无疑是不利的。

立法实践中有没有某一立法无直接上位法存在的可能性?答案当然是肯定的。我国《立法法》第 9 条规定,全国人大常委会可以在未制定法律的情况下,授权国务院就法律相对保留的立法事项先行制定行政法规,国务院在这种情况下制定的行政法规即缺乏直接上位法——全国人大常委会制定的法律;《立法法》第 65 条规定,经济特区所在的省、市人大及其常委会可以根据全国人大的授权制定地方性法规,在经济特区范围内实施,地方人大依据此类授权制定的地方性法规带有试验性质，这类立法当然也不具有直接的上位法。

由于上述两种类型的立法没有直接的上位法，因此不一致标准和抵触标准都将无法适用，这个时候对其进行审查的最有效的标准就是授权标准。根据《立法法》第 10 条的规定，“授权决定应当明确授权的目的、范围”，对授权立法进行审查时，其重点就在于审查所立法规是否具有相应授权；具有相应授权的，则需进一步审查所立法规是否符合授权目的，是否超载授权范围。

(3) 现行审查标准实质为法律适用取舍标准而非认定法规无效或撤销法规标准。从法规审查的最终目的来看，一方面通过审查可以进一步强化合宪或合法法规的法律效力；另一方面通过审查可以发现违宪或违法的法规，并宣告其无效或将其予以撤销。美国的司法机关对有关立法作出违宪或违法的判断以后，法院并不直接宣告其无效或将其撤销，而是宣布违宪或违法的立法在所审理的案件中不予适用，由于美国是案例法国家，案例一经建立就具有“先例约束力”，因此被法院宣布为不予适用的立法实际具有了宣告无效或撤销的效果。法国宪法委员会的事前审查模式是在法律公布之前乃至法律通过之前对法律进行审查，若审查结果为违宪或违法，则该法律不得通过或不得公布实施，这实际产生了自始无效的效果。法律赋予最高行政法院在对法规的具体审查中可以直接宣布违宪或违法的法规无效。

从我国《立法法》和《行政诉讼法》的规定以及最高人民法院发布的相关司法解释来看，我国的法规审查标准实质为法律适用选择标准：当法律适用过程中发现下位法与上位法不一致或抵触时，可以依据现行标准选取应当适用的法律。比较美国和法国的“积极”审查标准而言，我国的法规审查标准是一种“消极”的审查标准：只解决个案法律适用的问题，而不能决定违宪或违法法规的法律后果。2003 年发生在河南省洛阳市的“玉米种子案”就反映了目前法规审查标准的制度性缺陷[①]，由于司法机关不享有宣布违宪或违法的法规无效的权力，因此即使法院在具体案件审理过程中发现法规

① 河南省洛阳市中级法院法官李慧娟在一个案件的判决中宣布河南省人大常委会制定的《河南省农作物种子管理条例》因违反全国人大常委会制定的《种子法》而无效，其后她因此被撤销助理审判员职务。

违宪或违法，也仅仅只是在个案中不予适用；同时由于我国并非判例法国家，某一个法院判决的法律适用对其他法院并无约束力，因此此类法规的效力实际仍处于不确定状态。[1]

（4）现行审查标准规范化程度不够，容易导致法规审查权的滥用和误用。所谓标准，按照《现代汉语词典》的解释，是指"衡量事物的准则"[2]；而"准则"，则是指"言论、行动等所依据的原则"[3]。综合而言，标准即是指判断的依据和尺度。从判断的技术要求来看，作为判断依据的尺度其刻度越精确，则判断的结果越接近于客观公正。当然法规审查属于社会科学的范畴，其判断的精确性自然无法完全达到自然科学量化标准的要求，但审查标准的规范化程度直接影响到审查结果的准确性，这一点应当是没有疑问的。无论是美国的双重理论标准、三层密度标准还是德国的比例原则，这些审查标准在规范化指标上无疑都达到了很高的水准。与这些国家的审查标准相比，我国法规审查中的不一致标准和抵触标准显得过于简略，这种过于简略的标准容易导致适用过程中的偏差，使审查结果的准确性和稳定性受到影响。

就法规审查而言，要提高审查标准的规范化程序，其中一个可行的途径就是对审查标准进行类型化处理。美国的双重理论标准和三层密度标准都是对限制基本权利的立法进行类型化处理的结果；德国的比例原则则是对具体行政行为和限制基本权利的立法分别类型化后综合提炼的结果，美国和德国的类型化处理模式给我们提供了有益的借鉴。

（二）我国司法机关法规审查标准的重构

1. 标准重构应当考虑的因素

我国司法机关法规审查标准的重构不能脱离现行法规审查体制。我国现行法规审查体制表现为立法机关审查、行政机关审查和司法机关审查三位一体的模式，比较司法机关的事后审查方式而言，立法机关和行政机关的审查带有事前审查的特点。由于目前立法机关和行政机关的审查并未发挥

---

① 宪法和立法法规定全国人大常委会和国务院有权撤销与上位法相抵触的法规，但启动这一撤销程序困难重重，事实上迄今亦无撤销先例。

② 《现代汉语词典》（第5版），商务印书馆2005年版，第89页。

③ 同上书，第1797—1798页。

出应有的功能,因此司法机关审查这最后一道关口就显得至关重要。正是由于立法机关和行政机关的审查未能起到“过滤”的作用,因此司法机关的审查标准既要有符合司法权特性的标准,同时也应合理吸收立法机关和行政机关的审查标准。

由于我国司法机关的法规审查权仅限于“审查发现权”与“审查决定权”中的“适用法律选择权”,即我国司法机关并不具有完整的法规审查权,因此我国司法机关法规审查标准的重构其重点在于充实和完善这种“初步审查权”,而不能寄希望于通过标准重构来重塑法规审查权,法规审查权本身的重塑不仅仅只是一种法律制度的完善,更重要的是它是宪政体制的调整,在我国的宪政体制尚未进行调整之前,我们只能依托现有体制来重构法规审查标准。

重构司法机关法规审查标准需要处理好移植借鉴域外经验与使用本土资源之间的关系。美国的三层密度标准和德国的比例原则都有其本国特殊的法律文化、司法体制与司法实践经验的基础,直接照搬这两个国家的审查标准可能会造成我国司法机关法规审查标准“逻辑”上的混乱:我国的司法权在总体上是以宪政秩序的维护为目标来设置和运行的①,公民权利保障目标的实现是以宪政秩序的维护为前提的,如果不加改造地直接导入美国的三层密度标准和德国的比例原则,则无异于要求司法机关做出一百八十度的转向,这种急剧转型无论对于现行司法体制还是法官思维模式而言都是极大的挑战,稍有不慎将会影响司法权的定位,最终危及公民权利保障本身。正确而稳妥的做法是在现行法规审查标准的框架下,合理“嵌入”美国的三层密度标准和德国的比例原则,在总体目标上参照德国宪政秩序维护与公民权利保障并重的模式,努力实现国外经验与本土资源的有机结合。

2. 标准重构的具体方案

在具体的方案设计上,应当以现行的不一致标准和抵触标准为框架,有选择地植入德国的比例原则和美国三层密度标准的合理内核,从而在立足于维护宪政秩序的基础上,不断强化公民权利保障的范围和力度。

---

① 如县级以上政府每一级政府都设有一级法院、各级法院财政预算都由同级人大通过、各级法院法官都由同级人大任命、各级法院法官都具有相应的行政级别等。

(1) 在“不一致标准”中有选择地植入德国的比例原则

不一致标准是上位法对下位法控制的形式标准,由于这一标准未对不一致的具体情形进行类型化,在严格适用这一标准的情况下,有可能对下位法的立法带来不合理的限制,影响下位法立法主体的积极性和创造性,最终影响到上位法的落实和执行。行政立法的目的在于规范行政行为,控制行政权力的运行,从而达到保障公民权利的目的,从这一角度来看,调整行政权力与公民权利之间的相互关系是行政立法规范行政行为的主要手段。在行政立法的范畴内,行政权力与公民权利表现为一种此消彼长的关系:行政权力扩张则公民权利限缩;行政权力收缩则公民权利扩展。现行不一致标准主要通过上位法对下位法的控制来控制行政权力,其实质为权力对权力的控制。通过权力控制权力当然是必要的,这也是一种传统的、行之有效的控制手段。然而进入现代行政国家以后[①],由于行政权向外扩张的趋势不断强化,仅仅依靠传统的以权力控制权力的方式已不能完全达到权力控制的目的,同时伴随着公民权利的觉醒和维权运动的高涨,在传统的以权力控制权力的基础上,以权利制约权力的手段和模式得以兴起。现行的不一致标准体现的是权力对权力的控制,这种控制是不完整的,需要对这一标准进行必要调整以增加以权利制约权力的因素。

我国司法机关对法规的审查为附带审查,这种附带审查程序通过当事人行使诉权而启动,在我国“民告官”的行政诉讼模式下,行政机关为恒定的被告,行政相对人为恒定的原告,当事人之所以提起行政诉讼是因为行政行为侵害了其合法权益。从行政诉讼的诉因来看,原告提起行政诉讼本身即体现了权利对权力的制约:当事人以维护自身合法权益为目的,客观上达到了制约行政权力的效果。但这种权利对权力的制约仅仅体现在诉因上,司法机关在案件审查过程中依据不一致标准对法规进行审查时,由于不一致标准本身不具有以权利制约权力的元素,因此在这一阶段公民权利无法实现对行政权力的制约。这样就出现了矛盾的现象:原告基于权利对权力的制约而提起行政诉讼,然而一旦诉讼程序启动而进入法规审查阶段时,权利对权力的制约便处于失语状态,司法机关对法规的审查完全成为了权力系

① 参见姜明安:《行政法与行政诉讼法》(第2版),北京大学出版社、高等教育出版社2005年版,第5页。

统内部自上而下的监督,原告的监督主体地位的丧失将使其权利处于危险境地,这与行政诉讼的目的是存在根本冲突的。

比例原则具有以权利制约权力的功能。德国法规审查的比例原则源起于对行政行为的控制。在比例原则的控权模式中,权利对权力的制约因素体现得比较充分,这种制约主要体现在比例原则的三个子原则上。就必要性原则而言,它要求行政机关在必须实现某种行政目的而又不存在替代方案的情况下,才可实施对当事人不利的行政行为;适合性原则则要求行政机关对公益和私益进行衡量,只有在行政行为所取得的公益大于私益的情况下才可实施;狭义比例原则要求在满足前两个条件的前提下,应当在多种行政方式中选取对当事人利益损害最小的方式实施行政行为。比例原则通过这三个步骤一层一层的限制,可以将行政行为对当事人利益的损害降低到最小的限度。

将比例原则引入法规审查领域以后,比例原则的作用机理与其对行政行为的控制是具有相似性的。必要性原则控制行政立法的数量。一方面所有立法都是需要成本支出的,包括立法成本、执法成本和法律实施保障成本,如无必要则无须立法以节省成本;另一方面法规过多过滥会对公民权利造成威胁,"法烦扰民"和有法不依一样,都会给公民权利带来损害。[①] 适合性原则控制行政立法的要求对立法所实现的公益与受立法所影响私益进行对比,只有在公益大于私益的情况下才能立法。狭义比例原则则要求立法所采取的方法和手段必须是对私益影响最小的措施。上述三个衡量标准始终以公民权利的保障为核心,全面体现了权利对权力的制约要求。

不一致标准与比例原则具有内在契合性。不一致标准并非绝对禁止不一致,而是要求实现"有条件"的不一致,这个条件就是下位法的不一致不得违反上位法的原则精神与具体制度,从这一角度来看,不一致标准是允许差别存在的,这种差别也是下位法的实用性和具体性要求所决定的。比较而言,比例原则也并非要求所有行政立法的目的都同等重要、所有的手段都同等合理,而是要求立法所实现的目的与立法主体的地位和所享有的权力相称;立法所采用的手段与立法所实现的目的相称,在满足这两方面要求的前

---

① 参见姜明安、胡建淼、刘茂林:《有法不依与法烦扰民》,北大法律网—法学在线,http://article.chinalawinfo.com/Article_Detail.asp?ArticleId=27364,2009 年 9 月 3 日访问。

提下,比例原则并不禁止行政立法之间存在合理的差异性。由于不一致标准和比例原则在容许立法的差异性方面存在相似性,这种相似性为不一致标准吸收比例原则提供了可能性,因此为了弥补不一致标准中权利制约权力因素的不足,以不一致标准吸收比例原则就成为一种可行的选择。

这里似乎仍然存在一个问题:不一致标准是上位法与下位法之间的比较标准,而比例原则则侧重于同一部法规内部目的与手段之间的关系衡量,它们之间缺乏真正的接合点。其实这种担忧是不必要的。比例原则虽然着眼于同一部法规的内部衡量,但这种内部衡量并非法规审查的最终目的,其最终目的仍然在于通过单一审查来实现维护立法秩序的目的,而立法秩序的维护当然也是不一致标准的最终目标,因此在立法秩序的维护上它们之间是殊途同归:不一致标准通过上位法与下位法的比较来实现目的;比例原则则通过对同一法规目的与手段的衡量来实现目的,它们是实现同一目的的不同手段与方法。

不一致标准如何吸收比例原则?在具体吸收方式上,可将不一致标准的框架予以保留,而将比例原则加入到这一框架中,使比例原则成为认定不一致的手段与方法。具体而言,当司法机关在法规审查过程中发现下位法与上位法在形式上不一致时,可以运用比例原则的三个子原则来进一步认定这种不一致是符合上位法的不一致还是违反上位法的不一致,使不一致标准的认定方法更加充实和全面。

首先,对不一致进行必要性审查。这种审查包括两个方面,一方面是审查下位法作出与上位法不一致的规定是否是立法主体实现行政目的所必须的,若非必须,则无必要;另一个方面是当第一个条件满足时,进一步审查立法对公民权利的限制是否为不可替代的手段,若存在可替代的不以公民权利的限制为前提的手段,则立法的不一致规定为不必要。

其次,对不一致进行适当性审查。在不一致通过必要性审查的前提下,则对不一致所欲实现的公益与执行该不一致所付出的成本进行衡量,只有在公益大于成本的情况下则为适当;然后再对公益与该不一致规定对私益的限制进行衡量,只有在公益大于受损害私益的情况下则为适当。

最后,对不一致进行狭义比例原则审查。狭义比例原则要求,若下位法的不一致通过了必要性和适当性审查,则继续审查下位法的不一致规定是否存在多种可能性,如果存在多种可能性,下位法的不一致是否为多种可能性中对公民权利限制最小的方式,若是则符合狭义比例原则,否则即为违反。

（2）在抵触标准中植入三层密度标准

三层密度标准可以充实抵触标准。现行抵触标准强调的是一种判断结果,而并非一种判断方法,由于这一标准并无定型的判断模式,因此其在实际运用过程中容易出现随意性。下位法的抵触主要有两种情形,一种是超越权限,既表现为授权立法情况下对授权的超越,也表现为自主性立法情况下对自身权限的突破;另一种是与上位法确立的权利保障原则相冲突。从现行抵触标准的立法规定和实际运用来看,这一标准对前一种抵触的控制是有效的,但对后一种抵触则控制乏力。究其原因,在于前一种抵触是权力与权力的抵触——行政权与立法权的抵触或下级行政机关权力与上级行政机关权力的抵触,这种越权型抵触由于直接影响到被越权权力的行使,而在现行的法规审查体制下,被越权的权力往往是审查决定权的主体,因此被越权主体对这种越权十分敏感,并且可以运用自身的法规审查权制止这种越权,因此其越权控制效果较为理想。而对于后一种抵触——行政立法权的行使与公民权利保障需要之间的冲突而言,一方面负有维护公民权利义务的立法主体及行政主体由于这种抵触并不影响到其权力的行使而对其处于“不自觉”的状态,另一方面相对人提起行政诉讼以后即丧失了对法规审查的“参与”权,因此现行审查标准并不能有效地实现制止后一种抵触的功能。

三层密度标准可以弥补抵触标准的上述不足。三层密度审查标准的前提是,为了实现公共行政管理的目标,行政立法可以对公民权利作出某些限制,但这种限制应当具有一定的限度,而且不同类型的公民权利其可以承受的限制程度是不一样的,如果行政立法对某种类型权利的限制实际造成了权利剥夺的后果,则这种限制就是违宪的或违法的。引入三层密度标准一方面可以对抵触标准中的权力与权利抵触情形进行分类,针对不同类型的限制实施不同强度的审查,从而达到保持权力行政与权利保障适度平衡的目的;另一方面引入这一标准以后司法机关在适用抵触标准时应当主动应用这一标准对权力与权利的冲突进行审查,而不仅仅审查权力与权力的抵触,从而防止抵触标准在具体适用中失之偏颇。

三层密度标准植入抵触标准的具体方式。植入三层密度标准可以使抵触标准在适用上具有对称性——既包括对权力与权力抵触的审查，也包括权力与权利冲突的审查。现行的抵触标准只包括权力与权力抵触的审查，即下位法不得超越上级立法机关或行政机关的授权范围、不得违反法律保留的立法范围、不得超越自主性立法的权力范围等，这种审查固然有其必要性，但其缺陷也是显而易见的：未将行政立法权与公民权利之间的冲突纳入审查范围。引入三层密度审查标准可以弥补这一缺陷，这样抵触标准的审查就具有对称性和完整性。

植入三层密度审查标准以后，司法机关适用抵触标准对法规进行审查将分为两个步骤。第一个步骤是审查行政立法是否超载权限，包括是否超越授权范围、是否超越自身权限、是否违反法律保留原则等，如果行政立法未能通过第一个步骤的审查，则该立法可认定为违宪或违法；法规通过第一个步骤的审查后随即进入第二个步骤的审查，即审查行政立法是否与公民权利保障原则相抵触。由于不同权利所能承受的权力限制是不一样的，因此第二步骤的审查需要在权利分类的基础上进行。首先根据权利性质将公民权利分为自由权与平等权两大类，然后在继续分类的基础上对不同的权利类型实行不同强度的审查。对于自由权的分类，可以借鉴美国的双重标准理论，将自由权分为精神自由与经济自由两种类型，对精神自由实行严格审查，对经济自由实行宽松审查。对平等权歧视的分类而言，虽然我国并不存在种族歧视，但我国存在与美国种族歧视相似的“民族歧视”，如“大汉族主义”和“地方民族主义”，因此对民族歧视应当实行严格审查。除此之外我国还存在性质上与之相似的民工歧视、地域歧视（河南人歧视）、疾病歧视（如乙肝歧视）等，对上述歧视类型可实行中度审查。对于因财产地位、犯罪记录、年龄等而形成的歧视，可以对其进行合理性基础审查。

在实行上述两个步骤审查的情况下，如果行政立法未能通过第一个步骤的审查，则可直接认定其违宪或违法而无需进行第二个步骤的审查；若行政立法可以通过第一个步骤的审查而未能通过第二个步骤的审查，则该立法仍为违宪或违法，只有在顺利通过两个步骤的审查以后，行政立法的合宪性或合法性才能得到确认。

第五章　法规评价系统概述

目前我国行政法规、规章、行政规范性文件——本书统称“法规”——在实践中存在着民主性不足、制定程序相对简单、立法考虑欠周全等诸多问题，导致了其品质的良莠不齐，实施和执行成本过高，侵犯或损害行政相对人的合法权益，因此对其进行有效监控的呼声日益高涨。近年来，旨在提升法规质量的法规评价系统在我国已经逐步建立，并且随着我国法治政府进程的推进而不断发展。然而目前我国理论界对这一制度的基本概念、兴起背景、理论基础的认识尚不清晰，严重制约了实践的深入发展。为了弥补国内研究的薄弱现状，本章在参考域外业已成熟的规制影响评估制度的基础上，阐析了法规评价系统的概念和特征，并梳理了该制度在国内外的兴起背景及发展趋势，同时论证了这一制度的宪政、行政法治和法经济学基础。

第一节　法规评价系统的概念与特征

一、法规评价系统的概念

目前国内对于法规评价系统的概念研究不多，更未达成共识。下文首先评析这一概念在我国的实践和理论现状，然后借鉴域外规制影响评估制度，以从学术研究的角度界定法规评价系统概念的内涵和外延。

（一）我国对法规评价系统概念的界定

我国法规评价系统在立法和实践中主要是以行政立法后评估制度的形式出现的。关于行政立法后评估制度最早的中央层面的规范性文件当推国务院2004年出台的《全面推进依法行政实施纲要》(以下简称《纲要》)。《纲要》第18条规定,规章、规范性文件施行后,制定机关、实施机关应当定期对其实施情况进行评估。实施机关应当将评估意见报告制定机关;制定机关要定期对规章、规范性文件进行清理。这就将规章、规范性文件施行之后的评估作为一种制度固定下来。2008年3月,国务院又公布了《国务院工作规则》(以下简称《工作规则》),《工作规则》第22条再次强调,行政法规实施后要进行评估,发现问题,及时完善。为贯彻国务院文件的要求,我国中央和地方各级行政机关陆续开展了相关的实践,对法规(包括行政法规、行政规章及行政规范性文件)实施后的效果进行评估。从名称上看,大多数开展评估的行政机关采用了"立法后评估"的称谓,也有个别地方行政机关使用了"立法回头看"(如安徽省)、"立法跟踪问效"(如淮南市)的名称。

行政立法后评估制度在我国实务界的迅速推进,引发了理论界一定的关注。关于行政立法后评估的概念界定,目前主要存在以下四种观点:

其一,行政立法后评估的含义有广义狭义之分。广义上的行政立法后评估,是指任何主体对行政立法在实施一段时间后,运用多种方式检查、分析和评价其所取得的成效和发挥的作用、存在的问题等。狭义上的行政立法后评估,则是指法定评估主体按照法定权限程序,通过若干方法,对颁布实施一定期间的行政立法的协调性、可操作性和有效性等,进行分析评价的一种活动。[①]

其二,行政立法后评估是指以行政法规实效为实证基础,对行政法规制定后的效力期待与行政法规实效的关系比例所作的定性和定量的分析和

---

① 李萍等:《行政立法后评估制度研究》,载《政府法制研究》2006年第3期。

评价。[①]

其三,行政立法后评估制度是指行政立法公布施行一段时间后,相关主体依据一定的程序和方法对该行政立法进行分析和评价的制度。[②]

其四,地方政府立法后评估,是指在政府规章实施一段时间后,对规章的实施效果、功能、作用以及存在的问题,进行研究调查和综合评估,其目的是为政府规章的修改和完善提供依据,提高地方政府立法的质量和水平。[③]

这些界定都从一定程度上揭示了行政立法后评估的内涵,但用完整性的标准来评判,也都各有欠缺,有些概念缺乏主体要素(如其二和其四),容易使评估的主体过于泛化;有些概念缺乏目的要素(如其一、其二、其三),无法揭示出评估的本质。

(二)国外对法规评价系统的概念界定

综观国外的行政法治实践,并不存在一项名为"法规评价系统"或"行政立法后评估"制度及相应概念。国外相关的制度称谓主要有二:一是"影响评估"(Impact Assessment,简称 IA),典型代表是英国和欧盟委员会。[④] 二是"规制影响分析"(Regulatory Impact Analysis,简称 RIA)。由于规制影响分析的概念早在 1995 年就被经济合作与发展组织(Organization for Economic Co-operation and Development,以下简称 OECD 组织)所大力提倡,故而得到多数国家的采纳,如:美国、丹麦、德国、意大利、挪威、波兰、韩国、墨西哥等。[⑤] 同时一些国家也采取了类似的表述,如:英国在 2007 年 5 月 14 日之前就采用了规制影响评估(Regulatory Impact Assessment)的概念。[⑥] 这些称

---

① 段莉莉:《关于建立立法后评估制度的几点设想》,载中国政府法制信息网 ,http://www.chinalaw.gov.cn/jsp/contentpub/browser/contentpro.jsp? contentid = co1323684904,2008 年 10 月 21 日访问。

② 陈珺珺:《论行政立法后评估制度之创设》,载《兰州学刊》2006 年第 11 期。

③ 徐伟等:《对地方政府立法后评估制度的几点思考》,http://fz.qingdao.gov.cn/n2685790/n2685878/257974.html,2008 年 10 月 23 日访问。

④ Impact Assessment Guidance, http://bre.berr.gov.uk/regulation/ria/ia_guidance/; Impact Assessment Guideline, p4, http://ec.europa.eu/governance/impact/iab_members_en.htm,2008 年 10 月 15 日访问.

⑤ Explanatory Note for A survey of RIA Systems in OECD Countries, http://www.oecd.org/LongAbstract/0,3425,en_2649_201185_35258431_119814_1_5_1,00.html. 15—16 April 2004, p.3, 2008 年 10 月 11 日访问.

⑥ 2007 年 5 月 14 日在英国颁布《影响评估准则》之前,英国采取的就是该名称,但该准则颁布之后,则改名为影响评估(Impact Assessment)。Impact Assessment Guidance, P1.

谓虽然在表述上存在一定差异，但是就本质而言，Assessment 与 Analysis 的含义基本相同，都强调通过评估和分析作出评价。

以上两类表述的主要不同在于：规制影响评估将对象明确为“规制”(regulation)，所谓规制，根据 OECD 组织的界定，是指各级政府的规制机构用以对私部门（企业或公民）的行为施加义务、进行限制或提出要求的法律文件的总称，其表现形式包括正式的法律文件（如法律、行政法规、规章等）和非正式的法律文件（如：各级政府普遍采用的准则，也包括诸如由政府授权的自我规制机构等非政府机构制定的规则）。① 而“影响评估”的概念有意摈弃了“规制”一词，旨在提醒立法者在评估时不能一味地钟情于规制性的手段，也要考虑非规制性的手段，如自我规制、共同规制、不规制等。本书将国外的这种法规评价制度统称为“规制影响评估制度”。

由于这些实施规制影响评估制度的国家法治化、规范化程度较高，大多都在各层级的立法或规范中对规制影响评估制度的内涵进行了表述。笔者选引了一些具有代表性的界定，以加以比较分析：

(1) OECD 组织：规制影响分析是用以审查及衡量新拟定的规制或要修改的规制的潜在收益、成本和效果的一种政策工具，它为决策者提供了有价值的实验性数据以及一个综合的框架以便他们能用以评估其决策中存在的不同方案及其结果，它被用来界定问题并确保政府行为的正确性和适当性。②

(2) 英国：影响评估一方面是一个持续性的过程，用以促进决策者充分考虑和理解政府对公共部门、私人部门和第三部门采取的干预措施的潜在或实际的结果；另一方面也是一种工具，有助于政府衡量并公布有关这一干预措施的积极和消极影响的根据。③

(3) 欧盟委员会：影响评估是政策提议准备阶段的一系列逻辑严密的步骤的总称，它通过在一个不具名的报告中对该提案进行深入分析并形成正式的结果，从而推动政策演进实践的发展。④

---

① OECD (1997a), OECD Report on Regulatory Reform, Paris, http://www.oecd.org/dataoecd/17/25/2391768.pdf, p.6, 2008 年 10 月 16 日访问.

② Delia Rodrigo, Regulatory Impact Analysis in OECD Countries: Challenges for Developing Countries, June 2005, http://www.oecd.org/dataoecd/21/52/35258511.pdf, p.5, 2008 年 10 月 18 日访问.

③ Impact Assessment Guidance, p.1.

④ Ibid., p.4.

（4）德国：规制影响评估是指评估法规的必要性、有效性及该法规所造成的结果，尤其是不经意的附带结果。①

（5）新西兰：规制影响评估是指对规制提案的健康、环境、经济、社会、文化等方面的影响进行分析的制度。②

（6）韩国：规制影响分析是指通过运用科学及客观的方法提前估计和分析任何特定的规制对人民的日常生活以及社会、经济及行政所产生的多种影响，从而确定标准来判断该规制是否正当。③

（7）日本：政策评价是指以国家行政机关为评价主体，就政策的效果等事项进行测量或分析，并依照一定的标准作出客观判断，进而提高政策提案或正确实施所需的资讯。④

除了日本的表述基本符合定义的全部要素之外，其他多数界定大多采取的是描述的方式，要素并不齐备，着重强调的是两方面的内容：一是评估的目的在于推动政府决策的发展，二是评估的内容是规制的各种影响。这里需要指出的是，国外的规制影响评估制度比我国的行政立法后评估制度所涉及的范围更广，不仅包括规制的事后评估，即规制出台之后的评价，也涵盖了规制的事前评估，即规制制定之前的评估。二者在评估标准和评估程序上有所差异，但总体而言，共性大于差异，因此，本书在借鉴国外的规制影响评估制度时主要侧重于介绍其事后评估部分的规定。

（三）本章对法规评价系统概念的界定

综合国内外的定义，笔者认为完整的法规评价系统的概念需要具备五个基本要素，即主体、对象、内容、程序、目的。基于此，笔者将此概念界定为：法规评价系统是指法定评价主体依照一定的标准、方法和程序评估行政法规、行政规章和行政规范性文件的各种影响，从而为决策者修改、废止或维持该法规提供参考依据的制度体系。

---

① Helmut Wagner, Gesetzesfolgenabschaetzung-modeerscherinung oder Notwendigkeit? ZRP1999, S. 480(480)。转引自黄锦堂：《行政组织法》，台湾翰芦图书出版有限公司2005年版，第347页。

② Guidelines on the Regulatory Impact Analysis Requirements, March 2007, http://www.med.govt.nz/templates/MultipageDocumentTOC_26448.aspx, p. 3，2008年10月19日访问。

③ Basic Act on Administrative Regualtion, 1997 (South Korea), http://www.ips.lk/news/newsarchive/2005/16042005_ria/ria_interim_report_final_draft_1_0.pdf, p. 25，2008年10月19日访问。

④ 赖恒盈：《日本政策评估法制简析》，载台北市"法规委员会"编印：《委托经营管理法制 行政法规影响评估》，2003年自版，第207页。

这一定义比较凝练地概括了法规评价系统的诸要素，可以从以下几个要点来把握：

（1）法规评价的主体是法定评价主体。所谓法定评价主体是指根据相关法律规范依法享有对法规的评价权的主体，包括中央和地方各级行政机关以及经法律、法规、规章授权享有行政规范性文件制定权的组织。这就意味着那些由非法定的评价主体，比如一般的社会组织、公民个人、新闻媒体等自行开展的法规评价不属于本概念探讨的范畴。之所以作这样的限定，理由在于：这些组织或个人作出的评价虽然也可能会对提升行政立法质量起到一定的促进作用，但从法律上只能视为一种评估信息的来源，或一种建议或参考，不具有法律效力，难以纳入制度框架。

（2）法规评价的对象是行政机关制定的法规，包括行政法规、规章和其他行政规范性文件。这些法规的共同特点就是都是由行政机关制定的，且具有法律约束力的法律规范。

（3）法规评估的内容是法规产生的各种影响。以"影响"作为评估内容具有涵盖全面、包容性强的优点，影响包括了成本、收益、效果等多个方面，涵盖了经济、政治、社会、环境、行政等多个领域，涉及公民、企业、第三部门、行政机关等多方主体。

（4）法规评价应当遵循一定的标准、方法和程序。这是评价制度化和规范化的体现。没有确定标准、方法和程序的评价实践很难称得上是一种制度。

（5）法规评价的目的应当是对决策者修改、废止或维持法规产生一定的影响。评价的最终目的还是为决策者优化法规决策提供参考依据，因此评价应当被视为是整个法规决策过程的一个组成部分。

二、法规评价系统的特征

概括法规评价系统的特征有助于深化对该制度的理解。目前学界对于行政立法后评估制度存在着不同的概括，有的学者持三特征说，即评估主体的法定化、评估客体的特定化、评估程序的规范化。[①] 有的则持四特征说，即

---

① 李萍等：《行政立法后评估制度研究》，载《政府法制研究》2006 年第 3 期。

评估主体的法定化、评估对象的特定化、评估内容的多样化、评估程序的民主化和科学化。[①] 笔者认为，这些概括都有一定的合理性，但并不全面。结合前面对法规评价系统的内涵界定，笔者将法规评价系统的特征归结为以下五个方面：

（1）评价主体的法定性。国内外所探讨的法规评价都是一种法定的、规范化的制度，是会对法规的立、改、废产生一定影响的制度，因此其主体也必然是法定主体，而非任意主体。首先，评价实施主体应当法定。传统的法规评价实施主体主要是行政机关，随着政府权力的社会化，一些经授权的非政府组织和公共监管机构也可能成为评价主体，但具体某一法规的评价主体为何，仍要取决于各国法律规范的具体规定，不能随意扩大或限缩。至于法定主体之外的公民个人、社会组织、专家学者等对于法规所作的评价，虽然也可能会对提升法规质量起到一定的促进作用，但从法律上只能视为一种评价信息的来源，或一种建议或参考，并不属于本书所探讨的评价制度范畴。其次，评价监督主体应当法定。由于各国的评价监督主体普遍被赋予了较大的权限，是对行政权力的一次重新安排，因而监督主体的权力必须具有相应的法律根据。

（2）评价对象的特定性。法规评价的对象是特定的，就是针对法规，包括行政法规、行政规章和其他行政规范性文件。与权力机关的立法不同的是，法规具有从属性的特点；与行政机关制定的政策不同的是，法规具有立法性和规范性的特点。

（3）评价标准的多元性。如果将法规评价定位为一种提升法规决策的制度，那么法规评价的标准应当具有全面性和多元化的特征，包括合法性、有效性、立法技术合理性等方面。

（4）评价方法的灵活性。从国内外实践看，法规评价的方法是不拘一格、灵活多样的。针对不同法规的特点和评价的具体目标，可以灵活采取文献研究、咨询、定量分析和定性分析等多种评价方法。

（5）评价程序的规范性。许多国家的规制影响评估制度都建立了一套比较完备的程序制度，如区分初步评价程序与正式评价程序，适用公开制

---

① Delia Rodrigo, Regulatory Impact Analysis in OECD Countries：Challenges for Developing Countries, June 2005, pp. 5—6.

度、咨询制度、行政协调制度、时限制度等以规范评估主体的行为,促进评估富有成效。我国的法规评价的程序制度虽然还比较粗糙,但也不是完全无章可循。评价程序的规范性要求法规评价系统的程序应当遵循合法、公开、参与、比例的原则,更多地吸收公众参与,确保程序公正,同时兼顾效率。

第二节 法规评价系统的历史发展

一、我国法规评价系统的历史发展

(一) 兴起背景

国务院《纲要》和《工作规则》都提出了对法规进行立法后评估的要求,这标志着法规评价系统在我国中央层面的正式法律文件中得到了确认。随后,行政立法后评估制度实践在全国各地陆续展开,呈现出迅猛发展的势头。这一制度在初创时期就展现出了如此旺盛的生命力,绝非偶然,而是蕴含着深刻的时代背景,我们可以从以下两方面加以阐释:

第一,法规评价系统的建立是我国规制改革的必然产物。改革开放三十多年的经验证明,坚持市场经济体制,使市场在资源配置的过程中发挥基础性乃至决定性作用是保持经济活力的根本。然而,实践中,计划经济体制的残留思想还未完全褪去,全能政府的观念还有相当的影响力,导致了政府过多地干预市场,政企不分,行政垄断普遍,资源要素市场化程度低,这不但严重阻滞了市场经济的健康发展,同时也无法克服规制失灵的问题,规制成本居高不下,规制主体职权交叉冲突、规制权力寻租现象屡禁不止,规制的问责流于形式。为此,我国政府已经着手开始进行规制改革,一方面,通过减少行政许可来放松规制,另一方面又采取各种措施改善规制质量,而法规评价系统的建立就是一种有效的手段。由于我国的法规中大都涉及对公民、企业和其他组织设定权利义务的内容,具有较强的规制性色彩,故而这些法规的质量高低直接决定了规制的质量,决定了政府对市场的干预力度。通过对法规的评价,能权衡和考量各方主体的权益,从而及时对原有的规制进行修改,有助于确保规制的有效性,实现规制改革的目标。

第二,法规评价系统的建立是我国建设法治政府的一项重大制度举措。我国自新中国成立之后的相当一段时间内,受法律虚无主义思想的支配,法制体系很不健全,直到改革开放之后,才开始重视法制建设,但受当时经济、政治、文化条件的制约,采取了“法律宜粗不宜细”“重数量轻质量”的立法指导思想,以填补空白、确立原则为主要目标,由此产生了许多原则性、粗放型的立法。经过多年的立法建设,我国基本结束了无法可依的局面后,人们开始反思立法质量的问题,因为如果立法质量不高,制定再多的立法也只会是形同虚设,甚至产生负面效果。在法规制定领域,尽管行政限权、分权的呼声日益高涨,但一个不容置疑的现实是,为了克服市场失灵的弊端,行政权只是从一些领域中淡出,并未得到全面和有效控制,在很多情况下它以新的形式在经济和社会生活的诸多领域膨胀和扩张,公众在呼唤有限政府的同时,也对有效政府和有为政府满怀期待。与此同时,时代的瞬息万变需要立法作出相应的调整,人民代表机关承担了越来越繁重的立法任务,但由于受立法体制、立法程序和立法者知识水平的束缚,其缺乏足够的精力和必要的能力对细节问题进行充分的讨论和规定,于是填充立法的粗疏、执行立法的规定、应付紧急状况的任务则责无旁贷地落到了更灵活、专业技术性更强、效率更高的行政机关身上,法规的触角逐渐渗透到经济、社会和行政事务的每一个角落。然而,行政性法规是一柄双刃剑,相较于立法机关的立法,它的民意基础存在着先天不足,层层委托授权削弱了民主性,而且法规的立法程序相对快捷而随意,公众参与度较低,这就导致了法规质量问题不断,与上位法相抵触,与同位阶立法相冲突,侵犯行政相对人的人身权、财产权以及其他合法权益,部门利益倾向严重,实施效果不佳。为了平衡法规的必要性和可能的风险,我国政府开始反思借鉴西方的先进经验,引入法规评价系统,要求行政机关对法规的实施情况加以评价。这一制度通过有关主体运用一定的科学方法和规范的程序对法规的各种影响进行全面的评价和分析,从实体上解决法规考虑不周全、操作性差、不合法等问题,也从程序上确保了法规的民主、公开、透明和参与。应该说,这是我国反思和提升法规质量、建设法治政府的一项重大举措。

(二)法规评价系统运作现状概述

我国法规评价系统的现状可以从以下两个方面进行审视:

第一，我国的法规评价主体和评价对象具有多层次性，包括以下几类：(1) 中央部委对行政法规的评估，如 2006—2007 年，国务院法制办联合卫生部、国家质检总局等部门分别就《艾滋病防治条例》《特种设备安全监察条例》等行政法规进行了评估；(2) 中央部委对部门规章的评估，如 2008 年水利部开展了《建设项目水资源论证管理办法》立法后评估；(3) 省级政府对省政府规章的评估，如 2009 年浙江省人民政府法制办公室对《浙江省能源利用监测管理办法》开展了立法评估；(4) 较大的市政府对规章的评估，如 2007—2008 年，济南市政府法制办公室、市劳动和社会保障局等主体对《济南市城镇职工基本医疗保险暂行办法》进行了评估；(5) 其他地方政府或行政部门对规范性文件的评估，如 2007 年铜陵市政府法制办对《铜陵市政府信息公开办法》和《铜陵市古树名木保护和树木采集管理办法》开展了实施效果评估。

第二，从法律依据来看，法规评价系统尚未得到较高位阶的法律的确立。就全国层面而言，目前尚无法律或行政法规来确立法规评估制度，中央层面的依据只有国务院颁布的《纲要》和《工作规则》两个行政规范性文件。在地方层面，一些省市政府已经通过地方政府规章或行政规范性文件的形式规定了行政立法后评估制度。比如：2007 年施行的《合肥市政府规章评估暂行规定》《义乌市行政规范性文件审查、评估和清理暂行办法》《安阳市行政机关规范性文件制定程序规定》，2008 年通过的《宁波市政府规章立法后评估办法》《广东省政府规章立法后评估规定》，2009 年制定的《中山市市政府规范性文件实施效果评估办法》等。其他多数地方只是通过出台针对个案的工作方案等内部文件的方式来开展这一实践的，尚未形成制度，比如：财政部于 2006 年出台的《财政部关于开展政府采购法律制度实施情况调研暨立法后评估工作的通知》（财法[2006]16 号）、郑州市办公厅 2009 年 4 月 10 日发布的郑政办文〔2009〕33 号《郑州市人民政府办公厅关于对〈郑州市市区暂住人口登记办法〉等 3 件政府规章进行立法后评估的通知》。

二、国外规制影响评估制度的兴起与发展

20 世纪 70 年代以来，规制影响评估制度已经在全世界范围内兴起并迅速发展。下图反映了目前已经建立规制影响评估制度的国家及国际组织的

全貌。

表 1 世界上已经开展规制影响评价的国家及国际组织一览表
（截至 2009 年 10 月）①

类型	名称	
发达国家(22 个)	欧洲(16 个)	英国、爱尔兰、丹麦、芬兰、挪威、瑞典、荷兰、冰岛、法国、比利时、德国、奥地利、瑞士、意大利、西班牙、葡萄牙
	美洲(2 个)	美国、加拿大
	大洋洲(2 个)	澳大利亚、新西兰
	亚洲(2 个)	日本、韩国
东欧经济转型国家(6 个)	波兰、匈牙利、罗马尼亚、捷克、阿尔巴尼亚、立陶宛	
发展中国家(4 个)	亚洲(1 个)	菲律宾
	美洲(1 个)	墨西哥
	非洲(3 个)	坦桑尼亚、牙买加、阿尔及利亚
国际组织(1 个)	欧盟	

根据笔者的统计，目前世界上已经开展规制影响评价制度的国家及国际组织共有 33 个，绝大多数都是 OECD 的成员国(81.89%)。按照经济的发展程度，发达国家占了大多数(69.7%)，东欧经济转型国家占了近两成(18.18%)，而发展中国家的比重最小，只占了 12.12%。而该制度在各大洲的分布也不平衡，欧洲国家占了半数(50%)，美洲、亚洲和非洲国家各占了不到一成(9.09%)，大洋洲国家占了 6.06%。由此可见，规制影响评估制度的开展与各国的经济发展水平和民主政治程度有着一定的内在联系。

① 上表是笔者根据以下资料整理而成：A Comparative Analysis of Regulatory Impact Assessment in Ten EU Countries, A or The EU Directors of Better Regulatory Group, Dublin, May 2004, http://www.betterregulation.ie/index.asp? docID =66 ; Colin Kirkpatrick, David Parker and Yin-Fang Zhang, Regulatory Impact Assessment in Developing and Transition Economies: A Survey of Current Practice and Recommendations for Future Development, 18 November 2003, http://www.competition-regulation.org.uk/publications/working_papers/WP83.pdf, p. 4; Explanatory Note for A Survey of RIA Systems in OECD Countries, Scott H. Jacobs, An Overview of Regulatory Impact Analysis in OECD Countries pp. 10—13, 2008 年 10 月 26 日访问.

（一）兴起背景

规制影响评估制度的兴起有其深刻的历史背景，是政治、经济和社会发展到一定阶段的产物，是世界各国普遍开展的规制改革（regulatory reform）的必然要求。自20世纪二三十年代，世界爆发了灾难性的经济危机以及罗斯福新政的成功效应之后，以国家干预主义为基础的凯恩斯主义理论逐渐压倒了传统的以亚当·斯密为代表所主张的经济自由主义，政府的各种命令—控制式（command-and-control）的规制无孔不入地占据了经济、社会和政治生活，这些规制一方面是克服市场失灵的一剂良方，但另一方面它们不加节制的过度蔓延也滋长了行政权力的无限扩张和对市场活力的严重阻滞，导致了规制的低效率或无效率，行政成本过高，权力的滥用和腐败的滋生，规制为特定利益集团所"俘虏"，产生所谓的"规制失灵"（regulatory failure）现象。于是，各国政府又开始重新反思政府和市场的关系，在20世纪70年代兴起了一股规制改革的浪潮，政府开始减少对市场的干预，缩减价格控制和行政许可，实行行政民营化，鼓励公民和社会参与行政，建立新的规制型国家（Regulatory State）。[①] 规制改革的第一步尝试是放松规制（deregulation），要求政府退出市场，权力下放，但实践表明，在经济、社会、技术飞速发展和国际竞争日趋激烈的时代，政府的规制并非可有可无，纯粹强调放松规制的效果并不尽如人意，于是，寻求放松规制与改善规制之间的平衡点的规制管理（regulatory management）成为20世纪八九十年代规制改革的主题。进入21世纪，规制改革又把提升规制质量（improve regulatory quality）和规制治理（regulatory governance）作为改革的重点。这就要求：在市场比政府运作得更好的领域，放松规制；在没有政府市场就不能运作的时候，加强规制；建立确保法律一致和良好规制的制度；确保制定规制时遵循民主原则。[②] 规制改革的首要目的在推动经济的发展。当今世界经济分工与经济实力格局发生了巨变，许多国家包括不少老牌的发达国家都陷入了低经济增长率、高失业率以及国际竞争力减弱的困境，而传统的基于财政或货币

---

① OECD Reviews on Regulatory Reform: Background Document on Regulatory Reform in OECD Countries, http://www.oecd.Gorg/dataoecd/0/35/36267217.pdf, p.2,2008年10月21日访问.

② Delia Rodrigo, Regulatory Impact Analysis in OECD Countries : Challenges for Developing Countries, June 2005, p.5.

政策的经济手段已不再奏效,因此各国纷纷把重心转向改革规制体制,简化规制,降低规制成本,提升规制质量,希望借以提高经济效益,增强政府对经济、技术、社会的各种变革的适应力,保持或提升国家在国际上的竞争优势,促进可持续发展,建立一个有效政府。同时,规制改革也适应了行政民主化的发展潮流。规制改革强调公众协商、扩大公众的直接参与、增强行政透明度,简化行政繁文缛节,减少腐败,强化行政责任,这正是行政民主化的内在要求。正因为规制改革对于经济、社会和行政的重要意义,它逐渐演变成为许多领域(包括公共部门和私人部门)的程序、机制及文化上的深刻转变,是经济和社会转型的重要利器。

规制改革目标的实现必须借助于一些有效的手段和工具,OECD组织将其概括为行政简化、规制影响评估、透明度与沟通、其他规制方案、服从和执行、实现行政公平和可问责性等。[①] 而其中最核心、最综合的工具非规制影响评估制度莫属,因为该制度在以下四个方面发挥了不可替代的功效:第一,提升规制的质量。规制影响评估制度通过比较不同规制方案的成本和收益,增进了行政机关对规制的深入了解,为法规过程提供有价值的信息,并合理地分配规制资源,从而改善规制效果,降低规制成本,提升了规制质量。第二,有助于决策。规制影响评估制度本身就是决策过程的一个重要组成部分,它整合了多元的政策目标,揭示了政策及其影响之间的关系,为决策者提供了关于规制的理性而综合的资讯,能够协调不同的利益,从而最终使得决策趋于理性。[②] 第三,促进行政民主。规制影响评估制度十分强调公开、透明及公众协商,增强了规制的透明度和协商性,促进了行政民主。第四,强化行政责任。规制影响评估制度强调高层次的政治参与,注重质量控制和监督,强化了行政首长对于决策的责任,使得政策制定服务于社会的整体利益,而非个别集团的利益。[③] 基于上述功能,各国普遍将规制影响评

---

① Delia Rodrigo, Regulatory Impact Analysis in OECD Countries: Challenges for Developing Countries, June 2005, p.2.

② Evaluation of the Commission's Impact Assessment System Final Report, April 2007, http://ec.europa.eu/governance/impact/docs/key_docs/tep_eias_final_report.pdf, p.3, 2008年10月22日访问.

③ Delia Rodrigo, Regulatory Impact Analysis in OECD Countries: Challenges for Developing Countries, June 2005, p.7. Designing Regulatory Impact Assessment for South Africa, August 2003, http://www.businessleadership.org.za/documents/DesigningARegulatoryImpactAssessmentForSa.pdf, p.13, 2008年10月22日访问.

估制度视为提升立法质量的重要工具、决策过程的有效补充以及规制改革中不可或缺的组成部分。[①]

（二）发展阶段

规制影响评估制度自诞生至今虽然只有短暂的三十多年，但其并非一蹴而就，而是经历了一个逐步发展和完善的过程。笔者将其演变历程大致分为三个阶段：

第一阶段为20世纪七八十年代，是该制度的萌芽阶段。此时只有屈指可数的几个国家率先开始了这一制度实践，比如：美国、德国、匈牙利。早在1978年，美国总统卡特就签发了名为《改善政府规制》的12044号行政命令，要求所有的联邦行政机关在制定规制之前必须提出"规制影响分析报告"，用成本—收益分析衡量规制的效率。1981年，里根总统又发布了12291号行政命令正式确立了以成本效益分析为核心的规制影响分析制度。[②] 德国联邦政府于1984年也颁布了《联邦法规审查问题项目指令》，要求联邦政府制定的法案必须从必要性、有效性、可行性、成本—收益比等十个方面来加以审查。[③] 1987年匈牙利在《立法法》中要求在法规草案通过之前，应当在科学的事实基础上，分析它所规制的社会、经济环境、公民的权利和义务、法规预期的效果及实施条件。[④] 然而这一阶段的规制影响评估制度尚不成熟，不系统，其重要性未得到充分认识，实践的运用还不普遍。

第二阶段为20世纪90年代中期至末期，是该制度发展和确立的阶段。在美国的成功经验的影响下，OECD组织于1995年3月通过了一项改善政府规制质量的建议，要求其成员国的决策者在进行规制时需要考虑包括规制的成本与效益是否相符等问题在内的十大问题，该建议为规制决策和规制影响分析制度提供了一个参考性的清单。这是国际上第一个有关改善规

---

① OECD Reviews on Regulatory Reform: Background Document on Regulatory Reform in OECD Countries, p.6.

② E.O.12044,12291.

③ Prueffragen fuer Rechtsvorschriften des Bundes，参见黄锦堂：《行政组织法》，台湾翰芦图书出版有限公司2005年版，第352页。E.O.12291,12498,12866,13258. 参见http://www.archives.gov/federal-register/executive-orders/1993-clinton.html，2007年10月23日访问.

④ Delia Rodrigo, Regulatory Impact Analysis in OECD Countries: Challenges for developing countries, June 2005, p.2.

制质量并得到普遍接受的原则。[①] 在这一要求的促使下，该组织的各成员国都陆续开始了相关制度实践。1997 年，OECD 组织提出了发展规制影响评估的十大要素。到 2000 年为止，OECD 组织中的十四个国家已经全面建立了该制度，还有六个国家在一些领域已经开始了实践。这一阶段的特点是：OECD 组织在推动这一制度的进程中扮演了重要的助力者和指导者的角色，而世界主要的发达国家也纷纷通过立法确立了该制度，并开始了实践的探索。但就总体而言，该制度还只是富国俱乐部的一种新鲜尝试，尚未波及发展中国家。

第三个阶段为 21 世纪初至现在，是规制影响评估制度进入深入发展的阶段。随着规制改革日益成为世界各国的普遍共识，规制影响评估制度在不同发展程度的国家中得到了深度拓展，不仅 OECD 组织的二十三个成员国都已经建立了这一制度，就连一些发展中国家如菲律宾、坦桑尼亚、牙买加等国也开始了这一制度实践，欧洲最大的超国家组织欧盟也于 2003 年建立了影响评估机制。此外，一些发展中国家也在摩拳擦掌，跃跃欲试，准备加入这一行列，比如：南非、乌干达、斯里兰卡等。[②]

规制影响评估制度是符合时代要求的一种制度创新，在市场经济成为主流的当今世界，具有普适性。从发展趋势来看，该制度的范围将进一步拓展到其他发展中国家。之所以如此，乃是因为：其一，这些国家的市场主体尤其是中小企业受到的规制负担很重，而规制影响评估有助于减轻这些负担；其二，一些发展中国家的腐败现象比较严重，而规制影响评估制度强调规制的公开、透明、明确、简化，有助于减少腐败；其三，该制度考虑了不同利益群体，尤其是弱势群体（少数民族、种族、艾滋病人、穷人）的利益诉求，有

---

① Recommendation on Improving the Quality of Government Regulation, 1995 (OECD), http://www. olis. oecd. org/olis/1995doc. nsf/LinkTo/NT000009E6/ $ FILE/PME5205. PDF, 2008 年 10 月 24 日.

② Darren Welch, Introducing Regulatory Impact Assessment (RIA) in Developing Countries: The Case of Uganda, http://www. competition-regulation. org. uk/conferences/southafrica04/welch. pdf, p. 1; Designing a Regulatory Impact Assessment for South Africa, August 2003, pp. 1—2; Regulatory Impact Assessment: A Tool for Better Regulatory Governance in Sri Lanka? Interim Concept Paper, April 2005, http://www. competition-regulation. org. uk/conferences/southafrica04/knightjohn. pdf, p. 3, 2008 年 10 月 24 日.

助于消除贫困。[①] 因而,发展中国家采取这一制度将成为历史发展的必然。

三、法规评价系统在我国的发展趋势

从上文对国内外法规评价系统的兴起背景和发展状况的介绍来看,我国的法规评价系统的建立与国际规制改革的潮流不谋而合,但由于我国的法规评价系统才刚刚起步,还需要在科学的理论指导下在实践中不断完善和发展,笔者认为,这一制度将朝着三个方向发展:

第一,法规评价系统的适用空间将得到深度拓展。国务院《纲要》提出了用十年时间初步建设法治政府的宏伟目标,而法规评价是该纲要所作出的正式承诺,各级行政机关必然要在实践中加以落实。可以预见,该制度必将在中央和地方的更大的范围内确立。从适用对象范围来看,该制度将进一步在行政法规和行政规范性文件的评价中得到运用。

第二,法规评价系统的法治化程度将进一步提升。随着法规评价的重要性被日益挖掘和意识,将该制度上升到更高层面的立法,从而在全国范围内推行成为大势所趋。今后,有可能在《立法法》《行政程序法》之类的法律或行政法规中明确规定这一制度,地方人民政府也会在其制定的行政规章或行政规范性文件中细化这一制度的程序。

第三,法规评价系统将更加规范化和精细化。随着实践的深入,一个更加符合中国实际的法规评价系统模式将逐步形成,这一模式包含对评价主体、内容、方法、程序、监督及效果运用等方面的精细设计和规范,这有助于该制度的成熟和大规模运用,并有力地提升法规的质量。

第三节 法规评价系统的理论基础

目前国内外学者对于法规评价系统的研究大多仅限于经济学和公共管

---

① Darren Welch, Introducing Regulatory Impact Assessment (RIA) in Developing Countries: The Case of Uganda; ,p.6; Colin Kirkpatrick, David Parker and Yin-Fang Zhang, Regulatory Impact Assessment in Developing Transition Economies: A Survey Current Practice and Recommendations for Further Development, November, 2003,pp.11—12.

理学的视角，鲜见法学领域的学者对该制度予以必要的学术关怀，这恐怕很大程度上要归咎于法学学者固守于传统的法学研究领域，对交叉领域涌现的新制度、新问题缺乏必要的洞察力。事实上，法规评价系统与法学有着密切的联系，由于它涉及政府与人民的关系、行政主体与行政相对人之间的关系，行政机关内部的关系等一系列基本的法律问题，因此其合法性和正当性必然要求得到充分的法律论证。笔者力图通过对法规评价系统的多角度法学透视，揭示其宪政依据和行政法治基础，并运用法经济学理论对其进行理论剖析。

一、法规评价系统的宪政基础

宪法学主要研究的是权力—权利、权力—权力这两组关系。根据宪法的基本理论，法规评价系统从以下两方面体现了这两组关系的相互作用：首先，它有利于化解人民主权理论之下委授制度的危机；其次，它有利于保障公民参政权与知情权等基本权利。在我国，法规评价系统有着深厚的宪政资源，这可以从宪法文本中规定的参政权、知情权、法制统一原则、国家机关的精简效率原则中推导出来。

（一）法规评价系统的宪政基础

1. 有利于化解人民主权之下的委授制度的危机

人民主权理论是现代宪法学的基本理论基石。人民主权说的代表人物卢梭主张，人民是主权的所有者，人民为了更好地维护自身的权利，通过订立社会契约表达“公共意志”，将权力委托给代表公意的国家行使。[①] 而国家则通过立法、行政和司法等国家机关的具体运作确保人民利益的最大化。立法权作为一种制定具有普遍约束力和国家强制力的规范的重要权力，最初是由人民委托给民意机关——立法机关来行使的，但立法机关囿于精力和能力，又将部分立法权授予了行政机关，由此产生了行政机关的法规制定权，这本质上属于一种转委托行为，为了确保这种转委托的慎重可靠，立法机关需要受到法律保留、授权明确性等原则的约束。根据委托—代理的一般理论，受托者应当忠实履行受托职责，不得损害委托者的利益。行政机关

① 〔法〕卢梭：《社会契约论》，何兆武译，商务印书馆1980年版，第125页。

作为受托人自然应当尽职尽责，制定出优质的法规，不负人民的重托。然而，现实并非如此，根据制度经济学的理论，政府官员并非总是如我们所愿地保持着大公无私的中立地位，作为理性的经济人，他们也同样有着不同于公共利益的自身利益，他们控制着大量的行政资源，并且掌握着诸多不为公众所知的信息，这种严重的信息不对称状态导致了政府官员可能利用其优势操纵法规的制定过程，利用法规维护自身利益或特定群体的利益，对人民的权利造成巨大侵害。这就导致委托—授权制度危机。这一问题如果不加控制，将会对民主的根基造成严重的侵蚀，导致人民对政府的信任危机，与现代民主的潮流截然相悖。而法规评价系统的诞生，有力地提升了法规的民主性、正当性和有效性，它运用全面的评价标准，引入精细的分析方法，通过广泛的公众参与、全程的公开透明以及有效的监督机制，取代了传统的粗放型、封闭性的法规过程，有助于提高法规的民主程度，强化政府责任，尽量避免和化解委授制度危机，使人民主权落到实处。

2. 有利于保障公民参政权与知情权等基本权利

宪法的核心价值在于保障公民基本权利。公民基本权利保障机制按照不同的标准可以分为多种类型，以保障方式来划分，可以分为实体的保障和程序的保障；以保障主体来划分，可以分为立法机关的保障、行政机关的保障和司法机关的保障。笔者认为，法规评价是行政机关从程序上来保障公民参政权、知情权等基本权利的一种制度，具体表现如下：

第一，对公民参政权的保障。参政权是指一国公民参与国家政治生活的权利。它是人民主权最直接的体现，世界各国无不将参政权作为公民的基本权利在宪法中予以确认。参政权的表现形式是多样化的，包括选举权和被选举权、罢免权、复决权、监督权等。而立法是民意的重要反映渠道，也是保障公民基本权利的有力武器，公民通过参与立法来参与国家政治生活是参政权的应有之义。同样的，法规也是立法的一种表现形态，它数量众多，内容包罗万象，与公民的切身利益关系更为直接，更离不开公民的参与。因此参与法规的制定和完善过程应当是公民参政权的重要体现，而法规评价系统的建立则为此提供了一个广阔的平台，该制度强调在法规评价的全过程中都应当向社会公众咨询，收集信息，征求意见，在认真考虑他们的意见之后，再作出相关决策，同时应当予以积极的反馈。这就确保了公民能够顺畅地将其利益诉求反映到法规中。

第二,对公民知情权的保障。虽然多数国家宪法并未明确规定知情权,但学者们普遍认为这一权利可以从宪法规定的其他权利中推导而出,比如言论自由、思想自由、监督权、参政权等。[①] 所谓知情权,是指公民接受、寻求和获取政府所掌握的情报信息的自由和权利。它是自由权和社会权的复合体,包括了被动的接受信息的权利和主动的寻求获取信息的权利,而后者还包括了寻求获取信息而不受公权力妨碍与干涉的权利以及向国家机关请求公开有关信息的权利。[②] 知情权作为参政权的前提和基础已经成为一个普遍共识,为了确保这一权利,各国普遍确立了行政信息公开制度,要求政府的一切信息原则上都应当向公众公开,或者能够为社会公众所获取。法规是政府工作的重要组成部分,关于法规的信息自然也属于应当公开的范围。然而,现实中,公民对于法规的知情权并未得到充分的保障,因为政府往往只是将立法结果笼统地告知公民,并未真正让公民知晓立法的决策和利益博弈过程,公民难以真正参与法规立法全过程。而法规评价系统的建立则为解决这一困境提供了新的思路,它把公开作为一项重要的原则和制度规定下来,要求应当将评价全程的信息向社会公众公开,这有效地确保了公民的知情权,让他们能更好地参与法规过程,维护其自身利益。

(二)我国建立法规评价系统的宪法资源

由于法规评价系统的建立涉及权力的再安排和权力—权利关系的重新定位等宪政问题,我国在大力推行时有必要挖掘相应的宪法资源,赋予其宪法上的正当性。而宪法文本无疑是蕴藏宪法资源的宝库。笔者认为,我国建立法规评价系统的宪法依据有四:一是宪法中规定的公民的参政权;二是宪法中推导出的公民的知情权;三是法制统一原则;四是国家机关精简效率原则。

1. 公民的参政权

我国宪法对于公民的参政权有比较完整的规定。《宪法》第 2 条规定,中华人民共和国的一切权力属于人民。人民依照法律规定,通过各种途径和形式,管理国家事务,管理经济和文化事务,管理社会事务。第 27 条第 2

---

① 刘飞宇:《转型中国的行政信息公开》,中国人民大学出版社 2006 年,第 44—52 页。

② 〔日〕平松毅:《知情权》,载《法学家》1986 年增刊。

款又规定，一切国家机关和国家工作人员必须依靠人民的支持，经常保持同人民的密切联系，倾听人民的意见和建议，接受人民的监督，努力为人民服务。第 41 条规定，中华人民共和国公民对于任何国家机关和国家工作人员，有提出批评和建议的权利。这些条文对我国的国家权力的归属权以及权利—权力的关系作了明确的定位。《宪法》第 2 条以“人民”作为权利主体，强调人民有权通过各种途径管理国家的各种事务，而第 27 条则以国家机关和国家工作人员的义务为切入点，从另一个侧面保障了人民享有的提出意见和建议、监督国家机关及其工作人员的权利。第 41 条则将享有批评和建议权的主体扩大到了外延更宽泛的“公民”。法规作为国家事务、国家机关和国家工作人员工作的一个有机组成部分，理所当然地也成为人民参与管理和进行监督以及公民行使批评和建议权的对象。这就要求公民积极参与法规制定、修改和废止的过程，了解法规的运作机制和实施效果，并对其产生影响。而以往的法规往往沦为维护少数特定群体利益的工具，忽略了人民的参与，导致立法质量不高，实施效果不好。引入法规评价系统，恰恰克服了这一缺陷，它以参政权为依托，以浓重的民主参与色彩为特征，成为提升法规质量的工具。换言之，监督权的一个重要体现就是公民通过参与法规的制定和完善过程来表达自身的利益，监督法规制定主体，防止行政机关及其公务员以权谋私，滥用权力，避免权力寻租现象的发生。而法规评价系统所设置的公开、参与、透明等制度正是为公民监督权的行使提供了一条新的有效途径。

2. 公民的知情权

我国宪法同样没有明确规定公民的知情权，但该权利可以从宪法规定的言论自由、文化活动自由、参政权、选举权等权利当中推导出来。这些权利行使的前提必须是公民能够获悉和掌握相应的政府信息，否则就会形成一纸空文，因此，笔者认为，公民的知情权是我国宪法中的默示权利之一。而知情权的享有对于法规评价系统的建立有着特殊的意义，评价信息是公开还是保密，直接影响到评价的公正性和客观性，也影响到公民的参与程度，所以，必须以保护知情权的名义强调法规评价过程的信息公开和透明，才能确保这一制度发挥实效。

3. 法制统一原则

我国《宪法》第5条规定的法制统一原则也是法规评价系统建立的宪法依据。该条规定,中华人民共和国实行依法治国,建设社会主义法治国家。国家维护社会主义法制的统一和尊严。一切法律、行政法规和地方性法规都不得同宪法相抵触。一切国家机关和武装力量、各政党和各社会团体、各企业事业组织都必须遵守宪法和法律。一切违反宪法和法律的行为,必须予以追究。本条强调了法规必须符合上位法的规定,行政主体的一切行为必须守法。因此,法规评价系统需要将法规是否符合上位法、是否维护了法制统一作为一个重要的评价标准。此外,法规评价系统作为行政机关的一种重要的活动,本身也应当受到法的拘束,不违反上位法的规定。

4. 国家机关的精简效率原则

国家机关的精简效率原则规定于我国《宪法》第27条,要求一切国家机关实行精简的原则,实行工作责任制,实行工作人员的培训和考核制度,不断提高工作质量和工作效率,反对官僚主义。该条的规定可以分解为两个部分:一是目的条款,二是手段条款。前者是指不断提高工作质量和工作效率,反对官僚主义。后者包括三种手段:精简,工作责任制,工作人员的培训和考核制度。从该条规定的目的和手段的关系来看,笔者认为存在着不相匹配之处。因为提高工作质量、工作效率、反对官僚主义分别是从定性、定量和工作作风的角度对国家机关提出要求,而手段却只强调行政组织法上的减少机构编制和人员、明确责任、人员培训和考核制度。我国近些年来不断进行的机构改革,比如2008年开始推行的"大部门制"也是从这个角度来开展的。然而,机构改革的只是达成上述目的的一种途径而已,要改善政府的工作质量、工作效率和工作作风,还应当多管齐下,尤其注重提高政府工作的绩效,即注重投入和产出、成本和收益的关系。这是西方国家如火如荼地开展的新公共管理运动、绩效改革的重点所在。法规作为行政机关的一项重要工作,同样应当以提高质量和效率,反对官僚主义为目标,因此,各国开展规制影响评估制度时纷纷提出了简化规制、减少繁文缛节、提升规制质量等口号,强调成本—收益分析的重要性。而我国法规评价系统的建立也应当借鉴国外先进经验,将法规的成本—收益分析作为评价的一个重点,以符合宪法精简效率的要求。

二、法规评价系统的行政法学理论基础

无论从评价主体、评价对象、评价目的、评价程序的角度审视，法规评价系统都毫无疑问应当属于典型的行政法律制度，因此对其进行细致的行政法学研究和分析不可或缺。虽然该制度逐渐呈现遍地开花之势，然而我们不应忽略对其行政法依据作出理性思考，唯其如此，才能为其合法性和正当性基础作出适当的脚注。法规评价系统的兴起契合了行政民主化的发展趋势，该制度的发展需要接受法律优先原则、法律保留原则和比例原则等行政法基本原则的审视。

（一）法规评价系统的建立契合了行政民主化的发展趋势

在市场经济体制和政治体制改革的持续推动下，行政民主化成为当今行政法治发展的大势所趋。当代行政民主突破了以往投票式间接民主的局限性，而强调了协商民主（deliberative democracy）的重要性，这种民主模式强调政治决策的正当性来源不是未经协商就进行的普遍意志的表达，而是经过协商最终形成共同意志的过程。在政治共同体中，应当通过公众平等而理性地对话和商谈达成共识，赋予立法和决策以正当性，达到理性立法、参与政治和公民自治的理想。[①] 在新型行政民主化潮流的冲击下，构建服务政府、有效政府、透明政府、责任政府成为世界各国政府的重要目标，这就要求行政活动应当以人为本、注重效率和效益、公开透明、吸收公众参与、权责一致。而法规作为联结行政执法、司法等活动的重要环节，更应当以民主化作为基本目标导向。法规评价系统的诞生，更是集中体现了行政民主化的要求，具体表现在以下四个方面：

第一，体现了服务政府的要求。服务政府要求政府树立顾客导向意识，实现从控制—命令式的全面管理到为公民、法人和其他社会组织提供服务的职能转变，尊重社会主体的能动性和自主权，注重柔性管理。而法规评价系统通过对法规的评价，能够实现政府与市场、社会关系的适度平衡，确保法规规制的必要性，有利于实现服务政府的目标。

第二，体现了有效政府的要求。现代民主的精神实质要求政府的行为

---

① 〔美〕詹姆斯·博曼、威廉·雷吉主编：《协商民主：论理性与政治》，陈家刚等译，中央编译出版社 2006 年版，第 1—17 页。

不仅应当合法,更应当有效,用尽可能低的成本取得尽可能大的效果。法规评价系统以有效性作为重要的标准,以成本—收益分析为主要方法,能切实提升法规的有效性,为有效政府奠定坚实基础。

第三,体现了透明政府的要求。透明政府要求行政活动无论是程序还是结果都应当向社会公众公开,置于“阳光”照射之下,接受监督。法规评价系统就是通过公开、咨询等制度将法规的决策过程尽数展现在公众面前,打消公众对于法规暗箱操作的顾虑。

第四,体现了责任政府的要求。责任政府是行政民主的应有之义,政府及其工作人员应当对自己的行为负责,做到权责一致。而法规评价系统在设计时,也充分考虑到了监督和责任机制的完善,通过强化评价监督主体的职权来限制评价实施主体的裁量权,通过立法和司法来监督行政主体的评价活动。

（二）法规评价系统与行政法基本原则的关系

1. 法规评价系统与法律优先原则

法律优先原则是行政法上的一项基本原则,狭义的法律优先原则是指一切行政行为与活动都不能与立法机关制定的法律相抵触。而广义的法律优先则是指行政机关的行为与活动不能与上位法相抵触。本书以广义的法律优先原则作为审查标准。按照现代能动主义法治理念的观点,此处的“法”应当作广义理解,既包括法律条文,也包括法律原则。法律优先原则与传统的机械主义法治所主张的“法无明文规定即禁止”的教条存在着本质的不同,法律规范的缺失并不意味着该制度不具有合法性,因为法律优先的实质并非强调行政机关的活动必须事事都有法律依据,而是应当确保行政主体作出直接涉及公民权利义务的行为必须有法可依,有法为据。虽然目前在我国,法规评价系统的建立还没有直接的法律和行政法规依据,然而,这并不等于这一制度的现状及发展可以不受任何限制,由于该制度涉及权力的分配以及权力—权利的关系,该制度有可能与其他现行的法律制度规定发生冲突,也可能与今后该制度出台的相关法律规范发生冲突。因此下文就从法规评价系统建立的构成要素着手对其与法律优先原则之间的关联进行具体分析:

首先,应当判断评价主体及其权限是否符合上位法。涉及权力分配的评价主体包括评价实施主体和评价监督主体两类,它们的权力享有与行使是否可能与上位法发生冲突,需要具体分析。国外的规制影响评估制度中,评估的实施主体都是规制的起草部门,而在这一制度建立之前,根据有关法律的规定,起草部门同样也要对规制的必要性、可行性等方面进行各种调研和论证等工作,而评估制度只是对这些机关的工作提出了更严格的要求,使其更加规范、有序、科学,并没有创设新的评价实施主体,这种自我拘束不但不与上位法的规定相抵触,更是符合民主、科学、公开立法的基本原则的。但对于专门创设的评价监督机关而言,则需要认真考虑其是否与上位法规定的权力分配存在抵触现象。一个典型的例子是,美国在白宫的管理与预算局中设立了信息及规制事务办公室(Office of Information and Regulatory Affairs,简称 OIRA)作为审查各部门制定的重要规制评价情况的监督机关,而审查的对象也包括了独立规制机构制定的规制。然而,根据美国具体的授权法(Enabling Law)的规定,独立规制机构并不属于国会、总统、最高法院的任何一个部门,而美国的做法引起了学界的普遍质疑,认为规制审查权集于中总统系统,限制了独立规制机构的权力,是对三权分立的重大挑战。[①]这一事例提醒各国,在设立监督机关时,需要注意其权力不违背上位法的规定。

而在我国,法规评估的实施主体则较为多元。国务院《纲要》规定为制定机关和实施机关,而各级行政机关的规定则不尽一致,比如《广州市规章制定公众参与办法》规定为市法制机构,《广州市行政规范性文件管理规定》规定为制定部门,具体由法制机构或原起草部门负责。各地也存在法制机构与实施机关联合实施的做法。从文义解释的角度,《纲要》中的制定机关应当理解为以自己的名义出台法规的机关,即属于行政主体。而政府法制机构只是政府内部的一个办事机构,并不具有行政主体资格,那么各地的这些规定是否与上位法相冲突呢?[②] 笔者认为,《纲要》的规定虽然只针对制定机关和实施机关提出了评价的要求,但并未排除法制机构具体行使这

---

① 席涛:《美国管制——从命令控制到成本收益分析》,载中国期刊网优秀博士论文库,第 15 页。

② 虽然《实施纲要》本身并非行政法规,只是国务院制定的行政规范性文件,但一般学理认为,仍然比地方政府规章的效力更高。参见叶必丰、周佑勇:《行政规范研究》,法律出版社 2002 年版,第 185 页。

一职权，从实践来看，制定机关也必须通过其内部机构具体实施评估，各级行政机关为了操作便利往往指定由法制机构负责评估，但是由于法制机构并非行政主体，不能独立承担法律责任，由该机构作出的评估结果最终还是要以所在行政机关的名义来发布，因此，并不与《纲要》存在本质的冲突。而由于我国目前并未设置专门的评价监督主体，对于评价的监督机制基本上还是沿用对法规的监督机制，不涉及新的权力安排。如果今后要效仿域外经验，设立专门的监督机关，则该机关的设置则应有新的法律依据，应当不与上位法相抵触。如果该机关定位于直属机构或办事机构，则根据组织法确立的精简效率原则即可设立，如果监督机关是新成立的独立的部门，则需要有组织法的规定。在国务院设立新的部门，根据《国务院组织法》，应当由总理提出，经过全国人大或常委会决定；在地方层面设立新的工作部门，根据《地方人大及地方各级政府组织法》的相关规定，应当由上一级政府批准，并报本级人大常委会备案。而从监督机关的职权来看，也应当避免与其他机关的职权交叉、重复，造成政出多门，尤其应当协调好与法制机构的关系。

其次，判断评价标准、方法和程序是否违反上位法。评价标准、方法和程序是为下级行政机关实施评价提供指引的行政内部规则，但也会涉及评价实施主体与行政相对人的关系，因此可能会与上位法产生冲突。例如，没有设计社会公众参与评价的制度、没有将评价结果公开等，都可能与《行政程序法》或宪法上的正当程序原则相抵触。在我国，法规评价系统的标准、方法与程序首先应当不与《立法法》《行政法规制定程序条例》《规章制定程序条例》等的相关规定产生冲突。此外，今后如果将评价标准、方法和程序在有关立法中作出规定，这些规定就将成为法规评价系统建立的重要法律依据。

概言之，法规评价系统在我国尚未定型化，目前需要注意的是与现行立法的协调的问题，但随着相关立法的逐步完善，法律优先将日益成为一个值得关注的问题。

2. 法规评价系统与法律保留原则

法律保留原则是指没有立法机关的法律授权，行政机关即不能合法地作出行政行为。目前，学界普遍认可将“重要性事项”作为界定法律保留范围的标准，即无论干预行政、给付行政还是内部行政，只要涉及对公民权利义务关系重大的事项，都应当适用法律保留。[①] 在法规评价系统建立时，应当从以下两个方面考虑适用法律保留原则：一是在法规评价时将是否符合法律保留原则作为评判法规效果的重要标准，如果发现某部法规规定了本应属于法律保留的事项，则应当及时启动修改、废除等程序，对其作出调整。二是在建立法规评价系统时应当考虑这一制度是否属于重要性事项之列，如果是的话，则应当由高位阶的法律来规范。国外的规制影响评估主要定位为法规决策过程中的一种制度，实施主体、评估范围、评估标准、评估方法、评估程序基本上都属于行政机关内部的组织性事务，评估结果也只是决策者的参考依据，不具有法律效力，故而不涉及对公民权利义务的干涉，一般不存在法律保留原则适用的空间，各种形式的法规都可以采取。但是如果要像美国那样对监督主体的权限进行重新的设计和安排，突破原有法律对于三权分立的突破，则属于重要事项，应当适用法律保留。按照这一标准，我国目前行政法规、行政规章甚至行政规范性文件的方式来规定法规评价系统都是合适的，即使今后在行政机关内部设立一个独立的部门进行监督，只要该监督机关的权限是限于行政系统内部的，也只需要通过法规规定即可，无须上升到法律的层面。

3. 法规评价系统与比例原则

比例原则源于 19 世纪德国的警察法，该原则被尊奉为行政法上的帝王条款。广义的比例原则涵盖了适当性、必要性及均衡性三个层层递进、环环相扣的步骤，成为判断行政行为适法性的有效工具。比例原则一经诞生，就在大陆法系国家的行政执法和司法审查领域发挥了巨大的作用。在法规领域，比例原则也日益受到重视，这一原则要求制定法规时应当考虑立法手段和目的之间的关系，确保手段能够达到目的，且对相对人造成的侵害最小，成本与收益之间成比例。英国、欧盟委员会、爱尔兰、德国等许多国家或国际组织都在评估中强调了比例原则的适用。由于评价主体在评价过程中享有一定的裁量权，要确保这种裁量权的合法行使，就应当运用比例原则加以判断，具体体现在如下几个方面：

（1）评价主体的选择应当符合比例原则。国外的规制影响评估制度适

---

① 吴庚：《行政法理论与实务》（增订八版），中国人民大学出版社 2005 年版，第 53—54 页。

用范围十分广泛，此时在评估实施主体的设计上就应当考虑到现实操作性，因此采取起草部门评价的方式能将专业性与效率性相统一，符合成本收益最大化的原则。同样的，监督主体的设置和权限大小也应当符合比例原则。如果监督主体地位不高或权威性不够，则不能达到目的，如果监督主体对所有规制的评价都进行监督，则囿于资源的有限性，未必能保证监督的质量，因此现实中，各国普遍赋予监督主体较大的权威性，并将其监督范围集中于最重要的规制。我国法规评价系统的建构中，评价实施主体与监督主体的选择也应重视比例原则的指导。

（2）评价的对象和范围应当符合比例原则。不可否认，法规评价的开展需要耗费一定的行政成本，因此并非所有的法规都需要进行评价，究竟哪些法规必须开展评价不能由评价主体随意地选择，而必须根据一定的标准，其中一个重要的标准就是比例原则。从不少国家的规定来看，一般都将造成一定影响的规制（主要规制）作为开展规制影响评估的对象。一些影响极小的，或者纯粹是实施上位法的规制则没有必要纳入评估的范围。

（3）评价的标准应当适用比例原则。法规评价过程必须运用到一系列的定量和定性方法，其中包括成本——收益分析法，就不同的方案之间的优劣进行反复比较和选择，从而决定是否对该法规提案进行立、改、废，在哪些方面进行立、改、废。例如：欧盟委员会的影响评估就采取了比例原则，在决定是否对现有规制进行修改时，必须考虑是否问题已经发生改变，或者原来的目标是否仍有效。如果情况改变了，就需要分析现有的制度是否能处理这些新的条件和目标，如果不能适应，则需要考虑其他能解决问题的方案，衡量其能否实现目标，以及是否具有对未来变化的适应性。[①] 爱尔兰在评估时也运用到比例原则，要求在一个规制措施所带来的收益和其施加的限制之间取得平衡。该原则有两层含义：首先，考虑是否政府行为是必需的，如果是的话，则需要考虑是否该行为应当是规制性的。其次，确保施加于不守法者的制裁与其违法的可能性之间成比例。同样的，考虑是否一个特定群体遵守某一行政程序的成本与社会因该程序而受益之间是否成比例，服从

① Impact Assessment Guideline, p. 8.

立法的成本应当与该立法所带来的收益之间保持公平。[①]

(4) 在评价的方法选择上适用比例原则。评价的方法可以存在多种选择,但是每种方法所耗费的成本和带来的收益也各不相同,因而应当灵活选择适当的方法,使成本和收益成比例。

(5) 在评价程序的选择上也适用比例原则。评价的程序虽然有着一定的模式,但也绝非千篇一律,需要根据评价对象的不同而加以适当的调整。国外的规制影响评估制度中,对于成本或影响重大的规制,适用的是正式的评估程序,而对于成本或影响较小的,则采用初步的评估程序。比如英国规定,对于那些本质上并非规制性的但却对提供公共服务的公共部门或第三部门组织施加成本的规制而言,如果该规制的成本低于 500 万英镑且不可能吸引高层次的政治或媒体关注,则只需要进行一种提出/方案阶段的影响评估即可。而对于重要的规制,则需要经历全部的评估环节。[②] 有学者也指出,评价可以分为初步的评估和正式的评估,如果在初步评估时认定该规制不存在太大影响,则不必进行正式的评估,反之亦然。[③]

三、法规评价系统的法经济学基础

在当前不断深化的经济全球化的背景下,法经济学的研究方法以其独特的观察视角和研究方法对法学理论和制度进行重新诠释,在法治进程中发挥了重要功效,弥补了单纯的法教义学方法过于注重制度的外部层面的不足。鉴于法规评价系统对于成本和收益问题的关注,有必要运用法经济学的基本原理来对该制度的正当性基础作出剖析,从而深刻地认识其内部运作规律和背后的深层驱动力所在。

法规评价系统以法规作为对象,而法规本质上是政府采取一定的措施对于经济、社会、政治等问题进行规范、调整、干预或介入的外部表现形式。在大多数情况下,法规就是规制行为。西方制度经济学中的规制理论认为,规制影响评价制度是各国政府为了解决规制失灵问题的一种制度创新。所

① http://www.betterregulation.ie/upload/Regulating_Better_html/proportionality.html,2008 年 10 月 25 日访问.

② Impact Assessment Guidance, p. 1.

③ A Comparative Analysis of Regulatory Impact Assessment in Ten EU Countries, A Report Prepared for the EU Directors of Better Regulatory Group , Dublin , May 2004, p. 12.

谓的规制失灵存在以下四方面表现：

首先，规制俘虏(Regulatory Capture)。传统的看法认为，政府的规制之所以必要，是为了矫正市场失灵现象，解决市场的外部性和信息不对称等市场的先天缺陷。然而这一理论在20世纪70年代受到了来自于芝加哥经济学派的强烈质疑，斯蒂格勒(Stigler)和佩尔茨曼(Peltzman)等学者经研究后发现，在规制行为中存在三个利益群体，规制者、被规制者和消费者，但政府规制的受益者往往不是消费者，而是那些受规制限制与干涉的被规制者。① 被规制者通过各种方式说服和影响政府运用其权力为该利益集团服务，利用政府对其产业价格、数量或厂商进出的限制与规范，形成其竞争地位的保护伞，使潜在竞争者的市场进入变得更为困难，大量减少了可能的竞争对手，并且造成该产品或服务的供给不足、价格蹿升，最后反而使被规制者获得超额的利润，甚至是暴利。换言之，政府业已为被规制者所俘虏，沦为私人利益而非公共利益的保护者。②

其次，政治俘虏(Political Capture)。公共选择理论基于政府理性经济人的假设前提，认为政府为了追求自身私益，可能利用其规制的权威来谋取权力的扩张、组织膨胀或者经济利益。③ 规制为政治家、行政官员和产业集团都带来了好处，他们形成了一个操纵政府法规政策倾向或政策偏好的稳定的"铁三角"联盟(Iron Triangle)，即政治家(国会议员)、行政官员(行政监管机构)和依靠政府得到好处的产业集团，三方联合纠缠在一起的联盟。

再次，规制成本。规制本身需要耗费成本，而成本由直接成本和间接成本两部分构成。直接成本是指政府进行规制所耗费的行政成本，而间接成本由三部分组成：(1) 服从成本(Compliance Cost)：指规制对于受规制者所造成的成本负担；(2) 第三者成本(The Third-party Cost)：指规制者和被规制者之外的第三人在竞争不足的情形下，为买到相同的产品或服务所支付

---

① MeCubbins, Mathew D. (1999), Abdication or Delegation? Congress, the Bureaucracy, and the Delegation Dilemma, *Regulation*, Vol. 22, No. 2, pp. 30—37.

② Stigler, G. (1971), The Theory of Economic Regulation, *Bell Journal of Economics and Management*, Vol. 2, spring, pp. 3—21. Peltzman, S. (1976), Toward a More General Theory of Regulation, *Journal of Law and Economics*, Vol. 14, August, pp. 109—148.

③ Tullock, G., Seldon, A. and G. L. Brady (2000), Government: Whose Obedient Servant?, Readings 51, London: Institute of Economic Affairs.

的额外成本;(3) 寻租成本(Rent-seeking Cost):为争得特许权而参与竞争的企业向政府支付的寻租成本。[1]

最后,规制风险(Regulatory Risk)。由于规制的朝令夕改、矛盾冲突造成企业的损失与未来发展的不确定性。[2]

为了解决上述问题,规制理论提出了对规制进行成本—收益分析的方法,作为决策和立法的原则和程序,由此诞生了规制影响评估制度。这一制度将规制的成本和收益公开、透明化,并吸收广泛的公众参与,改变了信息不对称的现象,使得利益集团难以操纵规制者,同时减少了繁文缛节和行政开支,并保持了政策的一致性,符合规制改革的要求。[3] 然而,也有学者对这种方法提出了批评,认为纯粹采取成本—收益的分析方法在很多时候未必奏效,因为有许多事物无法量化,难以评价其成本和收益。[4] 因此,规制对影响评估制度又进行了调整,在强调成本—收益分析的同时,也兼顾了多元标准分析等其他分析方法,以尽可能对规制进行全面的评价。

在规制理论的深刻影响下,规制影响评估制度定位于解决规制失灵,提高规制的质量,其主要采取成本—收益分析等定量方法,通过公开、参与、透明的程序设计对规制进行评价。我国与国外一样,同样存在规制失灵的情况,因此,法规评价系统的实施、运作非常必要。法规评价与以往的法规调研、论证、清理等制度不同,其最重要、最关键的特征就是重视成本—收益分析方法的运用。

---

① Parker, D. (2002), Economic Regulation: A Review of Issues, *Annals of Public and Cooperative Economics*, Vol. 73, No. 4, pp. 493—519.

② Hahn, R. W. (1998), Policy Watch: Analysis of the Benefits and Costs of Regulation, *Journal of Economic Perspectives*, Vol. 12, No. 4, pp. 201—210.

③ Sunstein, Cass R. (2000), Cognition and Cost-Benefit Analysis, *Journal of Legal Studies*, Vol. 29, Issue. 2, pp. 1059—1103.

④ 席涛:《美国管制——从命令控制到成本收益分析》,载中国期刊网优秀博士论文库,第15页。

第六章　法规评价的主体

第一节　法规评价主体概述

一、法规评价主体与法规价值主体

评价是对事实进行认识以及价值判断的过程。在法规评价的五个要素中，主体要素至关重要，因为主体是评价目的的确定者，是评价行为的发出方，法规评价的内容和程序通过主体体现和展开，法规评价的客体只有在与主体相对应、满足主体需要的层面上才能体现出价值。马克思主义认为，主体具有自觉性、创造性和能动性的特点，主体能够认识世界和改造世界，所有能够认识客体、改造客体的存在，我们就承认它具有主体性。因此在法规评价制度中，那些能对法规评价活动发挥影响力和能动力，通过评价行为对法规的状态产生直接或间接影响的存在，我们就称之为法规评价主体。法规作为评价的客体，是行政权运作的结果，是政府履行具体职能的依据，它调整社会共同体成员的活动，对社会共同体的秩序产生影响，同时行政立法权的行使又关系到国家法律体系的统一，影响到国家权力体系之间的权力分配与制约。

法规的价值主体是多元的，“价值主体常常就是评价主体”①，多元的法规价值主体由于与法规之间的价值关联性，能够自己对法规作出评价。要使法规评价制度法治化，就意味着要通过立法的方式为这些多元的价值主体在法规评价法律体系寻找定位，为它们赋予权利和施加义务。而这需要取决于考察下述两个问题的答案：其一，价值主体是否都需要或都能够进入到法规评价法律制度之中？其二，各个价值主体在法规评价法律制度中的具体地位应该如何安排？

理想的法规评价制度应该是能够吸纳全部价值主体，对各种法规评价价值主体法律地位进行最佳配置的制度。但理想的状态人们只能是无限地接近，而不可能完全实现，在现实中能最大可能地吸纳各种价值主体、能对各种价值主体在法规评价制度中做出合理定位的制度即应视为合理的法规评价制度，因此在法规评价主体设计中主要应当解决的是制度对各主体的容纳度以及对各主体恰当的法律地位安排和权利义务设置。

二、法规评价制度目的与法规评价主体

（一）法规评价制度的目的

无论是西方国家的规制影响分析制度还是我国的立法后评估制度，其产生都是与放松规制、改善规制的目标紧紧联系在一起的。我国建立法规评价制度的目的同样如此。目前我国立法后评估具体制度的设计非常注重兼顾制度与目的的关联性，从国务院提出立法后评估的要求之后，我国各省市相继制定了立法后评估的规定，其中与法规评价目的有关的表述各有不同：(1) 提出评估意见，完善行政管理制度，提高立法质量，推进立法工作机制创新，进一步提高行政管理效能。② (2) 为提高立法质量，加强制度建设，推进依法行政。③ (3) 为提高政府立法质量和水平，改进政府立法工作，促进经济社会发展。④ (4) 及时发现工作中的不足，以便有针对性地改进立法工作，提高立法质量，通过总结执法经验和分析评估客体中存在的问题，进

① 李连科：《略论评价的基本特征》，载《天津社会科学》1999年第5期。

② 《郑州市人民政府办公厅关于对〈郑州市市区暂住人口登记办法〉等3件政府规章进行立法后评估的通知》。

③ 《宁波市政府规章立法后评估办法》。

④ 《哈尔滨市政府规章立法后评估规定》。

一步加强管理,完善制度设计和应对措施,通过引入立法后评估的调研,深入了解社情民意,推进实施机关和社会的良性互动。[①]（5）检验政府规章的实施效果,规章中各项制度和程序规定的合理性、可行性,找出执行过程中存在的问题,为今后政府规章的立、改、废提供可靠的依据,不断提高政府立法的科学性、可行性,使行政立法活动在制定机关、实施单位和社会之间形成良性互动,达到提高立法质量的目的。[②]

由以上目的表述可以看出,我国各省市都将提高行政立法质量作为制度的一项要求,但具体来说什么是高质量的行政立法呢?笼统地说,能够满足各个价值主体需要、真正促进公共利益的立法就是高质量的行政立法。行政机关对立法质量的重视表明了政府立法中责任感的加强,而将行政立法活动定位于促进政府与社会的良性互动更是表明政府认识到行政立法要回应社会的需求。这些迹象表明,法规评价制度内含了责任型政府与回应型政府的要素。长期以来,我国政府在行政立法决策中存在的问题是:成本意识淡薄、政策缺乏连续;政出多门,缺乏有效协调;决策技术不高,没有有效论证和前瞻性;政令不畅,决策和执行脱节。[③] 质量低下的法规对社会造成了损害,也破坏了社会对政府的信任,政府需要通过有效的行政立法推动经济增长、社会进步来恢复自身的公信力,而作为提高规制质量的法规评价制度就是要致力于消除上述问题,改善现状。从美国与规制影响分析有关的法规文件之一——《政府绩效与成果法》制定过程中,我们也可以看到美国进行此项改革之初面临着与中国相似的情况。1993 年美国的《政府绩效与成果法》即指出了类似的问题:（1）由于在联邦项目中的浪费和效益低下,不仅破坏了美国人民对政府的信心,而且削弱了联邦政府满足公众最基本需要的能力;（2）由于项目目标不够清晰以及有关项目绩效的信息不够充分,联邦政府管理者在改进项目成果和效率方面很不得力;（3）由于没有充分重视项目的绩效和成果,国会的政策制定、支出决策以及项目的考察都存在着严重的缺陷。因此美国制定相应法案的目的是:（1）通过制度使

---

① 杭州市《关于开展市政府规章立法后评估工作的若干意见》。

② 《太原市人民政府办公厅关于对我市政府规章进行立法评估的通知》。

③ 参见许正中、张更华:《降低和优化政府成本》,国家行政学院出版社 2008 年版,第 101—103 页。

联邦部门负责任地达到项目成果,以提高美国人民对联邦政府的信心;(2)启动项目绩效改革,在设定项目目标、按照目标衡量项目的绩效、公开报告进度方面采取一系列试点措施;(3)将重点放在关注成果、服务质量和用户的满意度,改善联邦项目的效果和公开性;(4)通过要求制定项目目标计划和为其提供有关项目成果和服务质量的信息,帮助联邦管理者改进所提供的服务;(5)提供更多关于达到法定目标方面的信息,以及有关联邦项目和支出成效及效率方面的信息,改善国会的政策制定;(6)改进联邦政府的内部管理。[①] 因此,法规评价制度只是一种工具和手段,它必须为消除现有立法弊病、提高规制质量,达到实现责任型政府、回应型政府的目的而服务。

（二）法规评价制度目的对主体多元化的要求

法规的价值主要体现在它所承载的公共利益,不管法规的内容是不是真实地反映了公共利益,每一部法规的出台都会打出公共利益的旗号,因为只有能促进公共利益的法规才具有存在的正当性。因此,从理论上而言,行政立法机关在制定法规之时,必须充分考虑法规是否体现和促进了公共利益。规制失灵的原因之一就在于利益主体的分散化使公共利益的形成和发现变得困难,而政府缺乏成本意识以及以公共利益为名,行部门利益、少数集团利益之实的行为更使法规的正当性受到普遍的质疑。法规评价从某种程度上来说是对公共利益的一种衡量,评价标准的细化可以视为对公共利益的一种量化处理。在法规评价过程中,事实的发现与评价标准的运用都离不开主体对价值的判断,以正当程序的理念来看:自己不能做自己的法官,所以最终作出评价决断的评价者最好是中立的持客观与公正立场的人,综合考虑各种价值取向,通过评价标准来对法规予以取舍和判断。从这一点考虑,行政机关作为法规评价的最终决断主体似乎违背了正当程序的要求,因为行政机关自身就是法规的重要价值主体之一,而且现实中行政机关更容易将自身的部门价值取向带到法规之中。但在实践中,行政机关往往是法规评价的最终主体。这种情况在有一定公众参与的条件下,并不违反正当程序的要求,而且有一定的现实需要。其理由有二:

---

① 财政部财政科学研究所绩效预算课题组编:《美国政府绩效评价体系》,经济管理出版社2004年版,第1—2页。

其一,法规评价对行政立法权能的依附性使得法规评价结果必须要由行政机关作出决断。法规评价制度是政府规制改革的一部分,它是行政立法改革、提高规制质量的一种手段,是附属于行政立法权的,虽然从认识论上来说,价值主体都可能对法规作出评价,但法规评价结果是否产生实质影响力,有决断权的只能是行使行政立法权的行政机关,因为行政立法权包含了对法规的制定、修改和废止等全部的权能,而行政立法权是不能再转让的。法规评价要对法规发生影响,只能通过行政立法权能发生作用,所以必须要得到有立法权的行政机关的肯定。当然,法规评价的具体过程并不必然需要行政立法机关一手操作,它可以由其他的主体来完成,只是其他主体的评价结果要在得到行政立法机关承认与采纳的基础之上才能对法规产生影响力,因此要么行政机关通过委托的方式将评价活动委托有关主体行使,要么其他主体的评价结果通过行政机关转化的过程确定。因此,虽然民间社会组织、公民个人、专家学者都可以自行开展法规评价活动,但如果法规评价制度中并未规定其实施主体的地位,或其意志无法合法地转化为行政立法主体的意志,就不属于法规评价实施主体范畴,但是与法规评价活动的公开与民主性质相一致的是,这些主体可以参与到法规评价的活动之中,为法规评价活动的顺利进行起到辅助作用。本书中的法规评价主体围绕着行政立法权能展开,民间社会组织、公民个人、专家学者自行开展的法规评价活动不是本书研究的范畴。

其二,代议制下行政立法权的转委托性质决定行政机关必须对法规评价结果作出决断。如果我们将法规视为行政立法机关本身固有职能的话,那么这种只能由政府作出最终评价结果的主体制度安排显然违背了正当程序原则。但是法规制定并不是行政机关本身固有的职能,产生规制效应的法规大多是行政机关受法律(立法机关)转委托代行立法权的产物,法规制定本来就应具有民主基础,它原本不属于行政权固有范畴。在不完善的行政立法制度中,制度设计在实质上又阻断了行政机关与民主基础的关联,从而使得一些行政机关得以假公共利益之名将部门利益、单位利益塞入法规之中。在这种情况下,法规评价制度就是疏通行政机关与民主基础关系的有效手段之一,只要在法规制定的全程引入多元价值主体视角,设计合理的法规评价监督机制,为法规的公共利益目标提供正当化基础,在多元主体评价的基础之上由行政机关作出最后的裁断，使得行政机关部门利益和强势集团利益的价值取向无法理所当然地成为压倒性的价值维度，那么由行政机关作出评价结果的裁断自然也就并不能被视为违背了正当程序，行政机关既然受法律委托行使法规的立法权，当然也内含了作出法规评价的最后裁断以决定法规的存在状况，这种主体制度安排与代议制民主理论是相通的。

由此看来，虽然法规评价制度评价结果的判断主体是行政机关，但评价过程中的主体多元化是必然的，我们必须要防止的是由政府一手操作的法规评价一元化主体安排，以及表面上引入多元主体、但实质上仍然是一元主体的主体构造。“价值的具体内容取决于价值与相应主体之间的特殊本质联系，通过主体的特殊利益……表现出来。”①只由政府一方主导的评价，评价结果不可避免地会出现偏差。制定法规作为政府推行政策的一种方式，法规评价有时就是政策评价，从目前学术界对政策评价已有的研究来看，政策评价的结果有积极与消极两种。其积极结果表现在：(1) 比较各备选方案，为各备选方案优先顺序提供依据。(2) 依据评价结果，提供改善政策执行程序和技术的参考。(3) 通过政策评价，明确政策的可行性程度，提供继续执行或停止执行政策的参考。其消极结果表现在：(1) 影响及时决策的时间；政策制定者有可能因为政策评价工作还未结束、无法进行决策而拖延决策时间。(2) 规避责任。决策者利用政策评价的结果，寻找其不实施某项政策或实施某项政策的理由，规避应负的责任。(3) 炫耀工作绩效。政策制定者为本级政府或相关政府机构歌功颂德。(4) 夸大工作难度，要求增加工作经费，增加工作机构和人员。(5) 批评某一政策以达到改变相应政策的目的。② 政策评价的积极结果与消极结果在法规评价中都有可能出现，从其表现来看，积极结果是能促进公共利益，而消极结果是有害于公共利益，而对决策者即法规制定机关有利。根据“人性恶”以及“理性人”假设的市场经济逻辑，如果法规的其他价值主体不能有效地进入法规评价过程，共同参与行政机关这一价值主体评价而构成有机的统一评价体，行政机关必然会追求对自己有利的消极结果发生，从而使法规评价制度设计的初始

① 孙伟平：《价值的主体性维度及其意蕴》，载《湘潭大学学报》2007 年第 3 期。

② 参见陈庆云：《公共政策分析》，北京大学出版社 2005 年版，第 204 页。

目的落空。这一点也是与国外的规制影响分析制度实施经验相一致的，OECD总结世界各国规制改革的经验发现："如果完全由管理者来执行规制影响分析，或在执行过程中采取过多的中央集权，会使规制影响分析陷于失败。"[①]因此法规评价主体必须要多元化，同时主体之间的权利义务配置应合理化。

三、法规评价主体的分类

（一）法规评价主体与法规评价法律关系主体

价值主体通常就是评价主体，但"只有价值主体进行评价活动时，才会成为评价主体"[②]。因此设立法规评价法律制度就是将与法规有关的价值主体纳入到法规评价体系之中，赋予其主体地位，赋予其相应的权利和义务。在法律制度内享有权利和承担义务的主体一般被称为法律关系主体，因此法规的价值主体一旦被吸收到法规评价法律制度之中即成为了法规评价法律关系主体。我们可以将法规评价法律关系主体在一般意义上也称为法规评价主体，因为它们都是权利义务的承受者，是法规评价程序的参加者，但是为了区分各个价值主体进入法律制度之后对法规评价活动影响的大小，区分它们所享有的权利义务内容的多少以及对评价结果影响的实质如何，我们还可以进一步在法规评价法律关系主体之中分离出实质意义上的法规评价主体。法规评价主体应当是法规评价活动中主要权利义务的承担者，它们能够推动法规评价程序的开始、发展以及终结，对法规评价活动产生实质影响。而法规评价法律关系主体虽然在法规评价活动中也享有权利和承担义务，但是其享有权利和承担义务只起到辅助性的作用，对法规评价活动的影响是间接的。法规评价主体与法规评价法律关系主体的主要区别有二：其一，内涵不同。法规评价主体能够对法规评价产生能动力，具体影响法规评价的结果，它可以开启、推动或终结法规评价程序，影响法规评价结果的内容。而法规评价法律关系主体的行为不能对法规评价的程序产生实质影响，它仅在法规评价活动中享有、承担一般性的权利和义务，起到提供信息、协助法规评价主体等作用。其二，外延不同。法规评价主体是法

① 王林生、张汉林等：《发达国家规制改革与绩效》，上海财经大学出版社2006年版，第20页。

② 李连科：《略论评价的基本特征》，载《天津社会科学》1999年第5期。

规评价法律关系主体中的一种,除享有行政立法权的主体一方是恒定的法规评价主体之外,其他主体能否取得法规评价主体地位则取决于具体的制度设计。享有实质性权利的法规评价主体范畴外延必然要小于法规评价法律关系主体。因为正如前所述,法规评价主体这一概念为法规评价法律关系主体概念所包容。

通过法规评价主体与法规评价法律关系主体的区分,我们可以看到不同主体在法规评价中法律地位有重要与次要之分。如果以法规为圆心,其价值主体按照与其关联性的大小可以呈同心圆状一圈圈扩散,其权益越靠近法规的部分是与法规关联性越大的主体,其对法规作出的价值判断和事实认定必然应该成为法规评价考虑的更重要因素,而权益离法规越远的主体则与法规的关联性越低,其作出的评价可以但并不必然成为法规评价中考虑的因素或重要因素。因此与价值主体同法规的关联性大小相一致,关联性越大的主体,其在法规评价中的权利义务也就应该越多,如行使特定管理职权的行政机关、行政相对人、利害关系人等,从而它们可以在制度中成为法规评价主体;而关联性越小的主体,其法规评价中的权利义务也就应该越少,从而仅为法规评价法律关系主体。但拥有法规评价主导权的行政主体也可以依法将实施权委托给价值关联性小的特定主体行使,以确保评价活动的中立性,从而使得这些主体成为法规评价主体。

法规评价主体与法规评价法律关系主体这一划分只是为了更深刻地认识法规评价活动中的各主体,在本书中如果不特别指出的话,法规评价主体仍然指一般意义上的法律评价法律关系主体。

(二)法规评价的启动主体、实施主体、参与主体以及监督主体

法规评价与行政立法权能紧密相关,法规评价活动实际上是为更好地行使行政立法权能而服务,因此法规评价权附属于行政立法权。虽然法规评价活动需要实现主体的多元化,但从世界各国的法规评价实践来看,法规评价程序的主导者仍然以政府尤其是以拥有行政立法权的行政机关为主,行政立法权能始终是推动法规评价程序启动、发展以及终结的主要动力源。我国国务院 2004 年的《全面推进依法行政实施纲要》虽然将制定机关、实施机关都规定为法规评价的主体,但是实施机关只是应该将其评估意见报告给制定机关,而最终对法规的存在状况有影响权力的还是有行政立法权的

制定机关,《纲要》并未规定实施机关的评估报告对法规的影响效力,制定机关接到实施机关的评估报告后是否可以重新开展该法规的评价活动《纲要》也未作出规定,其重新对法规予以评价的可能性并未被排除,法规实施机关的评价结果是否转化为制定机关的意志从而对改善法规质量发挥作用最终仍取决于制定机关的裁量。但如果我们放下法规评价结果的效力问题不谈,在法规评价活动中享有程序主导权的法定主体就是法规评价的启动主体与实施主体,它们共同决定着法规评价程序的开始以及终结,这些主体主要包括法规的制定机关以及实施机关等。通常情况下法规评价的启动主体与实施主体是一致的,但在有些情况下也会分离,这取决于具体程序的设计。

由于法规评价的专业性要求较高,一般来说,应当允许法规评价实施主体将实施权委托给其他有相应资质的主体行使。除法规评价实施主体之外,其他参与到法规评价活动之中、作用于法规评价结果并对评价结果发挥影响力的主体即法规评价参与主体。参与的程度可以分为三类:非参与、象征性参与以及实质性参与。[①] 各主体具体参与的程度是可以通过制度设计确定的。法规评价参与主体与法规评价实施主体一起构成法规评价中多元的主体结构,通过参与主体对法规评价活动的参加,既可以使实施主体获得更多信息,从而有效地界定问题和解决问题,同时由于参与主体往往就是法规权利义务的承受者和受影响者,公开的参与可以增强他们对法规的遵守意愿,从而降低法规的实施成本。

另外,根据 OECD 对世界各国规制改革总结的经验来看,各个国家在规制影响分析制度中几乎都设立了监督机构,虽然监督机构设立的方式各不相同,但最为合理的莫过于"监管影响评估权应该由各部委和一个中央性质的质量控制单位共享"[②]。法规评价也是行政权的运用方式之一,因此其行使必须要受到监督与制约。对行政权的监督主要有立法、司法以及行政监督三种,在实施规制影响分析较为完善的美国,同时具有这三个方面

---

① 参见 Arnstein, S. R. , A Ladder of Citizen Participation. 35 *Journal of the American Institution of Planners*, (1969) pp. 42—50,转引自王锡锌:《公众参与和行政过程——一个理念和制度分析的框架》,中国民主法制出版社 2007 年版,第 191 页。

② 经济合作与发展组织编:《OECD 国家的监管政策——从干预主义到监管治理》,陈伟译,高世楫校,法律出版社 2006 年版,第 160 页。

的监督且形成较为完备的体系结构，虽然 OECD 大多数成员国现在没有设立立法监督机制，但是这不影响今后成为规制影响分析制度完善的内容之一。

四、法规评价主体与政府信息公开

法规评价制度主体的多元化可以提供更多维的价值观以及更丰富的信息量，而要使各主体在法规评价中真正发挥有益的作用，必须建立在各主体对法规以及法规相关背景充分了解的基础上，法规制定的背后可能有着国家利益的深层次衡量。政府是不是真正考虑到了公共利益，是不是作出了最佳的政策选择，如果其他评价主体不掌握相关的资料信息，就无法对法规作出实质的判断，法规评价就只能流于形式或片面，法规评价主体的实质就仍然是政府单向性的。因此在法规评价制度建立的同时还需要完善的政府信息公开制度，以保障各主体了解法规相关信息的渠道。从世界各国的情况看，政府信息公开的范围越广，给予公民知情权的保障越有力，参与法规评价的主体就越多，法规评价制度实施的效果就越佳。美国和英国是实行规制影响分析较早的国家，其成效也非常显著。这两个国家有着运作顺畅的政府信息公开制度，故其法规评价通过一系列要求政府公开与法规相关信息的程序设计，确保公民和利益组织等参与主体能够有效对法规进行实质的评价。而与英美等国不同，德国的法规评价以政府内部评价为主，也吸收专家、学者参与，但是在法规评价中尚未形成制度化的广泛参与，扩大法规评价主体参与度是德国法规评价制度改革的方向。德国内政部于 2001 年颁布了《立法效果评估手册》，内容以实例为主，其目的在于培养公民法规评价的能力，吸纳政府外主体参与到法规的成本收益评价中来。与其法规评价主体参与度低同步的是，德国在政府信息公开上的节拍比其他西方国家要慢，信息公开内容上比其他西方国家限制要多。实行信息公开制度的国家，一般会详细规定政府信息公开的内容以供公民查阅，通过严格的程序保障实现公民对信息普遍的获得权。德国的《信息自由法》于 2006 年生效，在欧盟各个国家中是制定得最晚的国家之一，且信息公布的范围只有联邦内部制定的各主要部门公开细则,其他部门只有部分单项的信息列表。[①] 但是其他法规评价主体多元化的国家中,政府信息公开制度为主体参与提供评价信息基础,每一法规评价程序都伴随着政府信息的公开。当然,德国信息公开制度正在进一步确立和发展,必将会为法规评价制度主体积极和有效参与提供进一步的保障。借鉴国外的经验,我国在建立法规评价制度时,也应注重完善政府信息公开制度,并保证法规评价程序在信息公开的前提下进行,这样才能让法规评价的各个主体有效地参与到实际制度运作中来。

第二节 西方国家法规评价主体

一、西方国家法规评价启动主体

法规评价启动主体就是有权决定是否开启程序的主体,一般来说,拥有启动权和终结权的主体是一致的。良好规制的一项标准就是政府的各法规之间保持一致性,所以法规评价的主体一般是设于规制机构之上的独立机构,在各规制机构之上独立对规制机构制定的法规作出评价。但由于可用于法规评价的物质、政治、人力等资源有限,要求一个独立的机构对所有部门的法规作出评价是困难的,因此西方国家一般把联邦或中央政府设立的法规评价主体作为监督主体,只有一些重大的规制才由监督主体启动评价程序,而一些不太重要的规制由规制机构自行启动评价,其法规评价权由各规制机构与监督主体一起分享。因此在西方国家,规制制定主体与法规评价监督主体都能够启动法规评价程序。

(一)西方国家立法前法规评价启动主体

西方国家立法前法规评价启动主体存在两种情况:

其一,法规评价启动主体与实施主体一致。这是较为常见的做法。(1)初步评价程序中的启动主体。法规评价的实施主体就是程序的启动主体,由实施主体自己决定是否启动评价程序,但由于评价程序的启动与否都有明

① http://shangwutousu.mofcom.gov.cn/aarticle/ddgk/zwrenkou/tongjipeixun/200712/20071205299722.html,商务部网站,2009 年 8 月 24 日访问。

确的标准规定,因此如果滥用程序启动权,在该启动的情况下不启动或不该启动的情况下启动,都是属于法定可以归责的范围。(2) 正式评价程序中的启动主体。法规评价的监督主体是法规评价的质量控制者,它对初步评价的结果予以审查,但是监督主体自身也可以启动并实施法规评价,OECD对各个成员国监管监督机构的职能调查显示,监督机构的功能是多样的,除对 RIA(Regulation Influence Assess,即监管影响分析)进行审查之外,"大约一半以上的机构发挥了更直接的功能,能够开展独立的监管影响分析"[①]。为更有效地利用资源,一般监督机构的法规评价局限于重要的法规,如澳大利亚规定经过初步评价程序,如果发现存在重大的企业服从成本或对经济、个人产生其他影响时,或者不确定是否存在这类影响时,都要向 OBPR(Office of Best Practice Regulation,即澳大利亚最佳规制实践办公室)咨询,由OBPR 决定是否需要作进一步的分析,因此在正式程序的启动上,法规评价监督机构实际上有程序上的选择权,它可以决定是否启动评价并由自己实施和作出评价结果。[②]

其二,法规评价启动主体与实施主体分离。法规评价启动主体与实施主体分离的情形在正式评价程序中存在,在规制的影响力或重要性达到一定程度时,一般都被要求作出正式评价,而且各国均将判断权赋予了法规评价的监督主体。监督主体在发现法规符合正式评价标准时,可以有两种方式要求初步评价主体作出正式评价:建议或是强制。如新西兰的影响分析小组对重要规制影响评价的启动有建议权,而澳大利亚的 OBPR 对正式程序的启动则有强制性的决定权。各个国家的法规评价监督主体在行政体制中发挥的效力有强有弱,实施主体对启动主体意见的遵守程度取决于法规评价监督主体能否有效地对实施主体行为予以制约。启动正式程序的建议权虽然从规定上来看较弱,但是可以用其他方式加强其效力,如在新西兰,评价实施主体不听取 RIAU(新西兰规制影响分析小组)的意见因此导致评价不充分,RIAU 有权在送往内阁的规制提案报告中说明这一点,从而可能

---

① 经济合作与发展组织编:《OECD 国家的监管政策——从干预主义到监管治理》,陈伟译,高世楫校,法律出版社 2006 年版,第 109 页。

② Best Practice Regulation Handbook, p. 24; Guidelines on the Regulatory Impact Requirements, pp. 14—15.

导致规制提案无法在内阁通过。在这种情况下,法规评价监督主体实质上可以间接强制启动正式评价程序。

(二)西方国家立法后法规评价启动主体

西方国家对立法后法规评价并不是很重视,这可以从以下两个方面的原因解释:(1)对于法规制定主体、实施主体而言,立法后的评价可能会使它们自身的立法、执法能力受到怀疑;(2)对于法规评价的监督主体而言,它们对实际部门所能发挥的影响力有限,关注立法前评价取得的成效较立法后会更为显著,因此更愿意将注意力集中于立法前评价。

从现有西方国家立法后评价的做法来看,立法后法规评价主体主要有以下两种情形:

其一,法规评价监督机构启动评价。有的国家采用由法规评价监督机构启动评价程序的做法。荷兰的公务委员会负责系统整理对法规的审查建议,提交给负责规制改革的部长委员会批准。部长委员会经过广泛咨询后一旦批准了审查,就建立工作小组对法规进行评价。[①] 韩国《行政规制改革基本法》明确规定法规评价的监督机构——行政规制委员会有权每年选择一些规制,要求有关行政机关进行立法后评价。[②] 由此可见,由法规评价监督机构启动立法后评价时,既可以是在其自我启动评价的同时自我实施,也可以是在其启动评价程序之后,交给其他规制机构实施,因此灵活性显得更为突出。

其二,规制制定机关启动评价。有的国家是由规制制定机关启动评价。希腊国民经济部于1999年启动了一项对该部过去五年所有规制进行评价的计划,并专门成立了一个规制改革小组,小组成员由该部各分支机构的高级官员组成,负责对规制的评价工作。评价工作最后结论是所有的规制都是有效和必要的。加拿大于1992—1993年开展了规制审查,主要是各个部门进行自我审查。但是自我评价的效果却不是很理想,虽然立法后的评价修订和废除了大约1/3的规制,但根据加财政委员会秘书长的结论,部门可以通过设计审查程序来控制执行情况,从而使法规立法后评价的目标并不

① 经济合作与发展组织编:《OECD国家的监管政策——从干预主义到监管治理》,陈伟译,高世楫校,法律出版社2006年版,第255页。

② Basic Act on Administrative Regulation, 1997(South Korea).

能完全地实现。[①]

制定机关启动并实施评价从程序上来看是一种自我评价，而以上这几个国家的实践表明，自我评价的效果并不是很理想，因此为规制制定机关的自我评价设立监督审查环节、完善程序控制显然可以提高评价的质量。

二、西方国家法规评价实施主体

除了规制影响评价监督机构也可以实施法规评价之外，西方国家的法规评价实施主体主要是制定规制的各行政机关。此外专家小组以及研究机构等主体也可以受委托成为法规评价的实施主体。

（一）法规起草主体作为法规评价实施主体

OECD在总结各国经验之后认为，规制影响评价权力应该“由各部委和一个中央性质的质量控制单位共享”，在西方，“几乎所有国家，有关责任部委都是监管规则和RIA的主要起草者”。[②] 可见将起草法规评价的权力交给法规制定中的起草者是各个国家通行的做法。如美国12866号总统命令将法规评价的实施主体就界定为“机关”（Agency），即行政部门、军事部门、政府机构、政府控制的机构或者其他在政府行政系统（包括总统行政办公室）内部建立的机构。这里既包括了美国的各部，也包括了部以外的行政机关。[③] 从欧盟公布的评价报告来看，其实施主体也是提出立法或政策提案的欧盟委员会的各个部。英国规定的实施主体是政策制定者（Policy Maker），主要指的是一些中央行政机关，包括部（Department）、局（Agency）、办公室（Office）、执行局（Executive）等。[④]

各个部委内部的一些部门在专业和资源上更具有优势，实践中很多的提案也是由它们所提出的，所以往往承担着拟定法规草案的职能，有些国家还专门在行政机关内部设立专家组成的长期或临时的顾问委员会，同时授

---

① 经济合作与发展组织编：《OECD国家的监管政策——从干预主义到监管治理》，陈伟译，高世楫校，法律出版社2006年版，第265—257页。

② 同上书，第160页。

③ Willian F. Funk, Richard H. Seamon, *Administrative Law*，中信出版社2003年影印版，第5—6页。

④ Regulatory Impact Assessments: 1st January to 30th June 2007, Presented to Parliament by the Minister of State for Employment Relations and Postal Affairs by Command of Her Majesty, January 2008, http://bre.berr.gov.uk/regulation/documents/ria/pdf/ria_cm7456.pdf，2009年12月5日访问。

予这些顾问委员会制定规制提案与草案、作出规制影响评价的权力，它们与其他的法规起草主体一起都可以成为法规评价的实施者。意大利官方的全国性独立研究咨询机构“政府经济与劳动会议”就是其中一种，它“主要协助立法机关和行政机关拟定有关经济和社会问题的法律草案，并促其通过”[①]。因为由法规起草主体实施法规评价可以将法规评价程序融入立法程序之中，从而促进二者信息资源的互动。

（二）政府外研究咨询机构作为法规评价委托实施主体

在法规评价之中，行政机关经常面临的问题就是无法作出高质量的法规评价报告，因为法规评价需要运用多学科领域中高度专业的知识，而大多行政机关不完全具有这方面的专业知识。因此，在法规评价中，研究中心、科研机构、咨询机构等政府外机构可以弥补行政机关专业不足的缺点，受行政机关委托作为法规评价实施主体。西方国家的决策咨询制度非常发达，不光政府内有大量的咨询机构，政府外的咨询机构也非常活跃。政府外咨询机构的经费来源主要有：财政拨款、非政府资助、合同收入、原有资金增值等四种方式。如美国赫德森研究所研究经费的50%左右来自政府防务和非防务部门的合同收入。[②] 政府外咨询机构在专业性上经常有其独特的优势，法规评价作为提升规制质量的一种工具，其对专业性的依赖更强于对行政权的依赖，因此在行政机关欠缺相关条件的时候，法规评价活动是可以被委托行使的，通常法规评价监督机构也会聘用政府外的专家，政府外咨询机构与政府之间的密切合作关系使得它们有可能接受政府的委托成为法规评价的实施主体。

在法规评价过程中，法规评价实施主体主要的职责就在于遵守法规评价的程序要求，在评价程序启动之后实施法规评价活动，接受监督机关的监督与指导，并作出最终的法规评价结果。

三、西方国家法规评价参与主体

除了启动、实施法规评价，拥有法规评价权的主体之外，在法规评价中另一个很重要的主体就是法规评价的参与主体。随着社会对政府规制质量

---

① 卓越主编：《比较政府与政治》，中国人民大学出版社2004年版，第193页。

② 同上书，第198页。

要求的增加,政府在法规制定方面的压力也在不断地加大,对于法规制定的程序要求也越来越严格,其总体趋势是向民主化、公开化等方向发展,“OECD 国家的研究表明,参与要求未得到充分遵守是许多监管失灵的主要原因”[①]。因此法规要“确保在政策制定过程中采取理性、恰当的政策目标实现手段,让各种利益受影响集团都参与其中,以确保有关情况为公众知晓”[②]。只有在法规拥有强大共识的基础之上,法规才能得到很好的遵守。因此法规评价参与主体应当包括所有与法规有利益关系的主体,只有充分听取、吸纳他们的意见,在各种利益之间达成共识,法规评价分析才会有客观全面的信息基础。具体来说,法规评价中的参与主体有:利害关系人、其他行政机关、专家、公众等。

（一）利害关系人

利害关系人是与行政立法之间有一定利益关系的个人或组织,它们各自的集合组成了法规评价中不同的利益派别,向各利益派别征求立法决策意见是加强立法透明化的一种方式,也能增强法规的共识基础。由于利益派别是分散的,利害关系人很难集中在法规评价中表达其意见,而他们分散的意见也很难成为法规评价信息分析时可以采用的内在有机的一致性表达,因此西方国家采取的做法也是多种多样的。

(1) 建立与利益派别相关的机构,在立法评价中向它们征求意见。这种方式为一些国家所采取,如澳大利亚建立了小企业非管制化特别工作组,它的目的就是为实现减轻企业监管负担的宏伟目标推荐解决方案。[③] 英国早期设立了一个非管制化工作组,这个工作组的成员主要集中于企业领域,后来这个工作组改名为监管特别工作组,其成员包括了企业界、学术界、当地政府和非政府组织的成员。英国还设有小企业服务处,专门对影响小企业的规制进行审查。[④] 这些工作组有的设在行政系统内部,有的设在行政系统外部,有时会承担规制改革的任务,在这种情况下它们可是制定规制的提案、草案,可以独立实施评价,但除此之外,在其他情况下它们发挥着提供信

---

① 经济合作与发展组织编:《OECD 国家的监管政策——从干预主义到监管治理》,陈伟译,高世楫校,法律出版社 2006 年版,第 91 页。

② 同上书,第 22 页。

③ 同上书,第 107 页。

④ 同上书,第 108 页。

息的职责，在其他机构的法规评价过程中成为相关利益派别意见的表达者。由于规制改革会经常对一些重要的利益主体，如小企业等产生影响，因此设立常设性的或是临时性的利益派别组织，使得这些利益组织能常规性地参加到规制改革之中，对相关法规提供意见，这种方式对提高规制的质量确实能起到实质性的作用。

(2) 采取散发监管提案邀请评论的方式征求利益派别意见。这也是一种听取利害关系人意见的方式，通常提案制定机关会有一个散发提案邀请评论的名单，然后将提案散发给名单上的利益派别人员。这种方式目标明确，且便于安排时间、地点等，因此 OECD 在 1998 年的统计中发现，有 24 个国家已经采用了这种做法。但这毕竟是一种选择性参与的方式，有些利益派别可能没有得到识别，从而无法在法规评价程序中发表自己的意见。[①]

(3) 以非正式咨询的方式收集利益派别的意见。非正式咨询指的是规制者与利益集团之间的各种形式接触。它的目的就在于从相关利益派别处获得信息，而几乎所有的 OECD 国家都采用了非正式咨询，其手段也是多种多样的，可以采用电话、信件或非正式会议等多种方式。这种方式有点类似于利益派别向规制者进行“游说”，因此它虽然重要，但一般不作为获取利益派别信息的唯一方式，而只是作为一种辅助性的方式。[②]

（二）其他行政机关

行政机关之间的法规出现冲突是导致规制效率低下的原因之一，因此各个国家都注意在立法前法规评价中协调与法规相关的各行政机关的意见，使法规评价信息建立在听取各个行政机关意见的基础上，并将这种信息收集方式予以制度化。如在荷兰，司法部、环境部、经济事务协作部协作提供求助支持服务，而在形成 RIA 的过程中必须要听取它们的意见；丹麦则在部门间建立了一个监管改革协调机构（监管委员会），协调在规制制定过程中各个部门之间的意见冲突。[③]

（三）专家

由专家组成的咨询机构、研究机构、政府内委员会等机构除了可以直接

---

① 参见经济合作与发展组织编：《OECD 国家的监管政策——从干预主义到监管治理》，陈伟译，高世楫校，法律出版社 2006 年版，第 204—206 页。

② 同上书，第 203—204 页。

③ 同上书，第 106 页。

成为法规评价实施主体之外，专家还可以作为法规评价的参与主体为法规评价实施者提供专业性的意见与建议，如韩国就规定，在 RIA 制定过程中必须要征求专家的意见。

（四）公众

让公众参与到法规评价之中是行政透明度的要求，这种公众参与式民主也是新形势下对传统代议制民主的一种补充，科学技术的新发展使得公众参与的形式更加多样化，“新技术使得我们有可能建立附带搜索引擎的集中数据库、利用电子手段完成文件归档以及通过‘一站式’服务实现机构重组。这些改革向民众和企业提供了很大帮助，使他们可以在日益复杂的监管国家（Regulatory State）中找到自己的出路。”[①]“让公众参与 RIA 有几个明显的好处。公众（特别是受监管影响的那些人）能够提供完成 RIA 所必需的数据。”[②]由于西方国家的早期咨询机制中有多种可以发现利益派别的方式，因此让所有的公众参与到 RIA 之中似乎必要性不大，这也造成现在 OECD 国家将规制影响分析结果向公众公开的也并不多，但是这种公开的好处却是明显的：（1）让所有的公众参与到 RIA 中可以发现通过其他咨询方式未能发现的利益派别；（2）公开之后，可以为 RIA 收集到更多更广的信息；（3）让公众参与到 RIA 之中可以让规制者接受公众的监督，促进 RIA 程序的透明化与民主体。而目前大多数国家不向公众公开 RIA，只有少数国家才向公众公开，除利益派别发现的方式多种多样之外，可能还有其他两个方面的原因：其一，RIA 程序不完善，大多数国家还没有制定出将 RIA 与政策制定程序、立法程序有效融合的程序规则，或是还没有树立起这种意识；其二，由于 RIA 实施者对 RIA 质量信心不够，因此只将其作为法规制定机构的内部参考。目前 11 个 OECD 国家规定可以聘请规制方面的专家对 RIA 作出独立评估，从这一点可以看出，RIA 的质量还是需要从多方面提高和予以保证的。

四、西方国家法规评价监督主体

OECD 国家的实践证明，规制影响评价如果完全只是留给规制者自己

---

① 经济合作与发展组织编：《OECD 国家的监管政策——从干预主义到监管治理》，陈伟译，高世楫校，法律出版社 2006 年版，第 78 页。

② 同上书，第 172 页。

去完成，就注定会失败，这是一条没有例外的定律。[①] 故西方国家都设置了法规评价的监督主体，这些监督主体大多设在行政机关内部，有的国家同时也加强立法机关、司法机关对法规评价的监督。

（一）行政系统内部监督

行政系统内部监督主体从数量上来看可以分为单一主体监督与复合主体监督。单一主体监督的中央集权性质更强，一般是设在中央政府机关内部，而复合主体监督则分散了中央集权的性质，如英国政府内部有三个监督机关，包括更佳规制机构、小企业服务处以及首相领导的规制责任小组。而从具体设置方式来看，则有四种：（1）设在总统系统内，如美国预算与管理局中的信息与监管事务办公室，就是设在白宫内；（2）设在内阁系统内，如加拿大的规制事务局设在总理委员会办公室内；（3）设在重要的行政部门内，西方很多国家都在各个部委内部设立了规制评价的监督机构；（4）设在独立于政府的部门中，如澳大利亚的最佳规制实践办公室就设在非政府机关的生产力委员会中。

行政机关内部的法规评价监督主体可以决定是否启动正式法规评价程序，并可以自己实施法规评价。其监督职能主要体现在对规制机关的规制影响评价报告予以审查，如果审查合格，则规制提案或草案可以送往制定机关进行表决，如果审查不合格，则有的国家规定监督机关有强制权力将提案、草案连同报告一同退回给制定机关，而这些机关必须再次修改后再提交，如美国。有的国家则只赋予监督机关建议的权力，但通过监督机关可以向内阁提交报告的程序规定，可以使这种较弱的建议权变得实质上具有很大的影响力。法规评价监督主体还承担着对评价实施主体进行培训和指导等职能，它可以制定评价的具体准则，向评价实施主体提出评价的要求、建议或提供技术支持。还可以要求评价实施主体定期向其提交报告，如英国就规定实施主体应当每个季度向BRE（Better Regulation Executive，即英国规制优化部门）提交它们实施的评价报告，法规评价监督主体还可以将其汇总的所有评价报告公开发布，BRE于2008年初构建了一个影响评估发布机

① Scott H. Jacobs, An Overview of Regulatory Impact Analysis in OECD Countries, p. 6.

构,将所有的影响评估报告集中刊登以供查询。[①]

（二）立法机关监督

有的西方国家要求法规必须通过立法机关的批准才能生效。由于行政机关立法权作用日益突出,给立法的民主性基础造成冲击,因此立法机关在对行政机关法规的批准中加大了审查的力度,在美国“有人甚至预言,今后国会的作用将从以立法为主而成为以监督为主”。[②] 1997 年美国国会立法规定,管理与预算局以及信息和监管事务办公室要向国会提交政府规制成本与收益的年度报告。[③] 美国国会有大量的咨询机构与委员会负责对政府的规制进行评价,这些评价结果因为与国会对行政机关的法规审查以及与国会的拨款相联系,因此对行政机关的政策起着引导作用。

立法机关在对法规实行监督的同时对法规评价进行着监督,从各个国家立法机关监督法规的方式来看,有国会直接审查,如 1997 年的美国《国会立法法》所规定;也有审计总署进行的监督,2000 年的美国《监管真实法》规定审计总署审查之后向国会提交报告;还有就是国会委员会进行的审查,如加拿大有两院联合规制审查常务委员会,美国国会也有跨政府关系咨询委员会,专门审查规制是否对成本和收益进行了完整的分析,检查它对下级政府及私部门的影响,并有权向总统和国会作出建议。[④]

（三）法院监督

由于规制影响评价的专业性以及它是决策的一种辅助方式,因此法院一般不对其进行审查,或只审查评价的程序而不审查实体。如美国 12866 号总统命令规定,如果行政机关未依命令准备规制影响分析报告,法院有权命令它准备该报告。美国法院对法规评价的态度经历了从否认到肯定两个阶段,20 世纪 90 年代以前,法院不认可这种评价,如 1999 年的“美国货车运输联合会诉美国环境保护局”一案中,美国法院认为美国环境保护局用成本收益分析方法制定国家环境空气质量标准是违法行为,因此判决其败诉。

---

① http://www. berr. gov. uk/bre/policy/scrutinyising-new-regulations/regulatory% 20Reporting/page44948. html,2009 年 12 月 12 日访问。

② 王名扬:《美国行政法》,中国法制出版社 2005 年版,第 916 页。

③ 席涛:《美国政府管制成本与收益分析的制度演变》,载《中国社会科学院研究生院学报》2003 年第 1 期。

④ 2U. S. C 658.

这一案件引起激烈的讨论,而在此后的一系列案件中,法院改变了其立场,接受了规制影响分析这种立法评价的方法。

五、西方国家法规评价主体的特点

由以上对西方国家法规评价主体的分析可以看出,其法规评价主体的设置以及权利义务的配置都非常明确以及多样,具体来讲有以下一些特点:

(一)法规评价主体多元化

"评价者在进行评价活动时,常常会有意无意地受到某种情感的驱使,使评价者的注意力指向能满足主体情感需要的信息,而回避或忽略与主体情感需要相悖的信息。"①西方国家的法规评价主体范围都非常广,包括了规制制定者、与规制相关的其他行政机关、专家、社会利益派别以及公众,因为多元的价值可以互相沟通和博弈,信息的多样化可以使法规评价的结果建立在更合理的基础之上。

(二)法规评价主体法定化

用法律或政府法规的形式将法规评价主体权利义务具体予以确定是西方国家通行的做法。如美国有《联邦行政程序法》《1996 年小企业管制实施公平法》《1996 年国会审核法》《2002 年管制改进法》等,这些法律都涉及法规评价的主体;其他国家如英国的《规制改革法案》、日本的《政府政策评价法》、韩国的《行政规制基本法》《行政规制基本法实施令》等。这些涉及法规评价的法律法规,有的是国会制定的,有的是政府制定的,以政府法规形式规定法规评价主体的不涉及法院、立法机关作为监督主体的内容,通过国会法律规定评价制度的则可以将更多的监督主体纳入到制度中来。

(三)法规评价主体间有监督制约关系

在各国多元的法规评价主体之间,通常有一个层级监督关系存在。法规制定部门是最初作出法规评价报告的主体,但是在政府内部设置评价的审查监督主体,如美国政府内设置二级评价程序,法规制定部门进行第一次评价,管理和预算局下的信息规制办公室履行评价审查的职能。涉及法规需要立法机关批准的情形,则立法机关的审查评价为最终的评价。美国重

① 李连科:《略论评价的基本特征》,载《天津社会科学》1999 年第 5 期。

要的法规,依法律规定,管理和预算局及信息规制办公室要将之送交国会,由国会进行第三次也是最终的评价审查。英国政府内的法规评价主体审查监督设置较为复杂,但其基本做法也是由法规起草者对法规进行初评,再由制度协调署进行评价审查,部长以个人名义作出承诺表示同意接受评价结果,如需提交议院通过,则下议院的规制改革委员会负责对政府的法规作出最终的审查意见。

作为法规评价的审查监督主体,其地位往往保持独立性。立法机关与法院的监督是宪政体制内的监督,它符合民主分权制的原则,而政府内部的监督主体则一般设置于中央,专门从事法规评价审查工作,有的监督主体自身也参与法规制定,但与具体法规制定工作相脱离是西方国家监督主体设计中发展的趋势,监督主体一般只对最高首长负责,因此最大限度保证了政府内部评价监督主体的独立性。

(四)公众广泛参与法规评价

法规是社会的公共产品,因此公众是法规重要的价值主体,公众中与法规联系最为紧密的是利害关系人,他们在法规中以利益派别的形式表现出来,西方国家有各种各样的方式从公众中发现与法规利害关系最为密切的利益派别。如英国在法规评价程序中有磋商环节,且磋商的范围非常广泛,甚至在内阁中常设小企业的利益代表群体,赋予它与行政部门对等协商、共同完善与小企业有关立法的职能。但这并不表明其他公众作为价值主体的一种在法规评价中的主体地位不重要,从西方各个国家的情况来看,法规评价制度越成功的国家,其法规评价程序的开放度越大,公众在法规评价中的主体地位越高,权利受保障的程度也越高,如美、英等国家。但公众参与在法规评价中的引入必须是实质性而不是表象性的,互联网以及其他信息通讯技术的发达使法规评价程序有着吸纳尽可能多公民参与到法规评价的可能,大量公众信息与评价的引入对政府回应公众意见提出了及时性要求,否则容易使公众产生"咨询疲劳",因此削弱公众参与法规评价的积极性。

而一些法规评价主体范围不够广的国家也开始逐步扩大公众参与度。日本的法规评价咨询制度较为发达,日本的专家、研究人员作为社会利益代表者,在政府内部进行高层次的协商,但其协商过程并不完全公开,日本公民对这种现象很不满,这成为日本规制质量提高的一大阻碍。因此从1999

年开始，日本决定所有的政府决策过程都采用公共评论程序，且期限为一个月，这一决定表明日本公民在法规评价中主体地位的提升，而扩大公众参与仍将是日本法规评价制度进一步改革的方向。

（五）法规评价主体成员知识结构专业化

很多国家的法规评价实施与监督主体成员中引入专家或权威，以保证最后的评价结果更具科学性。如意大利的规制精简小组有60多位来自法律等领域的专家。法规评价监督主体的专业性还可以对初步评价的法规实施主体构成无形的压力，迫使其用更客观公正、理性的方式作出评价报告，这进一步促进了初步评价实施主体成员知识结构的专业化。

（六）法规评价监督主体同时负责协调指导和培训实施工作

法规评价的一个重要作用是保证中央的政策在各个部门和地区得到有效的执行，因此统一标准以及提高法规评价实施主体水平显得尤其重要，这一责任在西方各个国家往往由法规评价监督主体兼任，监督主体由于设在中央一级，因此可以统筹协调各规制制定者之间的政策冲突，提高评价实施者的评价能力，加深部门对评价标准的理解。除了政府内部法规评价监督主体作为培训、协调主体之外，民间也有对法规评价规律进行研究的组织，这些组织对提高政府部门评价中的专业技术也发挥着重要的影响作用，如日本民间的评价委员会，它促进大学开设法规评价课程，从而为政府培养相关人才。①

（七）在法规评价中吸收社会科研组织等专家力量

西方国家有大量的咨询机构等社会科研组织，它们代表的是专家，这些组织有能力收集法规评价相关信息，独立开展研究并实施政府外的法规评价。很多组织以高度专业的评价水准与独立客观的分析能力所著称，且因为长期关注某个特定领域，在资料与信息的占有上并不逊于政府，西方国家的政府经常会采用与社会科研组织合作的方式，将具体项目交由这些组织承担，或者是将评价项目交给专家团队去完成，而在法规评价中引入社会科研组织等专家力量参加可以增加评价报告的客观性与可信度。如美国联邦安全与卫生管理局1978年就专门雇用经济学家，对其规制进行成本与效益分析。②

---

① 参见何凤秋：《日本的行政评价制度》，载《瞭望》2004年第29期。

② 林志敏：《当代美国规制的影响及规制改革》，载《法治辽宁》2005年第3期。

第三节 我国法规评价主体

一、我国法规评价主体现状

我国法规评价活动的全面展开源于国务院于2004年发布的《全面推进依法行政实施纲要》,它对立法前法规评价主体并未作出规定,而只规定了立法后的法规评价主体,《纲要》规定的立法后法规评价主体是制定机关与实施机关。《纲要》第18条规定,要"建立和完善行政法规、规章修改、废止的工作制度和规章、规范性文件的定期清理制度。要适应完善社会主义市场经济体制、扩大对外开放和社会全面进步的需要,适时对现行行政法规、规章进行修改或者废止,切实解决法律规范之间的矛盾和冲突。规章、规范性文件施行后,制定机关、实施机关应当定期对其实施情况进行评估。实施机关应当将评估意见报告制定机关;制定机关要定期对规章、规范性文件进行清理"。

国务院的这一规定实际上为我国建立完善的法规评价机制提供了契机,也预示着我国规制改革的进一步深化。OECD国家日趋完善的RIA制度开端于20世纪80年代,当时设想的只是"仅仅废除一些规定,对另一些规定进行修改"①,但"人们慢慢发现,在20世纪80年代看似简单的事情,实际上是一个困难、复杂和涉及多方面的改革议程,大多数改革者都没有这种实力或手段来实现这一议程"②。RIA制度的引入为规制改革提供了一个有力的综合性改革手段。因此我国法规评价制度的建立必须要学习西方国家的经验,将这一制度定位于提升法规质量,建立责任型政府与回应型政府,而并非简单的法规废、改、立工作,它是政府深化规制改革计划中的一个重要组成部分。

在《纲要》发布之前,我国已经有少数的省市政府引入了立法评价,但

---

① 经济合作与发展组织编:《OECD国家的监管政策——从干预主义到监管治理》,陈伟译,高世楫校,法律出版社2006年版,第7页。

② 同上。

《纲要》出来之后，各地展开了此兴彼起的法规评价积极探索实践，从开展的阶段来看，实践中大多数省市局限于立法后评价，但也有规定立法前评价的，如海南的《省政府法规起草和省政府规章制定程序条例》中对立法项目的立法前论证作了明确要求，规定不经过论证的立法项目原则上不列入年度立法计划之中，并且规定起草法规和省政府规章应当进行成本与效益的论证，同时起草部门要提交评价报告交省政府法制部门予以审查。海南省的法规评价中已经有了评价的实施主体与审查监督主体，因此初步格局已较为接近西方国家的规制影响分析制度。而从现实中来看，各地法规评价制度主体设置各异，现分析如下。

（一）法规评价的启动主体

1．法制机构启动

国务院行政法规的立法后评价活动于2006年第一次启动，启动主体就是国务院法制办，它选定了一部分法规作为首批评价对象，其中以《艾滋病防治条例》的法规评价被认为具有示范作用。[①] 从2006年到现在，国务院法制办已连续3年开展了立法后评价工作，在这些接受法规评价的法规当中包括了行政法规、政策与地方政府规章。[②]

在地方政府规章的法规评价当中，有的地方采用的是地方政府法制办启动的模式，如2006年宁波市政府法制办下发了《关于对〈宁波市企业投资项目核准办法〉实施情况进行评估的通知》，启动了法规评价程序。《宁波市政府规章立法后评估办法》第4条规定：市政府每年对规章进行立法后评估，具体工作由市政府法制机构承担。《哈尔滨市政府规章立法后评估规定》第4条规定：市政府法制部门负责政府规章立法后评估工作的组织实施。

2．实施机关启动

有的省市实行的就是这种办法。如《江西省人民政府拟订地方性法规草案和制定规章程序规定》第42条规定：规章施行满三年后，实施机关应当

---

① 《国务院法制办悄然启动立法后评估，运作详情披露》，人民网，http://politics.people.com.cn/GB/1026/6198101.html，2009年12月19日访问。

② 《国务院将出台意见指导立法后评估，注重数据说话》，江苏省苏州市人民检察院网，http://www.suzhou.jcy.gov.cn/Article_Show.asp? ArticleID =7588，2009年12月19日访问。

对其实施情况进行评估。杭州市《关于开展市政府规章立法后评估工作的若干意见》规定,规章中确定的主要实施机关为评估主体,负责开展立法后评估工作。

3. 法制机构会同其他部门启动

一般各地政府采用的是政府法制部门会同实施机构启动,如杭州市《关于开展市政府规章立法后评估工作的若干意见》除规定评估以实施机关为主之外,还规定市政府法制办每年选择1－2个规章与实施机关共同开展立法后评估工作。

4. 法规制定主体启动

明确规定法规制定机关启动法规评价的一般是对行政规范性文件的评价,如《广州市行政规范性文件管理规定》第18条规定:行政规范性文件有效期届满6个月,制定部门认为该文件需要继续实施的,应当对行政规范性文件的实施情况进行评估,根据评估情况重新修订。

以上主要是立法后法规评价的启动主体,立法前法规评价的启动主体一般是法规的起草部门,个别地方在立法后评价中也将法规的起草主体规定了进去。从数量上看,各地对法规评价制度的启动主体一般很少规定为单一的主体,往往是将几种启动主体模式组合在一起,启动主体呈多元化,如杭州市规定法规中的主要实施机关、政府法制办都有启动法规评价的权力。《广东省政府规章立法后评估规定》中将省政府法制机构、较大市的人民政府法制机构、省人民政府行政主管部门、较大市人民政府行政主管部门都列为法规评价主体。

(二) 法规评价的实施主体

一般来说,各地政府在规定法规评价启动主体的同时,也赋予了它们独立实施法规评价的权力,因此法规评价的实施主体模式主要有:(1) 政府法制机构实施评价;(2) 法规实施机关实施评价;(3) 政府法制机构会同其他政府机关,主要是与法规的实施机关共同实施法规评价。而除此之外,还有以下模式:

(1) 由法规的起草主体负责实施法规评价。我国对立法前法规评价的规定不多,但对立法前评价作了规定的省市当中,一般是将法规评价的实施权力交给法规的起草部门,如《海南省人民政府法规起草和省政府规章制定程序》第19条规定:起草法规和省政府规章,应当进行立法效益成本分析。并规定法规的起草部门应当撰写相关的评价分析结论。因此将评价的实施权交给了法规的起草部门。

有的省市在立法后评价中也规定了法规的起草部门,如河北省2006年开展的法规评价就是以"谁起草,谁评估,谁负责"为原则,规定省政府规章和省政府、市政府办公厅制发的规范性文件,由起草部门负责进行评估;省政府各部门、各单位下发的规范性文件由起草部门进行评估和处理;起草部门在机构改革中被撤销、合并或者职能调整的,由现在承担其职能的部门负责办理;几个部门联合起草的,由牵头起草部门负责办理。[①]

(2) 科研机构等作为受委托实施主体。如《广东省政府规章立法后评估规定》第6条规定:评估机关可以根据需要,将立法后评估的部分事项或全部事项委托高等院校、科研机构、社会团体(以下统称受委托评估单位)进行。贵州省在法规评价中有着较为成熟的委托评价经验,其具体做法是由原法定实施主体将实施权委托出去,一般"委托主体为实施该立法项目的省直部门,受托主体为贵阳市内符合一定条件的高校、律师事务所及有关事业单位等。受托方的选择采用的不是招标方式,而是采取邀请协商方式立足本地选择受托单位"[②]。郑州市2009年发动的对三部规章进行评估的活动中也明确评估的部分事项可以委托给高等院校、科研机构、社会团体进行。《哈尔滨市政府规章立法后评估规定》将政府法制部门作为评估的主要实施主体,但是第5条又规定,市政府法制部门根据需要可以委托有关行政主管部门、行业组织、中介机构、研究机构、专家学者等开展政府规章立法后评估。

(3) 成立专门的评估机构。采用这种方式目前在我国还只是一种设想,《山东省人民政府法制办公室立法后评估办法(征求意见)稿》第5条规

---

① 《河北省政府立法后评估工作全面展开》,中国法制信息网,http://www.fazhi.gov.cn/article/dfxx/dffzxx/hb/200605/20060500013609.shtml,2009年12月19日访问。

② 《汕头市法制局关于政府规章委托起草和政府规章立法后评估的调研报告》,广东省人民政府法制办公室网,http://www.fzb.gd.gov.cn/hometxt/article_show1.jsp? act = view&articleID = 2fe97198637760853885b3a9a563a660&catalogID = 4bbb82f557874e17a6ab30e9898d91c2&path = %E6%94%BF%E5%BA%9C%E6%B3%95%E5%88%B6%E7%A0%94%E7%A9%B6-%E6%B3%95%E5%88%B6%E4%BA%A4%E6%B5%81,2009年12月19日访问。

定:设立立法后评估小组。评估小组成员由专家、学者和实际工作者组成。从事法律、经济和立法业务方面的专家、学者人数,不得少于评估小组人数三分之一,实际工作者根据实际情况确定。

（三）法规评价的参与主体

我国法规评价的参与主体从目前已有的规定看,主要有以下种类:

1. 利害关系人

利害关系人在法规中往往是多数人的集合,而在现实的法规评价中如何确定他们,并让他们在程序中有说话的权利非常重要。我国目前主要是采用听证会、座谈会的形式邀请有关利害关系人作为代表,对他们的意见进行咨询。而向公众公开也是一种咨询利害关系人意见的方式,如《海南省人民政府法规起草和省政府规章制定程序》第 18 条规定:起草的法规和省政府规章直接涉及公民、法人或者其他组织切身利益或者对本省经济、社会发展有重大影响的,应当向社会公布,征询意见,也可以举行听证会。

2. 其他行政主体

立法前法规评价中有关省市已经注意到征求有关行政主体的意见以取得政府部门间的协调的重要性。如《海南省人民政府法规起草和省政府规章制定程序》第 16 条规定:起草部门对起草的法规和省政府规章,在送审以前应当做好协调工作。起草部门内部或下属单位对起草的法规和省政府规章有分歧意见的,由起草部门协调;其他部门或单位对起草的法规和省政府规章有分歧意见的,由起草部门邀请省政府法制机构共同进行协调。有关部门的负责人应当参加协调,协调情况由起草部门在起草说明中予以说明。而立法后评价中有关政府部门等行政主体也发挥着积极的配合作用,如《宁波市政府规章立法后评估办法》第 4 条规定:各县(市)区人民政府、各开发区(保税区)管委会、市政府有关部门和单位等规章实施机关应当参与政府规章的立法后评估工作,并按政府法制机构的要求提供规章实施情况报告。

3. 公众

向公众公开除了作为发现利害关系人的一种方式之外,还可以是一种体现民主的公众参与形式,有的省市在法规评价中没有将它形成常规性的咨询方式,未将公众作为法规评价中的固定主体对待,如海南省也只是在法规涉及了公众切身利益等情况下才向公众公开咨询。但也有的地方政府明确规定了要向公众公开咨询,引入了公共参与机制。如《宁波市政府规章立法后评估办法》第 13 条规定:市政府法制机构和规章实施机关应当在其公众网站上设立政府规章立法后评估专栏,听取公众意见。第 7 条规定,政府的立法后评估工作除依法应当保密的之外,应当向社会公众公开。而《广东省政府规章立法后评估规定》第 13 条则明确规定要保障公民、法人、其他组织参与立法后评估的权利,其第 11 条也提出政府在网站上公开评估情况的要求。这些规定加大了政府信息的透明度,也是对公众法规评价主体地位的保障。

4. 专家

实施法规评价的省市一般都将专家作为程序中的参与主体,如郑州市在对规章进行评价中,其组成的评价小组成员除政府人员外,还包括了人大代表 2 名,政协委员 1 名,学者 1 名。《广东省政府规章立法后评估规定》第 20 条规定了专家咨询是收集法规评价信息的一种方式,第 22 条规定评估小组可以邀请人大代表、政协委员、有关法律专家、行业管理专家参加。国务院从 2006 年开始的法规评价活动实际上在全国具有示范作用,它在作出评价结果的过程中就吸收了大量的专家意见。

5. 人大代表、政协委员等主体

将人大代表、政协委员等立法机关成员吸收到法规评价之中是我国特有的做法,如《宁波市政府规章立法后评估办法》第 12 条第 1 款规定:工作小组由政府法制机构会同规章实施机关组成,也可邀请人大代表、政协委员、民主党派成员、专业人士、群众代表参加。广东、郑州等地也都将人大代表、政协委员等作为法规评价的参与主体。

(四)法规评价监督主体

我国法规评价监督主体的设置主要有实施主体所属的同级政府以及政府法制机构两种。

1. 同级政府作为法规评价的监督主体

如《宁波市政府规章立法后评估办法》第 19 条规定,政府规章立法后评估结束后,工作小组应当起草评估报告并报市政府。《哈尔滨市政府规章立法后评估规定》第 8 条也规定,市政府法制机构于每年年初编制政府规章立法后评估计划,报市政府批准后组织实施,第 11 条规定评估报告也要上报市政府。《广东省政府规章立法后评估规定》规定立法后评估年度计划要报同级人民政府批准后实施，评估报告要报制定机关批准。第3条规定，政府规章的制定机关应当加强对立法后评估工作的领导和监督，并提供必要的人员、经费等保障。《北京市关于法规规章实施准备和评估报告工作的若干规定》第6条规定，行政执法部门应当向同级人民政府提交法规实施情况评估报告。

2. 政府法制机构作为法规评价的监督主体

《广东省政府规章立法后评估规定》第4条规定，省人民政府法制机构、较大的市人民政府法制机构负责立法后评估的组织、指导和协调工作，并对重要的、直接涉及公民、法人或者其他组织切身利益的政府规章进行评估。《杭州市关于开展市政府规章立法后评估工作的若干意见》中规定评估实施主体的立法后评估工作报告要一式三份报市政府法制办。《太原市政府办公厅对于我市政府规章进行立法评估的通知》中规定，立法评估工作由市政府法制办统一组织协调，指定专人负责，并对相关部门的立法评估工作进行具体指导、督促检查。

二、我国法规评价主体现状中存在的问题

（一）法规评价主体权利义务不明确

虽然我国各地的法规评价主体有政府机构、专家、公众、其他行政部门等，从数量上来看与西方国家并无太多差异，但是在各省市的相关规定中，各主体的权利义务关系并没有明确规定，这必然会妨碍法规评价主体在程序中能动性的发挥。而且从各个省市对法规评价的规定来看，有的将法规评价制度形成了规章，有的只是以规范性文件如通知等形式发布，有的省市将法规评价作为一项常规性制度加以了规定，有的省市只是突击式的、运动式的开展评价活动。可见，我国法规评价中各主体的权利、义务如何配置仍然处于探索之中。

（二）公众参与的主体地位未能得到保障

在各地的法规评价主体设计中，向社会公众公开评价过程是政府获取公众信息的一种方式，但由于缺乏对政府行为的制约以及回应机制，公众在法规评价中的参与地位大多流于形式，如宁波市规定政府法制机构应当客

观公正地听取公民、法人和其他组织的意见;公民、法人和其他组织可以通过信函、传真和电子邮件等方式反映情况,参与政府规章立法后评价,但是没有相应条款规定如何对公民的意见予以反馈。有的政府要求对公民信息的处理,政府不得以自己的偏好取舍信息,但是没有相应的惩戒条款,对收集到的公民意见一般也不公开,这些缺陷使得相应制度无法真正保障公民的意见在法规评价中得到采纳。从目前的法规评价实践来看,公众在法规评中的参与很多是一种形式上的参与,这极易挫伤公众参与政府规制改革的积极性,不利于法规真正回应现实需要。

(三)利害关系人在法规评价中的主体地位没有保障

利害关系人是法规评价中重要的主体,因此在法规评价中应当赋予他们话语权,各地的调研、座谈、听证等都是让利害关系人参与法规评价的方式,但这些方式普遍存在流于形式化的情形:一是邀请哪些人座谈、听证,法规评价的实施机关有任意的裁量权,这就难以保证参加到法规评价中的利害关系主体具有普遍的代表性,或是有能力代表其利益群体说话;二是座谈、听证的结果在法规评价中是否采纳、如何采纳没有制度规定,所以是否将收集得到的有效信息用于法规评价之中,法规评价的实施主体有任意裁量权;三是当利害关系人的信息没有反映到法规评价中时,缺乏对法规评价实施主体的惩罚与监督机制。

(四)法规评价启动主体、实施主体与监督主体的设置存在问题

由于没有法律或行政法规这些层级较高的规范对法规评价制度作出统一的规定,目前的法规评价还停留在各地自主探索阶段,而各地在法规评价的启动主体、实施主体、监督主体这些重要主体的设置上各不相同。大多数的省市没有明确规定启动主体,只能从其规定中推测,而实施主体与监督主体的监督制约关系也不清晰,大多数省市没有规定监督主体的具体监督职能。西方国家大多将机构间的协调职能赋予法规评价的监督主体,由于监督主体设于中央政府且对实施主体形成制衡,因此其能在政府各部门层面起到沟通的作用。而我国各地省市设立协调组织的并不多,有的省市让政府法制机构承担协调功能,但是政府法制机构对实施部门没有监督权力,因此协调的效果很难得到保证。

(五)立法机关、司法机关监督主体缺位

西方国家的经验表明,法规评价的监督主体包括立法、行政、司法主体

是理想的监督体制，而我国目前行政体系内的监督还不完善，立法、司法机关对法规评价的监督机制更没有建立。一些省市在法规评价中吸收人大代表、政协委员等主体的做法表明，我国政府主导的法规评价希望得到立法机关的认可，也希望在法规评价中听到来自立法机关的声音，因此这体现了我国自有的特色。司法机关对法规评价的监督在我国目前的制度中还没有提及，这一方面是因为法规评价制度还没有写入行政法规或法律，从而成为国家行政立法中的一项常规行为；另一方面是因为法规评价与法规相关，它附属于抽象行政行为，而我国目前抽象行政行为尚不能成为法院审查的对象。但法院对规章和规范性文件有选择适用的权力，因此法规评价的程序以及结论应该可以作为法院是否采用这些规范的参考依据，但目前尚无相关的适用依据。

（六）受委托评价主体资质尚待规范

我国各地法规评价中对受委托评价主体的规定都有所不同，究竟委托给什么样资质的机构以及如何对受委托评价主体进行监督，在实践中还有待探索。

三、完善我国法规评价主体的建议

我国法规评价主体制度的完善应当借鉴西方国家的相关规定，同时结合我国的实际情况。在肯定我国现有的一些做法基础之上，我国法规评价主体制度尚需在以下方面予以完善：

（一）统一规定法规评价启动主体、实施主体及监督主体，规范其各自的权利、义务

1. 立法前法规评价的启动、实施与监督主体

法规评价的目的是要改善规制，法规的起草者往往也是法规的实施者，因此让它们在起草法规的同时决定法规评价的启动并作出评价报告，对规制者深刻了解法规以及今后法规的实施具有积极的作用。我国的法规制定主体都是特定的，行政法规由国务院制定，规章则由国务院各部委、省级政府及较大的市政府制定。根据行政法规、规章制定程序条例的规定，行政法规由国务院组织起草，部门规章由国务院部门组织起草，地方政府规章由省、自治区、直辖市和较大的市的人民政府组织起草。在实践中一般法规都

由相关的法规实施主体进行起草，这与西方国家的情况是相似的。由于起草过程中要进行各种各样的调研、论证等环节，因此法规起草者掌握与法规制定相关的大量信息，在这种情况下，立法前的法规评价工作由法规起草主体来行使是最为合适的选择。从西方国家立法前的法规评价来看，一般也都是将立法前第一次对法规的评价交给法规起草主体完成，这符合信息接近的效率原则。

法规评价要求客观性与专业性，因此设置一个独立的、直属于中央的法规评价主体应该是最理想的，但是出于资源的局限性，同时也为了改进法规起草主体的工作，提升法规质量，一般将初级的评价工作交给法规起草主体，而将中央一级的法规评价主体定位于法规评价监督主体，这一法规评价监督主体对于重要的法规有启动与实施评价的权力。因此我国法规评价程序应当设置审查程序，法规评价审查监督主体应当可以对重要的法规行使启动与实施的权力。

法规起草完成之后，法规制定主体要对起草的法规进行审查，根据行政法规与规章的制定程序条例，法规由政府法制机构负责统一审查，因此将政府法制机构作为立法前法规评价的监督机构是可行的选择，它可以在审查法规的同时审查法规评价结果，加上政府法制机构的专业性与中立性较强，可以较为全面、客观地对法规评价结果进行审查。所以，应当逐渐削弱政府法制机构承担法规起草的任务而使之主要从事法规评价和审查工作。但这无法解决法制机构权力较弱，不能有效制约作为法规评价起草主体的法规实施部门这一现状，同时法制机构自身还有其他的事务，无法专门从事法规评价。解决的途径可以是加大政治层面对法制机构法规评价审查的支持，加大对其经费投入，增加机构内专业人员的编制，加强对人员的培训。也可以设立一个新的直属于政府的法规评价监督机构，这一机构的成员可以采取流动式，从各个政府部门内部、高等院校、研究机构中引入，让这一机构与法制机构一起承担对法规评价的审查监督职能。法规评价监督主体应当加强对实施主体的咨询、指导与培训，颁布和统一法规评价的标准，提高法规起草部门的法规评价水平。

2．立法后法规评价的启动、实施与监督主体

当前我国立法后法规评价的启动、实施主体多种多样，根据《纲要》的规

定，实施立法后评价的应当是法规的制定主体与实施主体两种，实施主体在实践中一般就是法规的起草主体，因此对于法规的信息掌握更为全面，可以作为法规评价的启动与实施主体，但正是因为实施主体与法规之间的利害关系太深，仅由实施主体开展法规评价而不为其设置监督主体，法规评价结果的可靠性无法得到保证，因此，与立法前评价相一致的是，法规评价的监督主体应当与法规实施主体共同享有立法后评价的启动、实施权。而监督主体包括了设置于法规评价制定主体之中的法制机构与单独设置的法规评价机构，所以，监督主体可以代替制定主体成为立法后评价的启动与实施者。在评价事项上应当选择综合性较强、影响力较大的法规进行评价。

法规实施主体是具体负责法规执行的机构或部门，作为法规评价的启动与实施主体，当同一法规的实施主体为多个时，可以由几个实施主体共同启动与组建实施小组。

（二）确保利害关系人实质参与到法规评价之中，加大公众参与力度

利害关系人的评价与公民的评价不同之处在于，公民的评价是现代民主的内在要求，是立法程序公开性的要求，而利害关系人的评价则是法规评价客观性的内在要求，完善的法规评价制度应当注重将利害关系人的利益诉求和意志表达从公民意志中甄别出来。

1. 确保利害关系人在法规评价中的主体地位

法规中的利害关系主体，他们是法规权利义务的承担者，在法规实施后如果他们的权利受到侵犯，可以通过复议、诉讼等方式主张自己的权利。因此他们的权利与行政主体的权力应构成平衡，而是否能够平衡或实际中有没有达到平衡，他们是价值衡量的重要主体方。作为限制行政机关裁量权的法规评价制度，其成功与否取决于利害关系主体在法规评价中主体地位有没有得到切实的保障。参与的广度是行政立法公开的要求，而参与的深度则是法规评价对利害关系主体在法规评价中的实质要求。因为只有利害关系主体的利益与行政主体的利益互相形成制约和平衡关系，法规评价的结果才能做到客观真实。美国实行的规章制定协商程序将法规中的利益主体代表聚集协商，以他们的协商意见作为法规制定的依据，因此其利害关系人能实质性地影响法规以及法规评价的结果。协商机制和行政立法程序交织在一起，可以提升和加强利害关系人的法规评价主体地位。我国在法规

评价中应当让各个利益派别都有自己的代表参与到法规评价之中，与政府进行充分的协商。他们在立法前的参与有利于法规的质量提高和法规评价的正确作出，立法后的参与则有利于减少法规实施过程中的阻力。利害关系人是法规评价中的主体方，因此其意见的收集和考虑是法规评价得以正确、客观作出的前提。为使利害关系人的意见有效进入到法规评价之中，我国应当鼓励社会团体组织的发展，社会组织能够成为特定群体利益的集中代表，也就能形成利益派别，因为普通而分散的公民在强大的国家面前，其力量是微弱的，而具有共同价值目标、共同利益取向的公民聚集在一起，自愿组成团体，则可以集中他们的利益诉求，也更容易吸引政府的注意。社会团体可以起到利益表达的作用，它也是国家与公民之间沟通的桥梁以及危机的缓冲带。

2. 加大公众参与力度

法规评价是政府对自我裁量权的约束，它是政府为应对规制不灵现象而采取的一种举措。行政立法从开始作出制定法规的决定到最后法规的正式成形要经过一段较长的酝酿发展时期，在这个过程中，行政立法体现了立法的沟通性、交涉性、选择性、政治性和自律性五个特征以及民主、科学、秩序三大价值取向。[①] 信息量的丰富与立法者对权力的慎用既是立法前评价成功的前提，也是法规立法后评价的前提。而规制失灵的原因，正是由于立法主体信息量不足以及权力滥用所造成。透明永远是腐败的克星，社会是立法信息的主要来源，世界各民主国家无不在行政立法过程中引入公众参与机制以保障行政立法的透明公开。公众参与是公民有目的参与和政府管理相关的一系列活动。我国在法规评价实践中也注重对公民意见的收集，但是这种收集和询问只是单向度的，是政府主导的，对回应机制并不重视，随着公民意识的上升，人们对立法表达自己的关心，希望把自己的意见反映到立法之中，但这种表达往往数量多而且内容较为散乱，收集意见的机关面临的最大问题就是如何提取其中有价值的内容，例如我国在医改方案征求意见的时候，收集到的意见就达到了 2.6 万多条。在行政法规评价中采用听取公众意见的做法就必须让公众意见的表达更有针对性、形成系统化，这

① 参见于兆波：《立法决策论》，北京大学出版社 2005 年版，第 17—75 页。

样才能使公众参与更有效。

（三）鼓励民间咨询机构的发展，最大限度引入专家理性

咨询机构是以研究和信息分析等目的组成的，它可以以中立的地位协助政府对法规作出客观的评价。在法规评价活动中“价值存在于信息之中，技术能从物质世界的粗糙且令人不感兴趣的外壳将该价值提炼出来”[①]。人类已经进入了信息时代，多种多样的信息和瞬息万变的社会现实给政府管理带来了更大的困难和风险，因此决策前的准备显得比以往任何一个时期都更为重要，决策者需要更多的信息源和专家为其决断提供选择，而这些为政府决策服务的组织被称为“智囊团”，他们负责提供政府决策的方案以及对方案作出评价。智囊团有三种形式，第一种是专职型的研究机构，它们一般以调查研究为主，依托自身的力量，完成各种课题。第二种是聘请型的研究机构，一般由政府从各大学或研究机构聘请有专门知识技能的专家、教授担任顾问，或是由大学或研究部门组成临时的专家集团，为政府或其他组织提供决策咨询。第三种称为协作型研究机构，即由以上两种机构共同研究、协同合作而形成的专家集合体。[②] 作为社会自治组织以及非营利性组织存在的社会团体、科研机构，它们最大的特点就是中立性与专业性，因而能满足法规评价对于技术水准以及评价客观性的要求。社会团体等组织可以出于公益目的或是研究目的自发对法规作出评价，也可以接受政府的委托而进入到法规评价程序之中成为法规评价的主体之一，但是其最终作出的评价结果仍然应归属于委托主体。社会事务的复杂多变性使得社会分工日趋精细，在法规评价之中不可避免涉及非常专业化的问题，而以政府人员的力量不可能完全有能力应对各种各样的问题，因此发挥科研机构和组织以及科研人员的专家作用是法规评价中应当采取的一种方式，我国政府一般采取与相关机构签订委托合同或是邀请专家参与政府法规评价工作组的方式引进专家理性。但是应当健全法规评价委托的程序，通过各项制度保证专家地位的独立性，以及保证法规评价中引入的专家具备合适的资质，这样才能使专家客观公正地发现问题，作出法规评价结果，而不是单纯为政府的

---

① 〔美〕约翰·希利·布朗，保罗·杜奎德：《信息的社会层面》，王铁生、葛立成译，商务印书馆2003年版，第21页。

② 张亲培：《公共政策基础》，吉林大学出版社2004年版，第68页。

行为作正确性论证。

（四）逐步完善政府外监督制约主体

由于立法机关、司法机关作为法规评价的主体牵涉到宪政体制内对行政权的监督，尤其对于立法机关而言，要能作为法规评价的监督主体，其必须实现专业化，因此立法机关内需要更多的专家或者能有大量的经费聘请专家以投入法规评价工作，但从目前现状来看，立法机关并不具有这样的能力，因此行政机关将人大代表、政协委员等这样一些主体吸收作为法规评价实施组的成员不失为一种可行的过渡措施，它可以使立法机关人员熟悉政府法规评价的实践，但是从长远来看，法规评价需要一个对政府法规评价结果外在的、常效的监督机制。法规评价最初是作为政府行政管理改革措施而兴起的，要使改革取得成效，就不能只靠政府的内部自律，因为法治的内涵重要性表现在来自外部的约束。美国《政府绩效与结果法案》规定法规评价结果作出之后，报告要提交上级部门及国会，国会依据评价的结果决定是否给予财政拨款；美国审计总署也规定，审计报告要定期向政府和立法机构报送，任何单位和个人可以向审计部门索取审计报告。英国在国会中也设有对法规进行评价的委员会。我国人大及其常务委员会作为我国的立法机关，作为人民民主的代议机关，它代表人民行使着对行政机关的监督权，维护着国家的法制统一，对行政机关立法权的长效监督和约束必须要提升立法机关对行政法规的审查能力。立法机关将部分立法权交给行政机关行使后，正是由于立法机关长期无法对法规作出有效的实效监督，行政机关的规制失灵才会愈演愈烈，而在法规评价制度形成后，法规评价得以标准化和量化之后，也为立法机关有效介入法规的评价提供了时机。因此，立法机关应当作为法规评价中的外部监督主体，对法规评价结果予以监督，而这就需要立法机关根据法规评价的标准建立起相应的法规评价审查机构。

第七章　法规评价的标准与方法

在法规评价过程中，如果缺乏一套严谨科学、行之有效的评价标准与评价方法，即使评价主体再公正专业，评价程序设计得再完美，也会因无法得出准确合理的评价结论而徒劳无益。法规评价的标准是法规评价制度的核心问题。而作为获取评价信息并且对这些信息进行分析的评价方法对于评价标准的评判具有重要的工具性价值。评价方法的具体操作尽管对于评价标准的分析具有较强的应用价值，但由于评价方法具有多样性和技术性的特征，非法学单一学科所能解决，因此本章主要从法学角度来探讨评价方法的选择标准和运用规则。目前在我国的法规评价理论和实践中，对法规评价标准确定的基本原则、表现形式和具体内容都尚无明确阐释，对法规评价的方法更是缺乏研究，而一些发达国家和地区则在规制影响评估制度的多年实践中形成了比较成熟的制度经验，值得我们借鉴。下文分别分析我国的法规评价标准和评价方法的现状，然后结合国际经验，尝试构建一套符合我国实际的法规评价标准和评价方法体系。

第一节　我国法规评价标准的现状

没有规矩不成方圆，任何制度合乎规范都需要依赖于一定标准的设定。而法规评价标准是指用以评判和衡量法规是否符合一定原则和要求的尺度。一个科学理性的评价标准是人们客观真实地分析和判断法规实际成效的有效工具，能够约束评价主体的行政裁量权，规范其评价行为，确保评价过程和结果的规范性。

在实践中，人们很容易将评价指标和评价标准混为一谈，实际上二者是有严格的区分界限的。评价指标是用一定的概念和数值对评价对象进行衡量，具有价值中立性，比如"满意度""成本""收益"等。评价指标并不直接体现评价者的判断标准。而评价标准本身就有很强的价值导向性，是对评价对象所必须符合的要求的描述，比如合法、协调、成本小于收益等。评价指标不是孤立运用的，而是需要确定各项指标的权重，并进行定量化或等级化的分析，形成一个完整的评价体系，具有客观中立性和操作便利性。而评价标准相对而言对于定量化的要求不那么严格，只是给出了判定评价对象的基本的考虑因素，由评价者根据这些标准进行判断，具有一定的主观判断性。那么能否为法规量体裁衣设计出一套完整的评价指标体系，从而约束评价主体的裁量权，确保评价结果的客观和科学呢？笔者认为这虽非完全不可能但即使可能也是非常困难的，因为法规评价针对的是法规这一政策考量性很强的对象，而法规的决策过程是不同利益群体进行反复沟通、交涉，并最终作出抉择的复杂过程，需要综合分析政治、经济、社会、法律等各种因素，有些因素可以量化（如失业率、死亡率），而有些因素则很难量化（如国家安全、生命权），这就使得评价指标很难具有可操作性，而且由于不同法规的调整对象和内容存在着千差万别，对于不同因素的偏好也不尽相同（例如，有的法规侧重于合法性分析，有的法规关注的是有效性），各项指标的权重究竟应当如何分配，没有固定的标准，因此，从理论上企图设计一套万能的指标体系将法规分解为各项具体指标，并量化其权重，存在极大的困难，即使勉力为之，实践操作性也不强。

而相比之下，评价标准的确定则较具有现实可操作性。不过，评价标准并非闭门造车的产物，而是与法规评价制度的目标密切相关，与不同的国家或地区对于法规的价值追求存在不可分割的联系。那么究竟应当如何科学设计评价标准呢？笔者认为，对于评价标准的评判应当遵循以下三个原则：

一是从内容的角度，分析评价标准的内容是否能全面反映所要评价的法规的整体状况。

二是从逻辑的角度，判断评价标准之间是否具有符合逻辑思维习惯，是否层次分明，避免出现重复、交叉和矛盾等现象。

三是从操作的角度，判断评价标准对于评价主体是否具有可操作性，所需要的数据和信息是否容易获得。

一、我国法规评价标准的实践探索

综观我国法规评价实践，评价标准的设计已然成为制约法规评价制度实践深入的一个瓶颈，也成为理论界的研究难点。我国对法规评价标准的探索最先起源于实践，而后引起理论界的关注，开始理论的研究。下文首先对我国实践探索的现状及存在的问题作一评析。

由于实践探索目前尚处于起步阶段，我国还没有统一的全国性的法规评价标准，国务院法制办正在制定《关于行政法规、规章立法后评估的指导意见》，准备在广泛征求意见的基础上适时推出，指导全国范围内的行政立法评估工作。目前不少地方人大及政府都已经开始先行对法规评价标准作了不同程度的探索，有些地方已经形成了比较完整的体系，并以地方政府规章或规范性文件等方式固定下来，这可以分为两种类型，一是在专门规范评价的规章或规范性文件中规定评估标准，例如：《广东省政府规章立法后评估规定》《宁波市政府规章立法后评估办法》《中山市市政府规范性文件实施效果评估办法》等；另一种则是在规范法规质量或法规制定程序的规范性文件中规定的，如《义乌市行政规范性文件审查、评估和清理暂行办法》。

不过，多数地方并没有统一的法规评价标准，而是通过制定针对个案的内部工作方案的形式来制定标准，如郑州市办公厅于 2009 年 4 月 10 日发布的郑政办文〔2009〕33 号《郑州市人民政府办公厅关于对〈郑州市市区暂住人口登记办法〉等 3 件政府规章进行立法后评估的通知》。

从具体的标准设计来看，各地的规定表述上有同有异，试举几例：

第一，《广东省政府规章立法后评估规定》。该《规定》第 18 条确定了六项评估标准：(1) 合法性标准，即各项规定是否与法律、法规以及国家有关政策的规定相一致。(2) 合理性标准，即公平、公正原则是否得到体现；

各项管理措施是否必要、适当,是否采用对行政相对人权益损害最小的方式实现立法目的;法律责任是否与违法行为的事实、性质、情节以及社会危害程度相当。(3) 协调性标准,即政府规章与同位阶的立法是否存在冲突,规定的制度是否互相衔接,要求建立的配套制度是否完备。(4) 可操作性标准,即规定的制度是否有针对性地解决行政管理中存在的问题;规定的措施是否高效、便民;规定的程序是否正当、简便,易于操作。(5) 规范性标准,即立法技术是否规范,逻辑结构是否严密,表述是否准确,是否影响到政府规章的正确、有效实施。(6) 实效性标准,即政府规章是否得到普遍遵守和执行,是否实现预期的立法目的。

第二,《中山市市政府规范性文件实施效果评估办法》。该办法第 13 条规定了七项评估内容和标准:(1) 合法性评估:规范性文件是否与上位法及国家有关政策一致。(2) 科学性、合理性评估:行政权力与责任是否相当,公民权利与义务是否一致;法律责任与违法行为的事实、性质、情节及社会危害程序是否相当,是否采用对行政相对人权益损害最小的方式实现政府规范性文件的制定目的;各项管理措施是否必要、是否合理、是否具有前瞻性,是否体现公平、公开原则和以人为本原则,是否符合法治的基本原则和基本精神。(3) 协调性评估:政府规范性文件相互之间是否存在冲突、规定的制度是否协调、衔接。(4) 操作性评估:各项制度是否具体可行,能否解决行政管理中的具体问题,规定的措施是否高效、便民,程序是否正当简便易于操作。(5) 规范性评估:立法技术是否规范、逻辑结构是否严密、用语是否规范、条文表述是否准确,是否影响到文件的正确、有效实施。(6) 完善性评估:各项制度是否完备,配套制度是否健全。(7) 实施效果评估:文件实施的总体情况;文件是否得到普遍遵守和执行,是否实现预期目的;文件实施取得的社会效益和经济效益及文件贯彻执行的成本效益分析,社会各界反映情况;实施过程中存在的问题;社会公众评价和反应。

第三,《宁波市政府规章立法后评估办法》。该《办法》第 14、15、16 条将评估内容分为立法技术、立法内容、绩效三个方面,每项内容的具体标准如下:政府规章的立法技术评估内容包括:(1) 概念界定是否明确;(2) 逻辑结构是否严密;(3) 条文表述是否简洁;(4) 立法用语是否准确。政府规章立法内容评估包括:(1) 合法性评估:是否与上位法一致;新的上位法实施后,是否及时修订;(2) 合理性评估:为实现立法目的所采取的各项措施是否必要、适当;法律责任与违法行为的社会危害程度是否相当;(3) 协调性评估:与同位阶的其他规章是否协调;各项制度之间是否相互衔接;(4) 操作性评估:各项制度是否具体可行,能否解决行政管理中的具体问题;(5) 完善性评估:政府规章规定的制度是否完备;配套制度保障是否健全。政府规章实施绩效评估的内容包括:(1) 政府规章实施的总体情况;(2) 政府规章规定的重要制度的执行情况;(3) 政府规章实施取得的社会效益和经济效益;(4) 政府规章实施中存在的问题;(5) 政府规章实施后社会公众的反应。

第四,《义乌市行政规范性文件审查、评估和清理暂行办法》。该《暂行办法》第 11 条规定规范性文件评估的标准是:(1) 是否与国家、省的方针、政策相一致;(2) 在实施中是否已经阻碍经济和社会发展,影响公民、法人和其他社会组织合法权利的行使;(3) 所规范的内容是否始终未出现,以及已被新的立法所代替或者调整对象已消失。

第五,郑州市人民政府办公厅《关于对〈郑州市市区暂住人口登记办法〉等 3 件政府规章进行立法后评估的通知》。该《通知》规定的评估内容和标准包括五个方面:(1) 立法内容。即规章的各项制度设计、程序规定、法律责任是否合法、合理,是否具有可操作性,是否需要进一步完善等。重点对有关部门职责及行政许可、行政处罚等具体行政行为进行评估。(2) 实施绩效。包括规章实施的基本情况(如宣传贯彻情况、配套措施制定情况等)、制度执行情况、行政执法情况、规章实施是否达到立法目的,以及社会反响等。(3) 立法盲点。即规章实施以来,是否出现制度设计方面的空白,是否需要作相应补充规定。(4) 立法技术。主要包括相关概念的界定是否准确,条文表述及逻辑结构是否严密,在执行中有无歧义、直接影响规章的执行效力等。(5) 评估实施单位认为与评估有关的其他内容。

从上述地方规定看,多数规定设定的评价标准都包括合法性、合理性、协调性、操作性和完善性、实效性几个方面,但也存在两个问题:

其一,标准之间的逻辑性不强。比如中山市将"是否体现公平、公开原则和以人为本原则",是否符合法治的基本原则和基本精神列为"科学性、合理性"的内容,与现行公认的法治原则不符,因为根据现代能动主义基本法理,是否符合法治的基本原则和基本精神不是合理性的问题,而是合法性的问题,违反法律基本原则和基本精神也是违法。而且,不少评价标准(如广东、中山、宁波)都把操作性和实效性作为并列的两项标准,事实上,二者有不少交叉之处,比如:对"操作性标准"的描述中,包括了规定的制度是否有针对性地解决行政管理中存在的问题,似乎可以被"实效性标准"中的包括了政府规章是否实现了预期的立法目的所包容,因此,很难截然区分开来。

其二,标准过于笼统,缺乏可操作性。不少评估标准大量使用了"合理""适当""必要"等不确定法律概念,缺乏细致的评价标准,操作性不强。

造成上述问题的原因主要可以归结于两方面:一方面,我国法规评价制度刚刚起步,多数行政机关对该制度的功能定位、具体操作都不甚明了,经验不足,规定自然也不成熟;另一方面,法规评价制度虽直接以提升法规质量为目标,但实质上或多或少会束缚行政机关的权力,并且耗费不少成本,由于缺乏有效的监督机制,出于自利心理,行政机关也会更倾向于制定一些比较宽泛的标准,以便于在实践操作中留有发挥的余地。

二、我国学界关于法规评价标准的主要观点

为了解决上述问题,我国相关领域的学者纷纷就法规评价标准(行政立法评估标准)提出了建构性的意见,现介绍五种代表性观点:

其一,两标准说:(1) 法的协调性。在整个法律体系中的横向和纵向关系是否协调一致,与上位法是否存在冲突,配套的具体实施规定是否完备等。(2) 法的实效性。社会现实背景是否发生变化;所设定的措施是否具有可操作性,是否符合人们的价值观与心理、情感因素,人们是否愿意接受;该措施的要求是否合理,是否得当;该措施的实施是否达到了预期效果和预期目标;行政立法的预期目标是否实现以及实现程度如何;行政立法的效益(经济效益、社会效益、政治效益、伦理效益)如何;行政立法中所设定的法律责任是否适当,是否设定了法律责任,幅度上是否与其相匹配。[①]

其二,三标准说:(1) 合法性。是否存在违法现象,是否根据上位法的改变而作出相应修改。(2) 适当性。是否适合当前经济发展的要求;规定

---

① 李萍等:《行政立法后评估制度研究》,载《政府法制研究》2006 年第 3 期。

的措施是否科学合理;实施是否达到预期的效果。(3)立法目的实现程度。是否具有科学性、公平性、是否符合社会进步的要求和是否代表最广大人民群众的根本利益。①

其三,四标准说:(1)合法性。(2)可操作性。措施是否超前或落后,措施是否科学,要求是否合理。(3)行政法规预期目标的实现及其实现的程度。(4)行政法规中设定的法律责任是否适当。是否通过宣传已让相对人知道该法规设定的法律责任及违法的不利后果;在法规中是否只规定义务,未规定相应处罚条款等。②

其四,五标准说:(1)合法性。行政立法内容、制定和实施过程是否合法。(2)实效性。行政立法的预期目标是否实现,实现程度如何,是否有附带效果,经济效益如何,社会效益如何等。(3)回应度。行政立法对实践中的问题是否规定了相关的解决规范,是否存在法律空白。(4)可操作性。行政立法程序、制度设计是否合理,是否造成执行困难。(5)公平性。行政立法在实施后所造成的资源、收益和成本在社会群体之间分配的公正程度。③

上述学者的观点基本上反映了我国学界对法规评价标准的一般主张,立法目标的实现程度、可操作性、适应性、合法性和行政立法的收益是得到较多学者认同的标准,还有一些学者考虑了法律责任、公平性、人权与秩序、法的协调性等问题,不过,总体而言,每一种观点虽然都有一定的合理性,但距离全面性、逻辑性、操作性的标准还存在相当的差距。

(1)全面性不够。上述五种观点都存在不同程度的欠缺。首先,在合法性评价标准设计方面普遍要求过于笼统,未将合法性标准进行细化;其次,对法规的成本和收益分析这一核心问题都未能予以充分重视,一些学者只强调了收益,未考虑成本;最后,大多数观点都未重视法规的一致性、简化性等立法技术合理性问题。

(2)逻辑不够严谨。一些观点的标准设计逻辑较为混乱。有的标准体

---

① 徐伟等:《对地方政府立法后评估制度的几点思考》,载山东政府法制网,http://www.sdlaw.gov.cn/sdlaw/site/,2009年7月8日访问。

② 段莉莉:《关于建立立法后评估制度的几点设想》,载中国政府法制信息网,http://www.Chinalaw.gov.cn,2009年7月8日访问。

③ 陈珺珺:《论行政立法后评估制度之创设》,载《兰州学刊》2006年第11期。

系之间存在冲突,“适当性”之下的“实施是否达到预期效果”与“立法目的实现程度”存在较大程度的重合,实施的预期效果必然与立法目的直接相关联,很难将二者截然区分开来。有的标准体系将“实效性”“回应度”“公平性”标准作为并列的标准也不够严谨。有效性评价的内容是法规的实施效果,是法规产生的客观影响,包括其成本、收益的比例、是否实现了立法目的,是否回应了现实社会需求,是否在社会群体之间公平地分配资源、收益和成本。因此“回应度”肯定是实效性的应有之义,而“公平性”,如果是从平等原则的角度来界定的,则应当属于合法性问题,如果是从资源分配公平的层面来理解,则也应当属于有效性问题。有的标准体系在“实效性”标准中又包括了“可操作性”和“法律责任”两个具体的标准,但实际上二者都是立法技术层面的,并不属于实施效果层面。可操作性和法律责任都是影响法规实施效果的因素。“可操作性”侧重于评价该法规在立法技术方面是否适当、合理,是否有利于理解和执行,而“法律责任”关注于法律责任的设定是否适当这一技术性问题,它们都可能影响到法规的实施效果,是“因”,而实施效果是“果”,因果不能混为一谈。在评价的过程中,往往是在分析实施效果的基础上,进而反思该法规的可操作性和法律责任设定等立法技术问题。

(3)操作性不强。从严格的意义上说,上述标准均比较抽象和原则,具体操作性不强。有些有的标准体系使用了过于宽泛的概念,如“符合人民根本利益”等,缺乏具体的判断标准,而多数观点都只是横向罗列标准,没有与法规评价的过程相融合,评价实施主体难以把握适用的先后顺序,这都将造成评价实施主体操作上的困难,并且难以约束评价实施主体行政裁量权的行使。

第二节　域外法规评价标准评介

综观已经开展规制影响评估的国家、地区和国际组织,无不将评估标准的设定视为评估过程的一个核心问题,均以各种形式加以明确。尽管域外关于评价标准具体内容的规定也并不尽一致,但大体不超出合法性、实效性、立法技术合理性这几类，而关于事前评估，除了上述三项标准之外，还多了一项必要性标准，即：法规的制定、存续、修改或废止是否为穷尽了其他手段和方案之后的最佳选择。由于本书主要研究的是法规制定后的法规评价系统，故对必要性标准不加探讨。需要说明的是，并非所有的国家都全面地运用了这几类标准，有些国家可能只是集中分析其中的一个或一些标准，下面作逐一分析。

一、合法性标准

合法性应当是判断法规正当性和效力的最重要标准。在域外实践中，对于合法性的表述存在一定的差异。有些国家通过明示的方式直接确立了合法性标准，比如韩国①；而有些国家则是在对规制产生的影响进行分析的时候，要求对公民权利受到的影响进行合法性审查，即间接地要求合法性评估。而合法性的审查侧重点也各有不同。韩国和德国强调权限合法的审查，而欧盟委员会、爱尔兰和英国则侧重于审查内容是否合法。总体而言，合法性标准大抵包括三个方面内容：

（1）权限合法。即要求规制制定主体必须享有相应的权限，不得越权。韩国从授权角度出发，通过法律明确规定未经立法授权，行政机关不应当以规制方式限制人们的权利或施以负担。而德国则在评估标准中涉及上级行政机关与下级行政机关、立法机关与行政机关之间的权限分配问题，认为规制的制定主体不应在横向与纵向层面超越权限。OECD 组织则要求考虑规制是否具有法律依据。②

（2）程序合法。这是对规制制定程序的要求，而公开和参与是程序的两个基本要求。OECD 组织规定规制应当保障利害关系人表达意见的机会。爱尔兰的透明度原则中除了强调规制的评估应当咨询利害关系人意见之外，还要求该规制对所有人都是明确且可以获得的，即必须公开。③

（3）内容合法。在规制的具体内容层面，各国主要分析的是规制在人

---

① Basic Act on Administrative Regualtion, 1997 (South Korea).

② 参见《OECD 规制决策参考清单》、德国《联邦立法计划之必要性、有效性及明确性之审查表》。

③ RIA Guidelines, *How to Conduct a Regulatory Impact Analysis*, Published by Department of the Taoiseach Government Buildings, Dublin 2, p. 7.

权保障、平等以及法律责任的设定上是否违法。

首先,在人权保障方面,英国、爱尔兰、欧盟委员会都将规制对于人权或公民权利的影响作为评估标准之一。爱尔兰要求评估实施主体应当考虑规制对于宪法和爱尔兰所加入的国际公约(如《世界人权宣言》及《欧洲人权公约》)所规定权利的影响,在保护个人自由和增加社会福利之间保持平衡。① 欧盟委员会也列举了许多规制需要考虑的公民权利,具体包括:平等权;财产权;获得正义的权利;获得社会保障、健康及教育的权利;隐私权;知情权;犯罪嫌疑人的权利,受害人和目击证人的权利。② 而英国对于人权的审查规定最为详细,要求评估实施主体根据1998年制定、2000年生效的《人权法》(Human Rights Act of 1998)的规定,对规制是否侵犯人权进行评估。这些权利可以分为三类:一是绝对权利(absolute right),即任何时候都绝对不能被国家限制或剥夺的,如免于酷刑或受到非人道或侮辱性对待及惩罚;二是受限制的权利(limited right),即在明确且限定的情形下可以被限制,如自由权;三是有限权利(qualified right),即需要在个人权利和广泛的国家或社会利益之间求得平衡,如个人隐私和家庭生活受到尊重的权利,宗教和信仰自由、表达自由,结社与集会的自由,财产权和教育权等。③ 而评估时,应当遵循以下步骤:(1) 判断该规制是否涉及公约权利;(2) 判断该规制是否限制了这些权利;(3) 判断被限制的权利的属性是否属于绝对权利、受限制的权利还是有限权利;(4) 如果属于受限制或有限权利,需要判断这种限制是否在法律所允许的范围内。最后,决定该规制合法还是违法。

其次,各国也普遍对于规制是否符合平等原则给予格外的重视。新西

---

① RIA Guideline, *How to Conduct a Regulatory Impact Analysis*, Published by Department of the Taoiseach Government Buildings, October 2005, p. 25.

② Impact Assessment Guideline, pp. 29—32.

③ 该法律将《欧洲人权公约》及议定书中的十六项权利规定为"公约权利"(conventional right),包括:(1) 生存权;(2) 免于酷刑或受到非人道或侮辱性对待及惩罚;(3) 免于奴役或强制性劳动;(4) 自由和人身安全的权利;(5) 公正审判的权利;(6) 法无规定不受惩罚;(7) 个人隐私和家庭生活受到尊重的权利;(8) 思想、良心和宗教自由;(9) 表达自由;(10) 结社与集会的自由;(11) 结婚和组成家庭的权利;(12) 不受歧视的权利,除非基于正当理由,不得因种族、宗教、性别、政治见解或其他个人地位而受到歧视;(13) 财产权,受教育的权利,以及自由选举的权利;(14) 教育权;(15) 选举权;(16) 废除死刑。Making Sense of Human Rights: a Short Introduction, http://www.justice.gov.uk/docs/hr-handbook-introduction.pdf, p. 3,2007年12月3日访问。

兰专门把平等作为规制的评估标准,要求规制在设定义务、制裁时需要对所有人都公正和平等。对于相同情况相同待遇,不同情况不同待遇。[①] 而英国还要求评估实施主体对种族平等、残疾人平等和性别平等问题单独进行测评,体现了对平等权的高度重视。与英国类似,爱尔兰同样考虑了弱势群体的平等保护问题,要求在规制时对妇女、儿童、青年、老人、残疾人、流浪者、服刑人员及曾经服刑过的人员、移民及少数民族等容易遭受贫困和被边缘化的群体予以特别关注,防止其受到歧视和不平等对待。

最后,在法律制裁的设定方面,英国侧重于对法律制裁的评估,要求在规制设定民事和刑事制裁事项时必须专门向宪法事务部咨询,完成法律支持影响测评,对于制裁的必要性、合法性与合理性进行评估。[②]

二、有效性标准

有效性是三大评估标准中认同度最高的一项,它通过分析规制产生的影响,判断规制的实施能否解决问题或实现立法预期目标。欧盟委员会、爱尔兰使用了“有效性”(effectiveness)这一名称,要求规制必须达到所预期的目标。而德国则要求评估规制能否被执行或服从,这也是从有效性层面考量的。对有效性的分析,可以分为两个步骤:

其一,应当客观地对规制产生的影响进行评估。而影响的内涵是很丰富的,包括规制造成的成本、实现的收益、达到的效果等各个方面。

其二,分析规制的影响,判断其是否有效,具体需要考虑:规制的成本和收益、成本和效果关系如何,规制得到执行和服从的程度如何,影响的分布等。从某种意义上说,有效性是规制影响评估制度的核心标准,也是最具有技术难度的一种。为了使得有效性的分析更加富有操作性,不少国家或国际组织还将评估的领域和具体内容以列举方式予以细化,下表总结了英国、爱尔兰和欧盟委员会的评估领域和具体内容。[③]

---

① Guidelines on the Regulatory Impact Analysis Requirements, March 2007, p. 3.

② Impact Assessment Toolkit.

③ Impact Assessment Toolkit; Impact Assessment Guideline, pp. 29—32; RIA Guideline, how to conduct a Regulatory Impact Analysis, Published by Department of the Taoiseach, October 2005, p. 24.

表 1 英国、爱尔兰和欧盟委员会判断有效性评估领域一览表

领域	英国《影响评估准则》	爱尔兰《规制影响分析准则》	欧盟委员会《影响评估准则》
经济	1. 竞争评估	1. 国家竞争力	1. 竞争力、贸易及投资流
	2. 小企业测评	2. 消费者	2. 内部市场的竞争
	3. 给政府带来收入或存款	3. 经济市场的重要政策改变	3. 经营成本及企业行为
	4. 对货物及服务的成本、质量或有效性的影响	4. 是否造成重大的服从负担	4. 企业的行政成本
	5. 对公共部门、第三部门和消费者产生的影响		5. 财产权
	6. 是否产生新技术		6. 创新及研究
	7. 是否改变了对英国、英国的海外公司以及特定企业的投资习惯		7. 消费者与家庭
			8. 特定地区或部门
			9. 第三国及国际关系
			10. 公共权力机构
			11. 宏观经济环境
环境	1. 二氧化碳及温室气体测评	1. 空气质量	1. 空气质量
	2. 气候变化影响	2. 水质量与资源	2. 水质量与资源
	3. 废弃物管理	3. 土壤质量	3. 土壤质量与资源
	4. 风景	4. 气候变化	4. 气候
	5. 水流	5. 环境与人类健康	5. 可再生和不可再生资源
	6. 生物多样性	6. 自然遗产及生物多样性	6. 生物多样性、植物群、动物群及风景
	7. 噪音污染	7. 废弃物	7. 土地利用

（续表）

领域	英国《影响评估准则》	爱尔兰《规制影响分析准则》	欧盟委员会《影响评估准则》
环境		8. 噪音	8. 废物的制造、产生和回收
		9. 风景及土地利用的改变	9. 企业行为导致的环境结果
		10. 有形资产（包括水的供应和管理、设备、住房、交通、工业等）	10. 动植物健康、食品及饲养安全
		11. 文化遗产包括建筑和考古方面	
社会	1. 健康影响评估（Health Impact Assessment）	1. 被社会排斥的弱势群体	1. 雇佣及劳动市场
	2. 农村检验（Rural Proofing）		2. 与工作质量有关的标准及权利
			3. 社会对特定群体的包容及保护
			4. 私人及家庭生活、个人数据
			5. 治理、参与、良好行政、获得正义的权利、媒体及道德
			6. 公共健康及安全
			7. 犯罪、恐怖主义及治安
			8. 获得社会保障、健康及教育制度的权利及对它们产生的影响
其他	可持续发展	其他经济、社会和环境的成本和收益	

上表以列举方式明确了评估的重点领域。其优点在于,为评估实施主体提供了比较具体的评估方向,有利于在影响分析时考虑周全。归结上表所列的评估领域和具体内容,其存在以下共性特征和个性差异,值得我们关注:

第一,在经济领域,三者基本上都是从两个角度来设计评估标准的:一是对市场的影响,市场是经济活动的重要场域,规制对于市场及市场行为的影响对于整个经济有着举足轻重的作用。而市场中最重要的行为就是竞争、投资、贸易等,故而上述国家或国际组织将这些市场行为的影响作为重要的评估标准。二是对各方主体的影响,经济活动中,主体是最为活跃的要素,因而三个国家(国际组织)都非常重视规制对于各方主体的影响,英国侧重于分析规制对小企业、政府、公共部门、第三部门和消费者的影响;欧盟委员会的视野更加广阔,不仅包括个体的企业、消费者和家庭,也延伸到了集体的特定地区和部门,不但需要评估对于欧盟不同层次的公共权力机构在组织和预算方面的影响,还拓展到评估对国际组织、具有贸易优先权的第三国与发展中国家的影响。

除了上述共性以外,一些国家或国际组织独特的关注视角也值得我们关注。例如:英国和欧盟委员会均对技术创新给予了高度重视,而欧盟委员会除了设计微观经济标准之外,更把宏观经济环境作为评估标准之一,要求评估规制对经济增长、就业、投资环境、市场运作以及通货膨胀的影响。

第二,在环境领域,由于环境问题的全球化,三者都对以下领域给予了关注:气候变化、废弃物管理、空气质量、风景、水资源、噪音、生物多样性。而爱尔兰和欧盟委员会还评估了对于土壤质量及土地利用的影响。爱尔兰对于环境与人类健康、自然遗产、文化遗产、有形资产等领域的关注体现了浓厚的人文关怀,而欧盟委员会将企业行为对环境的影响,动植物健康、食品及饲养安全作为评估的考虑因素也与欧盟近年着力的目标紧密相关。

第三,在社会领域,三者都根据各自的实际情况评估一些重要的社会生活领域和社会政策。例如:英国与欧盟委员会将健康问题作为规制影响的重要评估标准。英国把农村检验设为一项标准,确保政策考虑到农村的环境和需求,并评估对农村的影响。而欧盟委员会更是考虑了许多社会政策,包括:(1) 就业领域;(2) 社会治安领域;(3) 政府与社会的关系领域,包括治理、参与性、良好行政、获得公正的权利、媒体及道德。

有效性是规制的重要评判标准,但并非每个国家都能全面地对规制在各个领域的有效性进行分析，一些国家只是片面地评估规制对于某个领域的影响，比如对于竞争的影响，对小企业的影响，对行政负担的影响，这固然有利于强调这些领域的重要性，但如果没有将这些分析整合到整个评估体系中，就会导致片面性，这种切割式的分析无益于科学决策的作出，将导致规制失灵。[1] 相比之下，欧盟委员会采取了整体影响评估的思路，对某一规制的经济、环境、社会领域的影响进行综合全面评估，值得借鉴。

三、立法技术合理性标准

一些国家或地区设计的评估标准中对立法技术的合理性提出了要求，具体可以分为几个方面：

（1）规制的简化性。放松规制，减少行政的繁文缛节，减轻社会公众的行政负担，是各国和地区规制改革的重要任务，为此，简化规制成为一个普遍潮流。德国和我国台湾地区都提出了以下要求：判断规范的区别化和细节化问题能否经过一般性把握（如类型化、一般性、概括性条款、裁量）而加以简化，对于规制细节性、技术性部分，能否以更下位的施行细则方式加以规定，对于相同的事项，如果上位立法（联邦或中央的立法、议会的立法、国际条约等）已经规定了的，是否有重复规范的必要性；对于相同的事项，能否直接引用既定的技术性规范。

（2）规制的协调性。协调性是出于维护法制统一、节约立法成本的需要。德国要求判断规制与其他行政机关所制定的规制是否存在不一致、不相容或重复的情形，是否要对既有规制进行变更或废止。爱尔兰则使用了"一致性"的标准，要求考虑规制是否与其他立法相一致。

（3）规制的明确性。许多国家都对明确性提出了要求，如美国要求每一行政机关所起草的规制应简洁，易于理解，以便潜在的不确定性及由此不确定性引发的诉讼最小化。而德国也要求规制应当明确、可亲近，易懂。

（4）规制的灵活性。灵活性是指规制在文本设计上应当能够适应社会发展变化。德国将限制规制的有效期间的必要性作为一个评估标准，判断

---

① Scott Jacobs, Current Trends in Regulatory Impact Analysis: The Challenges of Mainstreaming RIA into Policy-making, May 30, 2006, http://www. regulatoryreform. com/pdfs/Current% 20Trends% 20and% 20Processes% 20in% 20RIA% 20-% 20May% 202006% 20Jacobs% 20and% 20Associates. pdf, p. 36, 2007 年 12 月 12 日访问.

规制是否具有临时性，只在一定期间内才有效，是否需要制定一个试行规定，是否有必要制定过渡期间条款以维护公众的信赖利益。

上述三类标准是建立在对各国制度的分析和归类的基础之上的。总体而言，德国和美国设计了比较全面的评估标准，涵盖了上述三类标准，但是评估标准之间的逻辑关系不够清晰，类型化程度不够，也没有对有效性标准所涉及的领域进行进一步的分解和细化。而欧盟委员会和英国的评估标准并未明确评估的具体标准，只能从它们对评估步骤和评估领域的规定中推导出来，而且评估的范围不够全面，没有考虑权限合法以及立法技术层面的因素，但这种模式也有一定的优势，由于将评估标准与行政立法决策过程紧密结合，更合乎逻辑性，也具有更强的操作性。

第三节　我国法规评价标准体系的构建与完善

与域外相较，我国法规评价标准在实践上和理论上都处于比较初级的阶段。笔者认为，如果我国准备将提升法规质量作为法规评价系统的功能定位和价值目标，就应当充分意识到评价标准的设计对于评价过程和结果的重要价值。在参考和借鉴域外经验的基础上，结合我国实际，笔者尝试建构出一套内容较全面、逻辑较清晰、操作较便利的评估标准体系。

一、综合性行政立法评价标准体系概要

笔者建构的这一评价标准体系分为两个部分，首先提出评价标准运用的基本流程，然后再对其具体标准进行详细的阐释。

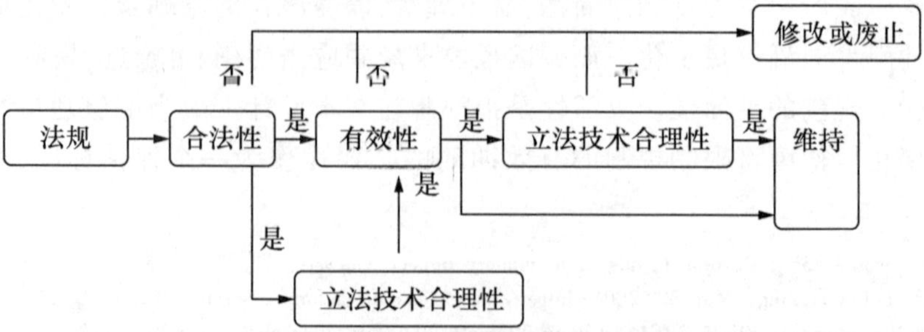

图 1　法规评价标准运用基本流程图

表 2　评价标准的具体内容及主要考虑因素表

基本标准	具体标准	主要考虑因素
合法性	1. 主体和权限的合法性	1. 该法规的事项属于中央权限还是地方权限？
		2. 该法规的事项属于立法机关权限还是行政机关权限？
		3. 制定主体有无制定该种形式的法规的权限？
	2. 程序的合法性	1. 是否公开、透明？
		2. 是否保障了公众的参与权？
		3. 是否遵循了其他法定的立法程序？
	3. 内容的合法性	1. 是否与上位法相抵触？
		2. 是否应当失效或废止？
有效性	能否解决问题或实现预期目标	1. 是否成本小于收益？
		2. 影响分布是否公平？
		3. 是否能够得到执行和服从？
立法技术合理性	1. 协调性	是否与其他同位阶法律相冲突、矛盾？
	2. 简化性	1. 对于相同的事项，如果上位立法或同位阶立法已经规定了的，是否有重复规范的必要？
		2. 对于法规的细节性、技术性部分，能否以更下位的细则方式加以规定或者直接引用既定的技术性规范？
	3. 规范性	1. 逻辑是否严密、结构是否完整、前后条文是否一致？
		2. 语言是否明白、准确、严谨、易懂？
	4. 灵活性	1. 内容上的灵活性是否适当运用了不确定的法律概念、裁量等条款？
		2. 时间上的灵活性：是否设定了有效期间？

下面我们特对上述图表作若干说明：

(1) 适用范围。本评价标准体系既适用于对整部法规进行的评价，也包括对于个别条文进行的具体评价。图1是法规评价时运用评价标准的流程图,表2是对评价标准的细化,评价标准的基本内容包括三大类:合法性、有效性和立法技术合理性。

(2)在适用顺序和效力上,合法性是前提和首要标准,如果某一法规不合法,必然导致修改或废止;而在通过合法性审查后,可以根据情况,灵活决定有效性标准或是立法技术合理性标准的适用先后顺序,如果不符合其中任一项标准,都还应当判断是否符合另一项标准,然后综合决定应当如何修改或废除;只有在三项标准同时符合的前提下,才能维持该法规。

与目前国内外的评价标准相比,本评价标准体系的创新之处体现在两个方面:

其一,标准简明,逻辑关系清晰。三个标准之间界限比较分明,不容易出现明显的交叉和混淆。合法性立足于法律效力层面,有效性从实证角度关注法规的实施效果能否解决问题或实现目标,而立法技术合理性则侧重于立法技术操作层面。

其二,操作性较强,具有较大实践价值。本评价标准体系将评价标准与评价步骤紧密结合,并指出了各评价标准所可能导致的后果,不仅为评价实施主体提供了判断的标尺,更为其具体操作和适用顺序提供了方法上的指引,这对于国内外现有的标准设计都是一个较大的突破,解决了目前评价标准过于空泛、原则的弊端。

二、综合性行政立法评价标准的具体内容

为了进一步增强本评价标准体系的说服力与可操作性,现结合国内外理论和实践对各项评价标准的具体内容及其所需要考虑的主要因素作出相应的说明。

1. 合法性标准

本评价标准按照由外到内、由表及里的顺序将合法性标准细分为三类具体标准:

(1)主体和权限合法。法规主体和权限不合法的结果是该法规被有权主体废止。主体合法是指法规的制定主体应当具备相应的主体资格,即属于享有法规制定权的行政主体,比如私人就没有资格制定法规。而在主体

合法之后，还要判断该主体是否享有相应的立法权限。立法权限是一个重大的宪政问题，它涉及中央与地方、立法机关与行政机关以及行政机关之间的权限划分，关乎政权组织形式、国家结构形式以及立法权与行政权的分配。行政机关制定法规时应当严格遵循法定的权限，不得越权，否则可能导致重大权限争议，影响现行宪政体制的稳定性。权限是否合法可以以下三方面进行判断：

其一，从中央和地方分权的角度看，中央和地方分权问题关乎国家权力的纵向分配，因此不少国家在法规评价中也给予了格外的强调，像德国就专门在评估审查表中设计了标准来判断该法规属于联邦还是州的立法权限。而世界上多数国家都在宪法或基本法中以概括或列举的方式明确了中央和地方的立法权限，地方不能制定专属于中央立法权限内的事项，同样的，中央也不能越权干涉地方自治范围内的事项。例如美国宪法及修正案首先对剩余立法权作了概括式规定，然后采取列举方式，肯定列举了联邦专有立法权、联邦和州的共有立法权，并以否定式列举了联邦和州禁止行使的立法权。①

我国目前关于中央和地方立法权限的规定主要体现于《宪法》和《立法法》之中。《立法法》规定了属于中央机关的专属事项，列举了十类由全国人大及常委会专属的事项②，其中犯罪和刑罚、对公民政治权利的剥夺和限制人身自由的强制措施和处罚、司法制度等事项属于立法绝对保留，不能授权其他机关行使，而此外的其他事项则可以授权国务院制定行政法规。而国务院专属的立法权主要是指《宪法》第 89 条赋予国务院行使的职权范围内的事项。这些事项是地方行政机关不能越权制定的。《立法法》同时规定地方人大及其常委会、地方人民政府的立法权限包括执行性立法和针对地方性事务或属于本行政区域内的具体行政管理事项进行立法，承认了地方在一定程度上享有立法自主权，但学界普遍认为我国单一制国家的属性和

---

① U. S. Constitution.

② 国家主权的事项，各级人民代表大会、人民政府、人民法院和人民检察院的产生、组织和职权，民族区域自治制度、特别行政区制度、基层群众自治制度，对非国有财产的征收，民事基本制度，基本经济制度以及财政、税收、海关、金融和外贸的基本制度，必须由全国人大及常委会制定法律的其他事项。

现行的立法模式并没有赋予地方以不受中央干涉的专属立法权。[①] 因此,我国判断法规主体是否越权的标准是单向度的,即禁止地方越权中央专属立法事项,并未禁止中央法规越权干预地方性事务,判断行政主体是否存在纵向越权,也主要是看地方行政机关是否越权制定了属于全国人大及其常委会或国务院专属立法权范围内的事项。值得关注的是,也有一些学者提出我国应当借鉴域外经验,赋予地方专属的立法权,以充分发挥地方的积极性和自主性的主张[②],如果随着地方自治权的扩大,该主张得以实现,则我国的中央法规也应遵守不越权干预地方性事务的界限。

其二,从立法机关和行政机关的横向分权角度考虑。无论是在实行三权分立的西方国家还是实行权力分工的我国,立法机关和行政机关在立法权限上都有所界分。在判断法规横向权限是否合法时,应当注意运用行政法上的基本原则——法律保留原则。法律保留原则在19世纪产生之初只限于绝对的议会保留,即要求某些事项必须由议会来制定。但随着社会事务的日益复杂化,行政权不断膨胀,议会立法无法适应社会需要,因此该原则又发展出相对保留理论,即某些可以由行政机关立法的事项,必须得到议会的事前授权。[③] 在法规评价时,应当首先判断是否涉及属于立法机关绝对保留的事项(如我国《立法法》第8条规定的三类事项),如果涉及,则越权无效,如果不涉及,则需要继续判断是否为相对保留事项,如果属于,则需要判断行政机关是否获得立法机关的授权。[④]

在我国,法规应当不涉及全国人大及其常委会绝对保留的事项,在相对保留的范围内,制定主体应当取得合法的授权。而由于《立法法》对地方各级人大及常委会以及地方各级政府的立法权限作了不同的规定,地方各级人大及常委会有权对地方性事务制定地方性法规,而地方各级政府只能在

---

① 李林:《立法理论与制度》,中国法制出版社2006年版,第321页。

② 崔卓兰等:《地方立法实证研究》,知识产权出版社2007年版,第75—76页。

③ 黄学贤:《行政法中的法律保留原则研究》,载《中国法学》2004年第5期。

④ 行政权强大的法国,还存在所谓的行政保留,即要求立法机关应当尊重行政机关的权限。1958年法国《宪法》第34条列举了国会立法的范围,第37条规定,凡在第34条列举范围之外的事项都属于条例的范围。第61条更规定,国会所制定的法律如果超出了第34条列举事项,因而侵犯了属于条例的权限时,政府可以请求宪法委员会宣告法律违宪。也有学者基于功能结构取向的方法,认为下列事项一般属于行政保留的范围:(1) 国家对外事务;(2) 军事事务;(3) 高级或重要官员的任免;(4) 执行法律。参见姜士林等:《世界宪法全书》,青岛出版社1997年版,第888、890页。

规章或规范性文件中规定本行政区域内的属于行政管理事务的事项。一般认为,关系本行政区域内公民的权利、义务,对公民切身利益影响较大,关系地方各级国家机关的事项,都应当制定地方性法规,因此,地方政府规章和行政规范性文件还应当注意不超越地方立法机关的权限范围。

其三,从法规的层级角度判断制定主体的权限。我国的法规分为行政法规、中央各部委制定的规章、地方政府规章和行政规范性文件等多个层级。在判断行政主体的权限时,应当依据法律的规定判断该主体有权制定何种层级的法规。中央各部委和地方人民政府均无权制定行政法规,省、较大的市之外的地方人民政府无权制定行政法规和规章,只能制定行政规范性文件。如果某乡政府制定了规章,则属于权限违法。

(2) 程序合法。程序合法性在我国学界和实务界的评价标准设计中考虑得不多,但在强调程序正义的国外的规制影响评估制度中却占据了重要的地位,各国大都会将是否公开透明、是否确保社会公众或利害关系人的参与权等程序问题作为评价标准。笔者认为,法规的程序合法对于确保内容合法与实效性而言具有重要的意义,有必要设为一个单独的标准。程序合法的判断标准应当以现行的立法对于法规程序的规定为依据,比如我国的《规章制定程序条例》对规章的制定必经程序进行了具体规定,包括立项、起草,对于直接涉及公民、法人或者其他组织切身利益,向社会公布(有关机关、组织或者公民对其有重大意见分歧的),征求国务院有关部门意见(涉及国务院其他部门的职责或者与国务院其他部门关系紧密的),审查、决定、公布等,如果违反该条例的程序,根据该条例第 2 条的规定,该规章无效。在各项程序中,公开透明和社会公众的参与是最为重要的,是民主社会保障公民的知情权和参政权的最低限度的程序要求,因此法规评价时应当先考虑这两个方面,再考虑是否符合其他程序要求,然后视程序违法的程度来决定是否修改或废止该法规。

(3) 内容合法。内容违法导致的后果是引起法规的修改或废止。对于法规内容合法的判断首先是对法规的条文进行分析,根据法律优先原则确保法规的条文不与上位法相抵触,此处所说的上位法,包括宪法、法律等,而且根据现代能动法治主义的理念,法规不仅不能与上位法的法律条文相抵触,也不能违反宪法及行政法上的一般法律原则,如平等原则、比例原则等。

内容违法的表现是多种多样的,包括违法侵害了公民权利、违法设定了公民义务和法律责任、违法扩大了行政机关的权限等。一旦发生抵触,该法规应当被有权机关否决、改变或撤销。例如:某部委以规章形式创设了限制人身自由的行政处罚,违反了我国《行政处罚法》的规定,应当由国务院改变或撤销。

另一个层面是判断该法规的内容是否还有现实的合法效力。当法规所依据的上位法已经失效、该法规所调整的客观情况已经消失,该法规已经被新法或特别法所代替时,该法规可能因为缺乏法律依据而丧失了合法性,此时该法规的存续就是违法的。比如关于创设某项行政许可的行政法规已经被废止了,而依据该行政法规制定出来的规章自然也是违法的。

2. 有效性标准

有效性是指法规的实际效果与所要解决的问题或立法预期目标之间的实现程度,这是本评价标准体系中最具实践价值的一项标准,这个标准实际上分为两个步骤:

首先,判断法规产生了什么效果,可以借鉴国外经验,从影响分析入手,主要应考虑以下两个方面的因素:

(1) 全面考虑法规在各个领域(经济、环境和社会等)产生的各种影响,包括积极影响和消极影响,市场的影响和非市场影响,财政影响和非财政影响,直接影响、非直接的短期影响以及动态的影响,并关注影响之间的相互关联,分析的领域可以参照前述表1,并根据我国目前的宏观政策或战略目标相结合,如可持续发展等。许多国家都要求分析规制产生的宏观影响,但这在操作中存在极大困难,比如欧盟委员会要求评价规制对于现有的地区、性别和民族不平等的影响,爱尔兰要求评价规制对于创新和改革的影响以及对于贫困的影响,但不平等、创新和改革是宏观环境的产物,并非规制本身带来的。加拿大和美国就避免了这种泛化的分析,只要求分析与规制有关的成本和收益。①

(2) 区分受到影响的不同群体的类型,以及他们在哪些方面受到影响(例如行为、权利、义务、环境、成本、收益等)。群体包括企业、消费者、政府、

① Scott Jacobs, Current Trends in Regulatory Impact Analysis: The Challenges of Mainstreaming RIA into Policy-making, May,30,2006,pp. 41—42.

社会组织等,不同类型的群体还应当再进行细分,如消费者可以根据收入、地域、文化背景、年龄等情况进行分类,而政府也可以分为中央政府、地方政府等各个层次。

此外,还应分析相应措施能否解决问题或达到立法预期目标。这首先应考虑影响在不同群体之间的分布(distributional impact)是否公平。现代社会具有利益主体多元化和社会资源有限性双重特质,导致了由于利益差别和利益矛盾产生的利益纠纷层出不穷,法规就是通过一定的制度安排对不同的利益进行衡量,以调整和缓和这些矛盾的法律手段。而平衡各种利益的基本标准就是公平。这里的公平主要是从经济学上"潜在的帕累托改进"理论为分析标准,即如果一种调整使得一些人的境况有所改善,而其他人的境况变坏,只要满足得到改善的人所增加的效用大于受损人所减少的效用,社会总福利有所增加的目标即可。这是从社会资源的效率最大化的角度来考虑公平问题,因此法规评价中,需要对不同群体的成本和收益分配方面的影响进行定量分析,根据成本和收益的多少,将上述群体分为贴上"赢家"(winner)和"输家"(loser)的标签,再判断是否出现有些群体只享受收益不承担成本的不公平现象,如果存在不公平的影响分布,则应当考虑采取调整方案,让成本由大部分人分担或者少数有能力负担的人来承担,使得该法规的受益对象多于受害对象,总收益减去总损失之后获得的是正值。① 其次,应在全面收集法规影响各方当事人的成本、收益、权利等数据的基础上,运用成本—收益分析、影响分布公平分析、风险分析等方法综合判断该法规是否能够达到所要追求的目的,尤其需要区分哪些影响是由法规造成的,哪些是法规之外的因素,比如配套制度不健全、宣传力度不够等造成的。对于不具有有效性的法规,应当进行废止。

3. 立法技术合理性标准

立法技术合理性要求法规在形式上和内容上符合通常的立法技术标准,立法技术运用得当则将大大提高法规的质量,增强其实施效果,反之,亦会对法规的认知、执行和遵守造成诸多不便,影响其实际效果。立法技术合理性要求主要应当从四个方面进行判断:

① 〔美〕彼德·罗希等:《评估:方法与技术》,邱泽奇等译,重庆大学出版社 2007 年版,第 249 页。

（1）协调性。协调性是指法规对于同一事项的规定应当不与同位阶的法规相矛盾和冲突。法制统一是法治社会的基本目标。法出多门，彼此冲突打架，必然造成执行上的困难，增加适用的成本。在我国，如果同位阶的法律之间发生冲突和矛盾时，根据《立法法》的规定，需要运用法律适用的一般规则（新法优于旧法、特别法优于一般法）来决定如何选择适用，当不能决定如何适用的时候，则需要依法律规定提请有关机关裁决。例如当部门规章之间、部门规章和地方政府规章发生冲突，不能决定如何适用时，应当由国务院进行裁决。因此，在同位阶法律之间出现矛盾时，如果评价主体经过科学审慎的判断或者经有关机关裁决，认为某个法规的规定更适应社会需求时，则应当考虑废止或修改其他法规。

（2）简化性。法规作为调整人与人之间关系的社会规范，具有很强的实践性，它应避免空洞和晦涩难懂，力求言简意赅，以精练的方式准确地表达规范内容，使社会公众明白易懂。法规作为法律的具体化，特别应当符合简化的要求，具体应当做到以下两个方面：第一，避免与上位法或同位阶的法律对某一事项作重复规定。实践中，在某一项法律出台之后，各级行政机关的各种实施细则就如雨后春笋般破土而出，但内容却大都是该法律的翻版，了无新意，没有结合地方的实际作出具体的规定，造成了人力、物力和财力资源的极大浪费。这种现象应当避免，因为法规的目的不在于大而全，不应苛求形式上的美感，而应当务实地解决问题，调整社会关系。第二，为了节约立法成本，提高立法的可接受度，在法规中应当避免规定过多细节性和技术性问题，而是应将通过下位实施细则规定的事项尽量通过下位的实施细则来规定或者直接引用现有的技术规范。层级较高的法规如行政法规尤其需要注意这一问题。

（3）规范性。规范性是立法技术高水平的体现。一部好的法规应当在结构和语言两方面都符合规范性要求。首先，在立法的结构安排上应当符合一定的逻辑顺序，层次清晰，前后一致。一般而言，层次较高的法规（如行政法规、部门规章等）还应当具备立法目的、适用范围、法律定义、法的原则、具体内容、实施时间等要素。此外，法律规范应当包括假定、处理、制裁三要素，在设定权力的同时规定其程序和责任。其次，立法语言应当明白、准确、严谨。明白要求立法语言通俗易懂，能为一般公众所了解，不使用生僻难懂的词语，不使用隐语、诙谐语、双关语和土语俚语，如“人民城市人民建”“谁使用谁管理”等，不随意使用简化概念，如“卫计委”“一府两院”等。准确是指词语能贴切地表达法律的意旨，不存在含糊不清、模棱两可，比如用“某些地方”表示空间，用“在特定时期内”表示时间，用“大量”表示数量等。当然，由于立法者不能预见一切情形，使用一些不确定的法律概念以授权行政机关行使行政裁量权作出个案处理也是立法所必要采取的技术，只是这种不确定法律概念应当只在必要的时候使用，不应普遍化。严谨要求立法语言严密、周全，避免使用一词多义或容易造成误解的词语。符合规范性要求的法规才能明白易懂，为社会公众所认同和接受。[①]

(4) 灵活性。为了更好地适应社会现实，法规在条文设计上应当尽量充分运用一些立法技术，使得规范本身灵活、富有弹性和可操作性。判断是否灵活的标准是多元的，从权力设置上，必要时可在条文中采用“数额较大”“公共利益的需要”“情节严重”等不确定法律概念和“可以”等词语，赋予行政机关行政裁量权，以保持执法上的灵活度；而对于一些临时适用的法规，则可以通过设定落日条款（Sunset Clause）的方式来设定该法规的有效期间，从而确保时间适用上的灵活性。例如，《广州市行政规范性文件管理规定》第18条规定：“行政规范性文件应当规定有效期。有效期自行政规范性文件发布之日起最长不得超过5年。有效期届满，行政规范性文件的效力自动终止。

第四节　我国法规评价方法的现状

法规评价方法是指法规评价实施主体收集相关数据和资料，并对评价标准进行分析，从而得出评价结论的途径、措施、工具、手段和技术。可以说，评价方法是直接为评价标准而服务的，对于整个评价过程的完成具有重要的工具性价值。评价方法运用得充分得当，则可以全面系统地对法规的各方面进行分析，得出信度和效度较高的结论，而评价方法的不恰当和不充

① 崔卓兰等：《地方立法实证研究》，知识产权出版社2007年版，第292—294页。

分运用,则会事倍功半,阻滞评价进程,影响评价结论的客观性和准确性。评价方法可以分为两类:一是获取评价信息的方法,是指评价实施主体获取分析标准所需的各种信息诸如数据、资料等的方法,这是评价开展的前提和基础;二是评价分析方法,是评价实施主体对各类信息进行分析、得出一定的结论所采用的方法,这是评价的关键性步骤。受研究主题和篇幅之限,本节无法对各种评价方法的具体运用进行一一评述,只能从法律制度建构的角度分别对这两种类型方法的适用范围和运用规则进行分析。

一、获取评价信息的方法

(一)评价信息

获取评价信息方法的选择与评价信息的类型和内容紧密相关。所谓评价信息就是用以评价和判断评价标准的有关数据、文件、资料等。评价信息的质量直接关系到评价方法能否奏效,并对评价结果产生重大影响。由于行政立法是一个复杂的决策过程,存在相当程度的不确定性和风险,评价实施主体未必清楚评价到底需要哪些信息,受获取信息的途径和方法的局限,评价者也很难识别其真实性和关联度,存在着数据俘虏(data capture)的可能性。因此在评价中收集的各种信息品质难免良莠不齐,未必都能被评价所采用,成为评价分析中的有效信息,为了避免虚假评价(junk RIA),各国都对评估信息的收集提出了要求,其中最普遍的要求是透明,要求明确地将信息或假设在分析中规定下来,以便人们能够清楚地知道结论是如何推导出来的。如新西兰就要求应当将所有的主要假设与信息方面的不足写入影响评估报告中,使公众知晓。而美国对于评估信息提出了三个原则,即:客观性(objectivity)、有用性(utility)和完整性(integrity),客观性是指是否信息是准确、可靠并且不偏不倚地反映了事物的本质,而有用性是指信息对于使用者而言是有用的,完整性要求信息应当全面和完整。其他的要求还包括可复制性(reproducibility)、独立专家的可接受性等。[1]

要尽可能地反映法规的合法性、有效性及立法技术的状况,笔者认为,评价信息应当符合以下"四性"的要求:

---

① Scott Jacobs, Current Trends in Regulatory Impact Analysis: The Challenges of Mainstreaming RIA into Policy-making, May 30,2006,p.33.

（1）全面性。全面性要求：第一，单个的评价信息应当具备完整的要素，不遗漏关键信息，比如：在收集某一法律文件时，不能只截取个别条文，而应当整体采集。在收集某一法规对于某企业成本的影响时，不能仅收集对实际成本的影响，还要收集对机会成本的影响。第二，整体的评价信息应当全面，涵盖各个领域和各类主体，避免片面性。在评价某政府制定的有关“公共场合禁烟”的行政规范性文件时，不能仅仅收集该法规对于公众健康影响方面的信息，而应当全面收集其对环境、公民权利等方面的影响的信息。在同时咨询数个企业时，不能只采集某一企业的信息，而对其他企业的信息置之不理。

（2）准确性。评价信息应当力求准确真实，但实践中，由于受到信息来源、评价实施主体甄别能力等诸多因素的影响，评价实施主体获取的信息常常出现失真甚至是虚假的情形，严重地影响了评价的进程以及评价结果的科学性。因此，在收集信息时应当尽量通过正规的、权威的途径，采用科学的调查方法，减少误差。

（3）关联性。关联性要求评价信息应当与所要分析的问题存在一定的逻辑相关性，能够作为该问题的依据或证明。不具备关联性的信息，即使再全面和准确，也不能作为评价分析的依据，只能造成资源的浪费。例如：评价实施主体采集了本地上一年度的就业率这一数据来证明某一法规在减少环境污染方面的影响，就属于明显的风马牛不相及。

（4）透明性。这是对信息公开的要求，透明性要求公开信息来源渠道和可查询的地址，公开原始信息及各种假设、公开信息存在的不足等，从而使公众明确地了解结论推导的过程。

上述“四性”实质上是对评价实施主体在获取信息方面提出的要求。根据这一要求，评价实施主体应当事先制定周全的信息收集计划，采取适当的方法来收集各个领域、各类主体的有关信息。

（二）获取方法

获取评价信息的方法是多样的，主要包括以下两种：

1. 文献调查法

所谓文献调查法是指对目前为止的、与某一研究相关的各种文献进行系统查阅和分析，以了解该领域研究状况的过程。① 该方法针对的是历史知识，可以超越时间和空间的限制，灵活采取各种手段，而且由于被调查对象是固定化的信息，评价实施主体不需要进行沟通和互动环节，操作起来比较便利，成本较低。文献调查法在分析法规评价标准中运用是十分广泛的。合法性分析和立法技术合理性标准的分析都需要以一定的法律文件作为对象。合法性的分析需要运用法律优先、法律保留等基本原则，将法规与已有的法律规范进行对比，这就必然以全面收集和掌握已有的相关法律规范为前提。而立法技术合理性标准中，协调性要求法规与其他同位阶的法律相比不矛盾，简化性要求与同位阶的法律不重复，且尽量将技术性、细节性事项规定于细则或既定的技术标准中，也都是建立在与其他相关的法律文件对比的基础上的。法律文件的类型是多样化的，从法律位阶上，涵盖了上位法、规定相同或类似内容的同位阶法以及与其调整问题相同或相似的下位阶法，从调整对象来看，既包括适用于本行政区域内的立法，也包括域外可资借鉴的立法，从性质上，既包括各类法律规范本身，也包括有关该法律规范的立法解释、有权机关的立法背景说明、司法解释等文件。

而在实效性标准中，也经常需要运用到已有的数据或其他信息，如统计局发布的 GDP、CPI 等数据，因此运用文献调查法有助于评价实施主体收集和了解与法规相关的各种信息，为评价标准的评判提供宝贵的参考依据。

评价实施主体通过文献调查法获取评价信息的途径主要有两种：

一是直接收集，即利用现有的手段直接查阅权威机构所发布的信息。对于评价实施主体而言，可以直接引用自己或自己所在的政府所发布的信息，也可以引用外部行政机关或权威机构的信息。获取的方式是不拘一格的，既可以利用传统的平面媒介，如政府公报、官方报纸、官方刊行的法律规范单行本或法律汇编，也可以借助于现代的网络，查询国内外官方网站上发布的信息。这一方法具有方便快捷、手段灵活的特点，但在运用时需要遵循两个原则：第一，权威性。这首先要求信息发布的主体应当具有权威性。各级行政机关是国家意志的执行者，当然属于权威机关，其中各级统计机关作

---

① 风笑天：《社会学研究方法》（第二版），中国人民大学出版社 2005 年版，第 59 页。

为专司国家信息收集和分析工作的机构,其公布的信息较为集中,专业性强,应当得到特别重视;而一些得到官方认可、具有全国影响力的社会机构(如美国律师协会、中国消费者权益保护协会等)也符合权威性等要求。但仅仅满足主体上的权威性还不够,还要求这些信息必须是通过正式的渠道以正式的形式对外公布的,比如正式的新闻发布会、政府公报、官方网站,如最高人民法院网、中国政府法制网、美国的联邦登记等,如果只是某个机关的领导人在私人场合的观点或提供的信息,即使内容是客观真实的,也因为权威性不足而不能成为直接引用的依据。第二,现实有效性。官方机构或权威机构公布的信息往往都具有一定的时效性。因此在采集信息时,需要格外注意该信息发布的时间以及有效的期间,如果引用的信息过于滞后,就难以适应现实社会需求,对评价结果的有效性产生负面影响。

二是间接收集,即请求有关主体提供。由于我国的政府信息公开制度尚不健全,不少法规(特别是行政规范性文件)并未向社会公众公开,或者即使公开了,收集和获得的途径也较为单一(只能到政府指定地点查询,无法通过网络查询),此时评价实施主体也可以考虑请求有关制定主体协助提供有关信息。而西方发达国家由于信息公开制度比较成熟,要求政府所有的法律文件和信息原则上都应当在官方网站上公开,因此大多数情况下采取直接收集方式即可。而如果需要其他行政机关的协助提供信息,也建立了行政协调机制,确保了信息的畅通无阻。

2. 通过咨询(consultation)获取信息

在分析有效性标准时,评价实施主体往往要根据不同法规的特点,分别获取各个领域各类主体的成本、收益、效果等方面的信息,这类信息具有很强的个别化、动态性特征,而文献调查的方法则难以满足其需要,此时可以考虑通过咨询来获取信息。严格说来,咨询不是一种具体的评价方法,而是一种获取评价的途径,其具体方法包括专家小组、听证会、网络咨询、问卷调查、焦点小组、访谈、讨论会、专题研讨等。但由于这些方法具有一些共性特征,本书将其囊括于咨询这一途径下加以共同探讨。咨询是国外的规制影响评估程序中的一个重要环节,该制度具有促进民主、增进沟通、汇聚资源等多重功能,而收集信息由于能够调动各方积极性,集思广益,在众多功能中对于促进法规的科学性最具直接意义。由于咨询的对象范围十分广泛,包括社会公众、利害关系人、专家、其他行政机关等多类主体，因此，获取的信息也更加全面、具体。根据欧盟委员会、英国、新西兰的经验，评估实施主体应当在通过咨询收集信息时遵循下列两个原则：

(1) 地位中立性原则。要准确地评价法规的各种影响，就应当以尽可能全面地收集各种信息为基础，如果只片面地收集某一方面的信息（如对某一领域、对某一主体的影响），而忽视了其他方面的信息，则必然造成结果的片面性，无法反映该法规的实际效果。因而，评估实施主体应当在咨询中保持客观中立地位，避免先入为主，不为特定群体的观点所左右，公平地对待各个利害关系人。

(2) 方式灵活性原则。为了提高收集信息的信度和效度，咨询应当保持一定的灵活性。首先，咨询的内容应当根据咨询的对象的不同而有所不同。在咨询公众和利害关系人时，信息的收集较为广泛，但偏重于收集该法规对他们造成的各种影响（成本、收益、效果、权利侵害程度等）相关的各种信息和资料，以及听取他们对该法规的意见和建议。而向专家咨询时的重点在于采集专业技术方面的信息。向其他行政机关咨询主要获取的是该机关所掌握的与评估对象相关的信息。其次，咨询的方式应当灵活，且具有针对性。一般性听取社会公众意见的可以采用问卷调查或者网络咨询等方式，而听取专家意见的则可以采取专家小组或专题研讨等方式。如果要重点听取利害关系人的意见，焦点小组、讨论会等方式比较适合。根据时间和资源掌握的情况，可以采取正式的会议，也可以召开临时会议。最后，咨询的次数可以灵活。咨询应当以全面充分地收集信息为目标，因此一次性的咨询可能会因为沟通不足、准备不充分等原因难以达到这一目标，因此，咨询应当被视为是法规过程中循环式而非一次性的需要，可以随着评估的进程，进行数轮的咨询，不断地获取和更新信息。①

二、评价分析方法

在收集了评价信息之后，就要进入最为关键的步骤，即适当地运用评价分析方法，对各种数据和资料进行分析，从而判定法规是否符合评价标准，

① Impact Assessment Guideline, pp. 9—12.

并最终得出相应的结论。评价分析方法在选择和适用时需要保持适度的灵活性,根据具体评价的法规的不同而灵活采取相应的分析方法。例如,对于经济类的法规,应当尽量分析其成本、收益,而对于社会性的法规,则在无法进行量化、货币化时,可以考虑采取多元标准分析方法。在对同一法规的评价中,也可以同时兼采下述几种不同的评价分析方法:

(1) 法律解释方法。法律解释方法是对法律的条文以及条文之间的关联进行释义,从而明确其含义。这一方法在合法性以及立法技术合理性的标准中运用最为广泛。在法规评价中,制定者或者可能为了保持立法的灵活性和适应性而有意地使用一些不确定的法律概念,或者由于立法技术的不成熟而使用一些含糊不清的概念或语言,而要探究立法原意,判断其效力及合理性,就必须运用法律解释方法对其进行分析和比对。法律解释方法具体又包括文理解释、逻辑解释、系统解释、历史解释、目的解释、当然解释、社会学的解释、合宪性解释、字面解释、限制性解释、扩张性解释等多种,需要由评价实施主体根据具体的条文灵活采取各种解释方法。

(2) 成本—收益分析(cost-benefit analysis)方法。成本—收益分析是指通过比较法规的全部成本和效益,将其价值以货币化的方式表现出来的一种方法。这是评价中最为常用的方法之一。该方法要求将所有的影响都以货币形式量化,将所有的成本和收益转化为现值(present value),并且分析各个方案的净收益和成本—收益比。这种方法的优点在于:为法规决策者提供了量化的客观的依据,有助于决策者全面考虑法规对于不同主体、在不同领域的影响,而且货币化的比较形式直观明了,易于理解。但这种方法也存在两大缺陷:一方面,许多法规的成本和收益(人的生命、生活质量的改善、社会秩序的稳定等)常常很难用货币化形式来衡量,把一切事物货币化的尝试不仅没有可能,也不具有实益,只能沦为“妄想的精确”①;另一方面,成本—收益的分析需要具备充足的数据支持,而且对于贴现率的计算难度较大,因而实施成本较高,费时过多。正因如此,该方法在调整经济或技术领域的法规中相对比较容易操作,但规范社会领域、环境领域的法规就不能

---

① 〔美〕詹姆斯·W.费得勒、唐纳德·F.凯特尔:《行政过程的政治》,陈振明、朱芳芳等译,中国人民大学出版社 2002 年版,第 405 页。

仅仅通过这种方式来分析。而且，由于实施成本较高，一些国家只将该方法适用于影响较大的法规。从实践层面看，一些国家要求评估覆盖所有的成本和收益，另一些则只需要选择特定的成本和收益，一些要求效益必须大于成本，一些则不需要；根据英国有限合伙评价组织（The Evaluation Partnership Limited，简称 TEP）的调查，在 30 个采取了规制影响评估制度的转型国家和发展中国家中，有 18 个国家声称评估了成本和效益，另外有 2 个国家只衡量了收益未评估成本，10 个国家对成本和效益均不确定，只有 8 个国家对于成本效益进行了高水平的分析。[①]

成本—收益分析的具体方法在经济学和统计学等领域都有了比较成熟的套路，法规评价系统只需要借用即可，本书不加探讨。但是需要注意的是，由于法规不同于普通的企业项目，它是一种利益平衡的过程，因此在适用成本—收益分析方法时需要遵循一些特定的基本规则，这在各国规制影响评估实践中都不同程度地得到了制度化。

成本是衡量资源消耗的一种标准，法规的成本就是指在法规的制定和实施中所耗费的成本，成本分析的全面性要求具体体现在两个方面：第一，全面分析不同主体、不同领域的成本。成本按照承受主体的不同，可以划分为生产者的成本、消费者的成本、公民的成本、政府的成本、社会组织的成本等。按照成本发生的领域，可以分为经济领域的成本、社会领域的成本和环境领域的成本。第二，全面分析成本的具体构成。按照成本是否固定，可以划分为固定成本、可变成本、半可变成本和阶段成本，根据成本的形态，可以划分为实际成本和机会成本，根据成本的用途，可以分为直接成本和间接成本（如减少企业数量、减少消费者的选择、企业之间的竞争减少、更少的革新）。按照成本的发生时间，可以分为初始成本和后续成本，按照成本的持续时间可以分为一次性成本（如更新设备）和持续性成本（如执行费用）。但是各国均不将那些业已发生或承诺、无法回收的沉没成本（sunk cost）列入成本分析之内，也不重复计算那些从一个主体转移到另一个主体上的成本。

---

① Evaluation of the Commission's Impact Assessment System Final Report-Executive Summary, April 2007, http://ec.europa.eu/governance/impact/docs/key_docs/tep_eias_final_report_executive_summary_en.pdf, p. 10, 2007 年 12 月 8 日访问.

表3 不同类型主体的成本基本构成一览表

生产者的成本	消费者的成本	社会的成本	国家机关的成本
熟悉法规和对员工进行宣传和培训的成本	由于对竞争的限制而支付了更高的产品或服务价格	环境质量下降	立法成本（收集立法信息、审议立法草案和修订立法文本、制作法律文本、公布和宣传立法、立法的机会成本①）
申请行政许可的成本	对产品或服务的效用降低（质量、选择）	健康和安全变差	提供信息的成本
因应立法的要求而增加新的设备或新的生产过程的成本	推迟产品推向市场并对产品的可获得性进行限制	更低的就业率和经济增长率	执法成本（实施行政许可、执法检查、行政处罚、行政强制等）
市场准入被限制、生产效率下降的间接成本		无法预期的收入或财富的再分配	司法成本
按照法规的要求进行报告的成本			
接受检查的成本			
承担法律责任的成本			

行政立法的收益是指法规在实施之后所取得的有益的效果，诸如：产品和服务质量的提高，产品和服务选择的更加多样化，交易成本、执行成本和服从成本的降低，工作场合事故的降低，公共健康和安全的改善，环境舒适度的改善，企业、劳动力、消费者或政府的信息获得的容易度等。与比较容易货币化的成本不同的是，收益的衡量往往并不直接，一些收益需要经过其

① 立法的机会成本是指，行政机关选择制定行政立法而放弃了其他方案的收益。分为两个方面：一是在立法与不立法（通过市场、道德、舆论、软法等方式）之间，行政机关选择了立法，如果不立法的方式更为适宜，则该种方式的收益就是行政立法的机会成本。二是在不同的立法方案中进行选择时，选择其中一种方案的机会成本就是放弃了其他方案的收益。

他标准的换算才能量化，统计学上经常使用“支付意愿”(willingness to pay)作为中介。例如：在衡量环境改善的收益时，可以计算人们愿意为更干净的河流、空气等而支付的价格或者他们愿意忍受污染而接受的费用。在判断一项要求企业开展培训的行政立法的收益时，可以计算通过培训使得企业增加的收益或者受过培训的工人所获得的更高的工资。

为了便于比较和分析，各国都要求成本和收益应当尽量货币化或量化，并通过贴现率将未来发生的成本和收益换算成现值。① 英国采取了净现值(net present value)的标准来衡量，即计算法规所产生的未来现金流的折现值与成本之间的差值，净现值为正，该法规才可以接受，净现值为负，说明该法规不是有效的，一般而言，净现值越大越好。

(3) 多元标准分析(multi-criteria analysis)方法。当存在多种类型的成本或收益时(可以货币化的、可以量化的和不可量化的)，可以采取这种综合的方法，将可量化的成本和收益在一个表中体现出来，对于不可量化的成本和收益，主要采取权重和记分法，先设定各个标准的权重，然后根据各方案对该标准的满足程度进行打分。比如某法规要求行政机关引入新的信息系统，而收益是两项：一为增强了信息管理能力；二是增强了操作便利性，由于这两项收益难以量化，此时可以给它们分别设定权重，比如10和20，然后对不同方案实现这两项收益的程度分别打分，最后将得分与权重相乘，得出每个方案的得分，并加以比较。该方法也存在一定的局限性，由于混合了多种标准，它不能用以准确分析成本和效益。②

第五节　我国法规评价方法的规范与完善

一、各地法规评价方法的利弊分析

目前我国的法规评价制度中，运用的评价方法比较多元，也较为注意收

---

① 贴现率是指将未来几年内发生的成本和收益折算成目前的价值，这种方法有利于比较不同时期内的不同方案。

② Best Practice Regulation Handbook, p. 128.

集各方面的信息，具有代表性的有：

《广东省政府规章立法后评估规定》第20条规定：立法后评估可以采用文献研究、抽样调查、网络调查、问卷调查、实地调研、召开座谈会或者论证会、专家咨询、案卷评查、相关立法比较分析等多种方法进行。

《宁波市政府规章立法后评估办法》第12条规定：通过实地考察、座谈会、问卷调查、专题调研、专家论证等方法，收集实施机关、管理对象和社会公众的意见建议。

国务院法制办和卫生部共同开展的对《艾滋病防治条例》的评估采取的方法如下：根据780余条信息样本，加上艾滋病流行高、中、低三个不同省份的287名相关人员的专题讨论和深入访谈，以及抽取了9个省36个县的1763名相关人员进行问卷调查。

但从整体上考察，我国在评价方法的系统性、科学性和规范性方面尚存在很大不足，主要表现为：

（1）以获取评价信息的方法为主，缺乏科学精确的评价分析方法。从目前掌握的材料来看，多数评价实施主体采取的评价方法都只是停留在收集评价信息层面，比如通过召开与行政相对人的座谈会、问卷调查、网络征求民意、专家座谈会等方式收集信息，而最终提交的分析报告也都是以定性分析为主，对成本—收益分析等定量分析方法重视不够，这导致法规评价实践中主观性太强，客观数据支持不够，从而影响评价的公信力。

（2）在获取评价信息的方法选择上评价实施主体的随意性较大，没有将评价的方法法治化。由于缺乏明确的法律依据，就获取评价信息的方法而言，评价实施主体享有极大的裁量权，可以任意决定采取何种方式和程序来收集信息，社会公众和利害关系人的知情权和参与权缺乏制度化保障，不能通过及时有效的参与来对评价实施主体的权力进行制约，使得评价结论的客观真实性大打折扣。

（3）在信息收集方面，由于对评价定量分析方法的轻视，我国目前过于强调听取评价参与者的主观感受，对客观数据统计等评价信息获取方法缺乏足够重视，因此，在收集信息时，难以保持中立，容易先入为主，使评价结论失之偏颇。

上述现状一方面与评价制度化程度不够有关，评价实施主体享有几乎不受制约的权力,自然容易滥用,另一方面,这也是我国对于法规的定量分析认识程度和分析能力不足所导致的。这种情况危害巨大,不仅导致我国评价程序流于形式,没有真正发挥评价应有的反映民意、提升行政立法质量的功能,反而造成大量的资源浪费。

二、规范与完善法规评价方法的若干设想

为解决上述问题,应当对评价方法的选择设置一些基本的底线,同时为评价方法的运用提供制度性保障。在参考域外经验的基础上,笔者认为,可以从以下几方面来规范评价方法的运用:

第一,将评价方法的选取原则制度化。为规制评价实施主体在评价方法选取上的裁量权,我国各级行政机关应当考虑通过明确的规则确定评价方法的选取的基本原则。这种原则主要有二:其一,原则性与灵活性的统一。通过立法或制度等规范化形式将一些经过实践检验证明行之有效的、符合客观规律的基本评价方法固定下来,比如文献调查、网络咨询、专家咨询等,同时明确对这些方法的适用范围和运用的基本规则,这就限缩了宽泛的裁量权,明确了评价实施主体在方法选择上的法定义务;同时,为了保证评价的实效性,应当为评价实施者留有一定的自由选择空间,使其根据具体法规的需要,选择最适合的评价方法,如成本—收益分析、问卷调查、走访等。其二,定性分析与定量分析相结合。提升法规的科学化和理性化水平是社会的普遍期待,因而通过引入科学的客观的分析工具来改变原来法规决策中不加论证、主观臆断的现象,增强法规的说服力和可接受度是法规进步的体现。然而,法规不是数学公式的推理演算,它本质上是一个复杂的公共政策选择过程,影响法规决策的因素具有多元化和不确定性的特征,需要综合考量和权衡各种利益,而许多利益是无法精确计算的,此时只能通过定性的描述和价值判断的方法进行分析。基于上述原因,评价方法的选择应当注重定性分析与定量分析的结合,在我国目前对于定量分析重视度不够的现状下,强调定量分析的价值有其客观必要性。

第二,建立信息整合和共享机制。受部门本位意识的支配和信息化程度不高的影响,我国尚未建立起行政系统内部资源整合和共享的机制,导致在法规中要获取其他部门的信息存在一定的困难,而信息搜集的不完全势

必影响法规的评价进程。为此,应当考虑建立行政机关之间的协调和协助制度,同时加快信息化建设,建立网络数据资料库,为及时地沟通、收集和获取各类评价信息打造一个技术平台。

第三,我国的法规中几乎很少运用到成本—收益分析等定量分析方法,评价实施主体在操作时由于专业性的欠缺,必然会感觉难度很大,因此,应当格外重视对评价人员进行相关知识的培训,或者引入“外脑”,邀请有关经济学家或统计学家参与法规评价分析的设计与运作。

第八章　法规评价的程序

第一节　法规评价程序的性质

法规评价程序是关于法规评价的具体操作规程，它是法规评价顺序、方式和步骤的总和。我国的法规评价制度与西方国家的规制影响分析具有制度上的相似性，两种制度都置身于市场经济规制改革的大背景之下，作为规制改革的方式，服务于改善规制的目标。规制影响分析是 OECD 在各成员国推行的一项程序制度，“在经合组织的成员国中，这是改善监管质量最有价值的工具，并可以直接应用于转型国家和发展中国家”[①]。我国 1995 年与 OECD 建立起了对话合作关系，之后，一直是 OECD 合作的重点对象，OECD 密切关注着中国的各项制度改革，并希望中国加入 OECD。规制影响分析制度在 OECD 国家取得的有力成效向我们表明，在全球化的背景之下，借鉴西方国家的规制影响分析程序构建我国的法规评价制度既具现实意义，也会为我国长期战略发展提供持续的制度源泉和动力。

---

① 经济合作与发展组织：《中国治理》，中国科学院—清华大学国情研究中心译，清华大学出版社 2007 年版，第 179 页。

一、法规评价程序是规制改革和规制手段变革的产物

规制影响分析制度是西方国家规制改革中采用的政策工具之一。规制失灵暴露出政府在界定问题、采用解决问题的合理方式上存在严重不足,劣质的规制扰乱市场经济,也给受规制者生产生活带来不便。在全球化局面加快的今天,社会形势变化很快。不像从前,一部法规制定出来之后可以在很长时间内还发挥作用,现在,很多法规制定不久就需要修改或废止,以制定新的法规适应新的变化,而政府对法规的不及时清理造成新法旧法并存,法规之间互相冲突因此繁民扰民的情形经常出现。西方国家政府在寻求改善规制的过程中意识到,要制定出高质量的法规,必须注重规制的成本,而且在法规制定之时必须认真考查:问题是不是得到了正确的界定?规制是不是适当?同时在政治问责制的压力下,"政府意识到他们不能事事都做,必须和那些受直接影响的人共同承担责任"[①]。因此,在法规制定中必须加大公众参与的力度,基于这些考虑,西方国家在规制改革中运用了规制影响分析、公开咨询机制以及规制替代措施等政策工具,其中规制影响分析手段的运用可以用系统的标准对法规、政策进行评价,减少规制之间的冲突,还能增加公开咨询的有效性,提高公民对立法的参与度,为是否采用规制替代措施用实证的方法向规制机构提供建议。因此,规制影响分析成为改善规制的核心措施,而且通过具体程序设计,可以将公开咨询、规制替代措施等规制改革手段与规制影响分析制度相整合,从而使得规制改革更有系统和便于调控。

我国在市场经济的规制中正面临着巨大的挑战,其中包括:(1) 监管风险过高;(2) 监管交易成本过高;(3) 在许多部门中市场准入和竞争的监管障碍很多;(4) 监管力度不够;(5) 政府机构之间彼此相互制衡;(6) 基础设施瓶颈造成了整个经济生产成本的上涨。[②] 在规制力度不够的同时,我国还存在很多强迫性的规制,实际上是用政府取代了市场的运作,造成在市场

---

① 经济合作与发展组织编:《OECD 国家的监管政策——从干预主义到监管治理》,陈伟译,高世楫校,法律出版社 2006 年版,第 199 页。

② 经济合作与发展组织:《中国治理》,中国科学院—清华大学国情研究中心译,清华大学出版社 2007 年版,第 175 页。

经济发展过程中很多政府该管的事情没管好,而不该管的事情又过度地包办了,人为地制约了我国经济的正常发展。国务院 2004 年发布的《全面推进依法行政实施纲要》除确定实施法规评价制度外,还规定了规制改革的其他措施,包括公开咨询、公众参与、规制替代措施、政府间的协调、用平实语言立法等。因此,我国的法规评价制度,特别是法规评价程序制度,是建构和整合各项规制改革措施的重要机制。

二、法规评价程序是公共政策发展和改革的产物

"在所有 OECD 国家,RIA 都是正确决策的辅助工具,而不是要取代政治问责制。"[①]西方国家一般在制定规制过程中运用规制影响分析制度,虽然也运用于立法后的评价,但相比立法前来说其程序特征并不是很明显,规制影响分析主要对立法前相应问题的界定以及决策的作出发挥着重要的作用。规制影响分析在西方运用于从法律到各种从属监管规则中。规制的载体既有法规也有政策,规制影响分析虽然是一种较新的制度,但我们可以将法规与政策并入一个更大的概念之中,即公共政策的概念,规制影响分析制度实际上是公共政策评价制度的一部分,因此我们可以通过公共政策评价制度的发展来审视规制影响分析制度和我们的法规评价制度。

公共政策是指政府、非政府公共组织和民众在对社会公共事务共同管理过程中所制定的行为准则或行为规范。[②] 公共政策的形成过程其实就是各种利益群体把自己的利益要求输入到政策制定系统中,由政策主体依据自身利益的需求,对复杂的利益关系进行调整的过程。[③] 在市场经济体制下,政府的公共政策主要用于弥补市场缺陷以解决市场与政府调控之间的矛盾,市场、社会能自行调节和解决的问题,政府就不应当介入,只有在市场、社会无法发生作用的情况下政府才有必要制定公共政策予以规制。对于公共政策评价究竟是制定前还是实施后的评价,或是包括了公共政策制定、执行、实施后全过程的评价,学界仍然存在争议,但是公共政策评价是针

---

① 经济合作与发展组织编:《OECD 国家的监管政策——从干预主义到监管治理》,陈伟译,高世楫校,法律出版社 2006 年版,第 43 页。

② 陈庆云:《公共政策分析》,北京大学出版社 2005 年版,第 1 页。

③ 同上书,第 7 页。

对公共政策的效果进行的评价活动这一点是没有疑问的。西方国家的公共政策评价经过了四个阶段的历史演变：(1) 第一个阶段是从 1910 年到第二次世界大战期间。这个时期的标志是"测量"(measurement)，认为"评价即实验室实验"，以实验室内的实验为主，评估员相当于技术员。它的不足之处在于对技术过于依赖，而不注重实验结果是否具有可推广性。(2) 第二个阶段是从第二次世界大战时期到 1963 年。这个阶段的标志是"描述"(description)，主张"政策评价即实地实验"，强调现实生活实地调查的重要性，在注重技术的同时，评价者成为一名描述者，但由于过分强调评价的价值中立性，因此评价结果反而容易带上评价者自身的价值判断。(3) 第三个阶段是从 1963 年到 1975 年。这个阶段的标志是"判断"(judgment)，强调价值判断功能，认为不仅要把科学的实验研究方法与实地调查方法相结合，而且要体现个人对政策目标价值结构的判断。(4) 第四个阶段是 1975 年之后。这个阶段是"回应的建构性评价"(the responsive constructive evaluation)。它的核心是"协商"，认为"政策评价即政策制定"。它关注的问题已经不再是目标、决定、结果等，而是诉求、利益和争执，在程序中设计众多的利益相关者。这一阶段认为价值多元是普遍存在的，同一事实在不同的利益相关者之间会引起不同的价值判断，因此产生争议，而评价者的任务就是在此中进行协商和沟通，对不同的诉求、争执予以回应，从而使评价者与利益相关者达成对问题的共识。①

OECD 国家常用的决策方法和程序有五种：专家论证、达成共识、政治协调、基准确定②和实证探讨。通常每一决策的作出都是这五种方法综合运用的结果。③ RIA 从方法论上来说是实证的决策方法，它通过规定标准，调查收集相关信息，再运用专业知识作出分析评价。除基准外，在规制影响分析程序中，专家、共识以及政治等决策方法都得到了运用：(1) RIA 需要非常专业的知识，因此很多国家在程序中吸纳专家作为评价人员，或是帮助规制者向专家寻求帮助，如荷兰设有一个帮助服务台，"它能够在分析方法设

---

① 参见 E. G. Guba and Y. S. Lincoln, *Fourth Generation Evaluation*, Newbury, Park: sage Publications. 1989, pp. 22—48, 转引自宁骚,《公共政策学》,高等教育出版社 2003 年版,第 428—429 页。

② 基准是借鉴外部规制模式的一种方法,这种方法在小国家运用较多。

③ 经济合作与发展组织编:《OECD 国家的监管政策——从干预主义到监管治理》,陈伟译,高世楫校,法律出版社 2006 年版,第 44 页。

计以及必要数据的收集、分析和解释方面提供协助。"[①]同时各国注重对公务人员的培训,提高他们对法规评价的能力,如韩国、意大利在公共行政培训课程中就设有专门的 RIA 课程。[②] (2) RIA 需要大量的、充分的信息,因此各国在程序中引入各种咨询方式,在咨询的过程中对公众的诉求加以回应,以求达成共识。(3) 一些国家为加强 RIA 的效力,规定 RIA 必须要经部长或高级官员签字才能发生程序效应,从而使 RIA 这种实证的决策方法也带上了政治色彩。所以按决策方式来分析的话,规制影响分析程序从分析方法运用上看属于实证型,从主体结构设计上看属于专家型,同时它还可以通过程序设计强化增加其政治色彩,以更有利于与政治问责制衔接。

信息是规制影响分析程序的生命,规制影响分析之所以能发生强大的影响力,就是因为它建立在充分的信息以及科学的分析方法之上,而各国在规制影响分析程序信息收集上无不注重引入多元价值主体,重视协商和共识的达成,它与公共政策评价第四个阶段的趋势是相符合的,因此从本质上来看,规制影响分析程序是一种综合了多种决策方式的"回应的建构性评价程序",我国在建构法规评价程序时也应当根据本国特点,将各种决策方式灵活的融合于程序之中,并注重对程序中各利益诉求的回应。

第二节　法规评价程序的价值与分类

一、法规评价程序的价值

(一) 公正价值

程序公正要求裁判者做到中立,程序参与者的意见得到充分的考虑。法规评价程序是政府改善立法质量的程序,在不改变政府作为法规评价主体这一前提之下,程序设计应当尽可能使法规评价者处于客观中立的地位,全面收集据以作出评价的信息,不得偏袒利益群体中的任意一方,运用评价

---

① 经济合作与发展组织编:《OECD 国家的监管政策——从干预主义到监管治理》,陈伟译,高世楫校,法律出版社 2006 年版,第 163 页。

② 同上书,第 162 页。

标准的时候做到实事求是,不任意剪裁客观事实。因此程序要能对法规评价实施者的权力进行制约,防止其权力的滥用。

（二）效益价值

程序的设立是为了更好地解决问题,因此它要满足人们对效益也即投入与产出的需求。程序中的投入包括人力、物力、财力和时间,而产出就是程序结果,是人们运用程序的目的。程序具有不可逆转的效力,因此程序的每个阶段都有其特定的意义,程序的各阶段之间存在连续与衔接的关系,但都是指向最后程序结果的产出。一个阶段的目的实现之后,就必须进入下一个程序环节。因此程序受到时间以及资源投入的限制。

公正与效益的价值取向之间存在着矛盾,从公正的角度出发,程序的设计就会趋于复杂化,强调程序参加者之间权利义务的对等性,并会花费更多的时间、资源用于调查、收集与程序相关的信息。如果从效益的角度出发,程序的设计就会趋于简单化。因此在程序的公正与效益价值取向之间应当有所平衡,程序的繁复性取决于要解决的问题自身的性质,复杂的问题应当用复杂的程序加以解决,而简单的问题就应当用简单的程序予以解决。因此程序的设计不应该只有一种,应该配备多种程序供程序的适用者选择,而对程序的选择也是一种裁量权,它必须受到制约。

（三）民主价值

是否按民主程序办事是法治与人治的区别,程序设计有着保护权利、制约权力的功能。程序民主价值一般从两个层面体现出来:其一,制约权力及促进权力行使者的自律。完善的程序民主要求对权力主体运行的过程、方式和边界进行明确具体的规定,使权力主体各司其职,权力运行互相分工与配合,由于各个程序运行的阶段与环节都有界分的标准,因此可以促使权力主体产生自我约束意识,防止腐败、低效率等现象出现。其二,通过程序公开体现程序的民主价值。程序的公开使得权力成为公众监督下的权力。权力运作的程序化对权力的行使提出透明公开的要求,政治权力的分开运作还可以起到教育公众的作用,因此公民得以有效地参与到政治权力的运作之中,对权力进行监督。[①] 法规评价程序的发展经历了从纯粹研究性质的评

---

① 参见王晶梅:《试论程序民主的功能与地位》,载《时代人物》2008 年第 7 期。

价到重视多元主体价值沟通的回应性评价，体现了法规评价程序的民主价值。“评价越是具有专门性，就越是具有脱离民主性统制的危险。在通过政治进行监督的同时，市民参加是必要的。”[①]法规评价是行政权力行使的方式之一，由政府自己展开的法规评价在脱离了外来监督的情况下，很容易成为权力腐败滋生的温床，而公众参与是民主法治社会对法规评价的必然要求。

二、法规评价程序的分类

根据法规评价的主体、评价发起时间以及评价程序的正式程度等标准，可以将法规评价程序分为：法规立法前评价程序与法规立法后评价程序；法规内部评价程序与法规外部评价程序；法规评价正式程序与法规评价初步程序；行政机关实施的法规评价程序与受委托组织实施的法规评价程序；普通法规评价程序与特别法规评价程序

（一）法规立法前评价程序与法规立法后评价程序

法规评价程序可以从适用的阶段进行划分，一般来说对法规评价的客体有三种不同的看法：（1）认为法规评价是对法规草案或立法计划的评价；（2）法规评价是对法规实施效果的评价；（3）法规评价是对法规制定、实施效果全过程的评价。[②] 因此法规评价从狭义上来看只是法规的立法前评价或立法后评价，而广义上的法规评价包括了法规立法前与立法后的评价。立法前评价程序是在法规制定之前对法规进行的评价，立法后评价程序从广义上来说，包括了法规实施中的评价程序以及法规实施终结后的评价程序，从狭义上理解，则只是指法规实施终结后的评价程序。程序介入的时间不同，侧重点也不一样。立法前评价程序主要是对法规的可行性进行论证，对法规的实施效果进行预测。实施中评价程序是对法规实施过程中的情况予以评价，监督法规的实施，并能及时对法规实施中的不足予以完善和修改，法规实施终结后的评价程序是对法规的最后评价，它可以检查法规运行

---

① 〔日〕西尾胜编：《行政评价的潮流——参加型评价体制的可能性》，日本行政管理研究中心2000年版，第43页，谷川俊一著第二章“市民参加的评价方式”，转引自杨建顺主编：《比较行政法——方法、规制与程序》，中国人民大学出版社2007年版，第178页。

② 参见贠洁、杨诚虎：《公共政策评估》，中国社会科学出版社2006年版，第21—25页。

是不是达到了预定的效果，从而作为决定法规废止或继续生效的依据。法规是否实施终结与法规中有无时限规定存在相关性，有些国家的法规中有明确条款规定法规的实施终结期限，这种条款也被称为“日落条款”，因此法规到期时就应对实施的效果进行立法后评价。

（二）法规内部评价程序与法规外部评价程序

根据法规评价是否涉及法规评价实施主体外的外部主体，可以将法规评价程序分为法规内部评价程序与法规外部评价程序。法规内部评价程序是行政主体内部的评价程序，不涉及外部主体。外部评价程序则在程序当中涉及政府外的其他主体，如公民、社会组织等。实践中，内部评价程序与外部评价程序并没有非常严格的界分，二者在法规评价各阶段中可能都会出现，但是内部评价程序与外部评价程序的要求是不相同的。

（三）法规评价初步程序与法规评价正式程序

根据法规评价程序内容的繁复度可以将法规评价程序分为法规评价初步程序与法规评价正式程序。法规评价正式程序指的是严格遵循法规评价的流程要求，全面收集与法规评价相关信息，按照法规评价的标准得出评价结论。法规评价初步程序则简便易行，可以用较少的人力、物力得出法规评价的结果，因此更注重评价过程中的经济与效率。程序的运用是对资源的消耗，因此不应当所有的法规评价活动都适用同一种程序，而应该区别对待。正式程序相对于初步程序来说更为繁琐，投入的资源也就更多，但可以最大限度地保证公正性，其适用的范围应当主要用于重要的法规。初步评价程序则应适用于那些影响范围较小或不是很重要的法规。初步评价程序只是在平衡公正与效益两种价值取向中更倾向于效益价值，其基本的程序公正保障不能够缺少。

（四）行政机关实施的法规评价程序与受委托组织实施的法规评价程序

根据法规评价实施主体的实施权是法定的还是接受委托得来的，可以将法规评价程序分为行政机关主导的法规评价程序与受委托组织主导的法规评价程序。行政机关实施的法规评价程序一般是完整的，从程序的启动到结束都由行政机关主导，而受委托组织实施的法规评价则需要接受委托主体的监督，且委托主体可以将全部的实施权委托给受委托组织，也可以只将一部分的权力委托出去。因此在需要委托其他组织实施的法规评价程序中,需要委托主体对受委托主体的资质进行选择与审查,同时在保证受委托主体能够客观评价的基础上对其活动进行必要的监督。

（五）普通法规评价程序与特别法规评价程序

根据法规评价程序是在正常情况下或是紧急情况下进行,可以将之分为普通法规评价程序与特别法规评价程序。普通法规评价程序是在正常情况下进行的,因此遵循的是正常的程序流程,按照初步评价程序或是正式评价程序进行。而特别法规评价程序则是在紧急情况下进行的,其评价的法规或者是需要立即制定或者是特定情况下必须马上得出评价结果,因此程序上不能按照正常的方式进行,如韩国《行政规制基本法》规定,如果认为某一规制属于紧急情况,需要立即制定或延续,应当在 20 天内审查完毕,并通知该行政机关,该行政机关也应当在收到通知后的 60 天内提交评价报告。而正常情况下,韩国的法规审查是 45 天。① 英国《影响评估准则》中也建议对紧急的提案(如因为公共健康的理由而立法关闭企业),最好在几天之内评估该提案的影响。②

第三节　法规评价程序的基本原则、制度和程序阶段

法规评价程序在具体实施过程中应当受到一些基本原则和制度的约束。其中原则是指导法规评价的,它自始至终贯穿于法规评价程序之中,而制度是原则在具体运用中的体现。

一、法规评价程序的基本原则

（一）程序法定原则

法规评价程序是行政机关提升法规质量的一种措施,它是行政立法权的运用方式之一,因此其实施必须在法律的范围之内,尤其是要符合职权法定的原则,西方大多数国家都已经用法律或法规的形式对法规评价制度进行了规定,其法定内容包括了法规评价主体的权限、法规评价的标准、方法

---

① Basic Act on Administrative Regulation, 1997(South Korea).

② Impact Assessment Toolkit.

及具体过程等，法规评价程序合法是法治国家的必然要求，因此建构完善的法规评价程序必须要有完善的法律制度对程序加以规定。

（二）程序公开原则

程序公开原则是对法规评价实施主体的要求，也是法治政府信息公开在法规评价程序中的体现。法规评价实施主体应当将法规评价中的有效信息及时公开，以利于受影响的利益方以及广大的公众及时知晓程序的进展，对程序进行监督，并有利于他们参与到程序之中来。世界上大多数国家都已经制定了信息公开法，因此法规评价程序的公开应当按照各国该法的规定，凡不属于禁止公开范围的都应当予以公开，包括法规程序的启动、实施直至实施终结，各个阶段都应当依法及时的公开。

（三）程序参与原则

程序参与原则是对法规评价结果的保障，也是程序民主价值的要求之一。法规评价程序如果没有公众的参与，没有相关利益群体在程序中的利益诉求与话语表达，那么法规评价结果可能就更多体现的是实施主体，也即行政主体的价值观，通过法规评价以提升法规质量的目的就难以得到实现，法规评价甚至还可能会带来消极的结果，成为行政主体达到拖延决策时间、夸大工作难度、炫耀工作绩效、批评政策等目的的工具。

（四）比例原则

比例原则是行政程序的核心原则，它指的是行政行为的方式、手段等与行政主体欲达成的目的成比例，不能畸轻、畸重，一般来说，比例原则主要是为了保护行政相对人的权益，防止行政主体滥用行政职权与行政资源。而在法规评价程序中，比例原则的具体体现则与程序的效益价值联系在一起，它指的是程序的设计以及程序的使用，必须与法规或评价所要解决问题的重要性、紧迫性等成正比。所以在程序设计中要设计针对重要法规、问题进行评价的正式程序，针对一般的法规、问题以及紧急情况下进行法规评价的非正式程序。而在法规评价程序过程中要对法规、问题进行筛选，区分不同情况分别适用正式程序与非正式程序。

二、法规评价程序的制度

（一）咨询制度

咨询制度是法规评价程序中的核心制度，对于法规评价实施主体而言，咨询制度是保证其收集到与法规评价相关信息的重要制度,而对于利益群体与公众而言,通过咨询制度,他们在程序中的参与就有了法定的保障。咨询制度包括向行政机关内部相关主体的咨询以及向行政机关外部相关主体的咨询,因此它牵涉到内部主体的利益协调以及外部主体的参与,而咨询的方式也有所不同。行政机关内部的利益协调可以通过监督主体主持的行政协调来实现,行政协调可以使与法规相关的其他行政机关提供评价的意见,从而防止由于行政机关之间立法活动的阻隔而在以后法规制定中出现法规打架的现象,同时行政协调因为加深了机关之间对法规的理解,有利于行政机关在实施中互相配合,从而提升法规实施的效果。政府外的主体通过咨询制度参与到法规评价活动之中,一方面有关利益主体的意见诉求可以使法规制定中价值衡量更加全面与客观,另一方面也有助于增加公众对法规的认识以及对行政机关的认同,增强民主意识,因此减少法规实施所需要的服从成本。

咨询制度的实施还要求行政实施主体将法规评价的相关信息及时向公众进行公布,并对公众的意见予以回应。当今社会是信息传播多元化的社会,政府的信息公开可以借助多元化的渠道,传统的有报刊、广播、电视等,而现代化的信息公开媒介则有互联网。而且西方大多数国家都充分地利用了互联网这种覆盖面更广的信息传播工具,欧盟、新西兰、美国、英国等国家都在网络上设置了专门的法规评价程序信息公开网址,将各种信息公开并收集公众的反馈意见,同时对公众的意见予以回应。虽然西方国家法规评价信息公开的阶段各有不同,如日本和葡萄牙是规定主要的法规或特定领域才予以公开,法国、冰岛、荷兰限制了公开的阶段,规定只有在提交到国会或部长委员会时才公开,奥地利、西班牙、土耳其等国家甚至根本就不公开[①],但是从西方国家的做法来看,凡是注重信息公开以及回应的国家,其法规评价实施所取得的效果都较好,而且西方各国的咨询程序也都在向公开化的方向发展。

（二）时限制度

任何程序都必须受到时间的限制与约束,一般来说正式的程序其时限

---

① Explanatory Note for Survey of RIA System in OECD Countries, p. 5.

相对宽松,而非正式的程序或简易程序,其时限要求更紧,时限应当根据程序效益原则进行设定。西方各个国家在法规评价程序中都规定了时限,一般来说有以下两种时限的设定方法:(1) 只规定最低时限。最低时限的规定可以防止法规评价因为时间过于短促,因此实施主体不能审慎的对待从而使程序流于形式化,在咨询制度规定最低时限是为了防止咨询时间过短从而利益主体、公众等无法实质性的进入程序之中,因此最低时限的规定总的来说是为了保证法规评价的效果。如英国规定咨询的最低时限是 12 周,欧盟规定咨询最低时限是 8 周,而美国规定每一行政机关应当为公众提供参与 拟议规制的评论的机会,在多数情况下,评论期不少于 60 天。[①] (2) 只规定最高时限。最高时限的规定是为了防止实施主体利用程序拖延决策时间,因此是对行政自由裁量权的一种控制。如美国规定信息与规制事务办公室应当在 90 天内完成审查。韩国规定行政规制委员会应当在 45 天内完成对重要规制的审查,在 15 天内应当完成对规制的第二次审查。但这些规定也并非是绝对的,时限在必要的时候或法定情况下也可以由有权的主体予以延长,如韩国规定初步审查中委员会可以决定延长 15 天。[②]

三、法规评价的程序阶段

法规评价是一个动态的过程,它由各个步骤和阶段所组成,法规是公共政策的一部分,它可以借鉴公共政策评价的操作流程。公共政策评价程序的具体过程划分目前在学术界有分歧,有的学者认为有五个阶段,即:(1) 启动;(2) 收集与评价相关信息;(3) 分析相关信息;(4) 撰写评价报告;(5) 评价报告的审查与采纳。[③] 有的学者认为是三个阶段,即:(1) 评价准备阶段;(2) 评价实施阶段;(3) 评价总结阶段。[④] 在法规评价的流程中,评价主体必须解决以下问题:(1) 明确法规评价客体;(2) 制定评价方案;(3) 收集与法规评价相关信息;(4) 法规评价信息分析与评价报告撰写;(5) 法规评价报告的审查与采纳。因此,借鉴政策评价程序可以将法规评

---

① E. O. 12866, Impact Assessment Toolkit, Impact Assessment Guideline, pp. 9—12.

② Basic Act on Administrative Regulation, 1997(South Korea).

③ 参见贠洁、杨诚虎:《公共政策评估》,中国社会科学出版社 2006 年版,第 144 页。

④ 参见严强、王强:《公共政策学》,南京大学出版社 2002 年版,第 289 页。

价程序的流程分为法规评价的启动、法规评价的实施以及法规评价结束三个阶段。

（一）法规评价的启动

法规评价程序的启动主体应当是法定的，启动主体在决定是否启动评价程序时，最重要的一步就是明确问题，也就是说确定评价客体。在法规评价的启动阶段，首先要明确对什么法规进行评价，因此启动标准应当予以明确，启动标准可以是法律明确规定的，也可以是法规中特定条款所要求的，不能随意对法规进行评价是因为在公共政策中，“并不是任何政策在任何时候都可以拿来评估的，……一般来说有四类政策可以确定为评估的对象：正在执行的比较成熟的政策；实施效果与环境之间有明显因果联系的政策；评估的结果有代表性、有推广价值的政策；负面效应突出，普遍引起公众质疑的政策”①。法规与公共政策也有相似之处，要使法规质量得以提升，就应该使评价形成一种常规机制，明确启动标准及保障条款，任何法规在该启动评价程序时就应该及时启动，而在条件不成熟时就不能提前启动，这样既可以防止实践中出现避重就轻、应景式的法规评价，也可以保证法规评价对法规的制定、修改和废止真正起到参考的作用。

（二）法规评价的实施

1. 制定评价方案

评价方案是为整个评价实施过程所设立的蓝图，因此它关系到法规评价成败的关键。一般来说，一个完整的评价方案包括：评价主体、评价客体、评价目的、评价标准以及评价方法。② 美国学者尼古拉斯·亨利则认为评价方案应当包括：(1) 问题的清楚陈述；(2) 研究的目标；(3) 阐述问题时使用的前提假设与约束条件的明细表；(4) 可使用的资源；(5) 采用的方法；(6) 达到评估目标程度的测量；(7) 沟通路线；(8) 完成研究计划的特定程序；(9) 完成评估主要内容的日程表，包括最后的期限；(10) 使用评估结果的特定程序。③ 评价方案是对法规评价流程的细化，它必须在法律规定的法

---

① 严强、王强：《公共政策学》，南京大学出版社2002年版，第290页。

② 参见同上。

③ 〔美〕尼古拉斯·亨利：《公共行政与公共事务》，中国人民大学出版社2002年版，第322页。

规评价程序范围之内制定。

2. 收集与法规评价相关的信息

法规评价是建立在信息基础之上的认识活动,离开了信息,法规评价就无所依附。因此,无论法规评价的标准如何正义,分析手段如何先进,如果是建立在错误的、虚构的信息之上,最后的评价结果也不值得采信。信息的来源,按照社会科学理论,一般来说分为第一手信息资料与第二手信息资料,前者主要通过观察法、调查法等方式得到,后者则主要通过文献调查法获得。政策评价与法规评价在流程上的信息来源都是多样的,它们主要牵涉到两类信息,第一类是与评价相关的客观信息,这类信息包括评价客体的目标、评价客体的方案、评价客体的实施所消耗的资源等,都是客观存在的,用一定的标准加以识别就可以发现。第二类信息是与评价相关的主观信息。这些信息则是与客体利益相关者对客体的认知、态度和观点等相关。[①]主观信息是不同价值判断的反映,正是因为各利益主体对法规的价值判断不同,法规才需要用多元价值的视角分析其影响及效果。因此法规评价中信息的收集是否多元化主要取决于各国对法规评价主体的界定,主体越多且各主体参与法规评价的实质程度越有具体程序的保障,法规评价的信息就越能做到客观和多元,而如果主体不多或虽然主体能参与到法规评价中,却没有制度对其实质性参与予以保障,法规评价的信息就无法做到真正的客观与全面。

(三) 法规评价的结束

法规评价的结束阶段就是信息整理与撰写评价报告的阶段。评价报告主要是对信息整理分析后的书面记载,信息的价值通过法规评价报告体现出来。法规评价人员的专业性在这个阶段体现得最为明显,因为对数据的分析必须要用到专门的知识,包括数学、经济学、法学、社会学等各个领域学科的知识。一般来说,分析方法主要运用定量与定性分析两种方式,定量分析可以运用数学与统计学手段,通过建构模型的方法对信息进行处理分析。定性分析则可以运用情景分析法、合议分析法、德尔菲分析法、博弈分析法和主观概率预测分析法等方法。无论哪一种方法的运用,相关分析人员都

① 参见贠洁、杨诚虎:《公共政策评估》,中国社会科学出版社 2006 年版,第 161—163 页。

必须经过专门的培训或本身是该专业领域的专门人员才能胜任。

第四节 西方国家法规评价程序评介

一、西方国家法规评价的启动程序

法规评价程序的启动主要包括了启动的主体、启动的客体,启动的主体在法规评价主体一章中已有介绍,因此在这里主要介绍的是法规评价程序的启动所针对的客体。立法前法规评价与立法后法规评价的主要不同之处在于法规评价启动的时间有所不同,由于西方国家更重视立法前评价,因此对启动所针对的客体的标准规定得比立法后评价更为详细,既有时间的标准也有重要性标准,而立法后评价的标准在目前主要是以时间标准为主。

(一)立法前法规评价程序启动所针对的客体

对法规评价的客体确定以时间为标准可以分为规制提案与规制草案,一般而言,规制草案都需要进行评价,它附属于行政立法程序之中,而随着立法理论的成熟,行政机关认识到,规制提案的确定对于什么样的规制能够进入行政机关的考量之中,具有更为重要的意义,因此对规制提案也都加以了要求。在各国的立法之中,一般要求法规评价的实施主体在规制提案被列入规制计划之前就要启动初步的评价程序,从而有利于鉴别该提案是否能列入规制计划。如美国要求行政机关一年两次在联邦规制统一日程中刊登每个联邦机构希望在未来6个月内提出的规制提案的初步的分析摘要。[①]加拿大要求每个部门必须准备一个年度的计划和优先顺序报告,向国会或利害关系人提出拟议规制提案的建议。欧盟委员会则要求各部门应当草拟并提交路径图,然后根据年度政策战略所包含的内容来确定初步的路径图。最后修改路径图并使其整合入委员会的年度战略计划和项目中。[②]

对法规评价的客体确定以重要性为标准,可以将法规评价的客体分为

---

① E. O. 12866.

② Scott Jacobs, Current Trends in Regulatory Impact Analysis: the Challenges of Mainstreaming RIA into Policy-making, May,30,2006, p. 26.

两类:其一,初步法规评价程序启动所针对的客体。初步法规评价的客体是比较宽泛的,因此启动标准也不是很严格,各种类型的法规都有可能进入法规评价程序。如英国的法规评价客体包括:任何会对企业或第三部门施加或降低成本的提案;除非成本在5万英镑以下,任何其他同样地影响到公共部门的提案;本身并非规制但会对公共部门或提供公共服务的第三部门产生成本的提案。[①] 欧盟委员会的评价范围包括具有法律效力的规制提案以及没有法律效力但具有政治、社会或环境影响的白皮书、行动计划、国际协议的谈判指南。[②] 有的国家用例外的方式将一些不需要进行法规评价的客体排除在外,如欧盟委员会将以下范围予以了排除:绿皮书、与社会组织进行协商的提案、委员会的定期决定和报告、伴随着国际义务的提议、由确保欧盟委员会的法律及行政决定正确实施的权力而派生出来的委员会措施等。[③] 美国12291号行政命令规定法规评价启动是"在法律允许的范围内"(to the extent permitted by law),12866号行政命令规定法规评价程序的启动"除非法律禁止"(unless prohibited by law)。这表明在法律中禁止某类法规作法规评价的话,必须要服从法律。而综观西方各个国家排除在外的法规范围,一般来说影响极小的规制都不包括在法规评价之列。

其二,正式法规评价程序启动所针对的客体。正式法规评价程序的采用一般针对更为重要的法规,根据美国里根总统的12291号行政命令,法规评价的客体为主要的法规(major rule),它具体指的是年度经济影响在1亿美元或者以上,或将造成消费者、私有企业、联邦、州、地方政府机关或地区价格或成本费用的重大增加,或对竞争、就业、投资、生产力、革新或美国在世界市场的竞争力有显著不利影响的规章。[④] 根据克林顿总统12866号行政命令,法规评价的客体是"重要规制行为"。"重要规制行为"指制定的法规中可能导致下列任一种后果发生:(1) 年度经济影响在1亿美元或者以上的规制行为,或在实质上对经济、经济部门、生产力、竞争、就业、环境、公共健康、安全,或州、地方和种族地区政府、共同体产生不利影响的规制行

---

① Impact Assessment Guidance, p. 1.

② Impact Assessment Guidance, p. 8.

③ Guide to Impact Assessment in the European Union, www.staat-modern.de, p. 27.

④ Executive Order No. 12291, §1(b) (1)—(3), 46Fed. Reg. 13193 (1981),转引自杨建顺主编:《比较行政法——方法、规制与程序》,中国人民大学出版社2007年版,第192页。

为;(2) 造成了严重矛盾,或者干预了其他机关已经执行或者计划的规制行为;(3) 实质改变了资格授予、拨款、使用权费或贷款项目的预算效果及其中接受者的权利和义务的规制行为;(4) 在法令、总统优先权或本行政命令所确定的原则之外所滋生的新的法律或政策问题。[①] 新西兰规定法规评价的客体是产生1000万以上新西兰元的影响或影响到1.5万家以上的企业。韩国规定法规评价的客体是100亿以上韩元成本或者每年受到规制的人数超过1000万。[②]

(二) 立法后法规评价启动所针对的客体[③]

OECD在1997年的《规制改革报告》中指出:随着时间的推移,有效监管可能会变成有害监管,政府不大会注意审查、更新和废除不必要或有害的规制。现在,许多载入教科书的规制都源于20世纪初期,当时的经济和社会条件与今天有很大不同,政府必须找到对变化环境作出更快反应的方式。虽然立法前的评价工作很重要,但是法规在实施过程存在偏离法规立法目标的可能性,因此对实施中的法规及时进行监测与清理,避免问题的出现,也应该是法规评价的重要环节。目前OECD国家中只有6个国家建立了对规制的定期评价程序,大多数国家对于法规的立法后评价采用日落条款和自动审查条款等方式来启动评价程序。一般来说,西方国家对于法规立法后评价的启动是通过以下方式进行的:(1)"先破后立式"(scrap and build)。"先破后立"实际上是对规制体制整个进行审查或者进行重建。这一名称来自于日本,而在美国则被称为"再造监管"。"先破后立式"成本高昂,尤其在专业知识不足时更是不具有可行性,所以很少国家使用,但在有些国家已经取得了成功,如丹麦与荷兰。(2) 普遍审查式。这是由法规评价的指导机构依据一般性标准对所有的规制进行评价,它是一种有时限的行动,涵盖范围广泛。如澳大利亚和土耳其就使用了这种方法。但是普遍审查由于

---

① Executive Order No. 12866, §6(a)(3)(c), 58 Fed. Reg. 51735 (1993),参见于立深中文译本,载《行政法学研究》2004年第4期,转引自杨建顺主编:《比较行政法——方法、规制与程序》,中国人民大学出版社2007年版,第192页。

② Impact Assessment Guidance. RIA Guideline, How to Conduct a Regulatory Impact Analysis, Published by Department of the Taoiseach, October 2005, p.25; E. O. 12866. Basic Act on Administrative.

③ 本部分内容参见经济合作与发展组织编:《OECD国家的监管政策——从干预主义到监管治理》,陈伟译,高世楫校,法律出版社2006年版,第27—33页。

其过于宽泛，评介的深度就受到影响，很多时候只是停留在表面，而且也容易受到利益集团等影响而失败。(3)“日落条款”式。“日落条款”就是在新制定的法规中规定其自动到期日，而与之相关的就是分阶段废除。它保证了对现有的法规进行常规评价和审查。优点是很明显的，因为可以根据规制环境的变化随之改变规制方式，对旧的法规予以清理，但日落条款也有下列不利处，第一，由于受规制者对日落条款的担心，日落条款降低了规制环境的可预测性。第二，在日落条款将到期之时，对法规的遵守情况可能会下降。第三，日落条款给法规的制定主体带来了成本的提升，因为必须要发展新的规制，并对旧的规制予以监测。澳大利亚是适用日落条款较为成功的国家，在法规中规定了日落条款和分阶段撤销规则，澳大利亚五分之四的州选择10年的日落条款，但有的州是5年，如南威尔士。韩国规定法规的存续期不能超过5年，如果机构认为应当延期，应在法规到期至少一年之前，提请监管改革委员会审查这些法规，同时提请审查的机构应当作出初步的评价。在韩国，这种情况又称为“软日落条款”。另外在美国所有涉及政府文书工作的法规都设定了3年的日落条款，墨西哥对有关技术标准的法规设定5年的日落条款，并要求所有的标准在生效后的前12个月内予以审查，以确定法规是否发挥预期作用。(4)自动审查式。这种审查方式是对所有的法规按照生效年限进行分组，再用现有的法规评价标准进行审查，以使所有的法规符合现有的质量要求。为了实现这一目的，在法规制定时就可以加入一个“审查条款”，要求在一定的期限内对之进行审查。自动审查条款与日落条款不同之处在于，审查之后，法规仍然存续，除非对之加以废除。日本就采取了这一做法。自动审查的优点在于更节约资源，它没有强制要求用新的规制方法取代旧的规制，除非法规制定主体愿意这样做，但是正是因为其强制力不够，所以对规制改革的效果比起日落条款来就相对较差。

二、西方国家法规评价的实施程序

法规评价围绕需要解决的问题而展开，因此明确问题是评价中最主要的环节。有的国家对法规评价的具体方案设计作了指引性的规定，如澳大利亚规定问题可以从性质界定与重要性等方面判断与发现[①]:(1) 性质上是市场失灵、规制失灵、不可接受的危险或平等等问题;(2) 问题的重要性、范围、负面影响发生的几率以及是否有证据支持。(3) 问题是否有必要解决、是否能在合理时间内解决以及政府目前对该问题的解决措施是否能解决问题。而问题性质的界定、重要性程度等决定了具体行动方案的设计以及评价标准的选择。美国学者路易斯认为基本政策分析框架可以分九个阶段进行:(1) 明确问题;(2) 制定可能的行动方案;(3) 鉴别每一个方案的优缺点;(4) 选择评价标准;(5) 用评价标准预测每一个方案的结果;(6) 分析评价结果和假设的可行性;(7) 选择一个最佳的行动方案;(8) 汇报方案;(9) 执行、监督以及评价结果。[②] 因此在实施程序中,对问题的明确和具体界定是实施的第一步骤,然后才是制定各种方案以及方案的评价和选择。

西方国家大多都规定了明确问题的背景、问题的范围、问题产生的原因、受影响的群体、现有的制度框架以及该问题是否要采取行动。在界定问题的时候就可以使用咨询制度,通过收集信息来明确问题。欧盟委员会甚至建议可以画出一个"问题树",列出主要问题和它们之间的关系,再根据因果关系将问题进行排序,并且找出最核心的问题。当问题界定了之后就是目标的设定,一般各国都套用管理学上的 SMART 原则作为设定目标的原则,即具体性(specific)、可估量性(measurable)、可接受性(accepted)、现实性(realistic)和时效性(time-dependent)。

方案的提出大致上可以分为政府不作为、政府以非立法的方式作为以及政府以立法的方式作为三种。欧盟在确定方案的时候规定了三个原则:(1) 广泛性。要求广泛地考虑各种能实现目标的方案,一般要求至少考虑三个方案,尤其是要始终将不采取行动的方案考虑在内。(2) 协调性。要考虑选择的方案与现有方案的协调一致。(3) 择优性。一般来说在所有可能的方案之中选择三到四个最佳的方案。[③] 在方案确定了之后,就根据重要性判断标准进行正式的或初步的非正式法规评价。以上是立法前法规评价的实施程序,而立法后法规评价程序则一般在界定问题后直接就进入评价

---

① Best practice Regulation Handbook, pp. 57—58.

② Lewis G. Irwin, *The Policy Analyst's Handbook*, 2003, M. E. Sharpe, Inc, p. 25.

③ Impact Assessment Guideline, p. 25.

分析阶段。

三、西方国家法规评价的终结程序

法规评价最终是以评价报告的形式出现，评价报告一旦作出，该级法规评价程序也就结束了。在初级法规评价发现符合正式法规评价标准时，还得进行正式的评价，而正式的评价程序一般要接受评价监督机关的监督，

（一）法规评价报告的内容

西方国家的初步法规评价报告比较简单，一般包括问题、目标、方案、各方案的初步影响及倾向选择的方案，不需要进行很细致的分析。而正式法规评价报告撰写的要求则相对严格。新西兰规定规制影响陈述报告应当包括八个部分的内容[①]：(1) 摘要；(2) 充分性说明；(3) 现状及问题；(4) 目标；(5) 其他方案；(6) 倾向的方案；(7) 实施与评价；(8) 咨询。欧盟委员会则认为评估报告应主要包括如下八个部分的内容[②]：(1) 综合性总结；(2) 程序性问题及利益群体的咨询；(3) 问题的界定；(4) 目标；(5) 政策方案；(6) 影响分析；(7) 方案比较；(8) 监督与评价。此外，法规评价报告还可以设有附录。

（二）法规评价报告的效果

法规评价的结果在西方国家一般不具有强制力，它只是作为立法决策的一种参考。对于行政立法机关而言，法规评价报告必须报送给它，从而由它作出维持、制定或是修改、废除法规的决定，虽然法规评价综合了各种决策方式的优势，但是其最终的决策方法体现的还是实证的特点，它提供的是一种理性的分析方法，只不过在法规评价的过程中行政机关与其他的决策主体沟通并从他们那里获取信息，从而为评价结果的最终采纳取得了政治层面的支持。然而政府对法规评价结果的看法也是存在的，2007 年 4 月，TEP 对欧盟委员会的官员进行了一次访谈式调查，在接受调查的三位官员中，只有一人对该制度持肯定态度，其他两人持怀疑态度，原因是认为评价的结果不够客观，而 30 位来自欧洲的欧盟理事会的受访者则几乎一致认为规制影响分析制度没有达到他们的预期，法规评价结果也可以为立法机关

---

① Guidelines on the Regulatory Impact Analysis Requirements, pp. 19—20.

② Impact Assessement Guideline, pp. 13—16.

加强对行政机关的监督提供参考依据，因为法规评价结果分析了问题的成因所在，而当行政机关不采取行动时，立法机关可以对其采取相应的措施。法规评价作为增加行政决策理性的一种方式，它主要是为行政机关决策提供参考，因此司法机关不可能根据法规评价结果来判断案件，法规评价结果毕竟不是成文的法规。

从以上西方国家法规评价的程序来看，程序的规定一般都予以了法定化，而且具体的操作方法也规定得比较明晰，“分析能力是一种稀缺资源，需要通过某种合理的规则进行配置”[①]。而将重要的法规适用正式的评价程序，不重要的法规适用非正式的程序也几乎是各个国家的共同做法。只有程序的每一个步骤都具有可操作性与可监督性，程序的公开才有意义，程序的公正也才会得到切实的保障。

第五节　完善我国法规评价程序的设想与建议

一、我国法规评价程序现状

国务院2004年的《全面推进依法行政实施纲要》提出确立行政法规、规章及规范性文件的评价制度。但实践中我国的法规评价主要局限于立法后评价，只有少数省市规定了立法前的评价。从程序来看，各地在法规评价中的做法也不尽一致。

（一）我国法规评价的启动程序

我国只有少数省市规定了立法前法规评价，对于法规评价的客体规定也比较笼统，一般不根据详细的标准予以区别对待。如根据海南省《人民政府法规起草和省政府规章制定程序规定》，立法前法规评价的客体包括了所有的立法项目及除实施性法规、规章之外的所有法规和规章。而从目前行政法规的立法后评价来看，主要是由法规评价的实施机关选择一些法规进行评价，各地省市有的对于规章的立法后评价范围并未作出规定。有的省

① 经济合作与发展组织编：《OECD国家的监管政策——从干预主义到监管治理》，陈伟译，高世楫校，法律出版社2006年版，第169页。

市对立法后评估客体通过标准的制定予以了范围界定，但是从这些标准来看，有的客观性较好操作，有的则主观性很强。客观性标准主要体现在时间的限定上，一般都规定了实施满多少年的规章应当进行立法后评价，如宁波市规定只要具有六种情形之一的规章就可以进行立法后评估，其中就包括实施已满2年的规章。杭州市2007年规定：2005年1月1日以后实施的且时间在一年以上的规章，应当按照其规定开展立法后评估，而2005年1月1日以前实施的规章，实施机关应当制定相应的工作计划，逐年开展立法后评估工作。哈尔滨、北京、合肥等市都规定了以规章实施满1年为评估标准。主观标准各地则各有不同，如宁波市规定的主观标准有：调整对象已发生变化，现规定是否适应经济社会发展尚不明确的；规章中发现普遍性问题需要进行评估的；有关国家机关建议立法后评估的；人大代表议案、政协委员提案或者其他公民、法人、组织建议立法后评估的；具有其他情形，可以进行立法后评估的。而哈尔滨市规定：相关法律、法规或政策对政府规章所调整事项作出新的规定，或者政府规章制定时的背景、条件已发生较大变化的；社会关注程度较高、公众提出建议要求进行评估的。可见我国法规评价的启动在启动客体的确定上采用的是主观标准与客观标准，主观标准的随意性很大，给予了行政机关非常大的自由裁量权，而客观标准采用的虽然是时间标准，但是时间的规定各个地方不一致，而且实施一年就可以予以评价，很可能由于法规的缺陷等还未完全显露而使法规评价达不到理想的效果，所以客观标准也呈现出随意性较大的特点。

（二）我国法规评价的实施程序

我国各地的法规评价实施程序各不相同。已有的立法前评价程序规定一般也不区分非正式法规评价程序与正式法规评价程序，而且立法前法规评价程序目前并未与行政立法前程序融合在一起，其公开性不够，它只是作为行政机关的内部行政行为，而评价的标准与信息收集等方式不规范导致其公正性也不够。立法后法规评价主要可以分为确定方案和评价两个阶段，一般在启动法规评价之后，法规评价实施主体都会组成评价实施小组，共同对评价需涉及的各个方面进行讨论，确定法规评价的具体实施方案，然后通过分析制作法规评价报告。

（三）法规评价的结束程序

法规评价报告是建立在对信息的分析之上，分析的方法有的省市作了要求，有的则没有。合肥市规定政府规章可以综合运用经济学、管理学、统计学等分析方法作定性、定量分析。评价报告的格式一般各地不作要求，但对评价报告报告的内容各地作了一些不尽相同的规定，如合肥市规定了政府规章评估内容有九项，因此可以视为评估报告应当包括这些内容在内。[①]国务院2006年主导的行政法规立法后评价形成了四个报告，分别是一个总报告以及定性、定量、媒体评价三个分报告。

西方国家法规评价报告是法规修改或废止的依据，一般都不具有强制效力，而我国的立法后评价一旦实施了之后，相关主体往往会根据报告的内容对法规进行修改或废止，也即在实践中被赋予了强制力。杭州市规定，对属于立法层面的问题，评估主体应当按照法定程序提请有权机关对评估客体进行立、改、废或者制定相应的实施细则，对评估客体进行完善；对属于执法层面的问题，应当及时在执法实践中加以改进；对属于其他层面的问题，应当提出相应的解决方案。有的地方规定有关部门应当参考法规评价报告，如合肥市规定：经市政府审定的法规评价报告，有关部门应当据此采取有关行政管理措施或对规章提出修改或废止的建议。

二、我国现行法规评价程序中存在的主要问题

（一）法规评价程序法治化程度不高

从法规评价的依据来看，有的省市是以通知的形式开展的，因此法规评价只是一项临时决定的工作，有的省市专门制定规章将法规评价作为一项制度确定下来，有的省市将法规评价的要求规定在与规章制定相关的文件之中。因此各地法规评价的实施依据并不统一。而从评价程序的内容来看，有的省市对立法后评价程序的流程进行了较为明确的规定，有的省市并未明确规定具体的流程。由于法规评价程序没有统一的规范，在各省市的随意性很大。

（二）重视立法后评价，轻视立法前评价

我国各地一般都只是对立法后评价作了规定，而要求立法前评价的省市很少。缺少立法前的评价程序无法改变我国行政制定法中权利（力）义务

---

① 参见《合肥市政府规章评估暂行规定》。

配置不平衡、行政立法可操作性差、立法重数量轻质量、国家过度干预经济社会现象严重等缺陷。[①] 西方国家无一不对立法前的评价程序予以重视，立法前的评价关系到法规的实施以及实施效果的监督，因此我国当前除了对立法后评价程序进行完善之外，还需要建立起规范的立法前评价程序。

（三）法规评价程序设置单一化

我国对于法规评价的程序设置趋向于单一化，少数一些对立法前法规评价作了规定的省市，要求对所有的法规都进行评价，而没有任何的筛选机制，立法资源的不合理分配会使得法规评价成为走过场或是使得资源造成极大浪费。而在立法后评价程序中也是一样，并没有规定根据法规的特点采用正式程序或是非正式程序。

（四）法规评价客体的认定标准不科学

规定了立法前评价程序的省市对于立法前评价的客体并未制定区分标准，而立法后评价的客体认定上，各地一般是采用客观标准与主观标准相结合。客观标准大多以规章实施满 1 年为启动标准，也有规定 2 年的，这种一刀切的时间限定不利于对不同法规作出正确全面的评价，因为有的法规在 1—2 年的时间内的效果不能完全展示出来，作出评价为时有点过早。而其他的主观标准则因为没有设定监督主体，一些标准在认定上也比较困难，是否启动完全取决于政府自己，因此不具有可操作性。

（五）法规评价程序公开透明性不强

程序的公开透明性是通过一系列制度措施加以保障的，虽然各地对于法规评价程序也有规定应当公开的，如宁波市就规定：政府规章立法后评估工作，除涉及国家秘密、商业秘密或个人隐私的事项外，应当向社会公开。但是各地对于如何公开、不公开会有什么样的后果等都没有相关的规定，因此公开的规定很容易被虚化，违反了程序价值的基本要求。各地也对信息搜集的方式进行了规定，但是大多数省市对于这些信息搜集方式的具体程序没有相应规定，尤其是在信息搜集的程序中缺少反馈机制，也即政府在搜集到来自公民、社会组织等主体信息后，没有规定一定要对这些信息作出回答，因此信息搜集程序不透明，会严重挫伤其他主体参与法规评价程序的

① 廖玲英：《做好评估提高地方立法质量探讨》，载《现代商贸工业》2009 年第 12 期。

热情。

三、完善我国法规评价程序的建议

（一）实现法规评价程序法治化

OECD 调查发现,各个国家一般都将法规评价程序规定在法律或法规之中,而这也是保障法规评价顺利开展的前提之一。我国应当借鉴西方国家的经验,将法规评价程序与我国法规制定程序相整合,可以考虑通过修改《立法法》,在法规制定程序中补充立法前与立法后的法规评价程序,再制定专门的法规评价行政法规。只有实现法规评价程序的法治化,才能改善目前各地法规评价程序不一致的现状,使得我国的法规评价程序更加规范和统一。

（二）建立完善的立法前评价程序

与西方国家重视立法前评价、轻视立法后评价相反,我国的立法前评价程序很不发达。我国之所以在当前对立法后评价很重视,是因为当前大量的法规已经达到了法繁扰民的程度,而很多新法规出台,旧的法规又没有清理,新旧法的存在给人民守法造成困惑;一些计划经济时期制定的法当前仍在实施,与社会发展程度严重不相协调。2007 年的"一条人命 150 元案件"更是催生了我国法规的全面清理工作。① 因此,我国第一步要做的是先清理旧法,但是要真正实现我国的良法之治,必然要从法治的源头即法规制定程序的完善开始,而立法前评价程序能够提高法规的质量。只有将立法前评价程序与立法后评价程序相结合,才能保证制定出来的法规始终是社会所需要的、良好的法规。因此我国应当借鉴西方国家的规制影响分析程序,将立法前的法规评价程序与我国法规制定程序相结合,再对我国目前开展的立法后评价程序予以规范化,进一步深化行政法治。

（三）设立正式法规评价程序与非正式法规评价程序

根据程序的效益价值要求,一般不应对所有法规评价都适用一种程序,

---

① 2007 年 1 月 19 日,青岛市一名三年级女童放学回家,经过一无人值守的铁道口时被火车撞死,女童的父母虽多方争取,但铁道部最后只根据 1979 年的《关于火车与其他车辆碰撞和铁路外人员伤亡事故处理暂行办法》赔偿了 600 元。参见《中国全面清理现行行政法规规章,加快建设法治政府》,载新华网,http://news.xinhuanet.com/politics/2007-03/27/content_5903659.htm,2009 年 9 月 27 日访问。

而是应当针对简单的情况设立一种简易的或是非正式的程序，而针对较复杂的情况设立普通的或是正式的程序。西方国家在法规评价过程中无不是先适用一种非正式的评价程序，如果法规达到了需要适用正式程序的标准，再适用正式的法规评价程序。但是无论是正式的程序还是非正式的程序，都必须符合程序效益的价值要求。因此法规评价程序的时限规定是程序必不可少的一个要素。我国当前各地一般都一刀切地规定要在一定的时限之内完成程序，作出评价结果。时限必须要与法规评价主体的能力、经费充足程度、所评价法规的复杂程度等相关，正式程序需要的时限应当更长，而非正式程序可以规定相对较短的时限。

（四）明确法规评价启动所针对的客体

明确法规评价的客体需要相应的标准，西方国家在立法前评价上用经济影响的数额作为启动法规评价的标准可以在我国立法前评价程序建构时予以借鉴。从西方国家的立法前评价程序来看，启动标准各个国家都是不相同的，而且一般都是主观标准与客观标准相结合，但由于这些国家有独立的审查机构对法规评价进行审查，而且这些机构的人员都非常的专业化，可以指导法规评价机构的评价活动，因此主观标准在实践中被虚化的可能性不大。在立法后评价客体的确定上，西方国家也有各种不同的做法。在确定法规评价客体、明确法规评价启动标准上没有放之四海皆准的标准，因此，重要的是借鉴西方国家的做法，探索出我国自己的法规评价启动标准。先破后立式对于专业化的要求过高，目前在我国不具有可行性；普遍审查在西方国家也不是一种很成熟的做法，因此在我国采用时也应当审慎；而日落条款与自动审查条款是适用弹性较大的做法，我国可采纳这两种做法。目前我国实践对于法规实施满若干年后予以审查的做法类似于西方国家的自动审查规定，但是在时限上过于短暂，不利于改善法规的质量，从西方国家的日落条款规定来看，一般都是3年或5年，甚至是10年，自动审查相比日落条款只是在审查结果的效力上有所不同，但它们都是致力于发现法规存在的问题这一点上是相通的，因此自动审查的期限也应当与日落条款相近，所以一般情况下也应当以3年或5年较为合理，且不能一刀切。

（五）加大法规评价程序的公开透明度

程序的民主价值要求法规评价程序必须是公开透明的。法规评价程序的目的是改善规制，而且通过法规评价可以让公众更加了解他们所遵守的法规，吸引他们参与到法规的制定过程来，让他们为法规的制定献计献策，从而保证法规兼顾到更多利益群体的需求，减少执行中的阻力，减少法规的实施成本以及公众的守法成本。公开透明就必须使法规制定的每一个步骤都处于公众的视线之中，不允许有暗箱操作，除非法规涉及国家秘密、商业秘密或个人隐私。而现代的法规评价程序是回应的建构性评价，政府必须与公众建立起良好的沟通与信息反馈渠道，西方国家的做法已经告诉我们，如果只有政府对公众信息的吸收而不注重反馈，公众会产生咨询疲劳症从而不愿意参与到法规制定过程中去。因此我国应当将法规评价中的咨询制度进一步规范化和明细化，使之成为信息的互动平台，同时加大程序的公开性，在不损害国家、社会、他人利益的前提下，法规评价结果一般都应当予以公开。

（六）通过各种制度的规定保障法规评价结果的质量

法规评价结果的质量有赖于各种因素，包括实施法规评价组织成员的专业素质、信息搜集的完备程度、法规评价标准的科学性等。因此在法规评价程序中应当规定一些相应的制度来保证法规评价结果。如法规评价人员的培训制度、法规评价的报告审查制度、法规评价的行政协调制度、法规评价的咨询制度、法规评价标准的法定制度等。通过对法规评价组织人员定期的培训，提高他们的专业水平，为法规评价结果提供人才的保障；设立法规评价的审查机构对运用正式程序作出的法规评价报告进行审查，从而发挥审查机构层级监督和纠错的功能；通过法规评价程序中的行政协调制度，在各个相关行政部门之间达成意见的一致，防止“法规打架”的现象出现；要求法规评价主体在法规评价报告中列出评价中的咨询情况，保证其评价结果是在充分吸收相关意见与信息的基础之上作出的；法规评价标准应当在相关的法律中予以明确化，但并不应当唯一化，法律中的评价标准应当是指导性的、粗略的标准，而更详细的标准应当在方案具体实践中制定并不断修改完善。法规评价的审查机构应当同时是法规评价的协调机构、培训机构以及法规评价标准的完善机构，因此审查机构在法规评价中的地位至关重要，在设立时应当保证其相对独立性、人员的专业性以及经费的充足。